管理会计
从入门到精通

陈斯琦 ◎ 编著

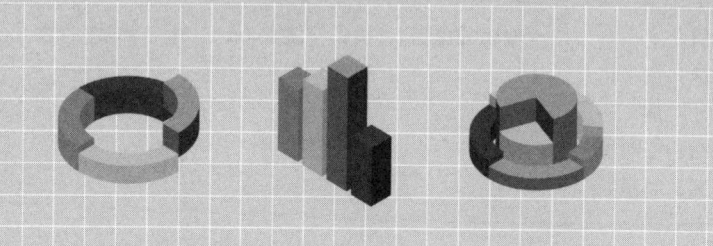

中国铁道出版社有限公司
CHINA RAILWAY PUBLISHING HOUSE CO., LTD.

北 京

图书在版编目（CIP）数据

管理会计从入门到精通 / 陈斯琦编著. --北京：中国铁道出版社有限公司，2024.8
ISBN 978-7-113-31212-1

Ⅰ.①管… Ⅱ.①陈… Ⅲ.①管理会计-基本知识 Ⅳ.①F234.3

中国国家版本馆 CIP 数据核字(2024)第 088444 号

书　　名：管理会计从入门到精通
GUANLI KUAIJI CONG RUMEN DAO JINGTONG

作　　者：陈斯琦

责任编辑：王　宏　　　编辑部电话：(010)51873038　　电子邮箱：17037112@qq.com
编辑助理：宋　川
封面设计：宿　萌
责任校对：安海燕
责任印制：赵星辰

出版发行：中国铁道出版社有限公司（100054，北京市西城区右安门西街 8 号）
印　　刷：河北宝昌佳彩印刷有限公司
版　　次：2024 年 8 月第 1 版　2024 年 8 月第 1 次印刷
开　　本：710 mm×1 000 mm　1/16　印张：19.75　字数：398 千
书　　号：ISBN 978-7-113-31212-1
定　　价：88.00 元

版权所有　侵权必究

凡购买铁道版图书，如有印制质量问题，请与本社读者服务部联系调换。电话：(010)51873174
打击盗版举报电话：(010)63549461

前言

作为一名财务人,笔者经历了从"小白"到注册会计师,再到财务负责人的全过程,也经历了企业财务体系从"0"到"1"的搭建。在这个过程中,积累了大量的实践经验和典型案例的同时,也深刻认识到专业的管理会计能够给企业提供巨大的价值。

在工作中,笔者接触了大量财务人员,发现大多数从业人员的思维还停留在简单的记账报税上,对于管理会计在企业发展中的价值缺乏正确的认识。同时,笔者接触的很多企业家、创业者,越是深刻理解企业经营,越能够认识到管理会计的专业价值,以及财务管理对于企业发展的重要性。但是,企业往往苦于很难找到专业的人才来提供专业化的服务,让财务管理真正在企业中发挥价值。企业经营中所有的问题,归根到底都离不开资金,不管从哪里入手,最终都会归于财务管理,而管理会计和财务业务伙伴(简称财务BP)在企业中发挥着非常重要且不可替代的作用。

企业经营的目的之一是盈利,是创造价值,而这些价值都要在财务的报表数据中得到体现。但是企业的管理会计工作相当复杂,常常让身处其中的管理者摸不着头脑,面对财务的专业术语望而却步,寄希望于财务人员提供专业的服务。矛盾的是,大量的财务人员还没有从传统的核算会计思维中跳出来,依然沉浸在千篇一律的记账工作中,不仅自身价值无法实现,也无法满足企业经营发展的需要。这些年来,企业对于管理会计和财务BP的需求也反映了这一转型的迫切性。

正是基于此,笔者希望结合自己多年的一线管理实战经验,从业财融合的角度出发,以浅显易懂的语言,沿着企业经营管理的脉络,将各个环节中需要的管理会计知识和在企业中实战落地的经验梳理出来。希望本书既能帮助非财务专业的管理者、决策者了解更多的财务思维,又能帮助财务的从业者,站在业务和企业经营的角度看待财务工作,通过不断提升自身的专业能力来更好地为企业发展赋能。

本书特色

1. 涵盖企业发展过程中最主要的管理会计模块

从战略选择到目标落地，从资金管理到资金需求预测，从读懂财务报表到搭建企业的经营仪表盘，从降本增效创造价值到价值分配赋能优秀人才，本书沿着企业发展的过程，全方位展示了各个环节中的方法和工具，结合大量的实践案例和方法，帮助读者提升自身的财务管理能力。

2. 从业务视角出发，基于企业管理实践

管理会计的本质是为企业发展服务。没有业务的支撑，管理会计也就无从谈起。本书从业务视角出发，基于企业管理实践，将业务与管理会计相融合。不局限于财务的专业知识，侧重于在企业经营过程中的应用，真正帮助读者能够在经营中发挥财务的专业价值。

3. 语言精练易懂

本书采用简洁精练的语言，并通过具体案例来阐释复杂的财务原理和财务知识。书中采用大量的类比方法，将枯燥难懂的财务语言转化为轻松易懂的生活化案例，帮助读者理解管理会计的核心和本质。

4. 提供解决方案和操作方法

书中不局限于专业知识的讲解，而是针对各个模块，结合笔者的管理实践经验，提供了大量的解决方案和可复制的操作方法，帮助读者能够快速上手，并在自己的企业中实践使用。

5. 有较强的适用性和实用价值

不同的行业、企业都有各自的特点，但是管理会计的底层逻辑是相通的。本书注重底层逻辑的讲解，不仅详细阐述行业内的具体方法，还将方法模板化、可复制化，帮助读者理解背后的原理和操作的要点。这也为本书提供了更强的适用性和实用价值，读者只要掌握了方法和案例背后的原理，就能够举一反三，在不同行业、企业中进行实践。

6. 提供陪伴式的读者服务，为财务管理能力提升赋能

读者可通过以下联系方式与笔者交流，免费领取"管理会计进阶的20个关键词"音频课资料。笔者也会不定期采用视频或音频的方式，进行专题解读，帮助读者更好地理解书中的方法和原理。针对读者的个性化问题，可以进行不同程度的交流解答，真正为企业的财务管理能力提升赋能。读者交流联系方式如下：

微信号：Qiqicaiwuguanli

QQ群号1：549372758

QQ群号2：588280851

QQ群号3：210551823

主要内容

全书分为五部分，共 17 章。

第一部分为企业的盈利模式和战略选择，包括第 1~2 章。本部分根据企业不同的发展阶段，以及自身的经营状况，重点介绍了如何因地制宜地选择最适合当下发展的盈利模式和战略规划。

第二部分为日常财务管理，包括第 3~6 章。本部分以企业的现金流管理为切入点，结合财务报表分析讲述了对于企业中最为重要的资金、资产该如何管控，如何透过财报识别风险、控制风险，并做出有效决策。

第三部分为经营管理与经营分析，包括第 7~14 章。本部分以预算为起点，从目标设定到预算搭建，再到价值的分配，构建了企业经营从价值创造到价值分配的全流程。围绕这一主线，对经营分析和经营过程中的各种管理工具进行了详细分析，为帮助整体经营体系能够在企业中有效落地并实施提供了抓手。

第四部分为成本控制，包括第 15~16 章。成本控制是企业管理中永恒的话题，降低成本就是在提升企业的利润。本部分从投入产出的视角看成本，阐述了企业全面成本控制的搭建方法，让全员参与成本控制，从而帮助企业打造低成本的核心竞争力。

第五部分为财务数字化赋能，包括第 17 章。不管是财务管理、经营分析还是成本控制，都离不开数据，而数字化就是为数据的有效利用提供了思路和技术支持。本部分重点介绍了数字化在财务管理中的应用，以及笔者在以往实践过程中总结的经验教训，以供广大读者参考。相信随着企业数字化的深入，财务管理一定能够发挥更大的价值。

读者对象

各类财务从业人员；
寻求提升企业财务管理能力的企业家；
正在筹划创业或者已经在创业路上的人士；
希望了解财务知识的业务人员或者管理者；
打算转行财务管理的人员；
有志于未来从事财务相关工作的在校大学生；
期望掌握管理会计实战技巧的职场人士；
其他对于管理会计、业财融合感兴趣的人士。

阅读建议

对于零基础的读者，建议从第 1 章开始阅读，先就书中提到的内容进行了解，抓住管理会计及财务管理过程中的关键环节和要点。阅读中，即使有些内容不能完全理解，也请耐心读下去。企业管理是一个相互关联的闭环系统，需要环环相扣，读到最后，对前面章节中不理解的内容也会有进一步的认知。

对于有一定经验的财务人员，可以挑选自己感兴趣的章节或者薄弱的环节进行针对性的阅读学习。根据本书内容，结合自身的实践，思考并整理自己的管理会计框架，学以致用，才能够更快地将书中的内容内化为自己的知识体系。

对于非财务相关专业的管理者、创业者和企业家，建议结合自身的管理经验，从最关心的内容入手开始阅读，当然也可以选择从头开始展开系统性阅读。书中有大量业财融合的案例，能够帮助管理者和企业家以财务的视角重新看待自己的业务发展。通过阅读本书，对自己企业所遇到的问题进行深入思考，从而获得更多启发，学习效果也会大大增强。

目 录

第 1 章 企业盈利模式的选择

1.1 经营模式决定盈利模式 / 2
    1.1.1 企业的增长模型 / 2
    1.1.2 收入领先型盈利模式 / 4
    1.1.3 利润领先型盈利模式 / 5
    1.1.4 现金流领先型盈利模式 / 6
    1.1.5 给增长加上一个加速度的杠杆 / 7

1.2 不同行业周期的战略选择 / 8
    1.2.1 行业发展的生命周期 / 9
    1.2.2 不同生命周期的利润来源 / 10
    1.2.3 建立企业"护城河",打造拿不走的利润 / 10

第 2 章 从战略选择到目标落地

2.1 不同盈利模式下的财务战略选择 / 15
    2.1.1 基于竞争能力的财务战略 / 15
    2.1.2 基于经营行为的财务战略 / 18
    2.1.3 基于经营风险的财务战略 / 20
    2.1.4 基于企业所处阶段选择财务战略 / 22

2.2 搭建与企业战略相匹配的组织结构 / 24
    2.2.1 从层级划分组织结构 / 24
    2.2.2 从横向分工划分组织结构 / 25

2.3 从战略规划到目标落地 / 28
 2.3.1 绘制企业的战略地图 / 28
 2.3.2 从战略地图到盈利模式的选择 / 30
 2.3.3 从盈利模式选择到量化指标 / 31
 2.3.4 从量化指标到行动方案 / 32

第 3 章 把好现金流的安全关

3.1 资金管理的底线 / 35
 3.1.1 把好资金安全的基本关 / 35
 3.1.2 资金管理的底线思维 / 36

3.2 资金的流动性管理 / 37
 3.2.1 企业的资金循环 / 38
 3.2.2 防止现金流危机的利器 / 38
 3.2.3 营运资本投资策略 / 41
 3.2.4 营运资本筹资策略 / 45
 3.2.5 现金的理想持有量 / 47

第 4 章 为资金管理保驾护航

4.1 资金需求与预测 / 52
 4.1.1 资金缺口预算 / 52
 4.1.2 资金收支预测 / 54
 4.1.3 做好资金的动态预测 / 55

4.2 应收账款管理 / 57
 4.2.1 应收账款的管理步骤 / 57
 4.2.2 合理制定赊销策略 / 59
 4.2.3 评估客户的信用额度 / 60
 4.2.4 信用期限的选择 / 62

4.3 认识资本结构 / 63
    4.3.1 资本结构是什么 / 63
    4.3.2 理想的资本结构是什么 / 64
    4.3.3 不同阶段企业的资本结构选择策略 / 65

第 5 章 从报表的角度看企业的资产与利润

5.1 从报表看企业经营活动 / 68
    5.1.1 快速了解企业的经营状况 / 68
    5.1.2 快速了解企业的财务状况 / 69

5.2 认识资产负债表 / 70
    5.2.1 资产负债表是什么 / 70
    5.2.2 资产都包括哪些项目 / 72
    5.2.3 不同的资产构成怎样体现不同的行业状况 / 73
    5.2.4 有哪些负债需要还 / 74
    5.2.5 股东权益是什么 / 75
    5.2.6 让资产负债表流动起来 / 77

5.3 认识利润表 / 78
    5.3.1 利润表是什么 / 79
    5.3.2 获取利润的过程 / 79
    5.3.3 赚钱不等于有钱 / 83
    5.3.4 是什么连接了资产负债表和利润表 / 84

第 6 章 现金流量表里的那些事

6.1 认识现金流量表 / 87
    6.1.1 现金流量表是什么 / 87
    6.1.2 一家企业的经营活动有哪些 / 89
    6.1.3 一家企业的投资活动有哪些 / 90
    6.1.4 一家企业的筹资活动有哪些 / 91

6.1.5　为什么我们需要一张现金流量表 / 92

6.2　从现金流量表看企业的经营状况 / 93

　　　6.2.1　企业健康的现金流 / 93

　　　6.2.2　正在大量投资的企业需要关注现金流状况 / 94

　　　6.2.3　只要经营活动现金流量健康就是好企业吗 / 96

　　　6.2.4　一家企业连续赔钱10年的结果 / 97

6.3　三大报表之间的内在逻辑 / 99

　　　6.3.1　如何从三张报表看一家企业的经营状况 / 99

　　　6.3.2　要赚钱还是要有钱 / 100

　　　6.3.3　"潜力股"的风险 / 101

第 7 章　预算的底层逻辑

7.1　预算在整体经营中的作用 / 104

　　　7.1.1　预算的实质 / 104

　　　7.1.2　预算是企业经营的指挥棒 / 105

　　　7.1.3　预算是人、财、物配置的推演方案 / 109

　　　7.1.4　预算是目标达成的实现路径 / 110

7.2　从财务预算到全面预算 / 111

　　　7.2.1　财务预算的缺点 / 111

　　　7.2.2　体现全面预算的三个方面 / 115

　　　7.2.3　构建全面预算的三个阶段 / 116

第 8 章　从目标设定到预算搭建

8.1　预算目标的确定 / 119

　　　8.1.1　预算目标是什么 / 119

　　　8.1.2　预算目标与计划的区别 / 122

　　　8.1.3　预算目标实现的不同方式 / 123

8.2　搭建全面预算体系 / 127

　　　8.2.1　全面预算搭建的整体流程 / 127

  8.2.2 全面预算下的预算分类 / 130
  8.2.3 各分项预算间的逻辑关系 / 131
  8.2.4 预算编制的主要方法 / 131
  8.2.5 不同时期的预算编制重点 / 133

第 9 章　预算的编制、执行与考核

9.1　各预算环节的编制方法 / 137
  9.1.1 销售预算 / 137
  9.1.2 生产预算 / 142
  9.1.3 采购预算 / 143
  9.1.4 人工成本预算 / 144
  9.1.5 制造费用预算 / 146
  9.1.6 产品成本预算 / 147
  9.1.7 期间费用类预算 / 147
  9.1.8 资金预算 / 148
  9.1.9 财务报表预算 / 149

9.2　预算的执行与调整 / 150
  9.2.1 执行与调整流程 / 150
  9.2.2 预算调整的条件 / 152
  9.2.3 预算调整的程序 / 154
  9.2.4 预算调整的注意事项 / 155

9.3　预算的分析与考核 / 156
  9.3.1 建立以预算为导向的指标体系 / 156
  9.3.2 建立绩效考核与全面预算的协同 / 158

第 10 章　打造为优秀人才赋能的价值分配体系

10.1　从价值创造到价值分配的循环 / 161
  10.1.1 两个循环 / 161

10.1.2　价值分配背后的经营实质 / 162

10.1.3　传统价值分配方法的弊端 / 163

10.2　**价值分配的策略导向** / 165

10.2.1　以贡献为先，打破传统"大锅饭"思维 / 166

10.2.2　上下同心，导向整体目标一致 / 168

10.2.3　先组织再个体 / 169

10.2.4　导向增量，盘活存量 / 170

10.2.5　导向弹性薪酬，与企业共成长 / 171

10.3　**价值分配要分多少** / 172

10.3.1　分配的种类和形式 / 172

10.3.2　价值分配怪象：业绩越好，亏损越多 / 177

10.3.3　合理确定劳资双方的分配比例 / 178

10.3.4　保障之后再谈浮动 / 179

第11章　从价值创造到价值分享

11.1　**价值分配的总额管理** / 182

11.1.1　如何确定分配总额 / 182

11.1.2　如何确定浮动比例 / 184

11.2　**如何确定价值分配的依据** / 185

11.2.1　常见的分配依据 / 186

11.2.2　确保分配依据的公平性 / 188

11.2.3　以效益为先的团队作战机制 / 190

11.3　**价值分配的方法** / 191

11.3.1　分配到团队的方法 / 192

11.3.2　分配到个人的方法 / 193

11.3.3　给分配加上增量的杠杆 / 195

11.3.4　业务部门和职能部门的分配方法 / 198

11.3.5　内部利润中心的分配原则 / 199

第12章 打造属于自己的经营仪表盘

12.1 一眼洞穿经营仪表盘的本质 / 203
12.1.1 经营仪表盘是经营数据的集成化表达 / 203
12.1.2 经营仪表盘是企业经营的预警和反馈系统 / 204
12.1.3 经营仪表盘是企业经营的决策支持系统 / 205

12.2 打造经营仪表盘的意义 / 205
12.2.1 帮助企业不断对标,确保行驶不偏航 / 206
12.2.2 帮助企业调整发展节奏,根据路况调整油门和刹车 / 206
12.2.3 帮助企业发现问题及时调整,根据信号灯发现隐患 / 208
12.2.4 帮助企业检测资金运转,及时补给发展所需的能源 / 209

12.3 经营仪表盘的构建逻辑 / 209
12.3.1 确定经营仪表盘的目标用户 / 210
12.3.2 确认经营仪表盘的实现目标和指标选取 / 212
12.3.3 经营仪表盘也要定期更换风格 / 214
12.3.4 选取仪表盘数据的原则与方法 / 215
12.3.5 打造人人看得懂的经营仪表盘 / 218

第13章 像搭积木一样搭建企业的经营仪表盘

13.1 经营仪表盘的指标工具箱 / 221
13.1.1 盈利能力指标 / 221
13.1.2 营运能力指标 / 226
13.1.3 成长能力指标 / 228
13.1.4 偿债能力指标 / 230

13.2 各层级的经营仪表盘搭建 / 231
13.2.1 不同责任主体的经营仪表盘 / 232
13.2.2 不同层次管理者的经营仪表盘 / 233

第14章 培养价值为先的经营者意识

14.1 揭秘"神奇"的阿米巴经营 / 236

    14.1.1 阿米巴经营是什么 / 236

    14.1.2 重新定义会计的核算方法 / 238

    14.1.3 阿米巴经营的土壤 / 239

    14.1.4 如何利用阿米巴经营理念培养员工的经营者意识 / 241

14.2 用价值链的理念为企业创造价值 / 242

    14.2.1 重构企业价值链 / 243

    14.2.2 从价值链视角看企业各项经营活动 / 245

    14.2.3 培养价值创造意识，打造增值型组织 / 247

14.3 打造"人人都是经营者"的业绩评价体系 / 248

    14.3.1 把降本增效深植员工的心中 / 248

    14.3.2 把经营数据呈现出来 / 250

    14.3.3 业绩提升的抓手 / 251

14.4 开好企业的经营分析会 / 254

    14.4.1 每个层级都应该有经营分析会 / 254

    14.4.2 如何确保经营分析会的效果 / 255

第15章 重新认识成本控制

15.1 成本是消耗，更是资源投入 / 259

    15.1.1 成本控制不是一味地降费用 / 259

    15.1.2 把钱花在"刀刃"上 / 261

    15.1.3 成本控制的误区 / 263

15.2 重构"大成本"的管理思维 / 265

    15.2.1 换个视角看成本 / 265

    15.2.2 从投入产出角度看待成本控制 / 267

第 16 章 全面成本控制

16.1 因材施教控成本 / 272
- 16.1.1 为什么卖得越多，亏损越多 / 272
- 16.1.2 价格战还能坚持打多少轮 / 275
- 16.1.3 如何判断项目该不该接 / 277

16.2 组织一场降本增效的全员活动 / 278
- 16.2.1 降本从标准化开始 / 278
- 16.2.2 采购成本的博弈 / 280
- 16.2.3 成本消耗中的"隐形冠军" / 282
- 16.2.4 看不见摸不着的营销成本 / 283
- 16.2.5 成本是"设计"出来的 / 285

第 17 章 数字化赋能

17.1 数字化时代的财务管理转型 / 288
- 17.1.1 用信息化的手段提高财务管理效率 / 288
- 17.1.2 打通"业财税银"，实现全环节信息互联互通 / 289

17.2 数字化转型的准备 / 291
- 17.2.1 确定企业最终实现的转型目标 / 292
- 17.2.2 选择合适的软件供应商 / 293

17.3 数字化转型的那些误区 / 295
- 17.3.1 软件选择不是越大越好，合适最重要 / 295
- 17.3.2 实施主体和实施顺序不能错 / 296
- 17.3.3 用信息化的手段提高线下工作的效率 / 297
- 17.3.4 确定具体的实施计划，切忌边想边干 / 298
- 17.3.5 如何实现新旧体系的顺利衔接 / 299

第1章
企业盈利模式的选择

  战略规划，就像是一张大网，支撑和串联着企业的经营方向和选择。如果没有这张网，所有的点都会是零散的、不成体系的。有了这张到达目的地的地图，才能够知道如何到达，并最终成功到达。实现企业战略目标的路径有很多，经营模式也各种各样。而盈利模式，就是在众多路径中，通过实施一系列的策略和方法，帮助企业实现目标。

1.1 经营模式决定盈利模式

企业经营需要各种资源的投放，需要人、财、物的配合，还需要多种战略方向的选择，最终实现企业的盈利目标。而经营模式，就是将这些散落在企业经营方方面面的选择，整合在一起，总结出一个具体的模板，帮助企业实现稳定盈利。

经营模式不同，盈利模式也就不同。比如两家餐厅，一家门前车水马龙，热闹得像个菜市场；另一家门前门可罗雀，但是远远看去，却精致得像一家艺术馆。我们以为门可罗雀的餐厅一定不盈利，但其实不然，这家精致的餐厅可能需要提前半个月预定位置。这就是经营模式的不同，也意味着，两家餐厅为了获取利润，着力点各有不同。经营模式的背后，是战略的选择，是企业选择用什么样的方式服务客户，获得盈利。

1.1.1 企业的增长模型

在讲盈利模式之前，我们先理解企业规模是如何增长的。可以把企业想象成一个容器，其发展会受到利润、收入、效率、现金流等因素的影响，每个点都是企业增长的驱动因素，任何一个点的增长都可以推动容器扩容，增长模型如图1-1所示。企业经营的过程，就是不断扩大容器容量的过程。那么，这些驱动增长的因素是什么，它们又是如何让企业实现成长的？

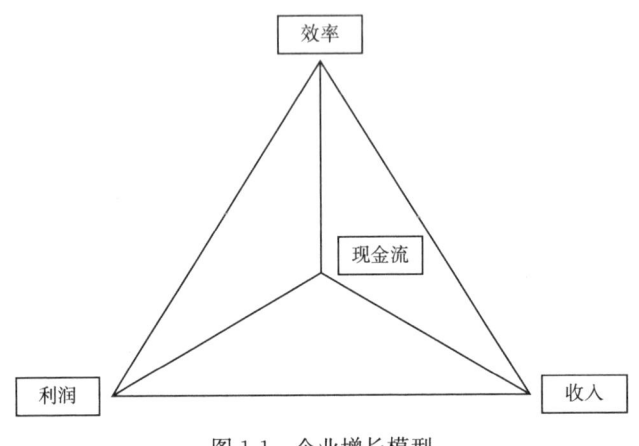

图1-1 企业增长模型

举例说明

假设我们经营了一家中餐厅，开业的前一天，合伙人张三、李四、王五坐在一起商量，怎么才能实现赚钱这个最朴素的目标？合伙人张三说："想赚钱，咱们首先得招揽顾客，顾客越多，卖得越多，咱们不就盈利了？"李四说："这条街是餐饮小吃一条街，客流是不少，但是选择也很多，凭什么顾客就来咱们店里吃饭呢？"张三回答道："咱们先搞个开业活动，把价格定低点。价格低了，顾客自然就多了。"

果不其然，开业的第一个月，餐厅因为设定了开业优惠价格，顾客每天络绎不绝，收入大幅增长。合伙人们也是从早忙到晚，没有一丝闲暇时间。月底的时候，三个合伙人又坐在一起，开了个月度总结会。

张三先开口说："我说得没错吧，只要咱们价格低，自然就能吸引顾客，这个月的收入可是不少呀。"但是李四却皱眉说："收入是不少，但是咱们价格太低，也没赚到多少钱，咱们几个还每天忙得起早贪黑。这个价格要是持续下去，咱们也坚持不了太久。"王五听了附和道："说得对！咱们开店是为了赚钱，如果只有收入，没有利润，咱们就是费力不讨好，白忙活。"

于是，三个人决定，下个月调整策略，把价格恢复原价。这下利润是有了保障，但是客流量却大幅下降。原来经常来的顾客，由于价格上涨，也都跑到其他餐厅就餐。上个月的热闹场景，因为价格的变动不复存在。这下三个合伙人开始发愁了，价格低了，虽然收入提高了，但是不赚钱；价格高了，虽然保住了利润，但是又没了客户。

正当三人一筹莫展之际，一家企业的后勤负责人找上门来，想让餐厅给自家企业提供工作餐。三个人一听，都觉得这个机会不错，因为是固定客户，收入就有了一定的保障，而且价格也是按照正常定价。美中不足的是，需要两个月后付款。三个人合计，利润不错，收入也稳定，晚点付款也无妨。于是，在经过深思熟虑后，餐厅开始了承接企业工作餐的业务。

随着订购工作餐的客户越来越多，餐厅又遇到了新的问题，账上的钱不够了，因为购买原材料、支付员工工资都需要资金。随着业务量的增多，应收款项也越来越多。不能及时收款，餐厅也只能勉强维持现有规模。业务稍有增长，或者客户不能及时付款，就会面临严重的资金问题。

从这个例子中，可以看出很多中小企业的经营现状。企业想要扩大增长，就需要不断提高关键因素的增长。在现金流、收入和利润的选择中，常常是"按下葫芦浮起瓢"，选择了一边，却又缺失了另一边。在这个"容器"的顶端，还有一个重要的因素，会影响企业的成长，就是效率。在收入、利润、现金流等情况均保持不变的前提下，随着效率的提升，企业也会得到进一步的发展。

收入、利润、现金流、效率，这些因素共同影响着企业的发展，决定着企业能够发展到什么样的规模。但是由于企业的资源有限，且处于不同阶段时的外部环境或自身环境都各有不同。在盈利模式的选择上，选择一项或两项因素增长，通常会以牺牲其他项因素为代价。这需要企业审时度势，衡量自身发展状况，随着发展过程中的不断变化，及时调整不同的盈利模式。下面分别对不同的盈利模式进行一一介绍。

1.1.2 收入领先型盈利模式

收入领先型的盈利模式，就是以扩大收入为导向。从上一节的例子中可以看出，收入扩大，通常都会伴随着利润的降低。通过降价来扩大收入，是最直接也是最简单的方法。消费者对于价格的感知最为敏感，这也是市场竞争频繁采用价格战的原因。

但是收入领先型的模式，其目的还是为了能够实现盈利目标。扩大收入只是实现盈利目标的手段而已。如果仅有收入，却没有利润，最终也是与目标背道而驰的。那么企业什么时候可以选择收入领先型的盈利模式，又如何通过扩大收入实现盈利呢？

企业在刚刚进入市场时，既没有资金，也没有品牌认知度。因此，在企业发展的早期，可以从收入入手，采用收入领先的模式。通过薄利多销的方式，扩大市场份额，给客户更多体验的机会。

这种模式下，往往需要为了收入规模，降低对利润的要求。需要注意的是，利润可以降低，但是现金流状况需要保障，要保证收入款项的及时回收，让收入和现金流能同步增长。虽然利润微薄，甚至有些企业在一段时间内，会选择战略性亏损。但是应用良好的情况下，同样能够支持企业的发展，实现最终的盈利。这取决于后续的管理和企业在高收入、低利润情况下的一系列选择。

通常情况下，收入领先型盈利模式只是企业的阶段性选择。降低价格会降低企业的利润，甚至可能导致战略性亏损，但同时，企业也从中获得了更多机会，如图1-2所示。价格的降低，会快速提高销售规模，增加市场占有率。在市场占有率扩大的基础上，会大量地接触客户、了解客户，发掘更多的客户需求和痛点，同时也给了客户更多尝试新产品的机会，建立起彼此信任的基础。

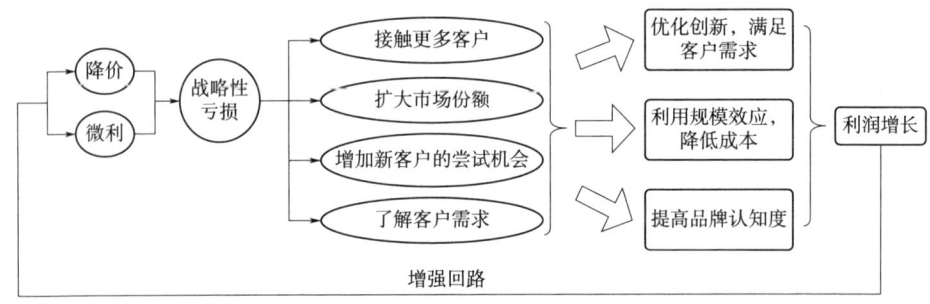

图1-2 收入领先型盈利模式

这时，企业需要快速把握时机。一方面，要根据客户需求，及时并有针对性地优化改进产品或服务，增强客户黏性，提高企业的品牌认知度。另一方面，要借助销售规模的扩大，利用规模效应的优势，增强对上下游供应商的议价权，从而不断降低供应链成本。

随着成本的降低，低价格也能获得一部分的利润，从而保障收入领先策略的持续稳定。当销售量和市场占有率持续扩大时，规模效应带来的优势也会进一步增强，从而持续降低企业的各项成本，形成增强回路。在这一过程中，除了利用规模效应的优势降低成本外，还要不断提升企业的创新能力，加大研发力度，更好地满足客户需求，提供差异化服务，为以后向利润型转变打好基础。

1.1.3 利润领先型盈利模式

采用利润领先型的盈利模式，就是要把关注点放在较高的利润空间上。企业在发展过程中，不仅关注收入的增长，更关注是否有足够的利润空间。选择这种盈利模式，意味着可能会牺牲一部分的收入增长和现金流。但是不同的企业背景，选择利润领先型盈利模式的出发点不同，对其影响也各有不同。

有的企业，选择高利润率是以牺牲收入和现金流为代价的。比如，为了获得订单，同时维持高利润率，就会加大赊销的力度。或者，用价格来筛选客户，并维持企业的品牌调性，因为价格较高，也会失去大量的订单。企业的选择，更多的是取舍，为了保证一定的利润率，可以在一定程度上牺牲现金流或订单的机会。

这样的企业，在控制赊销额度和赊销风险的基础上，发展也是比较稳健的。但是，可能会错失一些快速发展的机会。一些资金实力不足的中小微企业，更偏向于这种模式。虽然规模不大，增长速度也有限，但起码能够保证利润，风险也相对较低。企业发展的可控性更强。

但是这种模式，对于企业及其所处行业也提出了一些要求。有些行业相对比较稳定，技术的更新迭代已经趋于平稳，新产品或替代品也更新较慢。这时企业才能保持相对较高的利润。如果行业处于快速发展期，技术进步很快。稳定的高利润率是很难维持的。比如，在智能手机刚刚面世的前几年，行业处于快速成长期。产品的更新迭代速度非常快，随着新技术的诞生，今天的畅销品，明天可能就会成为滞销品。在这样的市场背景下，仅靠牺牲收入和现金流，是无法维持高利润率的。

还有一类企业，选择高利润率模式是其发展的必经之路，也是实现高质量发展的关键。这类企业通过前期收入领先型盈利模式的应用，快速扩大了收入，提高了市场占有率。同时，利用规模效应不断降低自身成本，并在此基础上不断创新产品和服务，给客户提供更有差异化的服务，如图1-3所示。

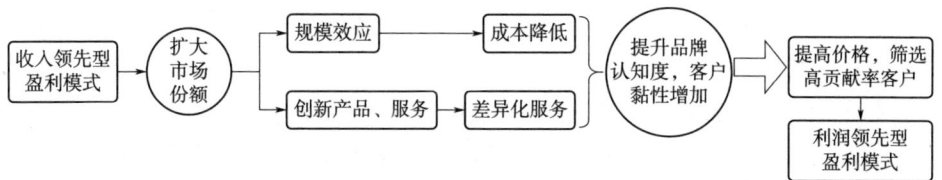

图1-3 高利润率模式驱动的企业发展路径

当客户的黏性和企业的品牌认知度积累到一定程度，企业也具备了扩大利润率的能力。这时提高价格，并不会大幅影响收入规模，而是在一定程度上筛选客户，巩固自己的品牌认知度。另一方面，价格提高，也是为了控制客户数量的快速增长，把企业的主要资源放在更高品质的服务上，向更高的方向去积累自己的品牌。

利润本质上是来源于稀缺。越是稀缺的东西，越有更高的议价权。名家的画作，因为独一无二且不可复制而价值连城。同样的，对于企业来说，越是能够提供客户需要，且不可替代的产品和服务，越是能够获得更高的利润。这个阶段的利润提高，就不是以牺牲收入和现金流为代价的，而是企业的稀缺性服务被客户需要所决定的。比如，火锅品牌海底捞，为什么价格不低，但是门庭若市呢？是因为海底捞给顾客提供了极致的服务体验，这种体验本身是稀缺且有价值的。

所以，在选择增长模型时，利润导向型模式是一个有价值的选项，因为它能让企业因提供稀缺产品或服务而获得对利润的主导权。

1.1.4 现金流领先型盈利模式

现金流领先型的盈利模式，主要是依靠现金流所带来的收益。通常情况下，这种模式也需要与高收入或者高利润进行结合。依赖现金流盈利，主要是依赖现金流的时间差。资金占用是有成本的，同样的，资金占用也是有收益的。通过资金的时间差来获得现金流收益，就是这种模式的主要方法。如果有高收入和高利润的加持，就会放大现金流的盈利优势。

那么在企业中，是如何获得现金流的收益呢？这里只介绍经营过程中的现金流收益，投资和融资不在讨论范围。一般而言，企业的经营是从资金投入开始的。投入资金，换取料工费，再投入生产，产出产成品，最后卖出，获得现金流入。整个过程，是生产的过程，也是资金流动的过程。在这个过程中，资金是以企业自身投入为基础的，如果收款采用赊销方式，资金被客户占用，还会带来一定的资金占用成本。

如果资金的流向是逆向的，也就是说企业能够享受一定的资金占用。这时，资金在企业中沉淀的时间，就可以获得由现金流所带来的收益。比如，有的企业通过预售的方式销售产品。用客户的资金去进行料工费的采购和产品的生产加工。这时，企业既可以将节省的自有资金进行其他投资，又可以提前获得销售产品所获得的利润。

有些企业，是通过平台来沉淀资金的。比如某些购物平台，消费者付款后，资金进入购物平台。当交易完成，消费者确认收货后，平台还需要7～15天的周期，才能将货款返还给商家。整个过程中，虽然平台赚取的是入驻商家的服务费和其他的广告费用等，但是资金在平台沉淀的过程，也会给企业带来大量的收益。

还有一些企业，是通过供应链上的时间差，来获得资金收益的。比如，某企业在供应链上有比较强的优势地位。对客户而言，因为产品供不应求，于是采用预售方式获得大量的现金流。而对于上游供应商来说，因为优势地位，具有较高的议价权，能够获得供应商较长时间的赊销。这样一来，在整个供应链上，就可以获得较长时间的资金沉淀，相当于同时获得了来自客户和供应商的短期借款。不仅没有资金压力，还可以充分运用资金获得收益。

如果采用现金流的盈利模式，能够再获得高收入和高利润的加持，则能更好地促进企业的盈利。在保证现金流的高收入模式下，企业虽然会降低利润空间，但是收入规模的扩大，会给企业带来规模效应的优势。在与下游的供应商谈判时，除了获得更优惠的价格外，还能争取到其他竞争者无法享有的赊销政策。比如，一家服装生产企业，凭借价格优势获得了大量订单。对于为它服务的众多代工厂来说，因为订单量非常大，拿到这家企业的订单，就可以保证工厂的稳定运营。而代工厂的工艺相对标准化，市场上同类型代工厂非常多。这家服装企业，在选择代工厂时，有非常多的选择权。最终，服装企业选择了一家价格最低，又能提供两个月付款周期的代工厂进行合作。即使服装企业的售价很低，利润也很低，在规模足够大的情况下，它也能够通过代工厂给予的两个月付款期，而获得大量的资金收益。

这种方式既保证现金流，又保证了一定的利润空间。高利润会过滤掉一部分对价格敏感的客户。当企业产能有限，需要控制规模，或者想要向其他方向转向时，会采用这种方式。比如，咨询类的企业主要依赖咨询师提供的服务，一个咨询项目组在同一时间只能服务有限的客户，这时，就可以通过利润和现金流进行客户的筛选。首先选出高利润贡献率的客户，同时还可以通过客户预付款时间进行服务预定。这种方式适用于有较高品牌认知度，且自身服务过硬，客户群体较多的企业。这时的企业已经不是卖方市场，而是进入了买方市场的状态，通过筛选优质客户，不仅能够确保稳定的收益，还能进一步提升自身的市场竞争力和品牌认知度。

1.1.5　给增长加上一个加速度的杠杆

前面分别介绍了收入领先、利润领先和现金流领先的盈利模式。从图1-1的增长模型中可以看出，容器的底部是由收入、利润和现金流组成的。不论是哪个因素得到增长，都可以带动整个容器体积的增大，带来企业价值的增加。在整个模型中的顶端，还有一个关键性的因素，能够带动底部所有因素的增长，给企业发展提供加速度的杠杆，这个因素就是效率。

提升效率，意味着同样的时间能够做更多的事情。对于企业来说，完成整个经营循环的速度越快，效率越高。这意味着同样的规模、同样的投入、同样的利润，能够获得更多的回报。不管是哪种盈利模式，有了效率的提升，都会获得更多的收益。比如，采用利润领先型盈利模式的企业，原本完成从进货采购到销售收款的时间是45天。45天内，销售额为100万元，能够获得20万元的利润。如果整个经营效率得到提升，企业将这个经营的过程从45天缩短到30天，即每30天可获得20万元的利润，平均15天就可获得10万元的利润。也就是说，按照原来的利润比例，45天的时间可以获得30万元的利润。在原有的基础上获得了50%的利润增长，这就是效率带来的改变。

选择现金流领先型盈利模式的企业，效率提升带来的是资金周转速度的提高，在各个环节都能得到更多资金沉淀的时间。同时，将沉淀下来的资金用于更高效率的投资，也会增加企业的收益。

效率的提升，不仅是在收入、资金及利润上的提高，企业经营各个环节都有非常大的效率提升空间。这些效率的提升，会帮助企业降低成本，提高盈利能力。盈利能力的增强，又会带动更多的价格调整空间，从而拉动收入的增长。

企业在经济下行时，裁员是降低成本的一种方法，但是裁员却不一定是企业的最佳选择。如果企业的现金流还足以支撑3~6个月的时间，就可以通过提高人均效能的方法来实现成本降低，帮助企业渡过难关。比如，在效率提升之前，企业的人均利润是10万元。通过员工效率的提升，人均利润提高到12万元。也就是说，同样的人工成本会带来20%的利润涨幅。效率的提升，最直接的反映就是利润的提高，这就是效率提升给企业成长带来的加速度杠杆作用。

在资金的使用效率方面，可以通过资金的投资回报率来体现，用更少的资金获得更多的回报。企业可以通过增加财务杠杆，增加负债比例的方式来扩大规模，借助外部资源来实现企业的增长。随着规模扩大，也会带来收入和利润的增长。

效率的提升，在整个增长模型中，是贯穿始终的。它会给企业增值带来加速度的作用，不仅是显性的成本降低、利润增长，还会带来隐性的、企业核心竞争力的提升。

1.2 不同行业周期的战略选择

从企业的增长模型中可以看出，企业需要不断围绕收入、利润、现金流及效率进行管理提升和改进。但是战略和盈利模式的选择，需要匹配合适的行业背景，这是行业周期对于企业的影响。处在不同的行业发展阶段，匹配不同的增长策略和盈利模式，才能起到互相推动和促进的作用。

1.2.1 行业发展的生命周期

正如季节交替一样，行业的发展也有自己的规律和生命周期。从行业刚刚兴起，到发展繁荣，再到逐步衰退，不同阶段有着不同的特点。行业处于不同的阶段，会呈现出不同的特性，这些特性会影响竞争的格局，从而影响身处其中的每个企业。理解行业的发展过程，才能更好地匹配最适合的盈利模式，找到企业发展的方向和战略。

图1-4所示的行业生命周期图，在红利期，整个行业刚刚兴起，正处于草莽阶段。这时会有小部分企业进入这个行业，用户的数量也相对较少，只有一些愿意尝鲜、愿意接触新鲜事物的消费者。在这个阶段，整个商业模式和盈利闭环还没有被完全跑通，大家都处于最初的试错阶段，竞争者很少，用户数量也比较少。行业没有定价机制和市场价格参考，整体利润较高，但是因为用户较少，平均下来的单位净利润却并不高。

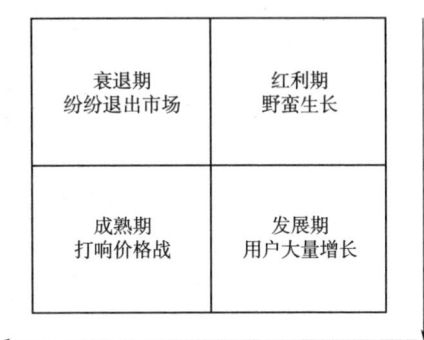

图1-4 行业生命周期图

随着新兴行业被更多人认可并熟知，更多的企业和用户涌入进来。在发展期，行业发展依然比较混乱，行业红利比较明显。由于用户的大量增长，在红利期已经进入的企业开始迎来销量的增长，享受行业发展早期带来的红利。这个阶段的企业水平参差不齐，但是用户数量很大，企业靠用户增量可以得到大量的订单，且这个阶段的竞争者还相对较少，用户的选择范围不多，因此对于品质的要求也相对较低。相较上个阶段，进入新行业的竞争者有所增加，企业为了争夺用户，毛利润有所降低。但是，由于用户群体增加，每个企业能够获得的增量用户也会增多，固定成本被摊薄，净利润反而是增加的。

随着新行业的不断发展，进入行业的竞争者和用户都得到了大幅增加。进入成熟期后，市场规模变得巨大，然而用户增量开始放缓，同时竞争也日趋激烈。行业内的竞争者，为了争抢用户，开始出现价格战。一旦打响价格战，企业的利润空间就会被大幅压缩。最终价格会稳定在相对平衡的状态下。任何企业想要突围，或者进一步扩大自己的市场份额，都会受到其他竞争对手的强烈反击，并进一步用价格战的方式将弱势的一方挤出市场，然后依然保持在平衡状态。

每个行业都在遵循着一定的兴衰规律。当市场上出现新的机会，或者原有行业已经不适应新的用户需求或技术发展时，原有的行业也开始进入衰退期。在衰退期，不管是竞争者还是用户，都在相继退出。由于竞争者的退出，继续留在该行业的企业反而获得了一定的增长。留下来的企业，大多也会选择防御性的战略，尽量维持正向的现金流，并且积极寻找新的方向和技术的突破口。

1.2.2 不同生命周期的利润来源

行业发展阶段不同，呈现出的特点也各不相同，对于企业也提出了不同的要求。不同时期，企业能够获得的利润来源也有所不同。在红利期，由于处于行业早期，不管市场还是用户，对于各项要求都相对较低，企业的毛利润较高，且主要来自行业的早期红利。红利期的高利润，主要由于竞争不够充分，新行业中还存在大量的信息差，这些都会成为企业盈利的来源。

进入发展期以后，竞争者开始逐渐增多，但是用户的高增长也会抵消一部分竞争的压力。这个时期的利润仍然可以通过用户的大量增长而获得，但是各个企业之间，为了争夺市场，扩大各自的市场份额，已经开始价格战和兼并战。市场秩序在进一步重建中。对于企业来说，仍然处于红利期，能够获得快速的增长和可观的利润，但是应提早布局，逐步建立自己的价格优势和品牌形象，以确保在下一个阶段的竞争中保持优势。

到了成熟期，行业已经相对稳定，各方面的信息和规则都相对成熟。企业间的竞争格局已经基本形成。通过一轮一轮的价格战后，行业的价格已经非常透明，行业红利期所带来的超额利润已经不复存在。企业间各自保持着相对稳定的市场份额。这时的利润主要来源于企业内部的提质增效。度过了前期的行业高速增长期，企业开始稳定下来，并转向内部要效益。谁的内部管理更精细化、效率更高、技术创新更充分，谁就能有更多的议价权，在激烈的价格战中站稳脚跟，获得更多的市场份额。

到了衰退期，企业的经营主要是维持，利润依然来自内部的精细化管理。这时，行业发展已经见顶，衰退已经是不可逆转的趋势。在维持现有现金流的情况下，企业需要尽快找到新的增长点和利润点。

1.2.3 建立企业"护城河"，打造拿不走的利润

随着竞争者不断涌入，红利期的超额收益被消耗殆尽。这个过程中，有的企业早早入场赚了第一桶金，最后却黯然离场，而有的企业虽然进入较晚，却后发制人，最终成为行业的领头羊。这是因为在行业发展的过程中，身处其中的企业没有及时根据行业变化，调整自己的策略。在行业初期凭红利赚到的钱，却在行业成熟期时凭"实力"亏掉。

在整个行业发展过程中，企业的盈利方向也在发生着持续的转变。随着竞争者不断涌入，利润不断被压缩，没有核心竞争力的企业将会因为无利可图而选择退出市场。

举例说明

张三和李四分别经营两家企业，他们均生产一种新型产品。这个产品所在的市场属于新兴市场，且处于行业的早期，他们生产这种新型产品的成本均为30元。在行业初期，由于竞争者较少，市场秩序还未完全建立，用户对于产品没有参照标准，该产品在市场上能够以每件100元的价格成交，张三和李四的企业均可以获得每件产品70元的利润。

当市场上出现超额利润时，竞争者开始纷纷涌入，同类型的产品开始大量出现。市场上的用户有了更多选择。这个阶段，用户对新行业、新产品有了更多的认知。虽然竞争者增多，但是用户也在大量增长。

张三和李四的企业，每天的新订单应接不暇，虽然身边的同行越来越多，但是却没有影响他们的用户增长，甚至比以往增长得更快了。两人每次见面，都开玩笑说彼此忙得都没时间见面。快速增长的用户群体，基本能够满足新增竞争者的需求。市场的价格依然能够维持在每件100元左右，两家企业都赚得盆满钵满，快速实现了企业规模的扩大。

但是用户的增长是有限的，增长到一定程度后，增长速度开始放缓。因为有利可图，竞争者仍在大量涌入。不知从何时开始，张三和李四见面的时候开始抱怨，现在的客户越来越精明，生意不好做了，增长也没有以前快了。这其实是因为用户的增量开始放缓，并且开始低于竞争者的增长速度。当新增用户数量不能满足新增竞争者时，原有的竞争者开始感受到一定的压力。新进入的竞争者为了打开后入的劣势局面，快速获得用户，于是开始降价，这时市场的产品价格降低到了每件80元。原有的竞争者自然不能示弱，必然会反击，于是价格被降到每件70元。在产品没有本质区别的情况下，用户当然会选择更低的价格。这时，各个企业之间的销量，会随着产品的价格而反向波动。

由于成本只有每件30元，利润空间依然很大，降低价格对于企业来说，只不过是放弃一部分利润而已。谁让出更多的利润，谁就能获得更多的用户。在一轮一轮的价格战中，价格不断的降低。张三和李四的企业利润都在不断被压低。由于之前的利润空间很大，大家虽然感受到来自竞争的压力，但依然保持着可观的利润。面对这种情况，张三和李四分别有了不同的看法。

张三想，虽然竞争加剧了，但是我的成本每件30元，卖出价格每件70元，利润还是非常可观的。况且，企业的市场占有率也比较稳定，行业有点波动也能尽量维持。但是李四的想法不同，李四想，如果这样"卷"下去，价格迟早会被压缩到成本线，到了那个时候，拿什么同对手竞争呢？于是李四投入大量的资

· 11 ·

金，研发更先进的技术和工艺，同时在企业内部进行精细化管理，从各个环节降低企业成本。

行业在不断的发展，红利期的大潮逐渐退去，价格战也愈演愈烈。随着工艺的进步、竞争的加剧，此时的价格已经被降至每件35元。对于成本依然维持在每件30元的企业来说，微薄的利润仅仅能够维持日常的经营，稍有不慎就会亏损，张三的企业就是其中的一员。

但是激烈的竞争并没有停止，为了争夺市场，竞争对手依然在发起一轮一轮的价格战。由于经营压力巨大，利润空间微薄，张三常常想退出市场，但是转念一想，企业还能维持，也就勉强坚持了下来。而这时李四的企业，却经营得风生水起。因为这几年投入了大量的研发力量，工艺和技术越来越先进，同时在精细化管理上投入很多精力，经营效率得到了大幅提高。此时，李四的企业凭借各种资源和优势，将单件产品的成本降低至20元，同样每件35元的价格，其他企业已经难以维系，而李四的企业依然有相对可观的利润。当李四的企业想要争夺更大的市场占有率，而再度降低价格时，其他企业是没有招架之力的。

企业赚取利润的来源和质量是各不相同的，如图1-5所示。有的利润是因为真正建立了自己的"护城河"而获得的，而有的利润是因为市场红利期而给予的。前者是企业通过自己的努力获得的，无法被市场轻易拿走，能够为企业的发展提供坚实的基础，而后者却是可以被市场轻易拿走的。当行业的潮水退去，这部分利润也会随之消失，这时企业的发展主动权是外在的，也是被动的。

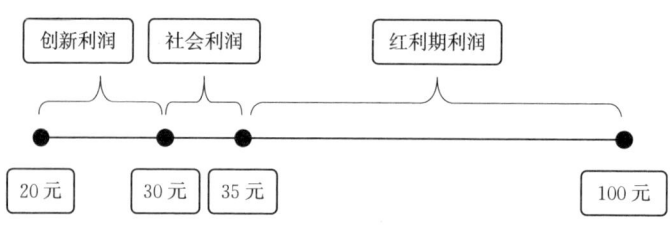

图1-5 不同的利润类型

从市场价格的100元到35元，这部分利润就是行业红利期所给予的。这个阶段的企业，只要保持平均水平，大概率都可以生存得不错。从市场价格的35元到成本的30元，这部分利润，企业仅仅维持正常的经营。更直观来说，这部分利润是由于企业给社会提供劳动，而获得的回报。就如同员工工作需要赚取报酬一样，是由于提供相应的劳动而获得的。如果没有大的行业变革或产业升级，市场价格大概率会在这个位置保持相对平衡。从成本30元到20元，这部分利润，仅有那些做出技术创新，或者管理改进的企业能够获得，这才是企业真正的利润所在。

红利期的利润，随着行业的发展，会被越来越多的竞争者和越来越挑剔的用户所分摊。而别人拿不走的、真正属于企业的利润，是企业通过技术创新、规模效应以及精细化管理所获得的，这才是企业应当为自己着力打造的"护城河"。在红利期要保持清醒的认识，眼前的利润并不是企业能力的呈现。要把握行业红利，不断积累自身实力，并不断构筑自己的核心竞争力。当行业的红利退去时，才能够依然保有持续的竞争力。

第2章
从战略选择到目标落地

企业根据不同的发展阶段及自身的经营情况，因地制宜地选择最适宜当下发展的盈利模式。盈利模式，在某种程度上也决定着企业的战略选择。基于企业所选择的盈利模式和战略规划，还需要匹配合适的财务战略，并层层分解，将其落地并转化为每个岗位可实施的行动方案。唯有落实到工作中的每个环节，企业的战略目标才能得以实现。

2.1 不同盈利模式下的财务战略选择

从企业整体的发展战略，再到行业对于企业的影响。可以看出，企业的发展要顺势而为。既要基于行业的发展阶段和竞争状况，又要符合企业的发展规律。再往下层延伸，企业在制定具体的战略时，需要考虑多种策略和方法，并确保所选策略与企业的实际情况相匹配。没有一种方法能够适应所有企业，或适应企业发展的每一个阶段。这需要根据企业的实际情况因地制宜，想要找到"一招鲜吃遍天"的方法，在这个充满变化的时代是很难实现的。

2.1.1 基于竞争能力的财务战略

基于竞争能力的财务战略，主要着眼点在于企业想要依赖的核心竞争力。是依靠价格制胜，还是依赖独特的服务，或者是人无我有的先进技术。又或者，有的企业产品只是面向特定的客户群体，但却通过低价格或差异化服务，在这个领域做到了隐形冠军。不管是采用哪种战略，都可以殊途同归，实现企业价值的增长。从竞争角度来说，企业战略可以分为成本领先、差异化和集中化三种战略。

1. 成本领先战略

成本领先战略，就是要做到以价取胜，如图 2-1 所示。企业的低价格，不是企业短期的价格战，或者一时的促销行为带来的，也不是仅仅通过削减成本获得的，而是要形成一种可持续的低成本。这种可持续性的低成本，是企业竞争力的来源，是企业综合实力的体现。成本领先的低成本，不是一种绝对的低成本，而是相对于竞争对手而言的。这也代表着，采用这种战略的企业需要在各个经营环节保持比竞争对手更高的效率。

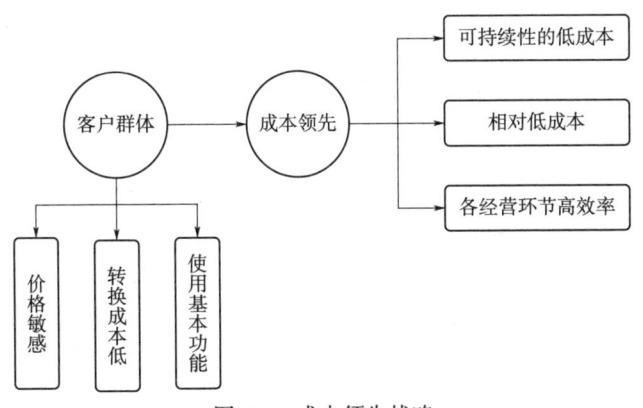

图 2-1　成本领先战略

虽然降低成本是每个企业都要不断提升的重要部分，但并不是所有的企业都适合采用低成本战略。将适当的战略匹配到适当的企业，才能达到事半功倍的效果。

举例说明

在购买一些日用品时，超市琳琅满目的货架上，摆放着很多同类型的商品。作为消费者，决定购买的主要因素是什么呢？大部分人都会考虑价格，对于日用品来说，最重要的是发挥它的使用功能。各类产品没有本质区别，除了外观上的一些差别，能够提供给消费者的价值基本相同。

这时，价格就会成为消费者购买的主要因素。提供同样功能的前提下，价格越低，就会被越多的消费者所选择。一旦产品涨价，消费者会毫不犹豫地选择另外一款价格相对更低的产品。也就是说，消费者的转换成本极低。换一种产品购买，对于消费者来说是没有任何损失的。提供这类产品或服务的企业，在与对手竞争时，主要围绕在价格上面。这时，低价格就需要有足够低的成本作为支撑。除了降低各环节的投入，可持续性的低成本还取决于整个供应链的低成本，比别人更低的原材料价格，比别人更高的生产效能，甚至于比别人更低的人工成本。当然，这些成本的降低，不能以牺牲质量或降低生产标准来实现。

如果竞争对手的原材料价格是每件50元，如何将自身的原材料价格降低到每件45元呢？可以通过增加采购规模，增强与供应商的谈判权来实现。竞争对手同样的投入能够生产500件产成品，那么我们能不能以同样的投入生产出501件产品呢？在标准化的产品工艺下，生产效率基本是持平的。为了获得更高的投入产出率，不仅需要在各个工艺环节降低成本、严格控制投入量，并杜绝浪费，更要从工艺、从技术上实现弯道超车，提高生产效率，降低产品成本。比如，引进一些先进的设备。虽然设备引进带来的是资金消耗，但是效率的提升，会带来大量的成本降低。除此之外，还可以将生产基地设在主要原材料的聚集地，以此来降低成本。

可以看出，成本领先的背后绝不仅是简单的压缩利润，通过价格战而实现的。它意味着企业需要从更本质的层面出发，通过提升效率来实现成本的降低，并且在客户价格敏感的市场上，用这种最有效的方式实现增长。

2. 差异化战略

对于那些不适合使用成本领先战略的企业，又该用怎样的方法在市场上实现突围？这就回到一个问题上来，客户为什么愿意支付更高的价格购买产品？产品能够提供哪些独特的价值？相比于独特的价值来说，价格的提升是客户愿意支付的吗？因此，客户愿意为独特的价值支付怎样的价格，就成了差异化战略的核心所在。

相比于成本领先战略，差异化战略的实现，需要用户需求多样化的环境作为基础，如图2-2所示。如果用户的需求都是一样的，标准化的产品就能够满足，差异化的优势也就无法展现。只有当用户的需求多种多样时，企业才能够有机会用差异化的服务提供用户需要的价值。在这个过程中，也需要匹配技术的不断创新。在一个创新变革较快的行业，是比较适合采用差异化战略的。

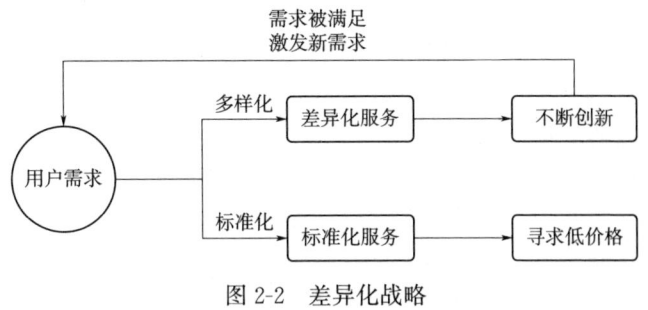

图 2-2　差异化战略

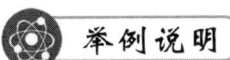

智能手机刚刚面世的时候，仅有很小的屏幕。随着技术的不断创新，每一次技术升级，屏幕也会随之升级，变得更大，新手机能够承载的功能也越多。这是技术创新带来的差异化，也是用户需要的差异化。因此，在每一次新产品推出的时候，就算价格较老产品上涨一倍，依然有用户愿意为此买单。这是因为新产品带来的差异化，满足了用户对于手机的需求，用户愿意为此付费。

随着智能手机行业的发展，技术越来越成熟稳定。不同品牌间的差异化越来越小，手机的屏幕大小也基本维持在一定范围内。每一次推出的新产品，对于大部分的普通用户来说，差别并不是很大。虽然新品依然有很多的科技亮点，但是对于用户来说，这些差异并不是他们所需要的，或者他们亟待满足的需求，用户的购买欲望就会大大降低。因此，使用差异化战略，不仅需要提供差异化的产品和个性化的服务，更重要的是这些差异是用户需要，甚至是亟待满足的。满足了这些前提，企业在实施差异化战略时，还需要在设计研发能力上不断提高。在深入理解客户需求的情况下，设计和研发满足这些需求的产品。

除此之外，采用差异化战略，还需要企业做好市场的营销工作。用户除了刚需，更多的需求是被带动、被熏陶的。

仍然以智能手机为例。智能手机在刚推出时，有一部分群体的需求很低，这个群体就是老年人群体。随着市场的普及，老年人不断被带动了解智能手机的使用方便、在线购物的便捷。当他们的需求被激发后，这个庞大的群体也成了智能手机的目标用户。通过营销的手段，把潜在用户的需求激发出来，然后满足他们，这也是实现差异化战略的重要手段。

3. 集中化战略

成本领先战略和差异化战略，解决了企业竞争方向的问题，而集中化战略就是在解决竞争范围的问题。在哪个范围内实现成本领先或者差异化战略，就是集中化战略需要考虑的关键问题。那么，为什么要把企业的竞争点局限在某个领域呢？竞争范围扩大到更广阔的市场中，不是能够带来更多的收入和用户吗？

在整个市场上展开竞争时，不论是采用成本领先战略还是差异化战略，都对企业自身实力提出了非常大的挑战。对于大多数企业来说，都不具备在整个市场中展开竞争的实力，且资源过度分散后，竞争效率也会受到影响，这也是集中优势兵力打歼灭战的战略思想。

从投资回报角度来看，将有限的资源投入到最匹配的市场上，服务最有需求的用户，能够帮企业带来回报的最大化，如图2-3所示。不同的市场、不同的区域、不同的客户群体，竞争的强度是各不相同的。以卓越的品质去满足相对普通的用户需求，更容易得到良好的口碑，这就是降维打击的思路。

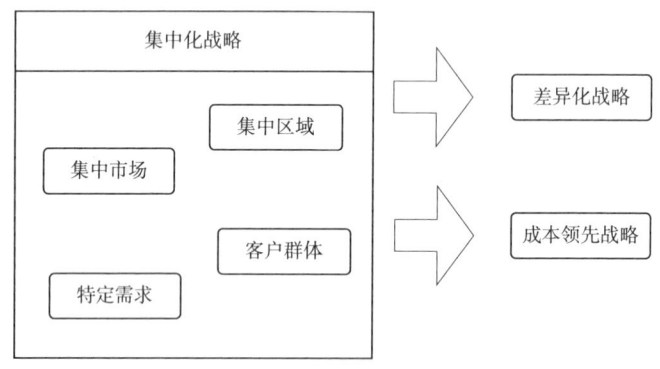

图2-3　集中化战略

除此之外，不同用户群体之间需求的差异，也为集中化战略的实施提供了有利条件。通过需求差异，找到适合企业的细分市场，并集中资源在该领域内采用成本领先或者差异化战略，可以帮助企业在资源有限的情况下较为快速地实现增长和突破。

但是，凡事都具有两面性。采用集中化战略的企业，既享受了资源集中所带来的优势，也要承担资源集中所带来的风险。比如，细分市场范围较小时，规模化效应可能会受到一定的影响，相比于面向更广阔市场的企业来说，成本可能会更高。如果成本上的劣势，抵消了集中化带来的优势，这时集中化战略就可能会失败，企业需要选择更为合适的战略。

2.1.2　基于经营行为的财务战略

基于经营行为的财务战略，主要着眼于企业的经营活动能够给客户提供怎样的价值。不同的经营模式，需要匹配不同的战略方法。企业是通过为客户创造价值而盈利的。客户的需求有千百种，因此企业在经营过程中，需要找到自己的定位，给有需要的客户提供企业能够提供的服务，才能实现价值的交换。

从客户角度来说，为了获得企业的服务，需要付出金钱作为交换。企业的利润，就是在提供服务和获取客户资金交换的过程中产生的。企业提供的价值从低到高，可以分为不同的档次定位，而客户愿意为之支付的价格，从低到高，也可以分为不同的档次。在这两者之间能够达成共识的交集部分，就是能够产生企业价值和利润的方向。

面对仅愿意支付低价格的客户，企业可以提供三个层次，即低价值、中价值以及高价值，如图2-4所示。以低价格的方式，提供中等价值，就是一般企业采用的成本领先战略。在价值不变的情况下，尽量降低价格。但是不论怎样降低，价格都是有底线的。对于有更低价格需求的客户来说，企业如何满足这部分需求呢？

于是，低值低价的战略出现了，如图2-5所示。在客户能够承受的价格范围内，提供有限价值。这类企业提供的产品价值很低，服务相对较差，质量也并不太好。恰恰是这样的企业，却呈现出很强的生命力，因为在低价值的背后，带来的也是极低的价格。这样的价格是非常有市场空间的。比如，某电商平台采用的战略就是低值低价战略，在平台上购买的产品虽然质量不太高，但是价格却是极低的。对价格非常敏感的消费者来说是非常受欢迎的。在低价值的层面上，客户只愿意支付低价格，因此中等价格和高价格是没有市场的。

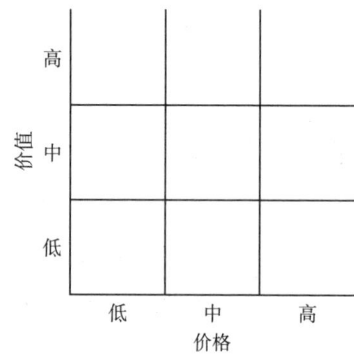

图2-4 价值与价格矩阵

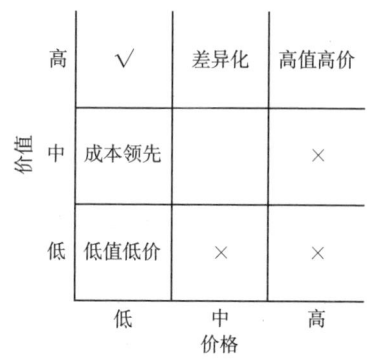

图2-5 不同价值与价格下的战略选择

沿着企业提供价值的方向继续向上，以低价格或者中价格提供一般价值的产品或服务也会形成相应的市场。在一般价值的情况下，价格越低，消费者越多，这也是企业常常采用的成本领先战略。

再往上一层，当企业提供高价值产品或服务时，对应的三种价格区间又会是怎样的情况呢？高附加值的产品或服务，自然意味着高价格。追求生活品质的消费者，常常愿意为高品质买单。有的企业，对自己的定位就是高端客户，虽然价格高昂，但是提供的服务和体验也是一流的。比如，五星级的酒店或者高档的旅游度假村，采用的就是这种战略，向高净值的客户提供高附加值的服务。在企业提供高价值产品或服务的基础上，价格越低，受众群体越大，收入规模也会相应扩大。在保持品质不变的基础上，尽量降低成本是可以理解的，但是高价值低价格的战略能否实现呢？

天下没有免费的午餐，绝对的高价值低价格，是很难实现的。但是以客户能够接受的低价格，提供客户期望获得的高价值，是可以实现的，这就是高值低价战略。企业需要做到比竞争者更低的成本，并且同时能向客户提供更高品质的产品和服务。一般来说，价格和价值是同向变动关系，高价格对应高价值，低价格对应低价值。那么如何实现反向变动，即低价格带来高价值呢？

企业在提供高附加值的产品或服务时，会提升自己在客户心中的形象和品牌价值，从而带来市场份额的提升，而市场份额的提升又会帮助企业形成规模经济，从而带动成本的降低，成本的降低又会进一步巩固品牌形象、客户认知以及市场份额，从而形成良性循环，如图2-6所示。从生产、服务角度来说，提供高质量的产品和服务，比提供低质量的产品和服务，企业所获得的经验积累更快，也更有价值。这些经验形成的无形资产，又会进一步帮助企业完成积累，降低成本。而且在不断的积累中，企业不仅获得了更多的经验，还在经验中不断找到创新和提效的方式，帮助企业进一步降低成本。

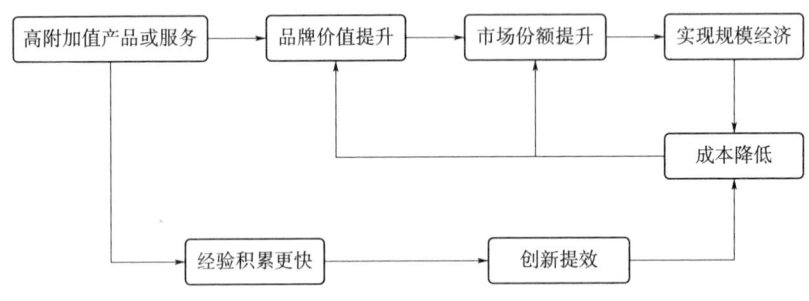

图2-6 如何实现高值低价战略

以上是基于不同的经营方式下所需要的不同战略定位。企业需要评估自身实力和优势，找到企业擅长的、能满足客户需求的方向，并不断地放大优势，才能在激烈的市场竞争中占得一席之地。

2.1.3 基于经营风险的财务战略

企业经营过程中，风险是无处不在的。既有经营战略导致的经营风险，又有资金状况、资本结构所导致的财务风险。不管是经营状况良好的企业，还是正在面临经营困境的企业，都需要大量的资金作为支持。筹资的来源，主要分为股权融资和债权融资。也就是说，除了自身发展所带来的价值增长，企业发展需要的资金，一方面来自投资人的投资，另一方面来自内外部的借款。

企业的财务风险，主要是由不同的筹资来源所带来的。企业中的债权比例越高，财务风险也越高。当企业负债比例较大时，不仅需要承担大量的利息支出，还要面临到期偿债的风险。如果企业经营没有实现预期收益，就可能无法按期偿还本息，产生导致资金断裂的风险。

对于股权投资来说，虽然这部分资金无须偿还，但也正因为如此，一旦经营风险过大，预期难以获得理想收益时，投资人是不会投资的。所以，在一定程度上，经营风险决定着企业的财务风险。在不同的风险下，选择合适的财务战略，既能帮助企业促进经营业务的发展，又能够把财务风险控制在可控范围内。

基于经营风险和财务风险的高低之分，可以将两种风险状况组合成四种不同的情况，如图2-7所示。在不同的情况下，需要匹配不同的财务战略，这时企业的选择也是投资人的选择。

当企业处于发展初期时，经营风险很高，经营不确定性也非常高，企业能否成功进入下一阶段，都是难以预测的。

在这个阶段，企业没资金、没资源、没品牌，有的只是创始团队的一腔热血和一个前途未卜的项目计划。想要获得债权融资，难度是很大的。对于借款人来说，大量的借款只能获得少量的利息回报，企业的经营风险很大。一旦企业破产，不但无法获得利息回报，连本金都会损失。对于理性的债权人来说，是不会把钱借给这样的企业的，而风险投资人就不一样了，只要项目有发展潜力，投资人就愿意投入，以获取项目成功后巨大的回报，这也符合风险与收益相匹配的原则。

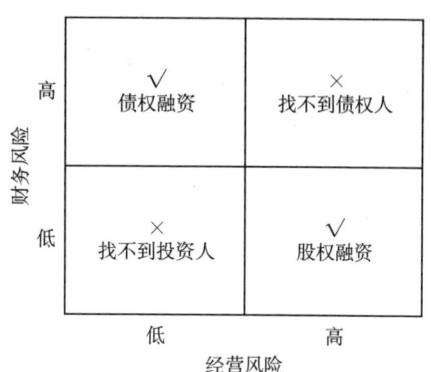

图 2-7 不同经营风险下的财务战略选择

因此，当企业经营风险较高时，采用股权融资对企业发展更为有利。对于企业来说，此时的财务风险也较低。虽然股权融资也需要给投资人分配红利，但是不同于债权融资偿还本息的刚性要求。债权融资就像是企业的一项固定成本，即使没有盈利，甚至亏损，也需要按期偿还，这项固定成本增加了企业经营的负担。

而投资人的分红没有硬性要求，它更像是一项变动成本，随着企业经营收益情况而变动。一般来说，在企业经营风险很高时，收益较低或者经营不稳定，波动性较大。为了经营的稳定性和企业资金的积累，采用不分或少分的策略更为适宜。

随着企业的发展，经营的确定性越来越强，经营风险逐渐降低。这时的企业，已经能够通过自身运营，获得一定的资金留存和正向的现金流量。当出现资金缺口时，采用债权融资的方式，更为符合此阶段企业的需求。虽然从风险角度来说，采用股权融资的方式，风险更低。但是这不符合投资人的期望，投资回报率远没有经营初期的高。因此，经营风险相对较低的企业，往往较难吸引到寻求高风险高回报的投资人进行投资。

而对于债权人来说，企业经营比较稳定，现金流也较为稳定，少量的债务不会影响企业的偿还能力，自身的债务风险也比较低，债权人更愿意借钱给这样的企业。这个阶段，企业可以选择财务风险较高的融资方案，企业经营确定性增强，债权融资的成本也较低，对于双方来说都是比较好的选择。

2.1.4 基于企业所处阶段选择财务战略

企业发展需要历经不同的阶段，既要考虑外部环境，又要考虑内部条件。当市场经济处于上行期，且企业所处外部环境充满机会时，企业通常会选择发展战略。但是企业也需要衡量自身实力，做出不同的选择。对于自身存在劣势的企业，需要尽快扭转自身发展的不足，争取抓住外部市场的发展红利。对于自身条件优越的企业，要利用经济上行期，不断扩大自身实力，进一步提高企业的核心竞争力。

在市场经济处于下行期，外部环境的不确定性增强，这时即使自身条件优越的企业，也需要稳定发展。要尽量减小外部环境给企业带来的影响和损失。而自身条件欠佳的企业，除了维持，还要适时退出，以保存实力，等待下一次的发展机会。因此，基于不同的发展阶段和内外部环境，从企业总体角度考虑，可以分为发展战略、稳定战略和收缩战略。

1. 发展战略

采用发展战略的企业，不仅需要充分利用外部环境的机会，还要充分挖掘内部资源优势。企业发展需要在深度和广度上不断拓宽边界。在具体的发展方向上，企业可以沿着经营的链条向上下游拓展，也可以在现有产品和市场中寻求更广阔的发展空间。对于资金充足的企业来说，还可以在原有业务的基础上，开发多元化业务。比如，有的企业上游供货成本价高，且不能及时满足企业供货需求。在具备资金和相应人才的基础上，可以采用收购、持股等方式，将企业的业务向上游延伸，既提升了企业对于供应链的控制能力，又降低了成本。还有的企业，原本是通过下游经销商进行产品销售，在销售环节利润较高且增长潜力较大的情况下，企业可以向销售环节延伸，这也为企业找到了新的利润增长点。

企业增长还可以在现有市场和现有产品基础上不断拓展。企业结合自身实力，既可以使产品和市场单向增长，也可以双向同时拓展，这就形成了企业发展的四种选择，如图 2-8 所示。

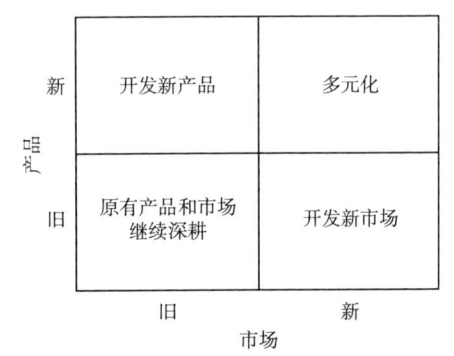

	旧	新
新 产品	开发新产品	多元化
旧	原有产品和市场继续深耕	开发新市场

市场

图 2-8 不同产品和市场的战略选择

当企业所在市场处于快速增长，或者在现有市场拥有较强的独特竞争力时，可以选择以现有产品，在现有市场上继续渗透。在对现有市场充分了解的基础上，通过对客户需求的把握和发掘，也可以在现有市场上，利用原有的品牌和口碑，推出新的产品或服务。当企业目前所在市场已经饱和，而其他市场对于现有产品仍有较大需求时，可以向新市场或者新的区域进行拓展。如果企业不满足于现有市场和现有产品，且拥有较为充裕的资金时，可以转向新的领域，为企业寻找新的增长点。这些方式，都可以帮助企业不断扩大规模，推动企业的发展。

2. 稳定战略

虽然每个企业都希望得到快速增长，但并不是所有企业都适合采用发展战略。受限于外部经营环境和内部资源条件，有些企业更加适合采用稳定战略。比如，有些企业为了规避不确定性风险，或者防止盲目发展导致的资源配置不平衡，会选择比较稳妥的战略。还有的企业比较保守，希望充分利用现有资源进行发展。或者外部市场增长缓慢，内部资源不足，盲目扩张反而适得其反。这时企业也会选择稳定战略。先从内部入手，优化管理模式、提升经营效率，通过充分利用现有资源，来积累自身的竞争实力。采用稳定战略的企业，重点会放在经营期内保持持续稳定的经营状况。

虽然，相比于发展战略中的不确定性，稳定战略的风险性会更小。但是稳定战略也有一定的风险。当市场格局发生快速变化时，采用稳定战略的企业，因为前期没有积累，缺少抵御外界变化的能力。一旦前期的平衡关系失衡，就会陷入危机。而且长期处于稳定状况，不管是企业还是员工，都会陷入"温水煮青蛙"的状态。这会降低企业的风险意识，一旦风险来临时，将难以适应并应对。比如，传统行业在面对新兴行业的冲击时，选择发展战略的企业通常会积极应对，并在新的行业中寻找转型的机会。而选择稳定战略的企业会选择继续沿着原有方向发展，拒绝接受新兴行业。但是随着新兴行业的不断蓬勃发展，当有一天彻底颠覆并取代传统行业时，企业就会陷入巨大困境。

3. 收缩战略

除了发展战略和稳定战略，还有很多企业不得不选择收缩战略。收缩不是失败，有时是为了更好的发展。比如，在经济下行时期，为了保存企业实力，需要砍掉盈利状况不好的产品线。这是为了保护企业整体的竞争力，去除不良产品线的影响，帮助企业优化结构，实现更好的发展。还有一些小企业，抱着小富即安的心态，只愿意承担有限风险，将企业经营固化在一定规模以下。一旦超过特定阈值，就会选择收缩战略，将规模控制在特定范围之内。这些都是自主选择的收缩战略，是主动控制风险，提高企业盈利能力或者回报率的行为。但是，还有很多企业，是由于外部市场环境，或者内部经营困境，而不得不被动选择收缩战略。

不管是主动选择还是被动接受，选择收缩战略的企业，除了彻底放弃原有业务或者企业经营外，还可以选择转向或者内部采取紧缩与集中的战略。比如，选择其他更有利于企业发展的方向。利用企业现有优势，重新调整企业的市场定位和产品定位。在策略上，也要进行相应的调整，采取一系列的新举措，来适应新环境的变化。在内部的管理上，要更加注重成本控制，精细化运营，缩小不增值部门或业务线的规模。同时，要严格控制现金流，积极寻找筹资渠道，防止资金流断裂给企业带来致命性打击。

2.2 搭建与企业战略相匹配的组织结构

不论选择哪种战略和盈利模式，企业的所有经营活动，都是由背后的人来驱动和实现的。为了保证战略的落地和盈利目标的实现，还需要对自身组织结构进行不断优化。战略变，则架构调，这样的组织才能够保障企业经营目标的实现。

2.2.1 从层级划分组织结构

从组织的层级来说，一般分为高长型和扁平型的组织结构，如图2-9、图2-10所示。它们之间最主要的区别在于决策的环节和决策流程不同。高长型的组织结构，层级较多，决策流程长，沟通成本也很高。遇到问题需要从基层向上逐级反映，得到答案后再逐级反馈回来，这个过程可能需要几天的时间。与高长型组织

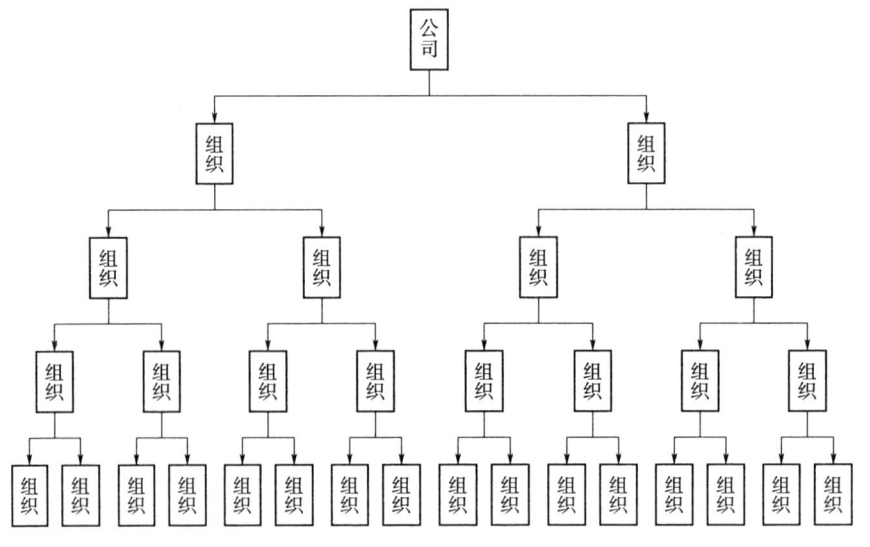

图 2-9 高长型组织结构

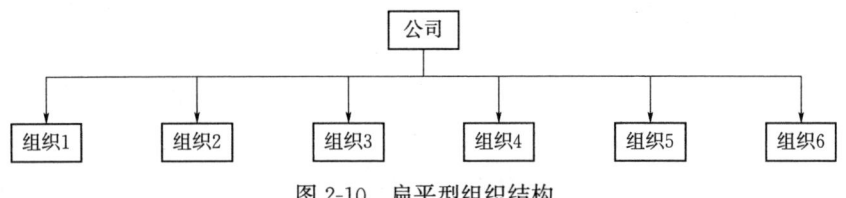

```
                    ┌──────┐
                    │ 公司 │
                    └──────┘
      ┌──────┬──────┬───┴──┬──────┬──────┐
   ┌──┴─┐ ┌──┴─┐ ┌──┴─┐ ┌──┴─┐ ┌──┴─┐ ┌──┴─┐
   │组织1│ │组织2│ │组织3│ │组织4│ │组织5│ │组织6│
   └────┘ └────┘ └────┘ └────┘ └────┘ └────┘
```

图 2-10 扁平型组织结构

结构相对应的是扁平型的组织结构，扁平型的组织结构克服了高长型组织结构决策效率低的问题，因为层级数量较少，市场信息能够更快地触达上层决策者，管理效率得到大幅提高。

但是，对于有一定规模的企业，使用扁平型的组织结构，每个层级的管理者管理幅度会更宽。虽然能够对市场做出更快的反应，但是容易产生管理失控。相比之下，在高长型的组织结构中，每个管理者的控制幅度和控制范围较小。虽然对市场反应较慢，但是有利于企业的内部管理。

从本质来说，高长型和扁平型组织结构体现了企业对于集权和分权的选择。选择高长型组织结构的企业，更偏向于集权的管理方式，而选择扁平型组织结构的企业，更偏向于分权的管理方式，这也是组织中从层级划分角度做出的划分。

2.2.2 从横向分工划分组织结构

企业中有不同能力的员工，他们各自所承担的责任和职责也各不相同。企业需要将所有员工的能力整合到一起，共同为客户提供有价值的产品和服务。这需要不同人员之间的相互配合，既需要分工，也需要协作。因此，从横向分工角度来看，对于大多数中小企业，常见的组织结构类型包括创业型组织结构、职能型组织结构、事业部型组织结构、矩阵型组织结构。这些不同的组织结构也是随着企业规模的不断扩大而逐步演变的。

1. 创业型组织结构

创业型组织结构通常是企业刚起步时的组织结构。组织中的员工大多身兼数职，负责多项业务和职能。哪里有需要，就会像救火队员一样去解决各种突发状况。此时的员工也大多由初始的创始人兼任，他们既负责执行，也负责经营的决策。由于缺乏专业的分工，工作的完成和推进高度依赖于创始人的个人能力。

在初始阶段，企业还没有跨过从 0 到 1 的危险期，最重要的任务是确保企业的生存和发展。这时采用创业型的组织结构，能够快速决策，快速对市场变化做出反应。由于结构中的成员，大多身兼数职，且个人能力很强，这时的工作效率往往也是很高的。

2. 职能型组织结构

随着人员的增多及业务复杂性的增强，每个管理者的管理维度也在不断扩大。各方面的工作，也需要专业化的人员来操作。这时企业就会向最典型的职能型组织发展，典型的职能型组织结构，如图2-11所示。总经理负责管理企业的全面业务，各个职能部门的管理者负责各专业领域的工作。

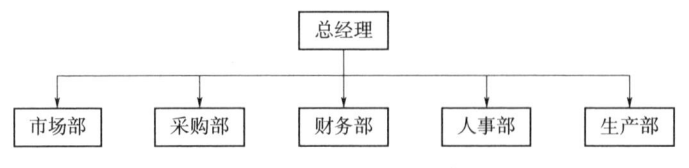

图 2-11　职能型组织结构

比如，财务部负责企业财务相关的工作，市场部负责产品的推广与销售。每个岗位的员工，工作职能变得更加明确，身兼数职的情况有所减少。各个职能部门的工作，既相互独立，又互相协同，共同为实现企业目标努力。

3. 事业部型组织结构

随着企业业务的不断扩大，产品线也不断增多，甚至开始跨地区经营。这时原有的职能型组织结构，不能满足企业需求，组织会进一步划分独立的单元。这个单元可能是以产品线为单位的，也可能是以区域为单位的，如图2-12、图2-13所示。每个单元都是一个独立的事业部，都会配套独立的职能部门，来保证该单元内的管理工作。事业部内的管理者，不仅作为战略的执行者，也参与该事业部范围内的战略决策。最高管理者的战略决策权，通过组织结构的重新划分，得到层层下放。

图 2-12　产品线事业部型组织结构

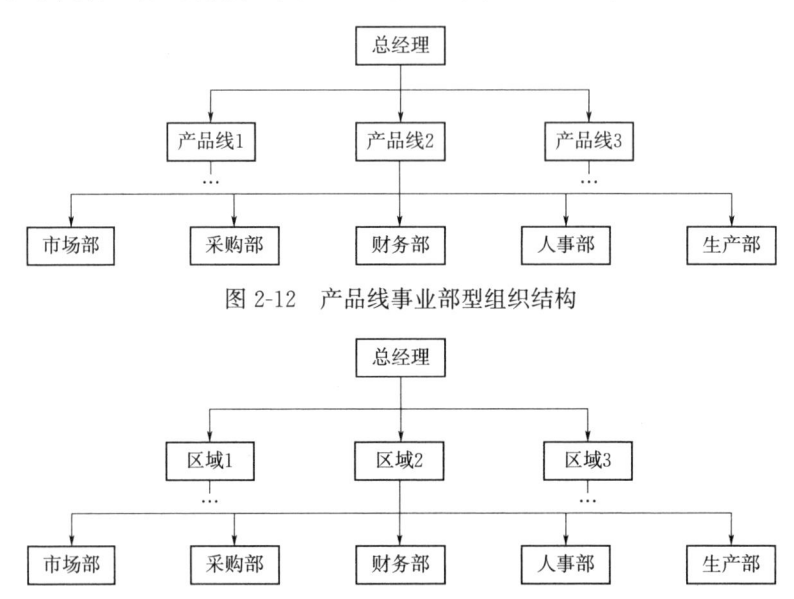

图 2-13　区域事业部型组织结构

事业部型的组织结构，将不同的产品线或者不同的区域做了区隔。各个事业部可以集中精力在各自的职责权限内开展工作。由于各自独立，当个别事业部经营不善时，易于关停，而不影响其他业务。当组织需要扩张时，只需在原有基础上，增加新的事业部。

当事业部越来越多时，事业部上层管理者的管理维度越来越大，管理难度也会大大增加。这时就需要将不同的事业部，按照相关或非相关等逻辑关系，划分为不同的小组，成立新的业务单元。将不同的产品线重新组合，并归结到不同业务单元的管理范围内，在原有单层事业部的基础上继续增加管理层级，如图 2-14 所示。

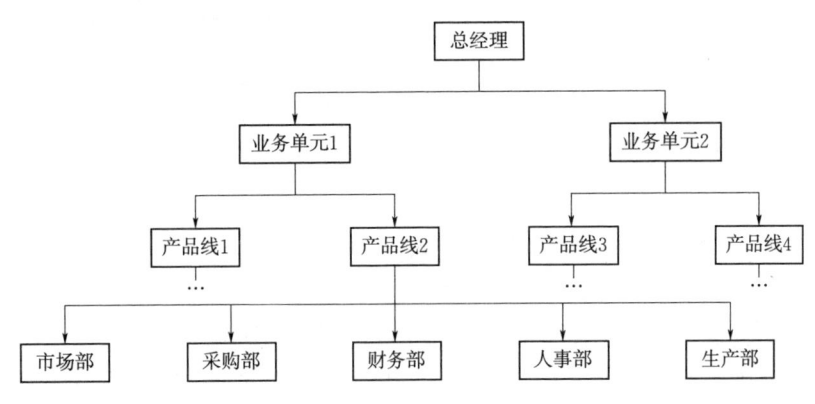

图 2-14　事业部型组织结构

事业部型的组织结构比较灵活，能够适应市场发展而快速调整，且对其他业务影响较小，但是事业部型的缺点也比较明显。每个事业部内都成立自己的职能部门会造成企业管理成本的增加，同时各个事业部各自为政，一旦需要互相协调时，沟通成本较大。而且各事业部由于互相争夺企业中的有限资源，会出现一些竞争和摩擦，也会给企业带来隐形的成本和管理的困难。

4. 矩阵型组织结构

每个事业部单元内，都拥有自己的职能部门，这造成了管理成本的增加。于是企业开始探索新的方式，将功能趋同的职能部门统一管理，大家共享职能部门提供的管理服务。于是组织结构开始重新划分。职能部门的员工，既隶属于各自的职能部门，又服务于具体的事业部或产品线，既专注于各自的职能领域，又深入项目一线为业务提供支持，这就是矩阵型的组织结构，如图 2-15 所示。

还有很多企业，为了降低管理成本，将职能部门的工作进行归集，建立了不同职能的共享中心。不同的事业部或者不同的项目组共用企业内的职能服务，将分散在各个事业部中的职能部门收归到企业统一管理，既提高了效率，又降低了成本。

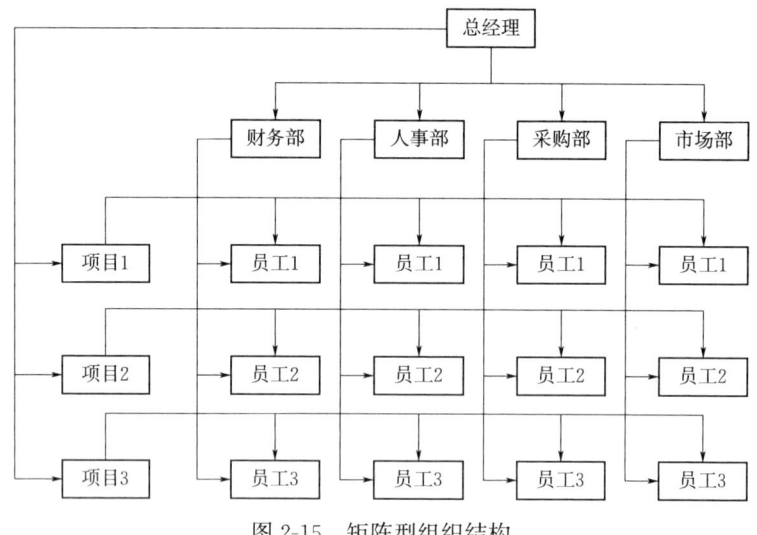

图 2-15 矩阵型组织结构

2.3 从战略规划到目标落地

从战略规划,到盈利模式的路径选择,再到每个环节的量化指标,都是在寻找目标与实现之间的路径。将战略规划转变为可量化的指标后,就需要再进一步拆解各项工作的行动方案。比如,为了实现销售额翻一番的目标,没有具体的行动方案是很难实现的。如果销售额翻一番这个目标能够具体到每一天、每个员工需要完成的工作,并且量化执行,及时反馈,就能够有效地保障目标的实现。从战略出发,到目标的最终落地,还需要为每一步的行动进行有力保障。

2.3.1 绘制企业的战略地图

从企业的目标、愿景、价值观出发,到战略的分析和选择,再到具体落地执行,需要层层分解,形成一份清晰的行动路径。这里常用的工具,就是企业的战略地图。从哪些方面入手,各个层面需要达成怎样的目标,它们之间的因果关系,都会在战略地图中予以明确。战略地图,从财务、客户、内部流程及学习与成长四个层面进行分解。财务层面是企业最终需要呈现的数字结果,而这些结果的呈现,需要每项业务、每个流程的有效执行来保证。

举例说明

以一家物流运输企业为例,该企业主要为客户提供货物的公路运输服务,如图 2-16 所示。

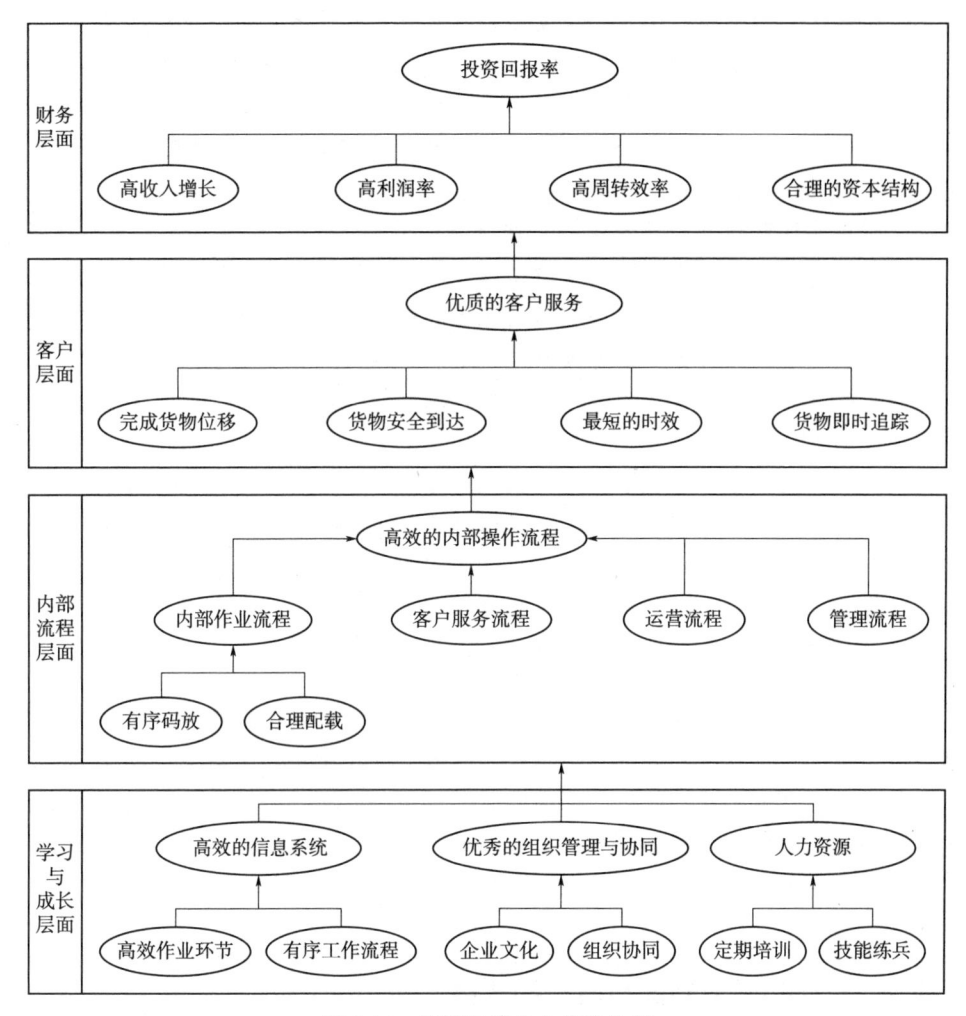

图 2-16 物流运输企业战略地图

在财务层面，企业希望实现股东投资回报率最大化的目标。这一目标的实现，需要完成高收入增长、高利润率、高周转效率及合理的资本结构。再进一步细分，企业需要在增加收入、提高利润率及内部降本增效上下功夫。比如，运输服务的利润率、车辆的周转效率等，都是需要进一步提升的方面。企业是通过为客户服务、为客户创造价值来获得收益回报的。为了达成财务目标，需要通过更好为客户提供服务来实现。

在客户层面，需要明确企业为客户创造了怎样的价值，如何最大限度地满足客户的需求。物流企业提供的是货物的运输服务，客户的需求是除了将货物从起点运送到终点，还需要保证货物安全和时效，货物即时追踪，以及在与客户接触时的各项服务质量。这些需求要在合理的价格范围内得以保证，只有充分满足客户的这些需求，企业才能够获得自己的回报。从财务指标中的收入增长入手，如何才能获得收入增长呢？这需要从满足客户需求出发。不管是价格上的需求，还是对服务品质的要求，这时企业的目标已经从冷冰冰的财务指标分解到更好地为客户提供服务，满足客户需求。

接下来再继续分解，就到了内部流程层面。企业内部如何管理、如何运营，完成怎样的流程才能够更好地满足客户需求？为了保证客户货物安全的需求，在作业过程中要按照标准的操作流程。在货物的装载上，要有序码放，合理配载，根据货物重量和包装材质采取科学的摆放方法。为了满足客户低成本的需求，企业内部要提高效率、降低成本，采用更先进的技术，提高各环节的作业效率。这一过程就是将如何满足客户需求进一步拆解到具体的工作环节中。

高效的作业环节、有序的工作流程和熟练的员工操作，这些都需要通过有效的培训、信息化的支持、各个环节的跟踪反馈机制，以及组织间的协同合作来共同实现。这就是学习与成长层面需要完成的事项，即如何支持企业的持续发展和有序运营。为了保证内部层面各环节的高效，企业需要提供各项管理和服务支持。比如，要保证员工的高效操作，需要对作业环节的流程进行培训，通过日常练兵比武的方式，锻炼员工操作的熟练性。对于基层管理者，也要组织相应的培训帮助他们转变角色，适应管理的节奏和工作。

从这四个层面整体来看，是将战略要素层层分解到具体动作的过程。为了保证财务目标的实现，需要明确客户需要的服务，并提供相应的服务。而服务产出需要各个内部环节的有序进行，在内部运转过程中需要一定的管理和支持来保障内部环节的高效有序。整个环节，自上而下将目标层层分解到可实施的步骤，就是战略地图的意义所在。

2.3.2 从战略地图到盈利模式的选择

明确战略地图后，企业有了进一步落地的方向，但是在操作层面，还需要进一步细化。在满足客户需求层面，受限于企业自身的规模和实力，以及内外部所处的竞争环境，通常无法在同一时间满足所有需求。

在竞争过程中，也需要有所取舍，分阶段实现。比如，客户对于价格更加敏感，就可以选择成本领先的战略，以收入的快速增长带动企业规模的扩大，从而实现企业盈利。如果客户对于服务品质更加关注，就可以选择差异化战略，以高利润率来实现盈利。

选择不同的盈利模式，影响到后续所有的内部运营流程和管理支持环节。这些环节的保障方向，也会围绕着企业选择的盈利模式来开展。虽然整体都是在提高企业的经营能力，但侧重点会有所不同。比如，选择薄利多销的盈利模式，在客户定位上就需要匹配价格敏感型的客户。这类客户选择购买的主要因素就是价格的高低,其他的服务需求相对减弱。企业在内部运营中,就要更匹配这一盈利模式,除了常规方法下的降本增效,还要考虑客户需求的匹配程度。对于价格敏感型的客户,可以适当减少附加价值的提供,在保证基本需求的前提下,降低成本。

可以看出,有了战略地图的方向后,还需要进一步细分。不同的盈利模式、实现方式,意味着不同的实现路径。这需要企业在多种路径中,选择更适合当下的实现方法。通过分阶段、分步骤的方式,有序积累企业的经营实力和运营能力。

2.3.3 从盈利模式选择到量化指标

有了目标和选择的路径,还需要各种手段保障落地执行。在层层分解之下,还需要量化每个环节的指标,这也是从宏观到微观,从宽泛到具体的过程。管理,既要管结果,又要管过程,没有过程的管控,结果的实现只能是随机的、不可控的。只有控制住过程,把实现结果的过程固化下来,结果的发生才会变得自然而然。

举例说明

仍然以上一节提到的物流运输企业为例。企业选择了以收入扩大为主的盈利模式,在这个盈利模式下,整体的流程环节围绕这一方式的实现展开,进一步的量化指标也要保证这一目标的实现。扩大收入,首先需要考虑的指标就是收入的绝对数和收入的增量。比如,当年需要完成的收入指标为1 000万元,收入增长率达到20%,再将这一指标拆解到每个产品线或业务单位中,形成小组织的指标。

假设企业有两条独立的运输线路,依据以往的经营情况,将收入指标平均分到两条线路中,每条线路的收入指标就是500万元。保证利润率的前提下,降低产品或服务的价格,就要降低服务和运营的成本。物流企业最主要的成本来自运输成本,这时可以将运输成本指标进行量化,设定50%的运输成本率。也就是说,每100元的收入,运输成本要控制在50元以下。

如图2-17所示,体现了企业从目标开始,一步一步落地分解到行动方案的过程。从目标进一步细化到量化指标,首先要找到战略或盈利模式实现的关键要素,其次从关键要素出发,找到可以量化的指标。指标就是为了保证关键要素的实现,是衡量和跟踪的有效工具。量化指标的要素集中在两个方向,一个是具体需要控制的指标是什么,另一个是量化的值是多少,这也是对过程的管控。将不具体的事项具体化,然后将具体的事项数量化。为了实现大目标,需要完成哪些具体的小目标,并且完成到什么程度。

物流企业选择以增加收入带动整体增长的盈利模式,采用成本领先战略。这一战略和盈利模式实现的关键要素在于持续扩大的收入、不断降低的成本,以及可控范围内的利润率和现金流。从这些关键要素出发,企业需要重点管控收入、

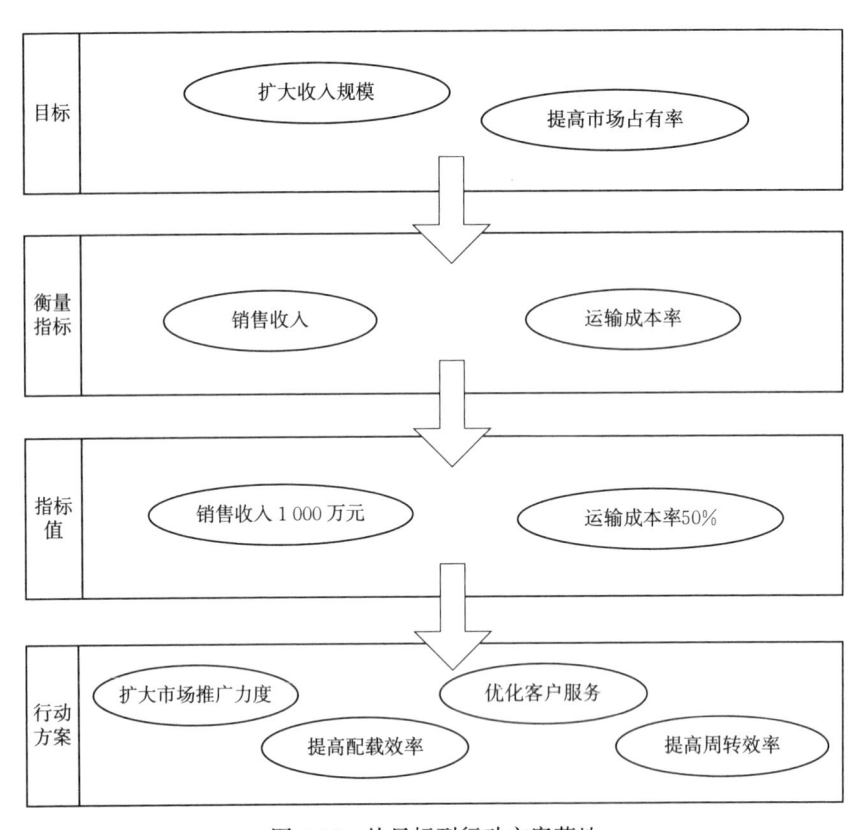

图 2-17 从目标到行动方案落地

收入增长率、成本费用率、利润率等指标,再继续分解明确每个指标的具体数值。比如,收入实现1 000万元,增长率实现20%的增长,成本费用率控制在80%以下,这些就是更为具体、可执行的方向。

通过这样的量化方法,结合企业的战略地图,对各个层面上的活动都制定可执行的量化指标。这样一来,每个部门、每名员工都能够找到自己努力的方向。只有把总体目标、战略经过层层分解,精细化到每一个细节的作业中,才有可能实现。就如同铺石子路一样,只有石子铺得够细够密,走起路来才会更平稳。每个小目标,都是铺路的小石子,要保证目标细致,管控到位,通往整体目标的大路才能铺成。

2.3.4 从量化指标到行动方案

量化指标是把不清晰的战略,翻译成了落地的方向,有了量化指标还不够,下一步的工作是将目标再翻译成可实施的行动,也就是为了实现目标需要哪些行动。比如铺石子路，需要多少石子，每天完成多少，按怎样的工艺流程完成，这些过程中的行为都需要得到保证。

物流企业为了实现收入增长20%的目标，需要分解到每名员工每天的工作量，比如需要多少客户访问量、实现多少收入、如何达成，这些都是具体的行动方向。为了实现运输成本率50%的目标，在车辆运输环节如何提高效率、降低能耗，这些目标都需要具体的方法来保证。比如，增加车辆的配载率，在配载过程中需要遵守一定的原则。在出车过程中，路线的选择，提送货路线的合理安排，以及车辆行驶过程中的油耗控制。这些具体的事项，都会影响最终指标的完成。因此，每个环节、每个岗位的员工，在明确各自具体的指标后，还需要根据实际工作，细化出实现的方法。但是行动方案也不是一蹴而就的，在经营过程中，变动的因素多种多样，方法也需要在实践过程中不断改进。最终将实践中证实有效的方法固化下来，形成标准的流程，并复制到更多的组织和员工中，以此来实现企业内部的裂变。

企业的战略不是指向空洞缥缈、不可实现的目标，而是前进过程中的方向。在过程中，不断找到方向，不断细化每个环节、每个层级，甚至每条产品线的战略，并根据具体的情况，梳理出清晰的目标，并量化目标的标准。然后朝着具体的量化指标，找到行动的方向和路径。是降低成本、提高效率，还是增加收入、提高利润，其中需要哪些指标进行管控，哪些数据进行辅助，需要企业提供怎样的资源，而这些资源又是否合理，是否能够有效保证企业的增长；资金问题如何保障，如何降低资金断裂的风险；有了经营结果，管理者该如何分析改进，并进一步优化行动方案。这些问题，还需要在经营循环中不断优化。在下面的章节中，会逐一对这些问题进行阐述。

第3章
把好现金流的安全关

  资金管理，对于企业来说至关重要，它贯穿了几乎整个企业的经营活动，关系着企业能否持续且健康地经营。对于资金的管理，既要保有底线思维，又要有动态的平衡，既要保持资金的安全，又要结合企业不同的生命周期阶段，做出适应性的资金管理策略。本章将会从企业中的资金入手，围绕资金的安全性、流动性以及收益性一一展开讲解。

3.1 资金管理的底线

活着，才能拥有。这句话对于企业来说也同样适用。对于企业而言，现金流就是企业存在的基础，也是企业生存的底线。没有了这一底线，企业的管理将无从谈起。而这一底线，恰恰要从资金的安全管理开始。因此，资金管理的底线，首先是守住资金的安全防线。

3.1.1 把好资金安全的基本关

资金管理的首要任务，是把好资金的安全关。资金，不仅包括现金、银行存款、各类银行票据等狭义类的现金资产。由于现金具有不记名、易携带等特点，我们常常将资金安全等同于资金保管的安全性，这只是狭义上的资金安全。更深层次的资金安全，还包括企业现金流的安全性，能否保证企业持续经营的现金流不断裂，也是资金安全的重要内涵。

对于狭义上的资金安全，不能仅依靠信赖。实际上，承担资金管理岗位的人员因素不是最重要的，重要的是要依靠制度和流程来管理，而不仅仅是对于人的信赖。

我们常常听说各种各样的资金"爆雷"事件，比如出纳挪用公款、会计套取企业资金等。其实都是因为基本的安全原则没有把握好。企业没有设定不同岗位之间的牵制关系，也没有定期或不定期进行资金的盘点。在狭义的资金安全管理上，重在对于资金的内部控制。不管企业是何种规模，处于何种阶段，都要遵循以下几项基本的原则。

1. 不相容岗位相分离

不同的岗位之间，既是不同的工作职责分工，也是一种互相牵制制衡的机制。同一个人，不能负责资金业务的全过程，需要不同岗位进行监督和控制。比如，管钱的不能管账，也就是出纳不能够兼任会计，也不能够负责会计档案的保管。再比如，管理票据的员工不能同时管理印章，资金付款的付款人和审批人不能为同一人。这些都是关于不相容职位之间相分离的控制，要避免一人完成相关资金业务的全流程。

2. 授权审批与监督复核

凡是相关资金业务，需要不同岗位人员，在各自职权范围内进行授权审批。经过授权后的事项，由执行人进行复核后执行。对于重要的资金事项，还要建立事后稽核机制，不定期抽查审批的有效性和执行的准确性，要严禁未经授权的人员接触或办理资金相关的业务。

3. 不坐支现金

坐支现金，是资金管理中的大忌，要严格执行收支两条线的资金管理模式。对于收入和支出，要建立互不干扰的两条通道。收入要集中汇入财务部门管理的账户中，而支出需要根据各部门的需要，按照相关规定下发。有些企业的一线部门，采用折抵后的收入，上交财务并进行账务处理。这种处理，不仅不能有效控制成本，还会带来很大的资金风险，甚至滋生贪污腐败。成本控制更是无从谈起。当财务人员发现成本超标时，业务环节已经完成，支付也已经完成，资金管控和成本管控均形同虚设。

4. 定期或不定期进行现金监盘

出纳人员要每日进行现金盘点，财务管理人员要对现金进行不定期监盘，以确保资金的安全性和准确性。要不定期进行突击性检查，并与总账、日记账相核对。检查时间一般选择上午上班前或下午下班后。这一时段，资金尚未开始流动或者已经完成一天的流转，能够最大限度地减少对于工作的影响。不定期盘点是防范资金舞弊的有效手段。

5. 银行存款余额调节表由会计编制

虽然出纳负责现金、银行存款等相关业务，但是银行存款余额调节表需要由会计进行核对并编制，这也符合不相容职务相分离与监督复核的控制原则。狭义上的资金安全，需要企业中相关的资金制度作支撑，而以上这些原则需要在相关的制度中得到体现，这也是内控思维在企业制度中的应用。

3.1.2 资金管理的底线思维

除了有形的货币资金、银行存款及各类票据的保管安全。资金管理的安全性，更体现在现金流的安全性上。而现金流的安全性，首先要确保资金链不断裂，能够持续稳定地维持企业正常经营。

在资金管理中，要有底线思维。企业的资金是有限的，要将有限的资金投入到能够产生回报的地方。但是能够产生回报的项目很多，能够产生的回报周期也各有不同，这就会产生资金投入和产出的时间差，如果盲目投资也会带来资金链的断裂。因此，底线思维还体现在资金管理的"适度性"上。在投入有产出的基础上，适度投放，以此来保证资金流的安全性，这也是资金流动性和收益性的基础。一旦资金链断裂，资金的流动性和收益性也就无从谈起。

在底线思维的基础上谈资金流的安全性，既要保持有克制的适度投入，又要抓住发展机会早做筹划；既要控制过度投资，不超出自身能力举债，保持稳健的增长，又要做好"天晴时修屋顶"的未雨绸缪，及时筹措资金，确保资金通道通畅，在企业发展的黄金期提供有力的资金支持。很多企业资金链断裂都是因为大肆扩张所导致的，在企业取得一定的成绩后，开始过度投资、盲目扩张。不管是扩张，还是投资，其背后都需要有强大的资金做支撑。不仅是扩张时新建需要资金，后续运营也需要持续的资金投入。

有些企业由于赶上市场红利期，得到了较大幅度的增长。但是企业误把红利当实力，在没有扎实内功，将产品和服务做扎实的基础上就开始大肆扩张，进行全国范围内推广，并为此投入了大量的资金和资源，甚至不惜孤注一掷。结果企业实力耗散不少，却没有带来相应的回报，最终由于经营不善导致资金链断裂，惨淡收场。这是因为企业的增长，不是来源于自身实力的增强，而是因为外部市场环境的增长。一旦行业趋于稳定，竞争者增多，企业没有过人的产品或服务优势，很难在激烈的市场竞争中获得一席之地。大潮退去，才知谁在"裸泳"。一旦市场回归理性，企业依靠自身运营无法支撑超过自身能力的规模，自然会导致资金风险。

还有些企业为了加快发展进程导致过度负债，过度使用财务杠杆。适度负债可以增加财务杠杆，给企业的发展提供助推作用。但是负债规模过大，企业的财务风险也会相应增大。比如，用短期借款去投资长期项目。一般来说，长期项目的回收周期较长，收益期限也较长，而短期借款随时面临还款压力。一旦银行断供，企业无法在短期内找到新的筹资渠道，就会带来企业资金流的安全风险。即使找到，也会面临较高的筹资成本，对于企业本就不富裕的资金流来说，更是雪上加霜。比如，曾经有家商贸企业的负责人，为了扩大销售业绩，盲目增加赊销额度。他认为只要有利润，回款是早晚的事。赊销虽然给他带来了大量的订单和销售额，但是很快资金就出现问题。由于赊销导致资金被大量占用，而不断增长的销售订单又需要更多的资金来支撑。于是便不断扩大借款规模，来缓解企业的资金压力。但是他这样做不仅没有缓解，反而是饮鸩止渴。一边是大量的应收账款无法收回，另一边是负债需要偿还。不仅如此，还需要负担高额的贷款利息，这使得本来轻资产运营的企业，背上了沉重的负担，最终因为资金链断裂而破产。

在资金管理的过程中，保持底线思维，就是要量力而为。在正确评估自身实力和资金状况的基础上稳健增长。既要关注企业发展持续稳定，又要评估风险，适度负债，保证资金流的正常运转。在企业经营平稳时，也要积极拓展筹资渠道，为积蓄力量后的高速发展储备能量。

3.2 资金的流动性管理

资金的流动性，也体现在资金的变现能力上，而资金的变现能力也在一定程度上影响着资金的安全性。企业中存在大量赊销产生的应收账款，无法及时变现，可能会因资不抵债而导致企业资金链断裂，引发资金流的安全性危机。在资金流动性的管理上，要注重各类资产与各类负债的匹配，并用数据和指标监控资金状况的实时变化。同时要做好资金计划，确保各类资产和负债能够按照既定的方向有序配置。

3.2.1　企业的资金循环

在了解资金的流动性管理之前，我们先来看下企业内的资金循环。企业的经营始于资金的投入。通过资金不同形式的转换，进行期间的价值创造，最终再次形成资金，流入企业。

资金投入企业后，会转换为厂房、原材料、固定资产、生产设备等资产形式。这些资产，通过生产、加工等环节，转化为客户需要的各种产品或服务，经由销售的方式与客户进行交换，形成企业的资金收入。这些资金收入中除了投资和股东分红，更多的部分会留存在企业中，并投入下一轮的生产循环，周而复始，如图3-1所示。

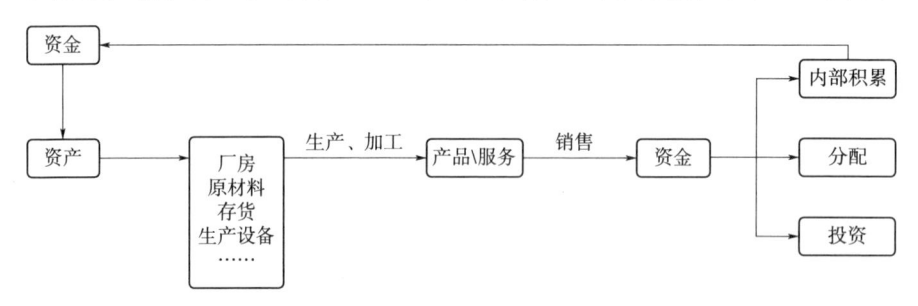

图3-1　资金循环图

资金在整个企业经营中，就如同人体的血液。只有血液能够正常循环，人才能持续生存。为了确保人体血液的正常循环，我们通常需要关注几个方面。首先是保证"不贫血"，一旦出现失血，生命会面临巨大威胁。其次是防止"血液堵塞"，堵塞代表着血液不能够正常地循环，轻则会带来各种后遗症，重则也会直接威胁生命。最后，还要保障正常的"造血功能"。

同样的，对于企业来说，资金管理最重要的目标是确保资金的安全性、流动性和收益性。在整个资金管理的体系中，也是围绕这些目标展开的，通过对资金的管理，实现对企业的管理，从而保障企业的正常运营。

3.2.2　防止现金流危机的利器

凡事预则立，不预则废。资金管理也是如此，为了防止资金流危机的发生，就需要用好资金计划这一工具。企业的现金流不是被动发生的，而是被事先计划出来的。企业的资金活动计划主要包括三个方面，分别是经营活动计划、投资活动计划及筹资活动计划，如图 3-2 所示。

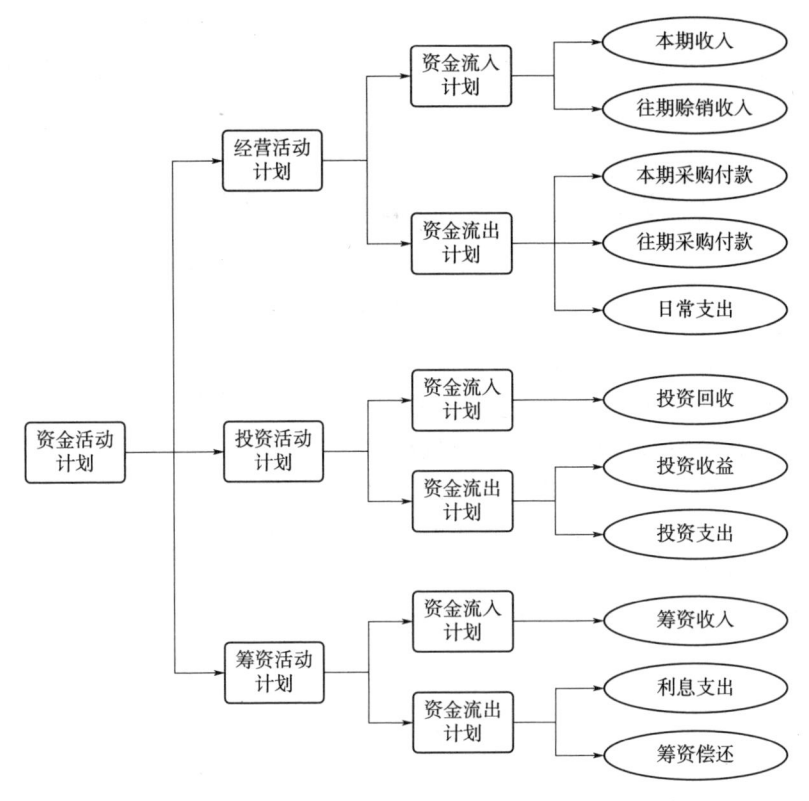

图 3-2 资金活动计划

对于经营活动来说，资金计划主要关注经营活动的现金流入和现金流出。包括本期现销产生的收入，以及往期形成的应收账款在本期收回的金额。现金流出，主要包括存货和原材料采购所需支付的款项、往期产生的应付款项在本期需要支付的金额，以及其他日常支出所需支付的金额。

对于投资活动来说，主要包括投资项目所需投入的各项资金支出、项目回收可能带来的资金流入及投资收益带来的资金流入。

对于筹资活动来说，主要包括筹资带来的资金流入，以及偿还资金带来的资金流出和支付筹资利息的资金流出。

通过上述三类活动资金流入和流出的计划，可以大体判断出企业的资金盈缺。通过资金活动计划，测算出资金的净流量，如图 3-3 所示。如果最终的净流量为正数，说明企业资金存在盈余。如果为负数，说明企业资金存在缺口，需要及时筹措资金，避免资金风险。

不管是资金盈余还是存在短缺，在进行下一步判断时，都需要对资金状况产生的原因做进一步的分析。资金有盈余，不一定代表企业经营状况良好，能够自给自

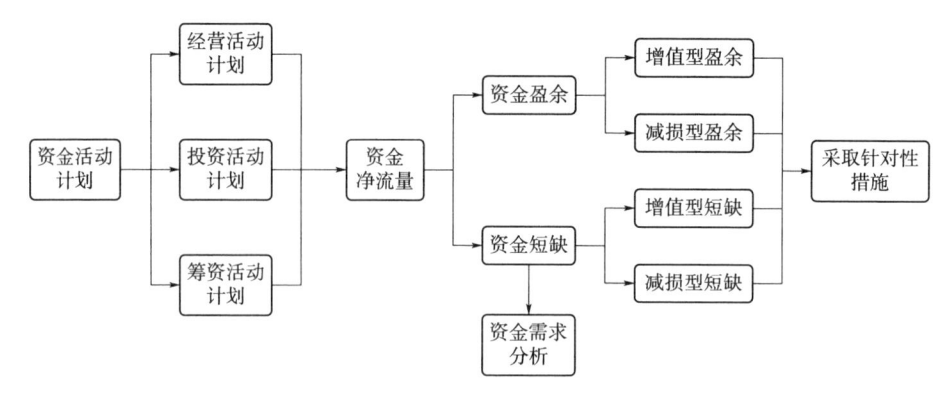

图 3-3 资金活动计划流程

足。资金有短缺，不一定代表企业经营不好，也可能因为企业处于发展高速期，需要大量的资金进行补给。需要根据不同的情况，做出有针对性的资金计划。

在资金盈余时，需要判断企业所处经营状况，如图 3-4 所示。有些企业，虽然销售增长迅速，但是盈利能力却不强，快速的增长不但不能够给企业提供持续的价值，反而会折损企业价值。这时虽然资金有盈余，也不应盲目扩张或加速增长，而是要在内部找寻原因，提高自身的投资回报率，降低企业的各项成本，提高各个环节的生产效率，增强企业内创造价值的能力。

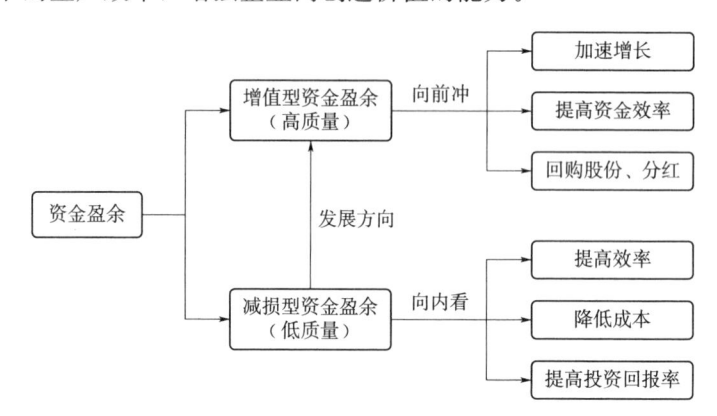

图 3-4 资金盈余时的选择方向

如果企业资金盈余质量很高，且企业处于高速发展阶段。这时可以提高资金的使用效率，加大投资力度，将资金投入到更多高增长的项目上，或者沿着上下游的方向进一步扩张企业的经营链条。如果还有资金剩余，可以考虑向股东分红，或者回购股份，增强对企业的控制权。

对于存在资金短缺的情况，也需要根据企业经营现状进行判断，如图 3-5 所示。并不是只要出现资金短缺，都要加大融资力度。如果方向错误，就会导致越融资企业经营越恶化的状况出现。即使是由于高质量的增长所导致的资金短缺，也需要区分这种短缺是长期性的还是暂时性的。

· 40 ·

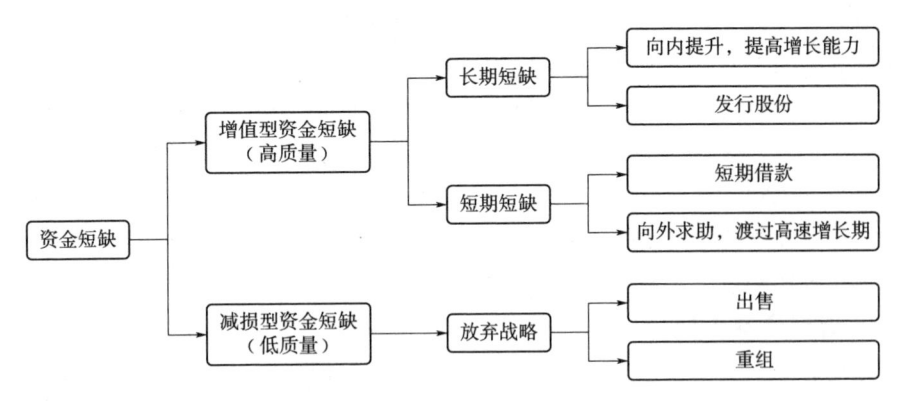

```
                                    ┌─────────────┐   ┌──────────────────┐
                                    │             │──▶│ 向内提升，提高增长能力 │
                                    │   长期短缺   │   └──────────────────┘
                       ┌──────────┐ │             │   ┌──────────────────┐
                       │ 增值型资金短缺│─│             │──▶│     发行股份      │
                       │  （高质量） │ └─────────────┘   └──────────────────┘
                       │          │ ┌─────────────┐   ┌──────────────────┐
                       └──────────┘ │             │──▶│     短期借款      │
           ┌────────┐              │   短期短缺   │   └──────────────────┘
           │资金短缺 │───           │             │   ┌──────────────────┐
           └────────┘              └─────────────┘──▶│ 向外求助，渡过高速增长期│
                       ┌──────────┐                  └──────────────────┘
                       │ 减损型资金短缺│ ┌─────────────┐ ┌──────────────────┐
                       │  （低质量） │─│   放弃战略   │─│      出售        │
                       │          │ │             │ ├──────────────────┤
                       └──────────┘ └─────────────┘ │      重组        │
                                                    └──────────────────┘
```

图 3-5 资金短缺时的选择方向

在高质量增长所导致的资金短缺状况下，如果这种短缺是由于短期内的快速增长所带来的，这时可以采用短期借款的方式，帮助企业摆脱资金困境。长期的高速增长通常是不可持续的。比如受客观环境影响下的口罩生产企业，短期内需求的激增使得市场供需失衡，而这种激增的需求又超出了企业的产能，因此这种高速增长是不可持续的。高速增长会带来更多的竞争者，而竞争的加剧会降低企业的增长率，这时采用短期资金周转的方式更为稳妥。

如果企业的增长是长期的，比如技术的创新或者技术带来的市场红利是长期且相对持久的。而短期周转不能满足企业发展的资金需求，可以采用较为长期的战略性措施，来解决资金周转的问题。对外可以增发股份，对内可以进一步提高经营效率，改变财务策略。

当企业存在由于经营不善所导致的资金短缺时，需要判断这种情况能否通过扩大销售得到快速解决。长期的经营不善会持续蚕食企业的资产，如果不能快速得到缓解，就需要采取更为果断的措施，而不是扩大融资规模。

将资源投入错误的经营项目，会导致亏损持续扩大。如果经营不善或盈利能力不强是由于企业自身原因所导致的，就要对内进行分析和改进，将影响持续经营和盈利的项目进行剥离或调整。如果是由于行业性质的原因，或其他外部因素所导致的，而企业无法对抗这种衰退，就要及时退出。在一个衰退的夕阳产业中，是很难得到发展的，这也是企业面临的巨大的资金陷阱。

通过资金计划，可以预测企业未来的资金状况。如果处于正向发展循环，需要资金支持时，就需要提前筹备融资渠道。那么企业经营需要多少钱呢？这就涉及企业资金需求的问题，在后面章节的资金需求与预测中会进一步介绍。

3.2.3 营运资本投资策略

资金的流动性，需要资金的合理配置来保障。很多资金问题，是由于资金配置错位所导致的，比如用短期的资金，买长期的资产。

比如有的人在日常收入无法供给长期的房贷和车贷的情况下，购置了这些固定资产。因此每月还款时就会捉襟见肘，不时需要短期借款来维持。承担高额的借款利息不说，一旦无法及时找到合适的借款，或者借款需要提前偿还时，就会面临断供的风险，这就是由于资金配置所导致的流动性问题。类似的问题放在企业上，就可能导致资金链断裂，那么怎样的资金配置是合理的呢？为了确保流动性，企业又该如何配置自己的资产和负债呢？

1. 营运资本的概念

先引入一个营运资本的概念。所谓营运资本，就是用于企业日常经营活动中的周转资金。因为期限短，流动性强的特点，一旦周转资金不足，企业非常容易陷入资金困境中。日常经营活动的资金，通常以流动资产和流动负债的形式出现。比如日常经营所需的现金、存货、应收账款等，都属于企业的流动资产。而为了支持这些资产的存在，除了企业已有的资金，还需要不同的筹资渠道来支持。筹资的方向，大体分为股权筹资和债权筹资。一般来说，股权筹资周期较长，而债权筹资按照时间长短，可以分为短期负债和长期负债。

为了满足不同的业务，需要匹配不同的负债类型。如果用长期负债负担流动资产，会导致负债成本较高。如果用短期负债来负担长期资产，有可能会因为无法及时偿债而陷入资金困境。如图3-6所示，非流动负债和股东权益构成了企业的长期资本。理想的方法，似乎是长期资本负担长期资产，短期负债负担流动资产。但实际经营中，也并非如此。流动资产和流动负债的结构比例，也能在一定程度上反映企业的短期偿债能力。

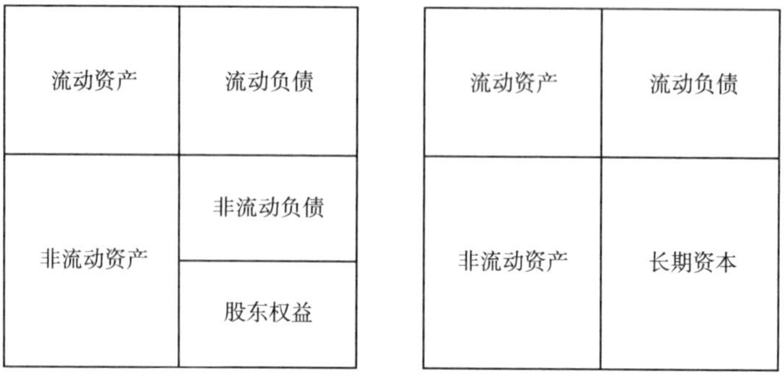

图 3-6 营运资本配置

如果流动资产与流动负债相等，这时流动负债不一定有足够的流动资产进行偿还。因为流动资产和流动负债的生成有不同的时间周期，并不是实时同步的，且流动资产必须要保有必要的存货、应收账款，即使现金也无法全部偿还。这样看来，流动资产是需要大于流动负债的，这样才能保障企业短期内有足够的偿还能力。而流动资产超出流动负债的比例越大，也就是营运资金越充足，偿还短期债务的能力越强，资金流也越稳健。但是营运资金过多，意味着用长期负债支持流动资产的比例过高，又会出现上述筹资成本增加的问题。那么该如何平衡营运资本的比重，流动资产和流动负债如何配置，对于企业的资金流动性和收益性来说才是合理的呢？

营运资本由流动资产和流动负债的差额产生，也就是用于日常经营的资本，如图3-7所示。从它的构成来看，营运资本的管理也就是流动资产和流动负债的管理。流动资产是营运资本投资的管理，而流动负债就是营运资本筹资的管理。

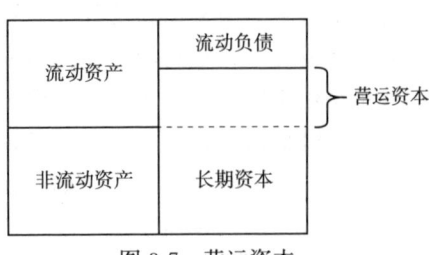

图3-7 营运资本

举例说明

假设我们每个月需要5 000元来供给日常的衣食住行等各项开销。而信用卡额度仅能支持2 000元，这时就会产生3 000元的缺口。这3 000元的缺口，就是我们维持日常生活所需要的营运资本。5 000元的日常开支，是我们需要维持生活的各项投资。向银行透支的2 000元，就是我们为了维持生活，而向银行筹集的短期资金。剩下的3 000元缺口，我们可以通过管理日常支出和短期筹资来调节。比如节衣缩食，减少不必要的日常支出，将5 000元的日常支出控制在4 000元以下。在筹资方面，可以寻找其他短期筹资渠道，办理其他银行的信用卡业务。通过支出和筹资的管理，可以有效控制日常营运资本的规模。

2. 营运资本的配置思路

营运资本的管理，也就是流动资产和流动负债的管理。下面分别从这两个方面对营运资本的配置思路进行介绍。

流动负债支持流动资产。在企业经营初始，股东投入足够的股本，是不需要短期负债的，这时流动资产就是用于企业日常经营的营运资本，这部分需求由股东投入的长期资本就可以满足。

随着企业经营的深入和规模的扩大，流动资产供给日常经营的投入出现缺口，这时短期负债开始出现。一部分流动资产需要短期负债来支持。在一定阶段内，适度负债对于企业是有利的，能够借助外力来扩大企业的投入规模，且适度负债风险也是可控的。

单从流动资产投资这个角度而言，在销售规模一定的前提之下，流动资产投入越少越好，这意味着用最少的资金，办更大的事，资金的使用效率是更高的。比如，在利润率相同的前提下，用10万元的本金完成20万元的销售规模，和用10万元的本金完成100万元的销售规模相比，显然后者效率更高。

但是注重效率的同时，也要警惕投入不足带来的风险。投入不足，可能会导致经营中断，经营的发展受到制约，也会给企业带来一定的损失。比如，用10万元本金，完成100万元的销售规模。这样的投入产出比，已经达到了10万元投入所能创造的极限，这意味着各个环节都要有序衔接。一旦有任何环节滞后，或者出现差错，就会带来风险或损失。这种损失可能来自因资金不足而抛售有价证券带来的交易成本，也可能来自因存货短缺而紧急订货带来的更高的订货成本等。这些都是由于资金投入不足所导致的，也就是资金的短缺成本。

为了降低这类损失，同样的条件下增加投资，虽然短缺成本得到了缓解，但是会带来其他成本的上升。比如，投资过量后出现的资产闲置、存货积压带来的资金占用等，这些是由于投入增加所带来的持有成本。

短缺成本和持有成本，就是这样此消彼长的关系。一方减少，另一方就会增加。因此，在平衡资金投入量，也就是营运资本投资规模时，需要站在整体的角度进行考虑。理想的投资规模，应当是短缺成本和持有成本之和最小的时候。

流动资金投入越多，短缺成本越小，而持有成本却逐渐上升，如图3-8所示。当短缺成本等于持有成本时，总成本是最低的，这时也是理想的流动资产投资规模。投入的资产能够满足经营所需，各类资产的周转能得到保障，企业也能够及时归还到期债务。这就是适中型的投资策略。

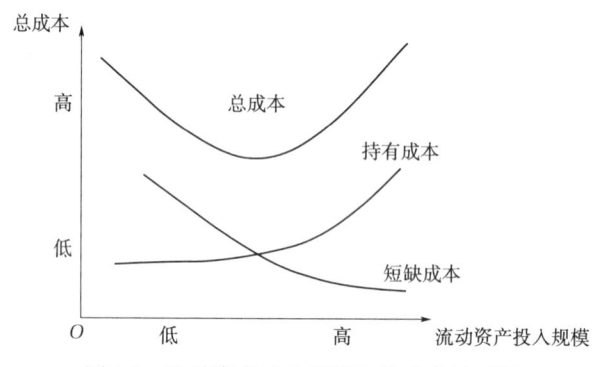

图3-8 流动资产投入规模与总成本关系图

但是在实际经营中，各项资产都是流动和变化的。销售规模会变化，资产周转天数会变化，成本水平也会受到市场行情波动的影响，这些都决定着流动资产的需求是不稳定的。

举例说明

一家商贸企业基于以往的销售经验，预计2025年能够完成500万元的销售任务。在这个销售规模之下，需要的存货比例为400万元。如果2025年恰好完成500万元的销售目标，对于资金的安排来说，成本都是最低的。

如果2025年市场销售火爆，销售规模激增，这时原计划下的400万元存货就不能够满足需求。临时采购就会面临进货成本大幅上涨，甚至无货可进的状况。这时企业的损失，就是由于资源投入短缺所导致的。如果市场销售低迷，仅完成了300万元的销售额，对应消耗的存货为240万元，这时剩余的160万元存货就是闲置状态的。假设这160万元进行理财投资或者其他活动，能够获得10%的收益。160万元存货的资金占用相当于带来了16万元的资金损失，这就是由于资金的机会成本所带来的持有成本。

流动资产的投资策略，本质就是在解决和平衡流动资产需求不稳定的问题。如果企业的资金策略是较为保守的，就会选择保有更多的流动资产，比如持有更多的现金、储备更多的存货，以应对需求的不确定。而对于在资金方面比较激进的企业，愿意承担因为不确定所导致的短缺风险，这时企业在资金占用方面的成本会降低，但是相应的会承担由于资源投入短缺所带来的损失。

3.2.4 营运资本筹资策略

流动资产投入的不同配置方法，会直接影响到企业的筹资策略。为了匹配流动负债的需求，需要不同种类的资金进行支持。按照期限来分，企业中的资金分为短期资金和长期资金。用不同类型的资金，供给营运资本的需求，就是企业需要制定的营运资本筹资策略。

从本质上来说，营运资本配置方式，就是以哪种资金匹配企业经营所需的流动资产。在资产负债表的右面显示着企业的资金来源，是来自于股东的投入，还是来自债权人的借款。根据不同的配置关系，就会出现不同的流动资产支持方式。是用流动负债支持流动资产，还是用一部分长期负债支持流动资产，企业采用不同的方式，其筹资成本和所需承担的财务风险是各不相同的，如图3-9所示。

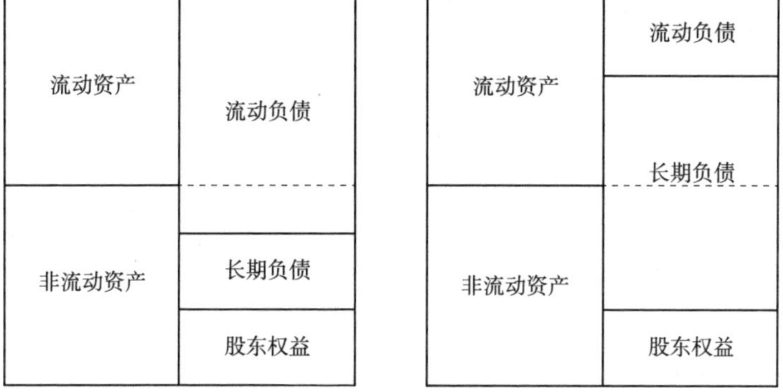

图3-9 不同长期负债对流动资产的支持情况图

在极端情况下，企业完全用股东投入来支持流动资产。随着负债比例的不断提高，用一部分长期负债来支持流动资产。当企业流动资产投入规模不断扩大时，股东投入和长期债务不能满足投入需求时，企业又借入大量的短期负债来支持流动资产。不同的资源匹配，所带来的风险和成本是各不相同的。

长期资产匹配长期资本，这是最适中的配置。当流动资产配置的是长期资本时，由于资金的持续性较强，企业的偿债风险是较低的。偏向于保守型的企业，通常会选用这种方式。当流动资产配置的是短期资金，甚至还需要短期资本支持长期资产，这时由于短期债务的持续性较低，企业的偿债风险是相对较高的，这种方式对于企业来说就是比较激进的配置方式。

从筹资成本和偿债风险角度来说，适中型的筹资策略对于企业来说是性价比较高的。不仅偿债风险适中，筹资成本也相对较低。对于保守型和激进型的筹资策略，只需要企业根据各自的不同情况，在适中型策略的基础上，调整资源配置的比例即可。那么，如何按照资金的持续时间去合理安排企业中不同的资金需求呢？首先，需要了解资金投入的不同需求，如同医生看诊，需要"望闻问切"一样。了解不同的资金投入特点后，才能有针对性地匹配不同的资金来源。

从第3.2.3节中的营运资本投资策略可以得知，除了固定资产投资等长期资产，企业为了维持自身运营，需要一定的流动资产。经营活动是不断变化的，市场行情好时，经营需要的资金投入相对较高。市场低迷时，对于资金投入的需求又相对较低。但是不论内外部环境如何变化，为了维持企业的基本运营，都需要一定限度的流动资产，而且这部分流动资产是相对稳定的。在此基础上，随着环境的不同变化，又会有不同的投入需求。比如企业处于销售旺季时，资金需求较大，需要储备的存货、原材料等资源也较多，而处于淡季时，这些需求又会相应减少。

经营所需的流动资产，又可以进一步细分为稳定性流动资产和波动性流动资产。在短期负债中，为了匹配不同流动资产，也可以进一步细分为稳定性流动负债和临时性流动负债，如图3-10所示。

图 3-10 适中型的筹资政策

稳定性流动负债主要用于日常经营中的周转流动负债，如对供应商的应付账款，或者在供应链条中产生的经营负债。这些负债通常是随着经营的过程而循环流转的，一般来说较为稳定。而临时性流动负债主要是为了应对临时性的流动资产所产生的，比如突增的采购需求，需要更多的资金投入。这时可以采用短期借款等方式，来获得临时性的负债，以弥补流动资产投资的缺口。

用持续性较长的长期资金来源，比如用股东投资、长期负债及稳定性的流动负债来支持长期资产和稳定性的流动资产，就是适中型的筹资策略。需要注意的是，虽然适中型的配置策略是比较稳健的，但不代表其所有情况下都是企业的理想选择，这也是激进型和保守型策略存在的意义。比如，短期利率大幅降低时，增加短期负债的供给范围，会大幅降低企业的融资成本。当这种融资成本的降低，带给企业的收益大于企业所承担的偿债风险时，激进型的配置策略可能更适合当下企业的需求。

3.2.5 现金的理想持有量

在投资策略的选择中，提到了资金的持有成本。资金都是有成本的，通常情况下，留有多少资金是企业需要事前做出的决策。这就如同我们每个人的资金配置，每个月都会有收入和支出，除了日常生活花销，还会进行固定的储蓄，那么存多少、留多少资金较为合适呢？

现金的理想持有量可以有效解决这个问题。这个问题的难点在于平衡资金的收益性和流动性。在资金有成本的前提下，持有的资金越多，虽然流动性更好，但是耗费的隐性成本也越高。为了减少资金占用带来的隐性成本，需要牺牲流动性，这样又会带来企业资金的短缺成本，比如丧失购买计划，因为不能及时付款而无法获得供应商给予的更高折扣，或者因拖欠货款造成的信用损失等。

因此，现金的管理不仅需要做好日常的收支管理，加快资金的周转速度，还要合理控制资金的持有规模，找到资金流动性和收益性之间的平衡。

在确定现金的理想持有量方面，理论界有不同确定方法，分别是成本分析模式、存货模式、随机模式以及现金周转模式。它们基于的角度不同，测算的方式也略有不同，在使用方面的难易程度也有一定差别。下面对这几种方法一一进行介绍。

1. 成本分析模式

成本分析模式是从成本角度出发，通过分析持有现金可能出现的各类成本，找到总成本最低的现金持有量。在这种分析模式下，持有现金的成本主要有三种，分别是持有成本、管理成本和短缺成本，如图3-11所示。

持有成本和短缺成本，是此消彼长的关系。当持有资金过多时，资金的短缺成本会降低，而持有成本会上升。而当持有资金减少时，虽然持有成本降低，但是短缺成本会上升。

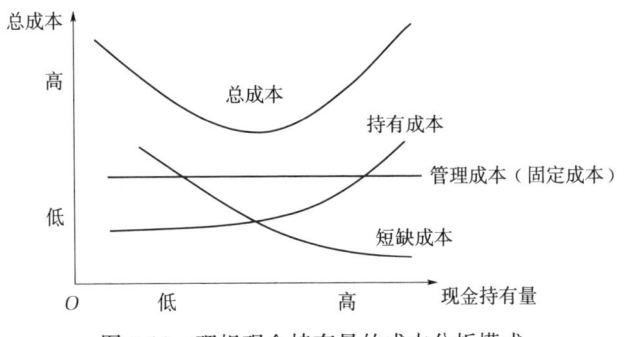

图 3-11 理想现金持有量的成本分析模式

管理成本，是持有现金所发生的一系列管理成本。比如管理现金人员的工资、管理现金所需要支付的管理费用、安全费用等，这部分成本通常与资金的持有量关系不大，属于固定成本。

将这三项成本综合来看，找到三项成本之和最低的现金持有量，就是成本分析模式下的理想现金持有量。通常来说，短缺成本和持有成本相等时，所对应的现金持有量是成本最低的。

2. 存货模式

存货模式是将资金和其他有价证券当作一种存货来看待，且持有有价证券是可以获得一部分资金收益的。因此企业通常仅持有少量的现金，以降低资金的持有成本。当资金缺乏时，可以通过出售有价证券来获得现金，以避免现金短缺所带来的成本损失。

但是现金与有价证券之间的转换，也是需要成本的。比如买卖股票所需的手续费，或者其他中介费用等，这些都是不同货币资金间转换所需的转换成本。现金持有越少，资金占用越少，现金利用率越高，机会成本越低，但是意味着未来需要资金时的交易成本会上升。因此，现金的机会成本和交易成本，也是此消彼长的关系，需要找到总成本最低的理想现金持有量。通常来说，当机会成本等于交易成本时，所对应的现金持有量是成本最低的，如图 3-12 所示。

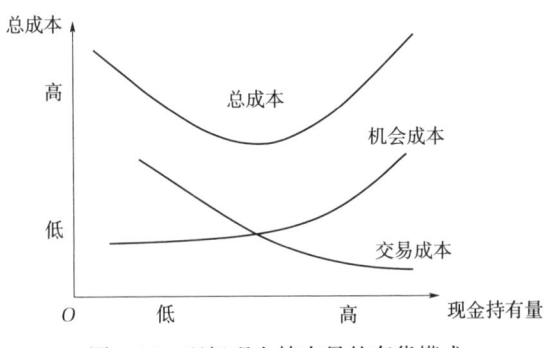

图 3-12 理想现金持有量的存货模式

3. 随机模式

随机模式，顾名思义，是在企业资金需求难以预测时所使用的方法，通常是由企业根据自身经验数据及经营需要，设定资金持有的上限值和下限值。当资金持有超过上限值时，将购入有价证券，降低现金持有量。当资金低于下限值时，将卖出有价证券，增加现金持有量。当资金持有量处于上下限范围内时，无须调整现金额度。

4. 现金周转模式

现金周转模式，相对于以上三种方法而言更为简单，在实际工作中应用更为广泛。它是基于企业全年的资金需求与现金的周转效率而测定的。在已知企业的资金需求和现金周转率的基础上，计算出企业需要的现金持有量。企业的资金需求，可以通过销售百分比法进行预测，在下一章的资金需求与预测中会做出详细介绍。现金周转率可以根据企业中的应收账款、存货、应付账款等主要的周转天数确定。

图 3-13 中展示了企业中的资金周转过程。在经营的过程中，企业投入资金采购原材料，通过生产制造转化为企业的产品，再到销售出去形成应收账款，这一阶段是存货的周转期限。从销售完成到收回货款，这一阶段是应收账款的周转期限。而企业在最初购买原材料时，就会形成对供应商的欠款，从采购发生到采购付款，这一阶段就是应付账款的周转期限。

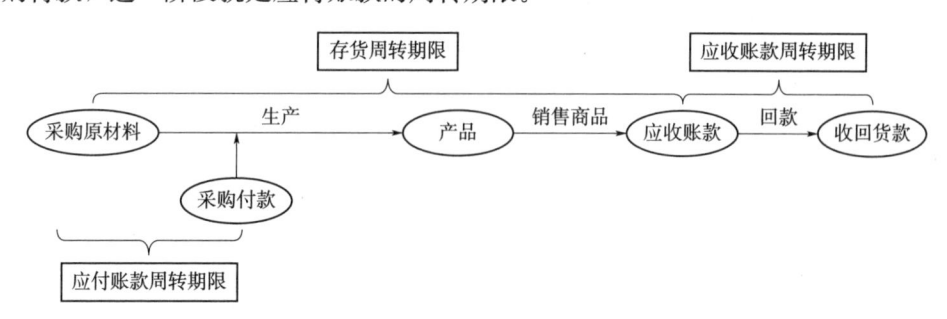

图 3-13 资金周转流程图

整个经营过程中，现金的周转期限就是存货和应收账款的周转期限，扣除应付账款的周转期限的余额，这一周期才是企业实际需要占用资金的周期，也就是现金的周转期限。一年中能够完成几次这样的现金周转，就是现金的周转效率。

举例说明

某企业从购买原材料开始，到生产产品并完成销售共需要 30 天，该企业的销售模式为赊销，一般收款期限为 30 天。在购买原材料是现付的情况下，资金从投入到收回，需要 60 天的时间。这就是资金的周转期限。在不扩大规模，维持现有生产量的情况下，一年可以完成 6 次这样的循环，这就是资金一年的周转效率。如果根据企业现有的经营规模进行测算，该企业全年的资金需求是1 200万元。在一年周转6次的情况下，也就需要持有200万元的现金进行周转。

通过对现金持有量的预测，不仅能够合理控制现金的持有成本，还能够防范资金流风险。当企业需要扩大规模时，首先需要准备相对充足的资金，以保证日常经营的正常运转，这也是保证现金流安全的重要环节。除此之外，对于资金的预测也能够帮助企业找到提升资金效率的方向。提升各个环节的周转效率，有效帮助企业用更少的资金支撑更大规模的经营。

第4章
为资金管理保驾护航

资金的安全性和流动性，是资金管理的底线。为了确保资金的安全，需要对资金的需求做出预测，并根据预测数据未雨绸缪。在导致企业资金流陷入困境的原因中，应收账款管理不善是一项非常重要的因素。对于应收账款，需要合理的规划，平衡好收益和风险，将管理前置，将风险降低。除此之外，不同的筹资来源也决定着企业所需承担的风险。找到最适合企业发展现状的资本结构，也能够在满足企业资金需求的同时，有效规避资金风险。这些工具和方法，都是在为企业的资金安全保驾护航。

4.1 资金需求与预测

第3章介绍了营运资金中流动资产和流动负债的不同配置，以及理想现金持有量的配置方法。在企业实际配置过程中，需要对下一年的资金需求进行预测。下面将对如何做出企业的资金预算及动态预测进行介绍。

4.1.1 资金缺口预算

需要多少资金才能保证企业的正常运转，这个大问题又可以分解为两个小问题：一个是企业经营一共需要多少资金；另一个是企业自己能够提供多少资金及有多少资金的缺口需要补足。接下来，我们就来分别解决这两个小问题。

1. 企业经营需要多少资金

从企业经营的整个周期来看，投入资金购买原材料，到最终销售产品收回货款，如果这一过程是相对平衡的，这期间所需要的资金就是企业经营需要的资金总额。从以销定产的思路来看，预计有多大的销售规模，就能够测算出需要多大的料工费的资源投入，也就是企业经营需要的资金规模。可以看出，预测资金需求，需要以销售规模的预测作为起点。

在理想状态中，经营规模、经营状况不变的情况下，每年的资金需求量也是相对平稳的。企业的经营，从投入到产出，每一次的循环都会获得一定的利润留存。利润留存，又会成为下一次循环的投入，成为扩大规模的资本。如图4-1所示的滚雪球图一样，通过滚雪球的方式，在一轮一轮的经营循环中积累资金，实现企业的发展壮大。如果企业在自有资金留存的范围内发展，就可以实现自给自足，每年也不会有太多新增的资金缺口。

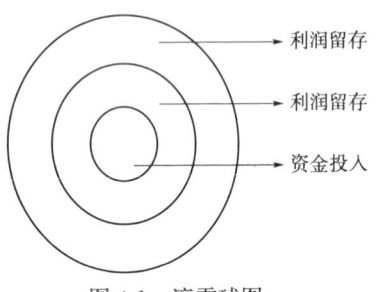

图4-1 滚雪球图

投入多少资金，实现多少销售收入，在经营稳定的情况下通常是成比例的关系。在预测下一年的资金总需求时，也大多会在这一前提下进行预测，这种方法叫作销售百分比法。也就是说，销售收入与企业投入的各项资产、负债及利润表中的各个项目，存在比较稳定的比例关系。在这种关系下，通过预测下一年的销售规模来确定下一年的资金总需求。

举例说明

某企业当年的销售收入为1 000万元，需要投入的资产净额为600万元，那么该企业的资产净额的销售百分比就是60%（=600÷1 000×100%）。在经营稳定的情况下，如果预测下一年可能实现的销售收入为2 000万元，那么需要投入的资产净额为1 200万元（=2 000×60%），这1 200万元就是下一年需要的资金总额，如图4-2所示。

这样我们就解决了第一个问题，企业经营一共需要多少资金。

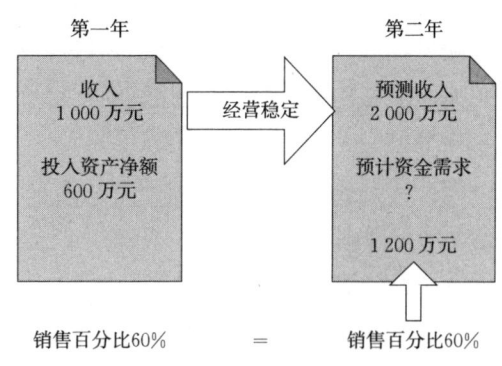

图 4-2　企业资金需求预测

2. 企业有多少资金缺口需要补足

由于经营是连续性的，下一年的经营也是在上一年的基础之上完成的。因此，资金缺口也是相对于上一年的资金规模而言的。在使用销售百分比法测算的基础上，依据下一年的销售预测，可以预测出下一年的资金总需求。

在企业持续向好的增长过程中，销售规模不断扩大，资金需求也会不断扩大，但是企业经营可以实现一定规模的自增长。在自给自足的基础上，企业就可以实现一定规模的销售增长。只有当销售增长的速度，超过企业自发增长的速度时，才会产生需要融资的资金缺口。

举例说明

仍然延续图4-2的例子。假设该企业的销售净利率为20%，且利润不分红，全部投入企业的生产经营中。也就是实现100元的收入，能够得到20元的净利润，且20元的利润又会全部投入到企业的持续经营中。因此，上一年企业实现的1 000万元销售收入中，可以获得200万元（=1 000×20%）的净利润。

通过下一年的销售收入预测可以得知，下一年的资金总需求为1 200万元。相对于上一年的600万元投入而言，企业还需要弥补600万元的资金缺口。可在上一年的经营中，企业还获得了200万元的利润，可以继续投入经营。这是由于企业经营的自发增长所能够提供的资金支持。这时企业的资金投入规模达到了800万元。那么剩余的400万元（=1 200-600-200），就是企业需要进一步解决的资金缺口，如图4-3所示。

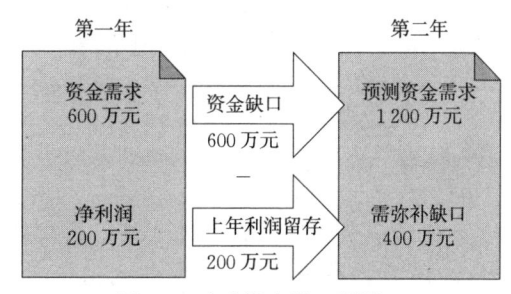

图 4-3　企业资金缺口预测

对于这部分资金缺口，就需要通过各种方式进行弥补。通常情况下，看到资金缺口，首先想到的就是借款。但是，不管是长期借款还是短期借款，都会增加企业的经营风险和经营成本。下面一节将会介绍除了借款外更多能帮助企业弥补资金缺口的方式，让企业的经营避免资金短缺。

4.1.2 资金收支预测

在预测收入后，根据销售百分比法能够预测出下一年的资金总需求，以及资金缺口。那么该如何弥补企业经营的资金缺口，让企业经营不缺资金呢？

在解决企业资金需求方面，需要把握一个原则，那就是先内后外，"先债后股"的原则。

先内后外，就是当发生资金缺口时，应当先向企业内寻求融资。不管是提高经营效率还是盈利能力，都可以在一定程度上减少企业的资金缺口。如果仍然不能弥补缺口，就可以考虑向外部进行融资。

在外部融资过程中，又要遵循"先债后股"的原则。这是出于成本角度进行考虑的。因为债权融资的成本相对股权融资的成本更低。在风险可控的前提下，可以优先考虑债权融资，以降低企业整体的融资成本。

当我们完成下一年的资金需求预测，发现有资金缺口时，可以首先考虑企业持有的各类金融资产和有价证券，通过转换为现金来提供资金支持。除此之外，还可以调整企业的收益留存政策。比如减少股东的分红，将利润尽可能多地留存在企业中，为企业发展提供更多的资金支持。当内部资源仍然无法满足企业资金需求时，就需要及时考虑外部融资渠道。

除了这些立竿见影的融资方法外，企业还需要从自身的管理入手，提高自发增长的能力。一方面，要增加企业自身的留存资金，让企业能够以自身的高效运营提供经营发展所需要的资金。另一方面，要提高资金的使用效率，让同等的资金量能够支持更大规模的生产经营。增加企业自身的资金留存量，不仅需要动态调整股利政策，更重要的是提高自身的盈利能力，提高销售净利率。让每一元收入都能够给企业带来更高的收益。在资金的使用效率上，要缩短各个环节的资金周转期限，用更少的资金办更大的事。

下面是一家企业通过提升内部资金周转效率来弥补资金缺口的例子。

举例说明

假设某企业从采购原材料到完成销售需要30天，从产品卖出到销售回款又需要30天。整个周期，从采购到销售回款，资金占用需要60天。如果通过工艺改进，整个生产周期缩短5天，又由于技术改进带来的市场需求上升，收款周期也缩短10天。这样一来，完成从采购到销售回款同样的循环，资金占用期间缩短到了45天，如图4-4所示。

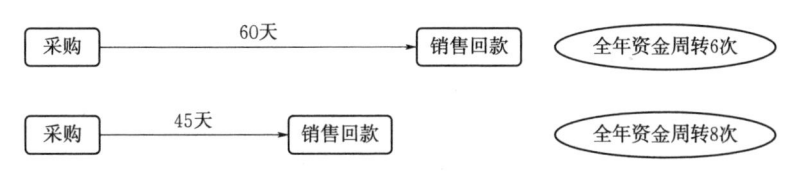

图 4-4　提高资金周转弥补资金缺口

在工艺和技术改进前，整个周期资金被占用60天，全年可以完成6次资金周转。而改进后，整个周期资金被占用45天，全年可以完成8次资金周转。这意味着，一年的时间内，资金相比于从前可以多周转2次，也就是可以多完成2次从生产到销售的全环节。

如果每次循环能够获得100万元的净利润，在不增加资金投入的前提下，每年可以增加200万元的净利润，这就是由资金使用效率提升所带来的收益。虽然销售规模扩大了，但是并没有产生资金缺口，这是因为在原有资金效率下的资金缺口，被资金效率提高填平了。

如果在采购原材料阶段，对于供应商也能够取得一定的付款期限，那么资金的使用效率又会进一步提高。比如供应商给予该企业15天的付款期限。这时，采购原材料并不是投入资金的起点，而是采购后的15天才开始占用资金。整个资金占用周期，就因为供应商的付款账期，而缩短了15天。同样，一年的时间内也可以达到提高200万元净利润的效果，如图4-5所示。

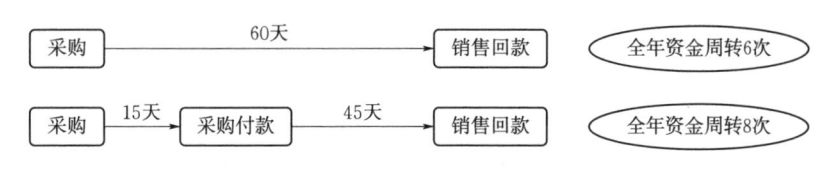

图 4-5　延长付款期限提高资金周转效率

因此，如何让企业不缺资金，除了提前储备筹资渠道，更重要的是向内提高资金的使用效率，提高用有限资金供给更大销售规模的能力，最终提高企业的盈利能力。

4.1.3　做好资金的动态预测

企业中的经营是实时动态调整的，需要时刻做好流动资金的动态预测，才能确保现金流的安全和稳定。下面介绍一种简单的方法，帮助企业快速预测需要的流动资金，以及在规模扩大时，需要增加的资金投入量。

在不考虑固定资产和长期资本的投入下，仅考虑营运资金部分，我们将企业的资金占用活动，抽象为存货阶段、销售阶段和采购阶段，如图 4-6 所示。这三个阶段的资金周转期限，就构成了营运阶段的整体周转期限。在此周转期限的情况下，可以确定每年的资金周转次数。再通过年销售收入的预测，就可以大体判断需要的流动资金规模。

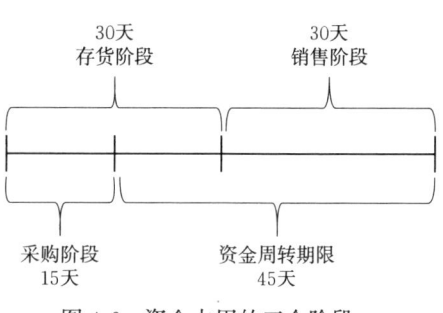

图 4-6　资金占用的三个阶段

举例说明

假设一家企业存货阶段的周转期为 30 天，销售到收款的期限为 30 天，采购到付款的期限为 15 天，整个运营周期的资金周转期限为 45 天。在稳定经营的情况下，流动资金一年内可以周转 8 次。如果预计实现 1 000 万元的销售收入，就至少需要 125 万元（＝1 000÷8）流动资金，才能够支持企业的正常经营。

如果企业想要扩大规模，提高销售收入，就需要投入更多的资金，采购原材料和进行其他生产经营投入。在经营效率不变的情况下，需要对新情况下的流动资金进行测算。企业想将营业收入提高到 1 200 万元，在流动资金周转效率不变的情况下，需要投入的流动资金为 150 万元（＝1 200÷8）。这样一来，增加的 200 万元收入，需要多投入 25 万元（＝150－125）的流动资金才能够支撑。如果企业没有多余的资金投入，仍然想保持销售的增长，这时就要提高资金的周转效率，如图 4-7 所示。

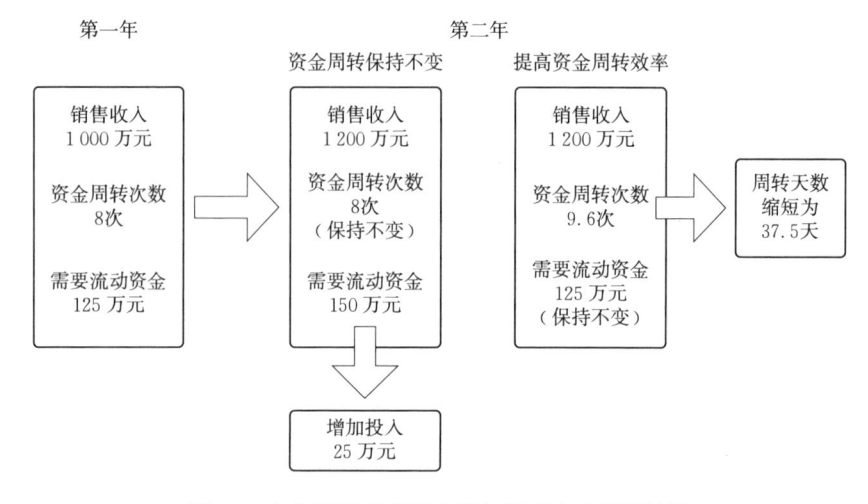

图 4-7　如何通过提高资金周转效率实现规模扩张

在同等情况下，实现1 200万元的销售收入，如果投入流动资金仍为125万元，所需要的资金周转效率为9.6次（＝1 200÷125）。也就是说，125万元的流动资金，需要每年周转9.6次，才能够支持1 200万元的销售收入。进一步拆解，每年周转9.6次，意味着资金从采购到收款的整体期限需要缩短到37.5天（＝360÷9.6），比原有的45天缩短了7.5天。这时，企业就可以有针对性地从经营的各个环节来提高效率，保证在不提高流动资金规模的情况下，正常供给企业的经营需要。

资金的动态预测，能够快速地帮助企业预测不同销售规模，以及不同资金使用效率下的流动资金需求。操作更为简单，在实践中应用也更为广泛。除此之外，对于资金的动态预测，还需要做好滚动的资金预测统计。既要有中长期的整体规划，又要有短期的使用计划。对每周需要流入和流出的资金提前做好规划，并监控资金的实际收支情况，及时根据经营情况动态调整。在需要大额的资金支出前，能够提前规划，做好筹资渠道的储备，为企业经营的资金需求保驾护航。

4.2 应收账款管理

应收账款，是很多企业非常头疼的一个问题。在收款过程中，销售人员也面临巨大的心理压力。反复催收的过程中，不仅增加了资金的占用成本，也消耗了大量的管理成本。稍有不慎，还会给企业带来资金损失。对于企业而言，应收账款的管理是一项系统工程。不应仅局限于事后的追款，更重要的是对于应收账款的全过程管理。在发生前，就将风险控制在合理范围之内。

4.2.1 应收账款的管理步骤

对于应收账款的管理，要有全局思维。管理的重点不在于事后的催收，更重要的是事前的风险控制和事中的执行监督。比如，对于癌症晚期的病人，医生往往束手无策，花费大量人力物力，但是收效甚微，也只能是尽量延长生命。如果在早期及时发现，也许就能够大大提高治愈的可能。再往前推移，如果能够在日常生活中就养成良好的生活习惯，进行有效预防，便能够大幅度减少患病的概率。这也符合应收账款的管理思路，要将重点向事前和事中转移，将风险和成本耗费控制在发生之时甚至是发生之前。

应收账款的管理主要分为三个阶段，分别是事前管理、事中管理和事后管理。应收账款产生于客户，因此在管控的方向上需要控制好应收账款的来源，即对客户进行全方位的管理，如图4-8所示。

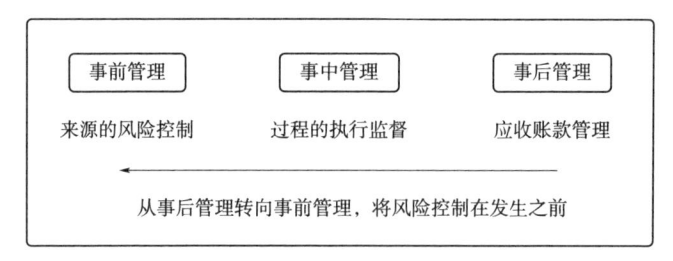

```
┌─────────────────────────────────────────────────┐
│   事前管理          事中管理          事后管理    │
│                                                 │
│ 来源的风险控制    过程的执行监督    应收账款管理  │
│                                                 │
│     ←────────────────────────────────           │
│   从事后管理转向事前管理，将风险控制在发生之前    │
└─────────────────────────────────────────────────┘
```

图 4-8 应收账款全过程管理

1. 事前管理

在事前管理阶段，不仅要根据企业的实际情况和承受能力，确定自身的赊销期限及赊销额度，也要围绕客户展开一系列的调查和信息收集工作。要了解客户的基本信息，如客户的信用基础如何，是否具备持续经营的能力，是否有过往的不良信用记录。以此来评估能否给予赊销政策。对于能够给予赊销政策的客户，还要根据客户的信用级别，确定能够给予的账期和赊销额度。经过这样筛选后的赊销客户，风险会大大降低，应收账款的回收也会得到极大的保证。

2. 事中管理

事中管理阶段是一种过程管理，主要是对客户合作过程中的事项进行管控。与客户之间的合同签订是否符合企业要求，是否在审批的信用额度范围之内。在合作过程中产生的各项单据、签收送达等关键节点的单据，均要妥善保管。对与客户之间签订的合同要做好分类、收集、保管的工作等。事中管理的重点是要对应收账款的发生做好审核工作，并且保存好过程中的关键单据，以便日后在应收账款难以收回时，能够采取相应的防范措施。

3. 事后管理

事后管理阶段，主要是为了保证款项的及时收回。要与客户及时做好对账工作，并及时开票收款。同时还要做好对应收账款超期客户的管理，以及对逾期应收账款的管理。对于未及时付款的客户，要及时调整信用额度，甚至冻结该客户，防止欠款金额的进一步增加。对于已逾期的应收账款，要根据不同的逾期时间给予不同的超期处理。比如，对于超期时间较短的客户，调整赊销额度。对于超期时间较长的客户，可以暂停赊销额度，只能采用现付的交易方式。不同的方式，也视不同企业对于应收账款的可容忍程度而定。对于实在无法收回的款项，要及时整理过程中的单据，发起法律诉讼。或者采用应收账款保理的方式，将坏账出售给保理企业，尽可能降低应收账款所带来的坏账损失。

此外，还要做好客户的账龄分析，平衡好收账成本和坏账损失风险之间的关系。不管是向短期逾期客户的催收工作，还是对长期欠款客户的诉讼工作，都需要付出成本。如果花费了大量的收账成本，却只收回了少量的应收账款，这就是得不偿失的。不仅没有减少坏账带来的损失，还进一步增加了企业的成本。

因此，在确定具体的收账政策时，也要基于收账成本与坏账损失总成本最小化的原则，选择合适的催收方式和催收时机。

4.2.2 合理制定赊销策略

赊销，是产生应收账款最主要的原因之一。除了市场推广、市场营销等活动，赊销也是提高销售规模的有效手段。尤其对于成熟期市场的企业，产品同质化严重，价格基本趋同，能够获得的服务体验也大体相当。这时，赊销就成了企业获得资源、争夺客户的重要手段。归根结底，赊销能够进一步给客户创造价值，让客户从赊销中得到更多的折扣回报。

举例说明

某企业在正常收款情况下，每年的营业收入能够达到1 000万元。在同行的激烈竞争下，业务量逐渐降低。经调查发现，竞争对手主要采用赊销的方式来争取客户。经过评估，如果这家企业同样采用赊销的结算方式，不仅能够稳定目前的销售规模，还能够在此基础上获得20%以上的销售增长。

销售部门提出，为了应对同行的竞争压力，建议企业也采用同样的赊销政策。但是财务部门提出了质疑。赊销虽然带来了销售规模的增长，但是收款和现金流的风险却大大增加。同时赊销期间对于资金的占用，也是需要损耗成本的。如果综合考虑的话，未必能给企业带来更高的收益，说不定还会带来更大的损失。双方就不同的立场和观点，在这个问题上争持不下。如果是你，会做出怎样的决策呢？

对于是否赊销，不仅要从销售策略上考虑，还要从成本和风险，以及投资回报的角度进行考虑。

赊销的本质是资金占用，也是企业为了扩大销售规模和利润所采用的一种投资方式。既然是投资，不仅要承担风险，还要考虑投资的回报如何。通过赊销，能够快速获得销售收入的增长，同时带来利润的增长。但是这仅仅是利润的增长，并没有现金流的同步增长，这也是很多企业造成资金链断裂的风险点。

对于客户来说，赊销相当于向客户提供一项短期的无息贷款。赊销带来的成本，不仅是资金占用的资金成本，还包括后期收款所付出的收账成本，以及坏账所带来的潜在坏账损失。如果因为赊销带来的收益小于赊销带来的成本，这样的销售增长是没有价值的。当然，赊销成本的高低，可以通过赊销期限来调节。赊销期限越低，赊销成本也越低。

上面的决策主要讨论了赊销政策，那么，除了这种策略，我们是否还有其他的选择可以考虑呢？在竞争中，除了赊销，给予现金折扣也不失为一种好的选择，关键在于能够承受多大规模的折扣？对于客户而言，赊销相当于一项短期的无息贷款，能够享受一段时间的资金占用所带来的收益。如果企业能够提供一项折扣，满足客户对于这项资金占用收益的需求，也能够实现稳定销售，甚至扩大销售规模的作用，如图4-9所示。

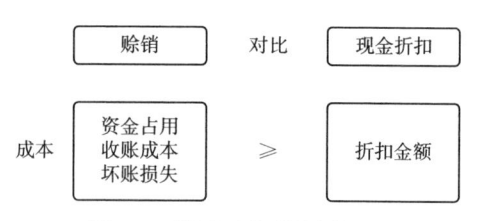

图4-9 赊销对比现金折扣

对于企业而言，采用现金折扣的方式，还能够减少收账成本及可能的坏账损失。也就是说，为了增加对客户的吸引力，只要在收账成本和坏账成本的范围内，都可以转化为折扣体现在销售价格上，这对于企业和客户而言是双赢的。

回到本节开头的赊销策略选择上。假设采用30天的赊销政策，能够给企业增加20%的销售收入，同时带来20万元的利润增长。如果资金占用的成本是15万元，而收账成本和坏账损失成本为10万元，这时赊销带来的成本为25万元（=15+10），那么对于企业而言不是增长，而是消耗。

对于客户来说，由于赊销能够享受的是15万元的资金占用收益，假设企业将这15万元的资金占用收益转化为5%的同等现金折扣，对于客户来说，享受的收益是相同的。但是对于企业来说，却可以节省10万元的收账成本和坏账损失。

当然，对于一些不仅需要资金占用收益，还需要现金流支持的企业，在同等规模的现金折扣和赊销政策上，仍会选择赊销政策，以弥补自身现金流的匮乏。这时就需要企业进一步判断，并在严格控制风险的情况下，适时选择是否给予赊销政策。

4.2.3 评估客户的信用额度

经过综合评估，对于采用赊销的客户，需要根据客户的信用情况，来确定具体的额度范围和赊销的期限。额度和期限，是控制赊销成本和赊销风险的关键因素。额度越大、期限越长，赊销带来的成本和坏账风险也越高。那么该如何确定这两个额度，并将风险控制在可控范围之内呢？这一节先来介绍信用额度的确定方法。

从企业自身出发，在考虑信用额度的时候，首先要确定企业能够承担的赊销范围是多少，这也是对企业资金实力的考验。也就是说，企业能够承担并愿意承担多大范围的客户欠款。当然也要结合客户的需求和客户的信用背景。即使企业能够承担再大的欠款额度，对于信用背景不良的客户，也无法提供较高的欠款额度。对于处于竞争劣势的企业，或者议价权较低的企业，如果设定的欠款额度太小，对于客户来说是没有吸引力的，这也会带来损失客户的风险。但是从风险角度来说，主要还是考虑企业自身对于欠款的承受能力。

客户的信用评级及信用额度，可以采用外部的评估机构进行评定。但是对于大多数的中小型企业来说，更多的还是采用一些可以自主测算的其他方法。比如，根据客户对于企业的利润贡献来确定，或者根据客户的销售量来评估，还可以依据客户的回款情况进行测定。下面对实践中常采用的这三种方法进行简单介绍。

1. 客户利润贡献法

客户利润贡献法，主要是依据客户能够为企业创造的利润贡献来确定的，这也是一种保本的思维。在企业的成本范围内不提供赊销，而在客户创造的价值范围内，可以通过赊销的方式与客户共享收益。比如，与客户达成 100 万元的销售额，能够给企业贡献的利润是 20 万元，那么企业就可以给该客户 20 万元的信用额度。企业通过测算客户的利润贡献，来确定给予的赊销额度。但是客户不同阶段的销售量是不同的，这就需要综合评定不同客户的利润贡献率，并以利润贡献率作为赊销比例，按照该比例动态调整赊销额度，如图 4-10 所示。

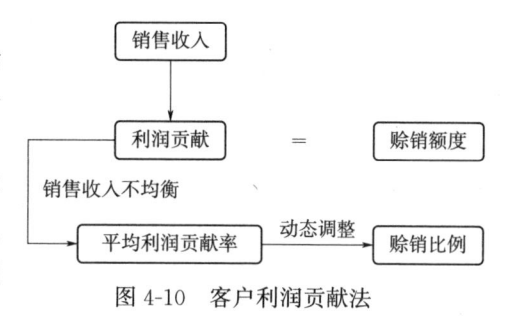

图 4-10　客户利润贡献法

2. 客户销售量法

客户销售量法，主要是依据客户的销售规模来确定赊销额度。既然是根据销售规模来确定赊销额度，就需要确定销售的期限及销售口径。是以每月的销售额为基准，还是以每季度的销售额为基准，甚至是以年销售额为基准。有些企业因为季节性特征明显，不同月份之间的销售额差别较大。对于销售额来说，是以订货数量为准，还是以实际出库为准，又或者是以实际应收款的金额为依据，这些都是在销售量法下需要确定的问题。

一般来说，为了克服不同月份的波动，通常会采用季度销售额或者年度销售额的平均值为基准。而销售额，如果采用订货数量，实际上是扩大了赊销的风险，因此以实际可结算的销售额作为基准更为准确。比如，企业每季度实际完成的可结算销售收入为 100 万元，按照 10% 的比例确定额度，那么客户就可以获得 10 万元的赊销。

3. 客户回款额法

客户回款额法，是基于客户的回款能力对客户进行信用额度评定。通过对客户的年回款额的加权平均，确定客户的平均月回款额，并以此为赊销额度。这种方法，直接与回款能力相关，对于客户信用额度的确定风险，可控性更强。但是，对于月度回款波动较大的企业，误差也会相对较大。

以上这三种方法，都是实践中经常用到的。本质上都是依据一项与客户相关的指标,作为确定赊销额度的基准,并在此基础上做出适应性的调整。有些企业为了简化处理,会直接确定固定的赊销比例,然后根据客户的销售额与固定的赊销比例进行确定。但是在实际操作中,仅有客户回款额法与客户的回款情况直接相关。其他方法,还需要根据客户的付款情况及历史的信用记录,做出相应的调整系数。

调整系数的确定,需要结合对客户的信用评价结果。除了购买专业评级机构的服务,企业在自主评级时,要考虑几个方面的信息作为评级条件,主要涵盖企业的基本经营状况、偿债能力、信用记录、以往是否有违约情况的出现、是否存在相关的不良诉讼,以这些内容作为评价基础,确定不同的评价等级,并匹配不同的调整系数,如图4-11所示。

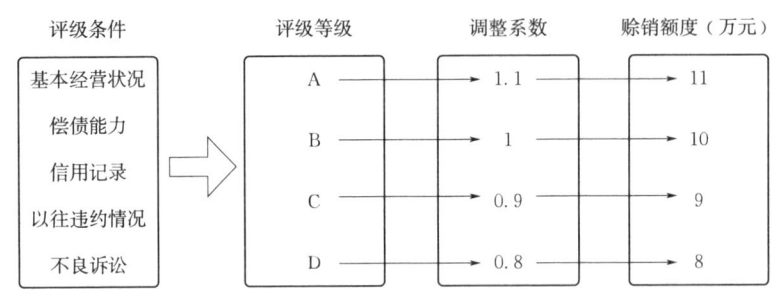

图 4-11 信用评级的系数调整过程

比如评级为A,相应的调整系数1.1,评级为B,相应的调整系数为1,以此类推。在客户利润贡献法和客户销售量法中,在确定的赊销额度基础上,再乘以相应的调整系数,最终确定给予客户的赊销额度。比如,评级为B的客户,调整系数为1,可以获得10万元的赊销额度;评级为A的客户,因为过往信用良好,调整系数为1.1,可以获得11万元的赊销额度;如果过往信用不良,评级较低,也会相应降低赊销额度。

但是,不管采用哪种方法,由于不同企业、不同行业特点,面对的客户情况不同,都需要因地制宜,采用合适的方法,进行灵活调整,既保证销售的竞争力,又要控制成本和赊销带来的风险。

4.2.4 信用期限的选择

确定了信用额度,还需要确定信用期限。不管是信用额度,还是信用期限,都直接决定着赊销的成本和风险。期限越长,虽然会增加销售收入,带来一定的利润增长,但是所带来的成本也越高,所承担的坏账风险也越大。如果期限过长,消耗的成本可能会超过带来的收益。如果信用期限过短,又不足以吸引客户,可能会导致客户的流失。因此,在确定信用期限时,一方面要考虑行业惯例，以及企业对于资金占用的承受能力。另一方面，需要综合考虑不同信用期限下的成本状况和风险状况，才能确定合适的信用期限。

在考虑信用期限所带来的成本耗费时，不仅需要考虑信用期限内的应收账款占用成本，还要考虑收账成本和坏账损失的增加。一般来说，信用期限延长，会带来销售量的增加，势必也会带来存货量的增加。而存货量的增加，又会进一步影响，增加存货带来的资金占用成本。这些都是在权衡调整信用期限时，所需要考虑的成本因素。

除了成本因素以外，在确定信用期限时，要尽量建立统一的信用期限标准，这也便于日后对于应收账款的管理。如果以每个客户为标准，单独确认信用期限，随着客户的不断增加，账期的管理会越来越复杂，也会给企业增加大量的管理成本。为了区分不同产品和业务线的特点，也可以根据业务线或产品类别来确定不同的信用期限。

4.3 认识资本结构

从资产负债表中可以看出，企业的资金来源主要分为两部分：一部分是来自股东投入，另一部分是来自债权人的债务。不同的融资来源和融资比例，决定着企业的资金成本和资金风险。理想的资本结构，既要使融资成本最小化，又要平衡企业的融资风险，并在此基础上实现企业价值的最大化，这也是资本结构设计的意义所在。

4.3.1 资本结构是什么

资本结构，顾名思义就是企业中不同资金来源的配比关系。更具体地讲，就是资产负债表右侧，长期债务和权益资本的构成和比例关系。一般来说，资本结构不包括短期负债，这是因为短期债务随着企业的经营一直处于变动状态，在整体资金来源中的比重也处于变化之中。有人可能会质疑，只要企业能够有资金就好，为什么还要考虑结构和比例呢？债务资本和股权资本又有什么区别呢？

在回答这两个问题前，先思考一个企业经常遇到的问题：企业目前存在资金缺口，或者预计未来会出现资金缺口，需要融资。如果既能获得股权投资，又能获得银行贷款及其他债权人的投资，这时企业该如何选择呢？

有人会说，哪个利息低就选哪个；有人会说，选股权投资，不需要支付利息，风险低，有了利润才分红，没有利润就不用分了；还有人会说，要根据未来的经营情况来确定，如果未来经营平稳，大概率盈利，且超过借款利息，就要选择债权融资。一旦经营状况良好，债务成本是固定的，企业可以获得大部分的剩余收益。如果未来经营情况莫测，市场波动较大，就选股权融资。采用债权融资，一旦经营失败，就要面临巨大的偿债压力。而股权融资，就不存在这样的风险，即使经营失败也无须偿还。

从上面这个问题中可以看出，不同的资本结构，带给企业的风险和融资成本各有不同。选择股权融资，没有偿债压力，一旦经营失败，不需要偿还融资资金。这也意味着，投资方承担了更大的风险。因此在收益方面会要求更高的投资回报率。而债权融资，本质上是提供资金支持，获得资金占用的回报。不论企业经营状况如何，都需要在固定的时间支付既定的利息费用。对于债权人而言，风险是有限的，且不受企业经营状况影响，因此对于资金回报的要求相对于股权投资而言更低。

此外，债权融资是有杠杆效应的，从企业角度来看，负债的成本通常是固定的，企业的经营利润越高，每一元经营利润所分担的利息费用就越少，如图4-12所示。这就相当于，我们开了一家小店时所需要支付的房租。不管经营如何，房租都需要按时按量交给房东。如果后续经营状况良好，房租分摊到每件产品上，成本就会越低。如果经营状况不良，就需要承担高额房租的压力。

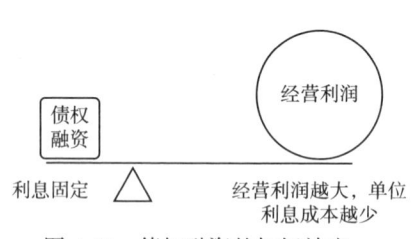

图4-12 债权融资的杠杆效应

而股权融资的成本，是随着经营利润的提高而同步提高的。如果经营状况不良，是不需要支付融资利息的。但如果经营良好，股权投资人也需要得到与经营收益相匹配的回报。因此，在投资回报有保障、投资回报率高于债务利息时，盈利能力越强，选择债权融资的成本就越低。但是即便如此，债权融资也不是越多越好。因为存在按期偿还的压力，如果不能合理配置，会造成较大的资金压力和偿债风险。

4.3.2 理想的资本结构是什么

什么样的资本结构，才是理想的资本结构呢？

1. 从企业的需求来看

企业选择不同的融资渠道，是为了解决哪些问题呢？从这个方向来看，就可以找到好的资本结构需要符合哪些要求。对于企业来说，融资是为了解决企业现在或未来的资金需求。在考虑融资渠道时，首先要考虑满足企业的资金需求，同时还要控制资金风险，并尽量做到成本最小化。

2. 从债权人的角度来看

在满足需求的前提下，企业自然希望选择低风险高收益的融资方式。但是融资不是一方的活动，需要资金供需双方共赢，才能达成最终合作。对于债权人来说，如果企业已有的负债比例很高，且经营风险较大，这时企业的债务偿还能力是无法得到保障的。即使债权人能够提供债权融资，也会要求更高的债务利息，这也是符合风险和报酬的匹配原则。如果企业现有的负债比例较低，经营风险不大，这时债权人的债务偿还比较有保障。愿意提供债权融资的债权人更多，企业对于债权人的选择空间更大，债权人要求的利息也会相对较低。

3. 从股权投资人的角度来看

从股权投资的投资人角度来看。如果企业的经营风险很高，投资回报率没有一定的保证，理性的投资人通常是不会轻易投资的。而对于经营风险较小，未来前景较好的项目，投资人更愿意参与，通常也会给出更好的融资条件。因为企业的议价权更高，也就意味着股权融资的成本会降低。由此可以看出，融资成本不是企业单方面可以控制的，还需要根据企业的经营情况，已有的债务比例及未来的发展前景来确定。为了满足未来的资金需求，并控制风险和降低成本，企业需要合理配置股权资本和债权资本的比例。

虽然债权融资的成本较股权成本更低，但并不是全部采用债权融资就是理想的选择。当企业内的负债达到一定比例时，也很难再获得债权融资。因此，在进行资本结构的配置时，既要考虑企业自身的风险偏好，也要考虑外部融资对于企业资本结构配置的要求，保持企业融资的灵活性和可持续性。比如，外部银行在给企业进行贷款时，通常会考量资产负债率的指标。当企业中负债的比例达到60%以上，不仅债权融资的成本大幅上升，难度也大大提高，甚至很难获得银行贷款。这时，企业就需要及时调整自身的资本结构，降低债权融资的比例，增加其他融资渠道的融资比例。将资本结构控制在较为安全的范围内。在此基础之上，企业可以测算不同融资渠道的融资成本，找到成本最低的融资组合。

4.3.3 不同阶段企业的资本结构选择策略

通过第4.3.2节可以看出，理想的资本结构没有定式，也不是固定的比例，而是随着企业发展状况实时调整和变化的。当债权人和投资人的需求发生变化时，也会影响企业的融资方式和融资选择。因此，资本结构是一个动态平衡的结果。不同行业、不同阶段、不同的外部市场环境，在资本结构的配置上，都会有所不同，如图4-13所示。

1. 初创期

不同的经营风险下，债权人和股权投资人也会做出有利于自己的选择。初创期的企业，由于刚刚进入市场，新产品能否被市场认可，商业模式能否走通，企业能否被目标客户认可，

财务风险	低经营风险	高经营风险
高	债权融资为主	找不到债权人
低	找不到投资人	股权融资为主

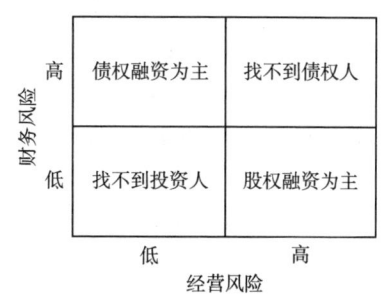

图 4-13 不同经营风险下企业的资本结构选择

这些问题都充满了不确定性，这一时期的企业经营风险非常高。对于债权人来说，这样的企业风险过高，如果投资，仅能获得有限的利息收入，却需要承担巨大的经营风险，理性的债权人是不会投资这样的企业的。

因此，这个阶段的企业，虽然经营风险高，但是财务风险比较低，因为找不到合适的债权人。这个阶段的资本结构中，资金主要来自风险投资人的股权融资。当风险投资人预期企业会有较大发展时，他们愿意承担经营风险，以获得未来的巨大回报。

2. 成长期

当企业在市场上站稳脚跟，逐渐被市场认可的时候，企业的经营风险有所降低，但仍然很高。这个时期的企业，需要快速扩张，抢占市场份额，对于资金仍然有很大的需求，但是需要控制财务风险。这一时期，企业的资本结构仍然以股权融资为主。

3. 成熟期

当企业的销售额增长到一定程度，占据了大量的市场份额，并逐渐稳定下来的时候，企业也进入了发展的成熟期。这个时期的企业，经营风险进一步降低。同时由于销售稳定，且占有大量的市场份额，企业自身能够产生大量的现金流量，这些现金流量能够给企业提供充足的资金来源。这时的企业，也有能力承担更高的财务风险。因此，在资本结构的分配上，会更倾向于利用债权融资的杠杆作用。因为企业经营相对稳定，风险较低，债务偿还比较有保障，债权人也愿意给处于这一阶段的企业提供债权融资。整体来说，这一时期企业的资本结构中，债权融资的比重会逐渐提高，而股权融资的比重会逐渐降低。

4. 衰退期

当企业进入到行业或自身的衰退期时，经营风险更低，企业的市场份额和产品利润都在进一步萎缩。虽然市场和企业都是在萎缩的，但是在前期积累的一定资金，短期内的资金流和财务状况都相对比较稳定，能够维持上一阶段较高的债权融资比例。

此外，进入衰退期的企业，会更积极地探索新的方向，或者尝试新的产业。如果新方向的发展潜力较大，又会吸引新的风险投资人进行股权投资。不同于初创期的经营情况，衰退期的企业可能还承担着大量的债权融资。但是对于风险投资者来说，大量的债务实际上给企业提供了更高的杠杆，一旦经营成功，会给企业带来更大的收益率。

所以，理想的资本结构不是企业单方面努力就能达成的结果，而是以市场各方共同作用为前提的。企业处在何种经营状况之下，能够获得怎样的融资渠道和融资组合，这都是配置资本结构的基础。在此基础上，企业可以通过选择成本最低、风险最小组合，也就是在这个阶段理想的资本结构，以使得企业价值最大化。

第 5 章
从报表的角度看企业的资产与利润

　　企业经营纷繁复杂，而决策者往往不能深入到经营的方方面面。如何才能从复杂的经营中看到问题，做出正确的决策？财务报表就是能够帮助决策者看到经营状况的工具，这也是财务报表的价值所在。但是报表中呈现出来的财务信息集合了各种复杂的数据，我们看到的资产在报表中可能并不是资产，利润也并不是想象中的利润。从报表的角度看待企业的资产和利润，就是要从数据中洞察企业的经营过程，从而更好地帮助管理者做出决策。

5.1 从报表看企业经营活动

企业的各种经营活动最终都会集合为各种各样的数据，在企业经营规模逐渐增长的时候，管理者往往无法事无巨细地管控全局。这时，我们就需要一种透过数据看经营的能力。而财务报表就是一个很好的抓手，通过高度集合的财务数据，看到企业中的各种经营活动。接下来，我们将探讨如何透过财务报表快速了解企业的经营状况和财务状况。

5.1.1 快速了解企业的经营状况

企业经营的本质是赚钱，可是一家企业是怎么赚钱的呢？有人会说，通过买卖的差价创造利润，这就是最简单的经济活动。但是，一家企业毕竟不是小商小贩，它还有更多、更复杂的经济活动。那么，这些经济活动又是如何体现的呢？

如果把一家企业的经济活动进行分类的话，可以概括为三个方面：经营活动、投资活动、筹资活动。有财务基础的读者一定会说，不就是现金流量表的结构吗？是的，这也正是一家企业最主要的业务活动，那怎么理解这三种活动呢？

比如，我们把自己想象成一家企业，经营活动就是我们所从事的工作，是主营业务。通过工作付出劳动，我们赚取工资收入。为了持续的劳动，并获得劳动收入，我们需要维持自己的基本生活，保持健康的身体。这时，就需要用赚取的收入，支付日常的基本生活开支，这就形成了我们日常生活的现金流出。工作赚取收入，同时支付为保证工作的各项支出，这个循环就构成了经营活动的流入和流出。

那投资活动又是什么呢？当我们满足了基本生活支出后，手里有了多余的钱。这笔钱与其闲置，不如利用起来。于是进行投资、理财、买股票，或者是买房、购置固定资产，这些都属于想要获得资产增值而进行的投资活动。如果幸运赶上股票市场的牛市，还可能会得到一大笔的投资收益。这笔收益，就是投资活动带来的现金流入。

最后来看下筹资活动。比如在买房时，我们手中的资金通常不足以全款支付，这时就要去银行贷款。而取得银行贷款就是一项筹资行为，也就形成了筹资活动的现金流入。当我们偿还贷款利息时，就是筹资活动所产生的现金流出。

从报表的角度来看，企业的经营，就是经营活动、投资活动和筹资活动的循环往复。财务报表，就是用数据的形式来呈现企业发生的各类活动，以及在各个时点的经营状况和资金状况。

5.1.2 快速了解企业的财务状况

企业每天都会发生各类大大小小的经济活动。作为一个旁观者,我们不可能看到企业的每一项经济活动。即使是企业内部员工,除了自己所在岗位或部门发生的经济活动,也不可能了解企业每天发生的大小事务。那么通过什么来了解一家企业呢?我们需要一项工具,能够帮助我们从繁杂的事务中抽离出来,快速了解企业的经营状况——这就是财务报表存在的意义。

企业的业务成千上万,归结起来就是三种活动,经营活动、投资活动和筹资活动。这三种活动怎么体现在一家企业的财务报表中呢?比如,当我们卖掉商品的时候,并不意味着我们能够马上拿到钱。很多时候,我们获得的只是一个收款的权利,也就是我们所说的应收账款。只有把这部分应收账款收回来,才算是真正赚到了钱。然后,利用赚到的钱偿还银行的贷款,购置生产所用的固定资产等。在这个过程中,在财务报表中不同科目的转换被记录了下来。

在经营企业之初,我们需要有一笔原始资金,这笔资金就是股东的投入。比如,我们想要做生意,通常都要先投资,购买设备或者租赁门店,这些都需要我们的资金投入。而我们投入的目的,自然是为了获得更多的资金回报。但是,经营有风险,投入的资金,不一定就能获得理想的回报,甚至还有可能亏掉本金。因此,企业除了赚钱,更为重要的是帮助股东保住本金。

因此,财务报表的意义,还在于让股东了解他们的原始资本变成了什么?图5-1展示出了资金投入企业后会以各种形式存在,有可能是存货,也可能是固定资产,还有可能变成了应当向客户催收的借款。那么这些资产现在价值几何?资金都去哪里?又欠了谁的钱,描述这些问题的报表就是资产负债表。

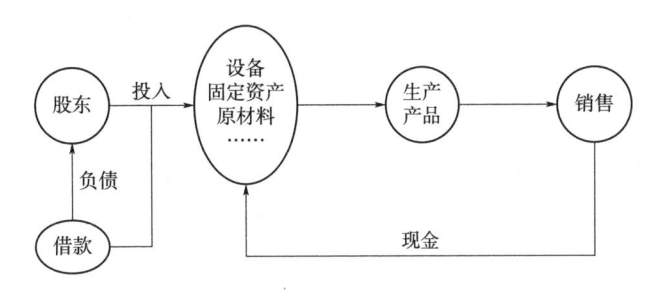

图 5-1 股东资产投入后的存在形式

如果说,资产负债表像一个照相机,记录了企业在某一特定时点的经营状况。那么,利润表就是一台摄像机,记录了企业一整年的盈利状况。获得了多少收入,又支出了多少成本。给员工发放了多少工资,又为国家缴纳了多少税收,最终获得了多少利润。这些经营状况都可以通过利润表清晰反映出来。利润表能够帮我们了解企业到底有没有赚到钱。

但是利润表上的利润,仅仅是一个数字而已,企业到底有没有这么多钱呢?现金流量表就反映了这个过程中的资金流动。企业赚到的利润，是真金白银，还是仅仅是放在别人口袋里的数字。现金流量表，就相当于我们日常生活中的流水账。

当我们不能够亲身经历一家企业所有的经济活动时，可以通过照片、录像和流水账来了解企业，也就是通过资产负债表、利润表和现金流量表来了解一家企业的财务状况。

5.2 认识资产负债表

企业最初的活动是股东投资设立企业，最先形成的财务报表就是资产负债表。资产负债表反映了企业不同时点的资产状况。刚刚设立时，是怎样的资产状况，经过一段时间的运营，又变成了怎样的资产状况。这些不同时点的企业状况，都被资产负债表记录了下来。通过资产负债表中不同项目的变化，就可以管中窥豹，看到企业经营的状况。

5.2.1 资产负债表是什么

表5-1是一张简单的资产负债表。这张表被分为左右两个部分，左边的是资产，右边的是负债和所有者权益。

表 5-1 资产负债表

资产负债表					
编制单位：		20××年12月31日			单位：万元
资　　产	期末余额	年初余额	负债及所有者权益	期末余额	年初余额
流动资产：			流动负债：		
货币资金			短期借款		
应收票据			应付票据		
应收账款			应付账款		
预付账款			预收款项		
应收股利			应付职工薪酬		
应收利息			应交税费		
其他应收款			应付利息		
存货			应付股利		
其中：原材料			其他应付款		
库存商品			其他流动负债		

续上表

资产	期末余额	年初余额	负债及所有者权益	期末余额	年初余额
周转材料			流动负债合计		
其他流动资产			非流动负债：		
流动资产合计			长期借款		
			应付债券		
非流动资产：			长期应付款		
长期应收款			预计负债		
长期股权投资			其他非流动负债		
固定资产			非流动负债合计		
减：累计折旧			负债合计		
在建工程			股东权益：		
固定资产清理			实收资本（股本）		
无形资产			资本公积		
长期待摊费用			盈余公积		
其他非流动资产			未分配利润		
非流动资产合计			股东权益合计		
资产合计			负债和股东权益合计		

会计中有一个非常重要的恒等式：

$$资产＝负债＋所有者权益$$

从这张资产负债表来看，就是左边项目的总和等于右边项目的总和。简单来说，报表的右边是资金的来源，而左边是资金的存在形式。企业从各种来源取得了资金，这些流入企业的资金，又以怎样的形式存在呢？当然，右边又代表了不同的资金来源，即负债和所有者权益。负债可以理解为是借的钱，而所有者权益是别人投资给我们的钱。

有了这些钱以后干什么呢？无论是持币、炒股还是买房、买车、买原料，这些都构成了资金的去向，成了资金的一种存在方式，也就构成了资产负债表左边的资产部分。

举例说明

如果给自己列出一张资产负债表，那么我们自己这家"企业"的左边和右边都有什么呢？

我们所拥有的房子、车、现金、别人欠我们的钱、我们预付的款项，比如健身卡、购物卡都属于此类资产，这些都是我们当下所拥有的资产。而且，有些资产让我们能获得未来现金的流入。诸如此类的资产，构成了我们资产负债表的左半边。

那么我们购置上述资产的钱从哪里来呢？这就是资产负债表的右边需要告诉我们的事情。买房的钱，可能来自银行贷款；买车的钱，可能来自朋友的借款；日常消费支出，可能由信用卡的透支额度来支付。买房向银行的贷款、欠别人的钱、信用卡里的透支额度，这些都是我们的负债。

那股东权益又是什么呢？可以类比为在我们刚步入社会，没有经济来源，甚至连第一个月的房租和生活费都无力负担时，父母给予我们的经济支持。这笔投入就可以看作父母投入的一项股本，它成了我们开始一切经济活动的启动资金。有了这笔资金，再通过我们自己努力工作、持续积累，不断地使这些资产运转起来，产生更大的收益，形成更多的利润。

总结一下，资产负债表反映了企业的资金状况，右边代表资金的来源，左边代表资金的存在方式，资产＝负债＋所有者权益。

5.2.2　资产都包括哪些项目

资产负债表的左半边是资产，资产又被分为了两大类：一类是流动资产，另一类是非流动资产。

图 5-2 是资产负债表中的资产项目构成。如何区分流动资产和非流动资产？简单说，就是以一项资产变成现金的速度来区分的，这个期限通常为一年。

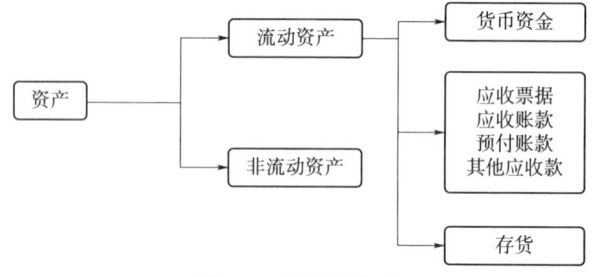

图 5-2　资产的构成

那么，哪些属于流动资产呢？第一项就是货币资金。货币资金是什么？简单说就是钱，不管是手里的现金还是银行里的存款，都属于货币资金。这也是流动性最强的资产。

第二项是应收票据。比如，客户购买了商品，却没有足够的钱支付。这时，客户提出一个月后有一笔定期存款到期，也就是说需要一个月才能够支付。作为卖家，在不了解对方信用也不愿赊销的情况下，是无法达成交易的。虽然客户有一笔将要到期的钱，但是谁又能保证会按期支付呢？为了打消卖家的顾虑，客户提出用票据进行结算。让银行来承诺付款，期限就是一个月。对于卖方来说，这就有保障多了。一个月以后，卖方不用再追着客户付款，而是拿着客户签发的票据，直接来银行兑现。这种票据，就是银行承兑汇票。由客户签发，银行到期无条件支付。既能满足客户延期付款的需求，又能给予卖方一定的保障。当然，应收票据包含的不仅是银行承兑汇票，还包含如支票、商业承兑汇票等其他类型的票据。企业收到的票据，也就形成了企业的一项资产。票据到期，就可以获得相应的现金流入。

第三项是应收账款，顾名思义就是一项无条件的收款权利。既然是无条件的收款权，那么也就有相对应的有条件的收款权。理解了它们之间的区别，也就更容易理解应收账款的深层含义。比如销售一件商品，为了和其他竞争对手竞争，开出更优惠的条件，这时候我们同意承担风险，让买方延迟付款。当我们已经完成交易，将商品交付给买方时，同时就获得了一项在未来收款的权利，这就是应收账款。但如果交付是分批的，而合同约定，只有全面交付才支付货款，当我们仅完成第一批的商品交付时，是不能获得无条件的收款权，也就不能作为企业的应收账款。只有完成全部的交付，才能得到这项无条件的收款权，成为企业的应收账款。当然，商品虽然没有转换成应收账款，而是以其他形式出现的，这里为简化说明，不再赘述。

第四项是预付账款。为什么会产生预付账款呢？预付账款意味着我们提前把钱支付了出去。当我们处在卖方市场时，市场上的货品相当紧俏，只有提前预订才能有货，这个时候，我们支付的定金就是一笔预付账款。预付账款代表我们有一项未来收取产品的权利，因此它也是一项重要的资产。

第五项是其他应收款。很多人分不清应收账款和其他应收款，都是应收款项，这两个有什么区别呢？主要区别在于，这两项应收款是产生于销售商品所得还是其他所得。如果是因为销售商品产生的应收款项，就是应收账款，其他的就是"其他应收款"。比如，我们借给朋友一笔钱，朋友承诺到期还款，那么这笔借款就是一项其他应收款。

第六项是存货。生产产品所需要的原材料、在产品、库存商品及周转材料都属于存货。除此之外，还有应收股利和应收利息。这些由于企业投资活动产生的收益，也是企业的未来将收到的一项资产。

以上就是流动资产中的主要项目，它们在资产负债表中的排列顺序，是按照其变现的速度来排序的。现金是直接流动，可以用于商品交换的，因此也是排在第一位的。总结一下，资产负债表中的资产项目分为流动资产和非流动资产，除去流动资产，剩下的就是非流动资产了。

5.2.3 不同的资产构成怎样体现不同的行业状况

每个企业的资产构成是不同的，除了企业的经营战略不同外，也在一定程度上反映了企业所处的行业特征。

就好比一个人如果资产构成全部是固定资产，没有现金，这体现出什么样的投资风格？一个人如果资产构成全是投资股票，不买固定资产，又是什么风格？当然，如果一个人资产构成是全部持有现金，那说明他可能是一个不会理财的人。所以，理解不同的资产构成，对于了解一家企业的经营战略和行业特征很有意义。图5-3展示了不同资产状况下的企业状况。

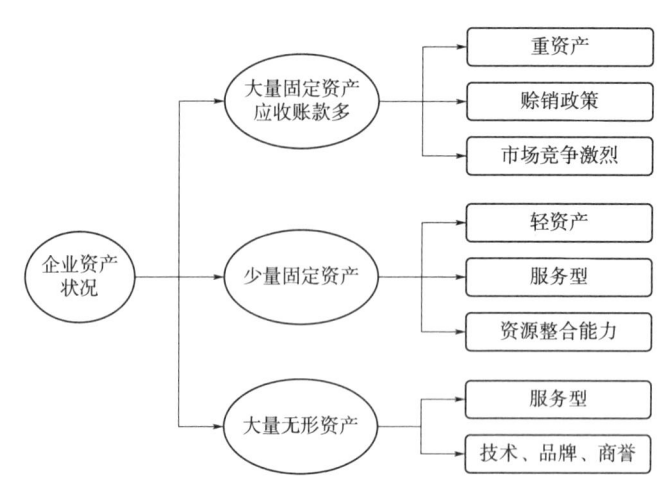

图5-3 不同资产状况下的企业状况

比如，一家企业拥有资产中金额最大的是固定资产，其次是应收账款，那么这是一家怎样的企业呢？固定资产多，说明这家企业很可能是一家制造业企业，比如像电力行业这种重资产的行业，需要大量的生产设备和各类设施。而应收账款多，说明企业所面临的市场竞争压力较大，需要采用赊销的方法销售货物，这也是现实中竞争性制造业企业所面临的现状。

如果是一家拥有固定资产很少的企业，又会是一家怎样的企业呢？固定资产少，说明企业采用的轻资产策略，尽量控制固定资产的采购数量，而最大化地通过整合资源来维持生产运营，又或者是一家依赖服务创造价值的企业。

如果是一家拥有大量无形资产的企业，它的资产结构又会呈现哪些特点呢？比如服务型企业，无形资产、人力资源可能是企业最重要的资产，也可能是专利技术、品牌或者商誉。

总之，不同行业所呈现出来的资产结构各有不同，各项资产的内涵也完全不同。通过资产的结构，可以帮助我们看出一家企业的经营状态。

5.2.4 有哪些负债需要还

负债，顾名思义，就是欠别人的债务。这个债务不仅是钱，还可以其他形式存在。比如我们去商场买某种畅销商品，付了钱，但是货却没有拿到，因为供不应求，断货了。商家说等过两天来了新货再来拿吧。我们已经把钱付给了商家，而商家欠我们的商品，这就是商家需要承担的负债。形式虽是商品，但可以用钱来衡量价值。因此，欠别人的商品，也是一种负债。

有人说，我从来不欠钱，没有负债。真的没有吗？比如，我们结账付款时用支付宝的花呗完成交易，就相当于向花呗借了一笔短期借款。当我们刷信用卡消费的时候也是同样的道理，相当于我们向银行借了一笔时间为两个月左右的短期借款。银行的借款，按照时限划分，也分为长期借款和短期借款，一般是以一年为限。

应付账款也是一种负债，代表着我们欠别人的货款。比如，企业向供应商进货，但是不能及时支付货款，这时就产生了一笔应付账款。在负债项目中，还有一个科目是其他应付款，它和应付账款有什么区别呢？

应付账款主要产生于购买商品、材料等，而其他应付款是除商品交易之外所产生的。比如我们向别人借款100万元，就相当于产生了一笔100万元的其他应付款，这是一种负债。那如果我们提前收到别人的预订款呢？这说明我们欠对方相应的商品，这种预收账款也是一种负债。

以上这些负债是每个企业正常运营都会面对的。如果这些负债需要在一年之内支付，就被划分为流动负债。反之，超过一年的，称为非流动负债。

总结一下，负债分为流动负债和非流动负债，可以按偿还时间分为长期负债和短期负债，不仅包括我们欠别人的钱，还可以是我们欠别人的货物。

5.2.5 股东权益是什么

在资产负债表的右下方，有一个部分叫股东权益。从字面来看并不如资产、负债那样简单易懂，到底什么是股东权益呢？

股东权益中一般有四个项目：股本、资本公积、盈余公积和未分配利润。股东投资一家企业，一般有两种方式，一种是股东拿出"真金白银"投入企业经营，企业得到利润后向股东分红，另一种是企业将利润继续投入，也就是企业赚了钱，但是没有向股东分红，而是又投入到了企业的经营中。

从图5-4的过程来看，在股东权益的四个项目中，既有从企业外部投入进来的钱，又有靠企业自身经营所赚取的利润。从字面上来看，股本像是从外部投入进来的钱。资本公积、盈余公积和未分配利润像是从企业内部产生的利润。而实际上，股本和资本公积都是从外部流入的钱，而盈余公积和未分配利润都是企业内部产生的钱。

股本就是股东投入的钱，那资本公积又是怎么产生的呢？对于上市企业和非上市企业，资本公积的处理略有不同。

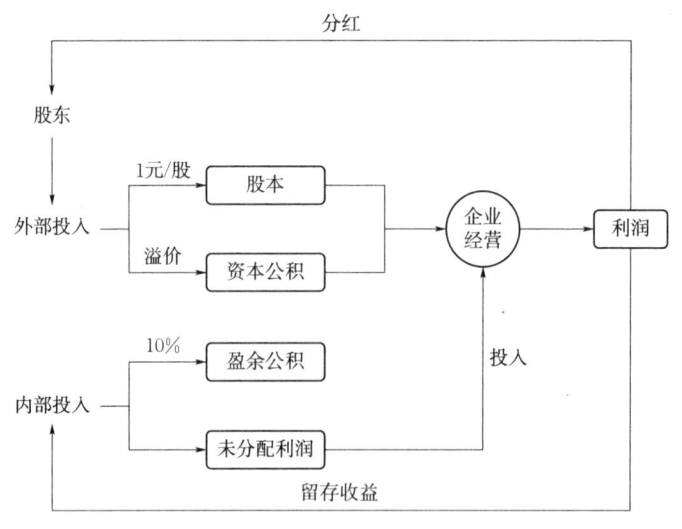

图 5-4　股东权益项目

举例说明

对于一家上市企业，发行股票100股，每股的面值是1元，但是股票的市价是10元。100股对应的就是100元的股本。那筹集的资金是多少呢？筹集的资金是1000元。超过股本的900元，就是资本公积。也就是说，不论股价是多少，股本的面值都是一元。投入多少股，就带来多少股本。按照股价投入进来的钱，超过股本的溢价部分，就产生了盈余，这部分盈余就是资本公积。

那么资本公积在非上市企业又是怎么体现的呢？

举例说明

小A和朋友小B合伙开了一家企业，各自投入100万元，各占50%的股份。经过几年的发展，企业蒸蒸日上，这个时候，朋友小C也想入股。如果是刚刚创业，三个朋友每人投入100万元，可以各占1/3的股份。可是现在，企业经过几年的发展，价值已经发生了巨大的变化，小C需要出资300万元才能和小A和小B持有相同的股份。

创业初期，只需要100万元就能获得1/3的股份，为什么小C愿意此时多支付200万元呢？这是因为小C看好该企业的发展前景，相信企业未来发展所带来的收益，会超过多付出的200万元。多支付的部分，是投资人对于企业未来价值的认可，也是企业经营所创造的溢价部分。所以，小C投入100万元作为股本，剩下的200万元就作为了资本公积。

从上面的例子可以看出，股本和资本公积都是从外面拿进来的钱，那从内部产生的钱又是怎么回事呢？

《中华人民共和国公司法》第二百一十条规定："公司分配当年税后利润时，应当提取利润的百分之十列入公司法定公积金……公司从税后利润中提取法定公积金后，经股东会决议，还可以从税后利润中提取任意公积金……"也就是说，如果一家企业今年赚了100万元，那就必须拿出10万元作为盈余公积，剩下的90万元可以自由分配。当然，这90万元可以选择全部给股东分红，也可以继续作为股本投入企业的生产运营。因此，不管是盈余公积，还是未分配利润，都是从企业经营所得中再分配的。

总结一下，股东权益分为股本、资本公积、盈余公积和未分配利润，前两者是从外部投入企业的钱，后两者是企业经营产生的钱。

5.2.6 让资产负债表流动起来

分别看过资产、负债和所有者权益后，也就能够理解一张资产负债表的构成了。企业的资产状况就是通过这样一张表来呈现的，我们不能只看到表格和数字，还要看到它背后所呈现的、企业鲜活的经济活动。这个时候，我们不能满足于表中已有的数据，还可以让它动起来。怎么动起来呢？先讲一个小故事。

举例说明

小A今年刚刚考上大学，父母送他去学校的时候，给了他一笔钱作为生活费。于是，小A用父母给的钱，给自己添置了一台笔记本电脑、买了一些专业书籍，还剩下一些钱就存在了银行里。

小A的大学生活非常丰富，除了自己专业领域的学习，小A还广泛尝试理财活动、学习了各种理财的知识。不仅给自己办了一张信用卡，还用闲钱给自己配置了指数基金。每个月的消费都是用信用卡支付，节省下来的钱进行投资理财，等到两个月后的还款日，再用理财所得利息偿还这部分的费用。虽然金额不多，但是这时的小A已经尝试到了杠杆的作用。不用自己的钱，就能满足日常所需，然后再用自己的投资所得弥补一点消费支出。

随着小A专业技能的提升，他开始尝试专业领域内的实习，得到了自己的现金流入，而这些流入又会给他的生活提供源源不断的支持。这些流入就是资产负债表中未分配利润的来源。这样，小A人生的资产负债表就流动了起来。未来随着他知识技能的不断提高，还会呈现出更多、更丰富的内容。

正如小A的生活一样，企业的生产经营也是遵循同样的路径。股东投入资金，购置各种生产所需的原料、设备，产生的利润再投入运营，扩大生产，形成企业的生产销售循环，如图5-5所示。

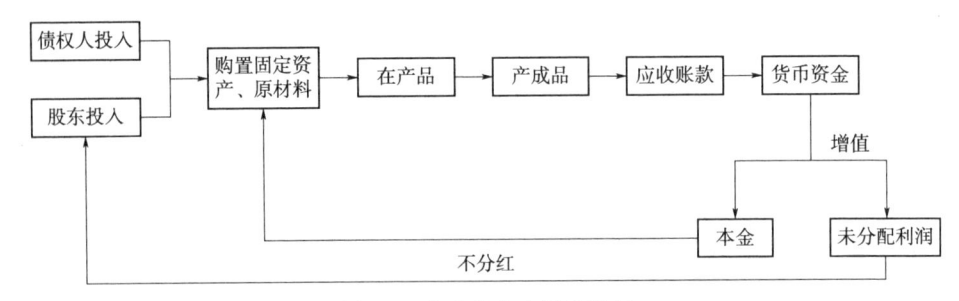

图 5-5　企业的生产销售循环

在资产负债表中，股东权益体现了股东的投入。有了资金来源，企业开始扩大生产，购买各种资产，于是股东的钱开始以各类资产的形式存在。资产是为了给企业带来未来收益的，从原材料变为在产品，再变为产成品销售出去，形成应收账款，直到最终向客户收回应收账款，形成企业的货币资金。

这一过程体现在资产负债表中，就是左边资产的各种转换。完成整个生产销售环节后，收回的货币资金中，一部分是股东原本投入的本金，一部分是在经营循环中创造的价值，也就是企业所创造的利润。这部分利润，体现在资产负债表中的股东权益中。当企业不向股东分红时，这部分资金如同股东投入一般，再次投入到了整个经营活动中。

总结一下，资产负债表的右边提供资金，是资金的不同来源，左边的资产部分揭示资金的流动方向。虽然资产负债表记录的是企业在某一时点的经营状况，但是我们能够透过现象看本质。透过时点的经营状况，看到企业内的经营流动。从投入到产出，再到投入，这就是资产负债表的"流动"过程，企业也在这一过程中不断实现增值。

5.3　认识利润表

企业经营的目标之一是赚取利润，除了企业的资产状况，经营者还更关心企业的利润情况。资产负债表，只是展现了不同时点的资产状况。企业的资产有可能增值，也可能减值。资产增值也不代表着获得收益。因为资产的增值，既可能是企业盈利所带来的，也可能是外部投入带来的。因此，仅有资产状况，并不能完整展现企业的盈利状况，还需要单独的工具来体现企业经营过程中的利润获取情况。这个工具，就是企业的利润表。

整个经营过程中，获得多少收入、花费多少成本，以及支出多少费用，都会在利润表中得到展现。有了利润表，管理者不仅可以了解资产变动状况，还能够对过程中的利润情况有所掌握，并根据利润的实现情况及时调整经营策略。

5.3.1 利润表是什么

如果说资产负债表像照相机一样,记录了企业在一个时点的经营状况,那么利润表,就如同一台摄像机,记录了企业的经营过程。在资产负债表中,我们了解到股东投入的钱和向债权人借的款,变成了各种各样的资产,但是企业到底有没有赚钱呢?这就需要从利润表中获得答案。

企业的经营是一个从现金回到现金的过程。从最开始的投入现金,购买设备、原材料,再到生产存货,卖出存货,收回货款,这形成了企业完整的经营过程。看上去似乎很简单,但事实却并不是如此。每个环节都需要付出各种各样的支出、费用或者损耗。在扣除各种各样的费用之后,企业是否还能挣到钱?这些隐形的费用又都是什么呢?这些问题都可以在利润表中得到答案。

比如我们拿着从银行借来的一万元,兴高采烈地从市场进了一车哈密瓜来卖,如果我们在街边摆摊可以卖 12 000 元,给超市供货可以卖到 15 000 元。那么,供货给超市所赚的钱,就一定比自己摆摊多吗?答案是否定的。因为自己摆摊收到的是现金,而给超市供货可能只是获得了一项收款的权利。如果考虑从现金到现金,这样一个完整的流程,给超市的供货需要的周期更长,有形和无形的费用也会更多,最终哪种方式赚到的钱更多,并不是那么容易一眼看出来的。这就需要我们经过一套完整的测算,也就形成了利润表的结构。

利润表就好像一个漏斗,留下我们的收入,滤掉各种成本费用。通过层层筛选,获得真正的净利润。看懂利润表,能够帮我们看清一家企业到底有没有赚到钱。

5.3.2 获取利润的过程

表 5-2 是一张简化的利润表。从表中可以看出,经历了营业利润、利润总额才最终得到了净利润。它们都是利润,但是又各有不同,到底哪个才是企业真正赚到的钱呢?

表 5-2 利润表

利润表		
20××年12月		
编制单位:		单位:万元
项　　目	本期金额	本年累计金额
一、营业收入		
减:营业成本		
营业税金及附加		

续上表

项　　目	本期金额	本年累计金额
销售费用		
管理费用		
财务费用		
资产减值损失		
加：公允价值变动收益（损失以"－"号填列）		
投资收益（损失以"－"号填列）		
二、营业利润（亏损以"－"号填列）		
加：营业外收入		
减：营业外支出		
三、利润总额（亏损总额以"－"号填列）		
减：所得税费用		
四、净利润（净亏损以"－"号填列）		

1. 计算营业利润

利润表上的第一个项目是营业收入，营业收入减去营业成本就是我们所说的毛利润。那么如何计算出利润表里的第二个项目营业利润呢？

我们先从营业成本讲起。想象一下货物生产流转的过程。通过采购原材料，进行加工生产，生产出来的就是存货。当存货被卖掉时，我们得到了一笔收入，或者是相应的收款权。这时，被卖出的这批存货，就成了这笔收入所对应的成本，这是企业经营最主要的成本项目。

毛利润反映的就是仅考虑企业营业收入和相应成本后的利润。毛利润和净利润之间还相差很多的费用，那这中间又会产生哪些费用呢？

第一项是营业税金及附加，也就是我们所要交的税。但是这里的税，很显然不是所得税，因为只有真正赚到钱才需要缴纳所得税，而这里我们还没有计算出真正的利润。这里的税金及附加，指的是城市维护建设税、教育费附加、地方教育费附加等。这些税都是附加税，是依附于一个主要税种而生的，这个主税种就是我们熟悉的增值税。

增值税是针对商品或服务的增值部分征收的税种，不论是否赚了钱都要交的税。在日常生活中，每个人都离不开增值税，每个人也都在缴纳增值税。但是我们日常并没有去税务局交过税，又是怎么回事呢？比如，我们在商场里买衣服花了1 130元，这1 130元里衣服的真正价值是1 000元，按照目前13%的增值税率，我们需要交纳130元的税。这里可以看出，增值税是由消费者来承担的，而且是由商家代收代缴的。所以，我们日常的每一笔消费，其实都是已经包含了增值税的含税价格。

而税金及附加中所包括的各项税种，就是按照增值税额和相应的税率计算得出的。这些都是企业赚取利润过程中，所需要支付的必要费用。需要注意的是，虽然每个人都离不开增值税，但是增值税却没有包含在税金及附加中。这是因为，在计算营业收入和营业成本时，已经将增值税进行了剥离。计入利润表中的收入和成本，不同于我们直接收到的货款，或者支付的成本，而是扣除价款中所增值税后的不含税金额。

接下来有三项费用，即销售费用、管理费用和财务费用。这三项费用，又称为期间费用，也就是在利润表所属期间所发生的费用。那么，怎么区分这三项费用呢？简单来说，销售费用就是生产销售过程中所发生的费用；管理费用就是与管理环节相关的费用；而财务费用，我们可以先狭义地理解为各种借款的利息。

如果用我们的日常生活来划分，怎么区分这三项费用呢？我们的工作就是我们的日常经营活动，那么与工作相关的活动，所产生的费用就属于营业费用，比如上班吃的工作餐、上班来往的通勤费等。管理费用就是我们日常家庭的支出，这些支出虽然不与工作直接相关，但是却为我们的正常工作和生活提供着基本保障。而财务费用就可以理解为我们存款的利息、买房买车所支付的贷款利息。

有了毛利润，又扣除了相应的税费和三项费用，就能得出我们想要的利润了吗？不是的，这还只是获取利润的第一步。在扣除三项费用后，还要考虑另外三个主要的项目，即资产减值损失、公允价值变动收益和投资收益，才能得到第一个"利润"——营业利润。

第一个是资产减值损失。什么是资产减值损失呢？顾名思义，就是资产因为价格变化所产生的价值的增减变动，从而影响利润的变化。比如某企业的一批存货因为市场原因卖不掉。这时对于企业而言，这批存货的价值受到很大的影响。原本能够给企业带来资金流入和利润的资产，而如今可能一文不值。不仅无法获取利润，甚至可能折损本金。这些损失，就体现为资产减值损失，反映了对企业利润的减损。

第二个是公允价值变动收益。这个名字虽然听起来比较陌生，但是它和资产减值损失一样，都是反映资产价值的变化所引起的利润变化。大部分的资产，是使用历史成本来计价的，也可以理解为我们购买时的价格。这类资产价格的波动，反映在资产减值损失中。而还有一类资产，它们是以公允价值来计价的。

什么叫作公允价值呢？简单来说，就是在自由买卖市场上能够达成的交易价格。比如，一块珍藏多年的工艺品，以前购买时只花了 100 元。但是如今市场上已经绝迹，再也买不到了。这时，有一个买家看上了这件工艺品，愿意出价 1 万元购买，最终达成交易。100 元是这件工艺品的历史成本，而 1 万元就是它的公允价值。他们之间的差额 9 900 元，就是由于公允价值变动所带来的收益，财务语言表达为公允价值变动收益。这种收益，也会带来利润的增加，最常见的以公允价值计价的是金融资产，比如股票。

第三个是投资收益。仍以购买股票来说明，年初以 10 元每股的价格买入了 1 000 股，结果到了年末，股票价格涨到了 20 元。这时，股票账户中显示，我们获得了 1 万元的收入。这是由于股票投资带来的收益，似乎是一笔投资收益，但股票是以公允价值计价的，它的价格增减变动，反映在公允价值变动里面。那么这 1 万元的收益，属于公允价值变动收益，还是属于投资收益呢？这两者又有什么区别呢？

区别在于，这些收益有没有真正实现。虽然股票账户中获得了 1 万元的收益，但是这些收益并没有变成"真金白银"。随着股价的波动，随时可能"扭赢为亏"，也就是我们所说的"浮盈浮亏"。因此，只要没有卖出前实现的盈亏，都是在公允价值变动收益中反映。如果我们在 20 元的时候止盈，这时由于价格上涨所实现的 10 元利润，就形成了我们这里所说的投资收益。

总结一下，经历了营业收入减去营业成本，扣除三项费用和资产减值损失，再加上公允价值变动收益和投资收益，就得到了第一个"利润"——营业利润。得到营业利润以后，下一步就是计算利润总额。

2. 计算利润总额

利润总额和营业利润之间差了什么？主要是营业外收入和营业外支出。当然，政府补贴和汇兑损益也是在这之间得到体现的。

那营业外收入是什么呢？比如小 A 的企业刚刚卖掉企业的一台生产设备，获得了一笔额外的收益。因为这笔收入不是来自日常的生产经营所得，而是卖固定资产所赚取的，这种行为是不可持续的。因此，这样的收益就不属于营业利润，而是营业外收入。同理，营业外支出就是非日常经营活动产生的支出。比如，因违规停车而收到了交警的罚单，就是一项营业外支出。或者不幸遭受火灾、水灾、地震等自然灾害所带来的损失，也属于营业外支出的范围。

为什么要区分营业外收入和营业外支出呢？它的意义就在于，帮助报表的使用者更清晰地看到一家企业的可持续盈利能力到底如何。试想一下，如果不加以区分，会出现怎样的情况呢？当企业想要操纵利润的时候，卖掉一些固定资产，就能够带来利润的上涨，吸引更多的投资者，但实际企业已经没有了可持续的盈利能力，这时的投资者大概率会成为受损者。

再简单说下政府补贴和汇兑损益。先说政府补贴，一些受政府扶持的产业，会收到政府的专项扶持资金。比如，我们熟悉的新能源汽车，政府会给予相应补贴，收到的这笔资金就被记录在"政府补贴"中。那汇兑损益呢？有些企业存在大量的对外业务，收到美元后还要兑换为人民币。因为汇率的不断变化，会导致兑换的过程中出现一些差额，这些差额就被记录在"汇兑损益"中了。

到这里我们就得到了利润总额。利润总额和营业利润之间，相差了营业外收入、营业外支出、政府补贴及汇兑损益。利润总额中区分了经营活动产生的收益和非日常经营活动产生的收入支出。这种区分，有助于我们更清楚地了解一家企业的盈利能力是否具有可持续性。得到利润总额后，我们就来到了利润表的最后一步。通过这一步的计算，就可以得到企业的净利润，也就是我们通常理解的，企业所赚的钱。

3. 计算净利润

那么，利润总额和净利润之间差的是什么呢？是所得税费用。

所得税费用，也就是企业赚钱后要向国家缴纳的所得税。目前，不考虑各种税收优惠政策，我国的税率是25%。如果按照企业赚取利润的25%交税，似乎是用利润总额的25%交税，也就是说，企业会留存75%的利润。但是事实并不总是如此。

企业最终的利润往往小于利润总额的75%。这又是为什么呢？难道是企业向国家多缴税了吗？主要原因在于缴纳的所得税的计税基础不同。我们计算出来的利润总额，是按照企业会计准则的要求得出的，而向税务局交的税却是依据税法的相关要求，这二者之间的差距决定了交税金额的不同。

总结一下，净利润就是企业最后真正赚到的钱，它和利润总额之间相差了所得税费用。所得税的计算基础并不是利润总额，而是税法规定的应纳税的收入。

5.3.3 赚钱不等于有钱

利润表就像一个漏斗，将销售收入通过层层分解，依次得出企业经营的毛利润、营业利润、利润总额，最终过滤出企业的净利润。它反映了企业是否赚钱、赚了多少钱，还体现着这种赚钱能力是否具有可持续性，如图5-6所示。

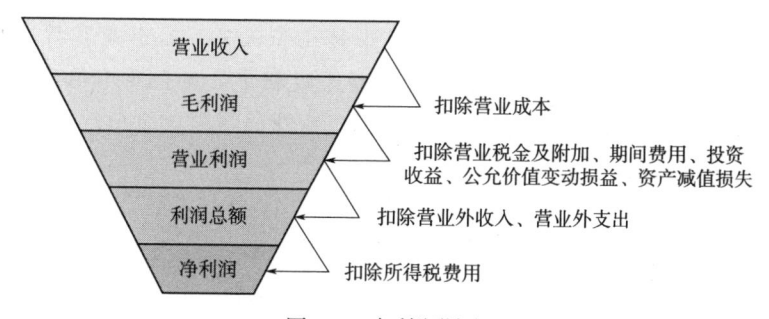

图5-6 净利润漏斗

但是，利润表告诉我们企业赚了钱，就可以高枕无忧了吗？当然不是。利润表只是告诉我们企业在过去的一段时间内赚到了钱，却没有反映企业现有的现金流状况。假设一种极端情况，企业的报表上显示巨额利润，可是企业却没有钱。从利润表来看，这是一家盈利能力很强的企业，实际上却面临着资金链断裂的风险。这又是怎么回事呢？为什么利润和现金流并不同步呢？其实，这反映了会计记录所应用的方法和现金流记录的方法有所不同。会计记录所采用的是权责发生制，而记录现金流采用的是收付实现制。

那什么是权责发生制？什么又是收付实现制呢？这两种记录方法又是如何导致利润和现金流的差别呢？

举例说明

A企业是一家贸易企业，它的下游客户都是一些大型企业。像A企业这样规模的供应商成百上千。在买卖过程中，A企业谈判能力较弱。为了获得订单，增加收入，A企业采用了赊销的方法，也就是先供货不收钱。这样一来，A企业就获得了一笔销售收入，相应的也会得到一定的利润。

但是我们观察一下，A企业收到钱了吗？并没有。A企业销售商品获得的只是未来收钱的权利，这个过程中是没有产生现金流入的，但是利润表却显示A企业赚到了钱。在会计上，这种只要企业获得未来收款权利就被记录下来的方法，就是权责发生制，它考量的是权利义务有没有发生和转移。

而收付实现制的思路是有没有真正收到钱。通俗点说，就是我们日常记录的流水账。收到一笔钱就记录一笔，没有收到就不记录。我们再来看看A企业和上游供应商之间的交易，由于A企业的上游供应商都是大型的生产厂家，对于A企业来说，仍然没有谈判能力。而且，生产厂家要求概不赊货，且如果订货的话，还需要提前预订。这样的结果就导致A企业不仅不能晚付款，还需要提前预付上游供应商一笔货款。可以想象一下A企业的利润表。虽然销售货物没有收到钱，但是利润表中却记录A企业获得了收入。订货需要提前付款，但这笔预付款项并不会立即影响利润表中的利润。预付的货款只是给了A企业一项未来收货的权利。A企业为此支付一笔货款，形成了现金的流出。

现在，我们再来从整体看一下A企业的经营状况。A企业获得这笔订单，在利润表上能够反映出一定的利润，但是整个过程中，A企业不但没有收到钱，还付出了更多的钱。如果一直不能收回货款，企业的周转就会出现问题，A企业就会面临很大的经营风险。

利润表反映了一段时间的盈利能力，但是有利润并不代表有钱，企业的净利润和现金流并不匹配。

5.3.4 是什么连接了资产负债表和利润表

资产负债表是反映企业的经营状况，利润表是反映企业的经营成果。那么二者之间有什么联系呢？利润表中的经营成果又是如何在资产负债表中得到体现的呢？

资产负债表中除资产和负债，有一个部分是反映资金投入的，这个部分就是股东权益。而股东权益的四个项目中又分为从外部获取的股本和资本公积和从内部获取的盈余公积和未分配利润。

那么，一家企业赚取的收益在哪里能够得到体现呢？就是利润表中的净利润。在利润表中，我们从营业收入开始，经过层层的计算，得到了企业经营的净利润。而这个净利润，如果没有给股东分红，就被记录到了资产负债表的未分配利润中。如此一来，也就实现了资产负债表和利润表之间的连接，如图5-7所示。

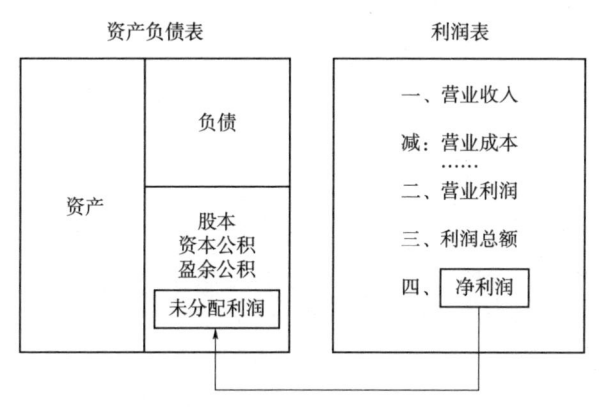

图 5-7　资产负债表和利润表的关系

至此，回过头再看看这两张报表，这时我们看到的就不再是一张冷冰冰的报表，而是报表背后一家企业生动的运营实况。

举例说明

小A拿出自己省吃俭用的10万元成立一家企业，从此开始了自己的创业之路。这10万元就是小A给企业投入的原始资金，而小A就是这家企业的股东。有了这笔资金投入后，小A开始购置固定资产、原材料及各种存货，这也是我们资产负债表的左半边——资产部分。通过小A的努力经营，企业有了第一笔订单，这也就形成了利润表中的第一笔营业收入。有了收入，也就有了相应的利润。为了扩大经营规模，小A并没有提取这部分利润，而是继续投入了企业的运营中，这笔钱也就形成了资产负债表中的未分配利润。如此，周而复始形成了企业的整个经营循环。随着企业的不断经营，小A遇到了资金压力，这时小A向银行取得一笔小微企业的贷款，这又形成了资产负债表右半边——负债部分。有了这笔贷款，小A又将资金投入到了原材料的采购之中。小A企业的经营情况就通过资产负债表和利润表生动地呈现了出来。

总结一下，资产负债表和利润表是通过未分配利润来连接，他们共同呈现了一家企业的生产经营情况。

第6章
现金流量表里的那些事

  通过资产负债表和现金流量表，管理者可以了解企业的资产状况和盈利情况，但是对于手里有多少钱却不甚清楚。看上去好像利润可观，却有可能因为资金不足而遭遇危机，这是因为会计记账的方法和实际的现金流动存在时间差所导致的。企业的经营活动始于资金投入，最终也会归于资金流入。可以说资金活动是贯穿企业经营始终的。资金投入哪里，从哪里获得，现有的现金流入是否具有可持续性，是否为短期行为，这些问题都关乎企业未来的发展状况，可以在现金流量表中得到解答。

6.1 认识现金流量表

现金流量表不同于资产负债表和利润表，是按照收付实现制的理念，对企业中的资金活动进行记录。企业经营活动中发生的每笔资金流动，都会在现金流量表里被记录下来。换句话说，现金流量表就是用资金流动的视角来看待企业的经营活动。

6.1.1 现金流量表是什么

现金流量表，简单来说就是一家企业的流水账。有了现金收入，我们就记录一笔现金流入；花了钱，我们就记录一笔现金支出。这就好比自家记录的流水账，今天挣了多少钱，吃饭花了多少钱，日常消费又花了多少钱，都被一一记录下来。因此，只要我们会记流水账，就不难理解现金流量表，它相当于是企业的一张流水账单。

表6-1是一张简化的现金流量表。虽然现金流量表记录的是企业的资金活动，但是与我们平时所记的流水账还是有所不同，它并不是按照时间顺序一笔笔记录的，而是按照不同的业务种类进行划分的。一家企业归根到底只有三类活动——经营活动、投资活动和筹资活动。现金流量表就是按照这三类活动进行划分，来记录一家企业的"流水账"。

表6-1 现金流量表

现金流量表		
20××年12月		
编制单位：		单位：元
项　　目	本期金额	上期金额
一、经营活动产生的现金流量		
销售商品、提供劳务收到的现金		
收到的税费返还		
收到其他与经营活动有关的现金		
经营活动现金流入小计		
购买商品、接受劳务支付的现金		
支付给职工以及为职工支付的现金		
支付的各项税费		
支付其他与经营活动有关的现金		
经营活动现金流出小计		
经营活动产生的现金流量净额		

续上表

项　目	本期金额	上期金额
二、投资活动产生的现金流量		
收回投资收到的现金		
取得投资收益收到的现金		
处置固定资产、无形资产和其他长期资产收回的现金净额		
处置子公司及其他营业单位收到的现金净额		
收到其他与投资活动有关的现金		
投资活动现金流入小计		
购建固定资产、无形资产和其他长期资产支付的现金		
投资支付的现金		
取得子公司及其他营业单位支付的现金净额		
支付其他与投资活动有关的现金		
投资活动现金流出小计		
投资活动产生的现金流量净额		
三、筹资活动产生的现金流量		
吸收投资收到的现金		
取得借款收到的现金		
收到其他与筹资活动有关的现金		
筹资活动现金流入小计		
偿还债务支付的现金		
分配股利、利润或偿付利息支付的现金		
支付其他与筹资活动有关的现金		
筹资活动现金流出小计		
筹资活动产生的现金流量净额		
四、现金及现金等价物净增加额		
加：期初现金及现金等价物余额		
五、期末现金及现金等价物余额		

我们试着把家庭的流水账也按照三种活动来划分，会得到怎样的现金流量表呢？工作赚取收入就是日常最主要的经营活动，会带来现金流入；平时买菜、吃饭都可以看作日常经营活动的现金流出。这些资金活动，构成了我们日常的基本生活。

那么日常生活中的投资活动有哪些呢？比如，随着生活质量的提高，买了一辆新车，这笔购车款就可以看作是一笔投资活动的现金流出。如果几年后要更换更好的车，而把现有的这部车卖出时，收回的卖二手车的钱，就是一笔投资活动的现金流入。

日常生活中会有筹资活动吗？当然有，而且几乎每个人都或多或少地经历过。买房向银行贷的款，就是一项筹资活动的现金流入。再比如，消费支付时所用的花呗、信用卡，也都是筹资活动的现金流入。而当我们向银行还款所支付的贷款利息，就构成了一笔筹资活动的现金流出。

由此，通过家庭的大体支出，可以看到一家企业现金流量表的基本构成。只不过企业的经营活动会更加复杂，也更加丰富。

总结一下，一家企业的现金流量表就是企业的流水账，只是记录的方式是按照经营活动、投资活动、筹资活动的不同分类来划分的。

6.1.2 一家企业的经营活动有哪些

如果把一家企业比作一个人的话，现金就是企业的血液。而经营活动产生的现金流量，决定了企业有没有持续的"造血能力"。一旦企业不是靠经营活动支撑企业运营，就要关注这个企业的"造血功能"，警惕是否有随时"贫血"的风险。

那么企业有哪些经营活动呢？企业中经营活动产生的现金流动如图 6-1 所示。

（1）销售商品、提供劳务的现金收入与购买商品、接受劳务的现金支出相对比。

企业存在的目的就在于盈利，无论是销售商品，还是提供劳务，都是为了获得现金流入。即使当下没有收到现金，也会在以后给企业带来现金流入。同样的，企业想要销售商品，就要先购买商品原材料、各类存货，以及支付各种劳务费用，这些就构成了相应的现金流出。

现金流入	对比	现金流出
销售商品 提供劳务 税费返还 其他		购买商品 接受劳务 各项税费 支付给职工的现金 其他

图 6-1 经营活动产生的现金流动

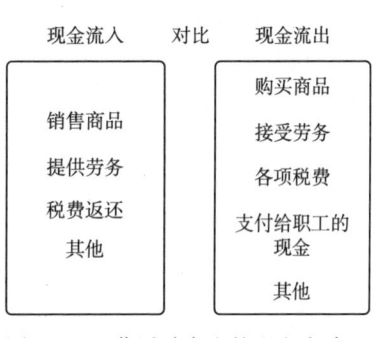

（2）收到的各种税费与支付的各项税费相对比。

一般来说，我们都是向国家交税，这会带来现金的流出。为什么还会有收到的各种税费带来的现金流入呢？比如增值税，它是我们国家非常重要的一个税种。基本上，我们每一笔消费都要向国家支付相应比例的增值税。但是实际上，在大多数日常消费中，作为个人，并不需要直接向税务局交税。这是因为，我们所承担的增值税，已经包含在所购买的商品价款之中了。比如，我们买了一件1 130元的衣服，这里面有130元是需要缴纳的增值税。这笔税款是需要交给国家的，但是我们消费时，商店就已经帮国家代收了。这时候，作为商店而言，就产生了一笔由于税费引起的现金流入。虽然这笔钱在日后会交给国家，但是当下这个时点，它确实是商店的现金流入。

此外，还有收到的其他与经营活动有关的现金，以及支付给职工的现金。职工为企业提供劳动赚取工资，这笔费用支出也是经营活动产生的现金流出。

以上这些经营活动，共同构成了一家企业的经营活动现金流量，它对于企业能够持续正常运营至关重要。

6.1.3 一家企业的投资活动有哪些

企业的投资活动有哪些呢？大体可以分为以下几类：

（1）投资所带来的现金流量；
（2）投资收益所带来的现金流量；
（3）购建或处置固定资产、无形资产和其他长期资产所带来的现金流量；
（4）取得或处置子公司或其他营业单位所带来的现金流量；
（5）其他与投资活动有关的现金流量。

这些投资活动看上去有些杂乱，但是总结下来，企业的投资活动无非有两个方向，一个是对内投资，一个是对外投资。再按照流入和流出两个方向，可以得到图 6-2 所示的四象限图。

投资活动四象限图清晰地反映了一家企业投资活动的不同分类。

	对内	对外
流入	固定资产处置 处置子公司	收回投资 取得投资收益
流出	购建固定资产 取得子公司	投资支出

图 6-2 投资活动四象限图

举例说明

小 A 的企业因为业务需要，花费 20 万元购置了一辆汽车。这笔支出就是一项因购买固定资产产生的现金流出，属于企业的内部投资。如果几年之后，随着企业业务的发展，需要购置新的汽车，并将这辆旧车出售。这时，卖出旧车所得到的现金，就是一笔由于内部投资固定资产处置得到的现金流入。

那么，外部投资又有哪些呢？仍然以小 A 的企业为例，企业赶上市场红利期，取得了大量的现金收入，于是小 A 想拿这部分闲置资金做一些投资。他把目光锁定在了股票市场。不仅如此，小 A 还投资了一家同行业的子公司。于是，我们可以看到不管是购买股票还是投资其他子公司，都属于企业的外部投资支出，并带来了现金的流出。

那外部投资的现金流入又是怎么来的呢？当小 A 投资的企业取得盈利并开始向股东分红时，小 A 的企业作为股东，收到的子公司的分红，就是一笔投资活动的现金流入。当小 A 想要拿回投资本金时，也会获得一笔投资活动产生的现金流入。

总结一下，企业的投资活动可以分类为对内投资和对外投资。根据流入和流出的不同维度，可以划分为四个象限的投资活动，它们共同构成了一家企业的投资活动现金流量。

6.1.4 一家企业的筹资活动有哪些

企业的筹资活动主要有以下几个项目：
（1）吸收投资所收到的现金；
（2）取得借款或偿还债务所带来的现金流量；
（3）分配股利、利润所支付的现金；
（4）支付借款利息所带来的现金流量；
（5）收到或支付的其他与筹资活动所带来的现金流量。

企业的筹资活动一般分为两类，一类是债权筹资，一类是股权筹资。同样按照现金流入和流出的方向，可以将企业的筹资活动划分为图 6-3 所示的四个象限。

筹资活动四象限图清晰地反映了一家企业筹资活动的不同分类。

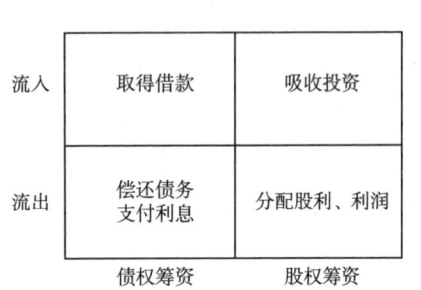

	债权筹资	股权筹资
流入	取得借款	吸收投资
流出	偿还债务 支付利息	分配股利、利润

图 6-3　筹资活动四象限图

举例说明

以小 A 的企业为例，经过前期的发展，小 A 的企业迎来了新的发展机遇。这时，面临的最大问题就是资金不足。怎么才能解决资金不足的问题呢？小 A 首先想到的是向银行借款。通过借款，企业获得了一笔 100 万元的现金流入。同时这笔借款需要向银行定期偿付利息和本金。因此，偿付的利息和本金又会带来现金的流出。

由于资金缺口较大，而银行贷款限制较多。小 A 又把目光转向了股权筹资。通过非公开发行股票的方式筹集了 200 万元资金，这笔资金也是一笔现金流入。股权筹资是不需要偿还利息和本金的，那么这笔现金流入会带来现金流出吗？答案是肯定的。股东之所以向企业投资，是为了获得回报，当小 A 的企业日后获得盈利，向股东分派股利时，就会带来现金的流出。

因此，不管是股权筹资还是债权筹资，目的都是给企业带来现金流入。但是，带来现金流入的同时，也会带来一定的现金流出。

6.1.5 为什么我们需要一张现金流量表

现金流量表反映的是一家企业的现金变化情况。除了现金流量表,哪张报表还能够反映企业的现金状况呢?没错,就是资产负债表。资产负债表中有货币资金项目的列示,如果我们能够取得上年和本年的资产负债表,就能够获得现金的变动情况。问题来了,仅通过资产负债表就能获得所需要的现金变动情况,那么现金流量表存在的意义又是什么呢?

其实,现金流量表就是不遗余力地通过资金变动情况,以及经营活动、投资活动和筹资活动三个维度来展示企业的运营状况。资产负债表仅能够告诉我们结果是什么,但无法告诉我们这样的结果是如何产生的,而现金流量表却能将变化的过程拆解出来,图6-4可以清晰地看出这两者之间的差别。

比如两家现金净流量相同的企业,在资产负债表中,他们的资金变动情况看上去是相同的。但是,他们的经营状况就完全一样吗?这是不一定的。就好比两个体重一样的人,他们的体型一定是相同的吗?体重一样就能反映身体状况也是一样的吗?答案显然是否定的。体重相同,但是身高不同,两个人的体态会千差万别。即使身高相同,由于不同的运动习惯,也会导致身体形态的区别。由此也可以看出,相同的现金净流量背后可能代表着千差万别的企业经营状况。而现金流量表就是能够帮助我们找到这中间差别的一张非常重要的报表。

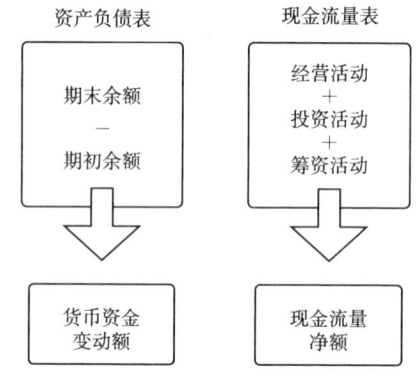

图6-4 资产负债表和现金流量表提示的资金变动

那么,现金流量表是怎么反映这种差异的呢?可以通过资金活动的不同分类来反映。作为企业而言,持续高质量的经营才能带来持续的价值增值。企业当然希望自己的资金流入,大部分来源于经营活动。因为,这意味着企业能够拥有持续经营的能力。同样的,现金流出也希望是因为日常经营活动所产生的。因为经营活动流出,在未来会带来经营活动的资金流入。

在这样的循环中,企业创造价值,获得增长,才能步入良性的业务循环中。如果一家企业,仅靠投融资来维持运转,但是没有打造自身真正的经营能力。一旦无法获得持续的资源投入,就会陷入经营困境。

在各种资源的投入中,现金是最重要、最能反映企业风险的指标。因此,需要额外关注企业现金流量的变化。企业没有利润,或者利润微薄,通过精打细算,或许能够熬过困难时期。但如果没有现金流,即使账面利润再大,也很难持续经营下去。即使有现金流，也要关注现金流的构成和来源。不仅需要看到现金的增减变化，还要了解这变化背后的原因。

总结一下，我们需要通过现金流量表来了解一家企业的现金变化及变化背后的原因，这关系到企业的运营是否具有风险，企业能否持续经营。

6.2 从现金流量表看企业的经营状况

了解现金流量表的构成后，接下来就要利用现金流量表这项工具，帮助企业分析自身的经营状况。企业的经营活动分为经营活动、投资活动和筹资活动，不同的活动背后代表着不同的资金状况。不同的活动组合背后，也代表着不同的企业经营现状。通过现金流量表中不同类别的资金活动，可以反映出一家企业的经营状况，是稳定经营，持续增长，还是虚假繁荣，危机四伏。

6.2.1 企业健康的现金流

我们已经知道，现金流量表按照经营活动、投资活动和筹资活动分为三类。按照三种活动产生现金流入和现金流出的不同情况进行组合，可以得出表 6-2 中的不同经营状况。向上的箭头代表该项现金流量状况良好，而向下的箭头代表该项现金流量较差。按照这种方式，我们可以得到表中的八种现金流量状况。这些现金流量状况都反映了企业运营的哪些情况呢？什么样的现金流状况被视为健康或良好呢？

表 6-2　不同现金流量的经营状况表

项　　目	第一种	第二种	第三种	第四种	第五种	第六种	第七种	第八种
经营活动现金流量净额	↑	↑	↑	↓	↑	↓	↓	↓
投资活动现金流量净额	↑	↑	↓	↑	↓	↑	↓	↓
筹资活动现金流量净额	↑	↓	↑	↑	↓	↓	↑	↓

我们先想一个生活中的小问题。对于个人资金状况而言，什么样的现金流状况是最理想的呢？有人可能会说，当然正数是理想的。其实不然，持续的经营活动现金流入，表明有稳定的收入能够保证生活的自给自足，这样当然是好的。如果投资活动也能产生持续的现金流入，可以从某种角度说明我们理财有方，能够不断得到投资收益，这样的现金状况也是好的。但是，对于筹资活动而言，现金流入就一定是好的吗？

想一想，筹资活动的现金流入和现金流出都分别代表着什么含义呢？比如，我们从银行获得一笔贷款，这属于一笔筹资活动的现金流入。但如果我们是在偿还过去贷款的利息，就会得到现金的流出。这两种情况哪种更健康、更良性呢？这就需要综合分析资金状况。因为贷款是有成本的，也需要支付利息的。如果我们有足够的现金，但没有合适的投资渠道，那么这时取得贷款会使得我们手中的现金过剩，而且还需要支付额外的利息。也就是说，资金没有得到有效的利用，这时筹资活动的正向现金流就不是一个较好的状态。

相反的，如果我们取得了银行贷款，并且有很好的标的可以用于投资，获得高于贷款利息的投资回报，这时筹资活动的现金流入，就会给我们带来更多的回报。这时的资金状况就是更加良性的。同样的道理，我们来看一家企业的运营状况就很容易理解了。

对于一家企业而言，经营活动产生的现金流量为正，说明企业已经能够维持正常运营。而投资活动现金流量为正，并不能说明企业获得了投资回报，也有可能是因为投资不善，收回部分的投资款，还有可能是因为处置固定资产所获得的。企业经营中不同情况导致的现金流量状况，背后所呈现的经营状况和企业所面临的经营风险是不同的。

对于筹资活动的现金流量，如果为负数，说明这家企业大概率是一家处于成熟期的企业。因为成熟期的企业，经营状况稳定，拥有较为稳定的市场占有率。其现金流也相对比较充裕。不仅经营状况不错，还能从投资获得一定的收益，同时还在偿还贷款或者向股东分红，这样的企业大概率是比较健康的。

对于筹资活动现金流量为正的企业，反而要考虑其筹资的必要性，以及筹资后的投资计划。如果没有有效的投资计划做支撑，那么企业的盈利能力就会被筹资利息所稀释。可能会一定程度上影响企业发展。不过总体来说，这样的企业也是一家比较健康的企业，只是需要关注筹资的目的及后续筹资对企业产生的影响。

6.2.2 正在大量投资的企业需要关注现金流状况

如果一家企业正在大量投资，通常会被认为处于项目的扩张期。那现金流量表会呈现出什么样的特征呢？大量投资的企业，会产生大量的投资活动现金流出。一般来说，它的投资活动现金流量会呈现为负值。那么它的现金流状态又会是怎样的呢？

对于大量投资的企业，它的现金流可能会存在三种状态。

第一种是企业的现金流状况非常好的，它们的经营活动现金流量和筹资活动现金流量均为正数，说明这家企业的经营活动能够维持正常运营，同时还得到了大量筹资。如果它将经营和筹资所得全部投资出去，就会形成投资活动的现金流出，如图6-5所示。

```
投资活动   −  ⎫现金流出
              ⎬          ⎫
经营活动   +  ⎫           ⎬ 现金流入支
              ⎬ 现金流入  ⎭ 持投资活动
筹资活动   +  ⎭                的现金流出
```

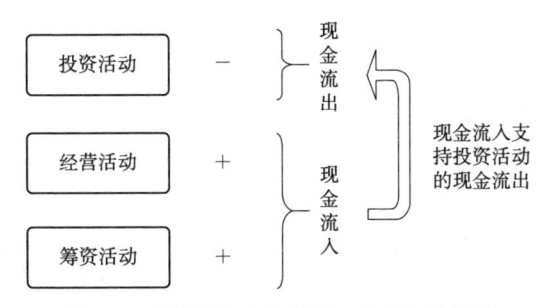

图 6-5　大量投资企业的第一种现金流状况

第二种状态是经营活动或者筹资活动现金流量较好的。投资所用资金来源于筹资获得资金，或者经营活动产生的现金流量。虽然经营活动和筹资活动不是同时拥有正向的现金流量，但是两种活动整体的现金流量是正向的，仍然可以向投资活动提供资金支持，如图 6-6 所示。

```
投资活动   −    ⎫现金流出
                ⎬          ⎫
经营活动   +/−  ⎫           ⎬ 现金流入支
                ⎬ 现金流入  ⎭ 持投资活动
筹资活动   −/+  ⎭                的现金流出
```

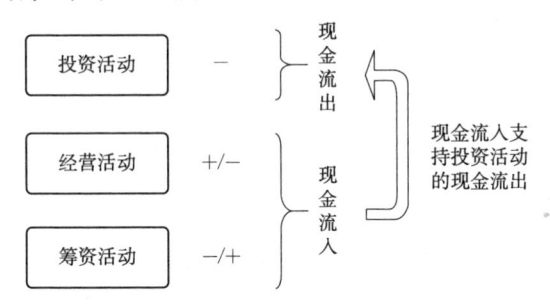

图 6-6　大量投资企业的第二种现金流状况

第三种状态是经营活动和筹资活动现金流量均较差的。企业靠原有资金进行投资，由于没有稳定的现金流入，也不能筹到资金，企业投资压力较大，一旦投资失败，资金链断裂风险很高。企业也可以在危机面前选择背水一战，如果投资成功，可能会给企业经营带来转机，如图 6-7 所示。

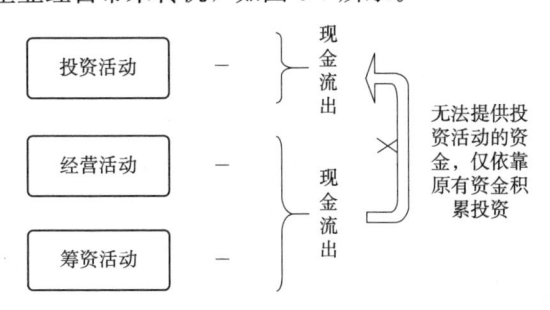

```
投资活动   −  ⎫现金流出
              ⎬          ⎫ 无法提供投
经营活动   −  ⎫           ⎬ 资活动的资
              ⎬ 现金流出  ⎭ 金，仅依靠
筹资活动   −  ⎭              原有资金积
                             累投资
```

图 6-7　大量投资企业的第三种现金流状况

举例说明

小 A 在收入稳定下来以后，就开始寻找各种投资机会。由于所处行业正处于红利期，市场发展前景也比较好。所以小 A 想要扩大规模，扩张门店。于是，他从银行取得了一笔贷款，并且连同日常经营所得，全部投入到了门店的扩张中，这个时候我们需要关注的就是投资的标的了。

说起投资，通常最关注的就是投资方向，似乎只要投资方向对了，就可以稳妥地赚钱。但是，事实并非如此。小A的生意做得风生水起，利用行业红利期迅速扩张。这个投资方向看上去是没有什么问题的，但是它的风险在哪里呢？试想一下，如果小A把所有的经营所得和贷款资金全部投入门店的扩张中，并且还不断投入更多的钱扩张门店，那么风险可能就存在于快速扩张中。

任何投资都是有一定周期性的，在获取收益之前，小A的现金流主要处于流出状态。这个时候，快速扩张实际上面临着巨大的风险。一旦经营活动产生的现金流量和融入资金的现金流入不足以支撑快速的扩张，就会出现现金流断裂的情况。这种状况对于小A的企业而言是毁灭性的。由此我们可以看出，投资本没有错，但是在投资过程中，不仅要关注投资方向，更要关注企业是否采用了合适的投资节奏和投资规模。

投资活动现金流量为负数的企业是由于正在大量对外投资，我们不仅需要关注它的投资标的，更要关注它的投资节奏和投资规模。

6.2.3 只要经营活动现金流量健康就是好企业吗

现金流的企业，除了经营活动的现金流量为正数，投资活动和筹资活动的现金流量均为负数。投资活动现金流量为负数，说明这家企业正在投资，而筹资活动现金流量为负数，说明这家企业正在还钱，或者正在向股东分红。那么，还钱的企业风险是更大还是更小呢？

举例说明

继续以小A的企业举例，小A的企业因为投资扩张过快，可能会导致资金链断裂。如果是这种现金流状况，企业又会呈现什么样的经营状况呢？这时企业应当处于偿还借款的阶段。看上去，企业的风险似乎更大了，因为用钱的地方更多了，而获得资金的来源只有日常的经营活动。但是也有人会提出反对意见，还钱不是意味着企业正在消除筹资所带来的风险吗？那么，这个时候我们又应该关注什么呢？当每个活动呈现的现金流方向迥异、风险不易判断时，我们需要研究的是总量，什么能够代表现金流总量呢？没错，就是净现金流，也就是经营活动、投资活动及筹资活动现金流量的总额。

如果小A企业的净现金流量为负数，说明小A的企业正在源源不断地消耗着资源。如果经营不当，很容易出现资金链断裂的问题。这个时候，我们就需要重点关注企业的资金状况。比如，小 A 企业扩张的节奏是否需要放缓；是否能够在需要时，筹集足够的资金来帮助企业缓解资金压力等。这些问题都是在企业面临净现金流为负数时，应当提前考虑和筹划的，如图 6-8 所示。

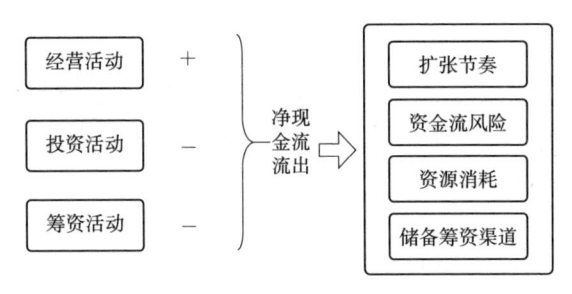

图 6-8 净现金流为负数时的资金状况

那么，如果企业的净现金流为正数就可以高枕无忧了吗？答案似乎也不是那么乐观，这取决于所在的市场环境。现金流为正数，表明小 A 的企业经营状况非常好，通过日常经营活动就能获得大量的现金收入。而且这些现金收入，足以覆盖投资需求及还款压力。但是，一旦市场转冷，或者遭遇金融危机，企业的情况就会迅速恶化。这个时候，企业就会出现只有流出现金而没有流入现金的情况。如果这种情况得不到改善，也就是说如果那时不能及时自救，不能加速资金回笼的话，小 A 面临的大概率就是企业破产。

因此，在衡量一家企业经营状况的时候，不能只关注经营活动现金流量，还要关注净现金流量。即使净现金流量为正数，且经营活动现金流量能够覆盖企业的投资和还款计划，也需要考虑未来市场遇冷时的资金状况，提前做好布局和筹划。

6.2.4 一家企业连续赔钱 10 年的结果

如果一家企业持续亏损，呈现出的现金流特点是经营活动产生的现金流量为负数。在这种情况下，又会出现四种不同的现金流状态。经营活动现金流量为负数，说明一家企业正常的经营活动无法实现现金流入。这样的情况自然不好，至少说明企业不具备可持续的盈利能力。那么，在一家企业的发展过程中，哪个阶段会呈现这样的现金流状况呢？

比如，一家企业刚刚成立，初期需要购买设备、原材料、投入资金。企业在市场上还不具备太多的竞争力，因此很难获得大量的销售回报。这时，企业可能还会不断地去市场筹资，来为企业的运营注入新的血液。这时的现金流状态是，经营活动和投资活动的现金流量均为负数，而筹资活动现金流量是正数。也就是说，企业能够获得的资金是来自于筹资的，如图 6-9 所示。

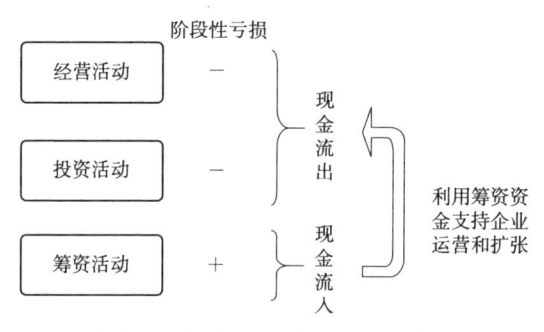

```
经营活动    −  ┐ 现        阶段性亏损
                │ 金
投资活动    −  ┤ 流 ↶
                │ 出        利用筹资资
                │           金支持企业
筹资活动    +  ┘ 现 ↲      运营和扩张
                  金
                  流
                  入
```

图 6-9　新成立企业的现金流状况

这就好比一个刚刚工作的年轻人，工资收入较低，但是学习成长的需求旺盛，需要不断对自我投资。这时，他的现金流可能只有筹资活动是正数，因为需要利用花呗、信用卡等工具来维持日常的花销。

那同样的现金流状况，也有可能是一家处于衰退期的企业。由于市场环境不好，企业自然不能创造很好的经营现金收入。而企业还在大量投资进行转型自救，这时资金的来源只能依赖于外部融资。但是哪个投资人会对一家衰退期的企业感兴趣呢？这时的筹资也是很困难的，只能依赖过往的经营基础获得一定的债权融资，如图 6-10 所示。

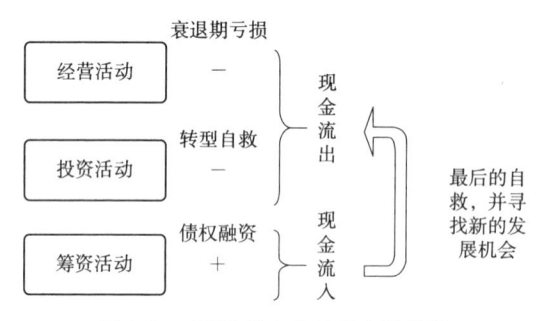

```
经营活动        −           现   衰退期亏损
                            金
投资活动   转型自救  −      流 ↶
                            出    最后的自
                                  救，并寻
筹资活动   债权融资  +      现 ↲  找新的发
                            金    展机会
                            流
                            入
```

图 6-10　衰退期企业的现金流状况

但是如果不进行筹资，如何继续扩大生产呢？一个企业走到衰退期，大概率是市场进入了成熟期或者衰退期，市场竞争异常激烈，供大于求，这个时候如果贸然扩大产能，只会加速企业的灭亡。

如果企业经营活动不能产生正向的现金流量，但是投资活动能够产生正向的现金流量。这时企业又会呈现怎样的特点呢？这种特征的企业，又会分为两种情况，这取决于筹资活动所带来的现金流情况。这两种情况的特点是，虽然经营活动不能为企业提供资金支持，但是企业能够从投资活动中获得一定的收益，这时，我们需要考虑的是这项投资收益是否具有可持续性。

比如，我们在股票市场进行投机行为，今天涨、明天跌，这种投资收益风险极大，且大概率不可持续。但是，如果我们投资的是一家有价值的企业，取得的投资收益来自这家企业的分红，这笔投资收益就是比较稳定的。

还有一种情况也会产生投资活动的现金流入，如果企业变卖固定资产，也会在一定期间内获得现金流入。但很显然，这也是不可持续的。

长期亏损的企业，最糟糕的情况就是三种活动的现金流量均处于较差状态。企业既无法从经营活动中获得现金流量，也无法筹集到资金。这时为了转型还投入大量资金。很显然，如果投资活动一直无法扭转经营状况，也无法获得投资收益，这种情况是无法持续的，毕竟没有哪个企业能够长期处于这种状态。

总结一下，当一家企业持续亏损时，我们需要综合考虑企业所处的阶段、行业发展状况，以及企业采取的相应对策，来判断一家企业是否处于良性的运行状态。对于投资活动，需要关注这种投资收益的来源，以及它是否具有可持续性。

6.3 三大报表之间的内在逻辑

资产负债表反映了企业的资金状况，利润表反映了企业的盈利状况。而现金流量表反映了企业的现金流动情况。虽然不同的报表所反映的企业状况不同，但是数出一孔，所有的数据都是来源于经营业务本身，三张报表之间存在着天然的内部联结。通过报表之间的内在逻辑，可以帮助管理者全面、立体地了解企业的经营状况，做出更有利于企业发展的决策。

6.3.1 如何从三张报表看一家企业的经营状况

前文中我们已经认识了三种财务报表，那么它们是怎么有机结合，共同反映企业财务状况和运营成果的呢？

我们可以以自己为参照样本，每个人都希望自己能够有好的职业发展，成为一只"潜力股"。如果把自己当作一家公司来经营，每个人都希望自己能够成长为一家优质的公司。应该如何利用三张报表来判断自己现在和未来的发展状况呢？

资产负债表可以告诉我们，家里有多少资金、房产、车子等资产，同时也能看到有没有负债，比如房贷、车贷等。通过盘点自己目前的资产状况，可以大体判断自己是否是"优良资产"。在不考虑是否具备可持续盈利能力前，至少能够知道目前的经济状况。

那么利润表就是告诉我们，每年能够赚多少钱，这在某种程度上体现了现有资产的可持续性，毕竟没有人希望自己坐吃山空，至少要有一种赚钱的能力。通过资产负债表和利润表盘点之后，如果我们现在既有钱，以后又能赚钱，那么经济实力就足以支撑以后的生活了吗？不一定。如果过于激进，不懂得控制风险，也没有理财意识，那很可能他挣得多，花得更多。或者是虽然现在很有钱，但是主要依赖于外部借款，比如来自父母每月的经济支持。那么，这种情况也不是理想的状况。这时候，现金流量表就可以帮助我们发现这一问题，看看自己手里是否有钱，而这些钱又主要来自何方。

如果放到一家企业中，我们可以这样概括，资产负债表和利润表都是在描述收益。资产负债表描述的是一家企业现在的基本收益和亏损，利润表描述的是未来的收益，而现金流量表则是告诉我们这家企业是否存在潜在的风险，如图6-11所示。

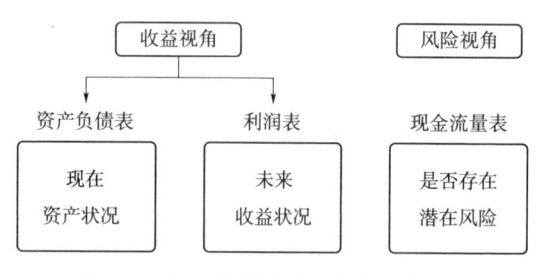

图6-11 从三张报表看企业的经营状况

资产负债表和利润表共同告诉我们一家企业能否持续地生存下去，资产是以什么形式存在的。如果企业能够持续经营，其持续经营的状态会以何种形式体现。而现金流量表则反映了在经营、投资、筹资三个维度下，企业的现金流入和现金流出，从风险的角度对企业的经营情况进行了阐述。

因此，从报表看企业，我们可以从收益和风险两个角度入手。资产负债表和利润表在收益的视角展现了企业运营的全貌，而现金流量表是在风险的视角对企业的运营进行了描述。

6.3.2 要赚钱还是要有钱

对于企业而言，是现有资产更值得关注，还是未来盈利能力更值得关注？这还真是一个让人纠结的问题。比如，小A毕业后选择了自主创业，经过几年的打拼，企业经营日趋稳定，也到了该成家立业的年龄。小A这时在思考，自己目前的状况到底是怎样的呢？有没有实现自己毕业时的愿望，成为理想中的"潜力股"呢？

我们可以从财务的角度来分析一下。小A现有的资产有哪些呢？现有的资产是他多年创业所积累的经验，以及目前所运营的企业。可以说，无形资产和这些投资资产构成了小A最主要的资产来源。那么这些资产能够带来未来的收益吗？大概率也是可以的。再通过利润表的角度考虑一下这个问题，小A每年都能够获得盈利吗？是的，每年能够盈利且盈利的趋势正在逐渐扩大。因此，如果小A的资产情况是真实的，且每年能够盈利，那小A大概率已经成长为一个优质的"潜力股"。

我们再回到企业的角度，从更本质的层面看一下这三张报表的关系，什么样的资产会被计入资产负债表中呢？资产的定义告诉我们，它是能够带来未来现金流入的。就像小A的能力和创业的经验，能给他带来未来的收益一样。如果消耗一笔钱，购买的资产能够带来未来现金的流入，我们就把它计入资产负债表中；如果只是对当下有用，无法带来未来现金流入，这就是一笔费用，计入利润表中，对当期的利润产生影响。而现金流量表，就没有考虑一笔支出是否与未来的收益相关。由此可以看出，这三张报表对于企业经营活动的呈现角度是不同的，如图6-12所示。

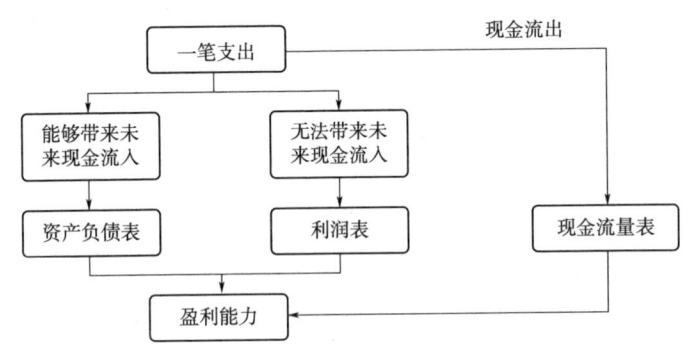

图6-12 三张报表的关系

对于企业而言，未来经营活动的预测是相当重要且关键的，它能够指导企业未来经营活动的决策。从这个意义上来说，资产负债表和利润表更加重要。但是，为什么很多企业家的经验都告诉我们，一定要关注现金流呢？难道是未来的发展趋势对于他们的判断不重要吗？其实并不是这样的，而是在会计核算的过程中，存在很多导致资产负债表和利润表失真的情况。

比如，我们都知道固定资产是需要每年进行减值测试的，但是在减值测试的过程中，会出现大量的会计估计及对市场情况的预测。如果减值过程出现失真，也就意味着资产价值的失真，这些都会对企业未来经营活动的判断造成很大影响。如果报表都是建立在失真的基础上，那么我们又怎么能够基于错误的报表得出正确的结论呢？

回到最初的问题，在赚钱还是有钱的选择上，我们不仅需要关注企业现有的资产，更要关注在未来的盈利能力，而且在判断过程中，还需要现金流量的辅助，因为盈利能力的判断，可能受到各种假设和估计的影响。而现金流量是企业中真实流动的资金运动，能够客观地辅助企业判断真实的经营状况。

6.3.3 "潜力股"的风险

第6.3.2节说到，如果小A的资产是真实的，且每年能够盈利，那大概率小A已经成长为一个"潜力股"了。那可能有人会问了，小A能挣钱不假，但是小A现在有钱吗？不能一直抱着未来的"大饼"过现在的苦日子呀，这也是现金流量表的意义所在，即使未来趋势良好，也有可能遭遇各种风险，而如果有大量的现金在手，大概率可以抵御这种风险。

所以，资产负债表和利润表告诉我们，一家企业能否赚钱，而现金流量表从风险的角度告诉我们是否有大量现金流。那么问题来了，到底是赚钱好，还是有钱好呢？如果这两者之间的数据相悖，应该怎样做出取舍呢？换句话说就是到底是利润表重要，还是现金流量表更重要呢？

从本质上来看，问题就变成了到底是保证高收益重要，还是抵御风险更重要？收益和风险本来就是一对矛盾的概念，它们相生相伴，此消彼长。高收益的同时必然要承担高风险。

对于所处行业竞争激烈的企业而言，由于外部市场竞争激烈，企业面临很高的经营风险，一不小心，就有可能被淘汰出局。这个时候，企业关注更多的是如何能在激烈的市场竞争中活下来。这个时候，企业更关注风险，也就是企业的现金流状况。如果一家企业在市场上处于垄断地位，企业面临的外部竞争较小，基本不存在生存的问题，这个时候，它会更关注自身的收益和发展，也就是企业资产负债表和利润表的情况。

总结一下，一家企业到底应该关注收益还是风险，取决于企业所处的竞争环境，以及企业自身的发展阶段和发展状况，不能一概而论。即使是同一家企业，在不同的发展阶段，关注点也会有所不同。在经济形势好的时候，可能会更加关注利润，而在经济周期的低谷期时，可能会更加关注现金流。

第 7 章
预算的底层逻辑

　　一提起预算，大家会想到的是不能超过资金红线，要缩减开支，开始过紧日子了。但是预算不是管理的禁行线，正如我们每个路口都会有红绿灯一样，红灯亮的主要目的不是为了让人们停下来，而是为了通过合理的规划，让更多来自四面八方的人能够以最快的时间有序通过。因此，我们在预算之初就要对它有一个合理的认识和预期，要认识预算的实质和预算设置的逻辑，让预算成为帮助我们达成目标的工具，而不是限制。

7.1 预算在整体经营中的作用

大部分人都有过记账的经历，也都给自己设置过各种收入及支出的预算。我们会规定自己这个月的支出不能超过多少钱，比如不能超过收入的30%等。因此，说到预算，首先想到的就是投资要有节制。预算的那条线就是每个月支出的禁行线，但预算实际包括的内涵远远不止于此。不仅是支出的节制，更是对于资金流动的计划及资金的合理配置。

7.1.1 预算的实质

预算的实质是什么呢？从表面来看，预算给我们的经营活动设定了支出范围，在一定程度上控制了成本的发生，但是不发生成本并不一定是好事情。任何经营活动的起点都是投入，不管是人力、物力还是资金投入，投入了资源才能取得相应的回报。而投入就意味着成本的发生，同等的回报，如何投入、投入多少、在什么时间投入，这些都直接影响着回报的多少和投资的效率。如果都在事后才发现，成本已经投入，但是却拿不到相应的结果，那就可能会承担巨大的损失。

这就好比做菜一样，不同烹饪过程会带来不同的结果，如图7-1所示。例如产品是做好的菜肴，为了生产出美味的菜肴，我们需要投入蔬菜、肉、调味料等原材料。同样的食材，如果是不同的操作过程，就会做出截然不同的味道，有可能会成为美味佳肴，也可能会产生黑暗料理。

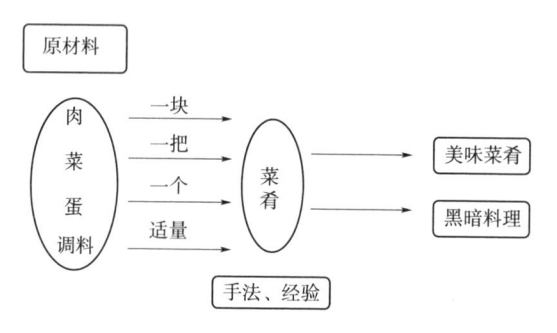

图 7-1　不同烹饪过程带来的不同结果

如果用预算的方式来解释做菜的过程，我们不仅需要投入原材料，还需要做好合理的分配和配比，确定在什么火候投入不同的食材和调料。这一过程，不是在炒菜的时候临时发挥，而是在做菜之前就应当确定。

不同的人、不同的材料、不同的制作顺序都会导致不同的口味和结果。如果能够在烹饪前将这些材料、用量、顺序加以优化，那么烹饪出来的口味也会稳定很多。比如,预制菜就是采用了这种方法,将材料、用量、顺序都做成了标准化,消费者拿到食材后,只要按照操作说明完成剩余的步骤,就能够大概率得到口味稳定的菜品。因为,这些预制菜在制作的过程中都是经过准确计量的。什么时候投入怎样的原材料,投入多少,都是经过事前确定的。在烹饪的过程,按照预先确定的方案逐步完成即可。最终产出的结果也会非常稳定,口味也会如同预期一样。

同理,回到企业的预算问题,如果没有事先的准备,完全凭借经验工作,就要承受菜品失败的风险。一道菜失败可以重新再做,但是一家企业经营失败,却关系着更多员工及其家庭的命运。因此企业在经营过程中,只有在事前确定了方案,并且在过程中严格执行,才有可能取得可预期的结果,这也是预算对于企业经营的意义所在。

所以,预算不仅是落实到细节上的那些控制指标,更是一种经营企业的思维。这种思维是贯穿经营始终的,它以经营结果为始,为之匹配相适应的资源,并且在正确的时间投放,最终实现经营结果,实现企业运行的完整闭环。

7.1.2 预算是企业经营的指挥棒

了解预算的实质后,预算在企业经营中发挥着怎样的作用呢?我们先来看看企业经营是如何从一个想法到最终实现的。

在经营规划的整体链条上,不管是提供有形的产品,还是无形的服务,企业都是想要解决一个社会问题,那就是满足消费者的某种需求,这也是企业存在的意义。而盈利是在满足这些需求、提供这些服务后所获得的相应回报。为了实现这样的目标,企业需要制定出3~5年的发展战略,然后要具体到每一年的规划。根据每一年的规划,匹配需要投入的资源,做出相应的年度预算。然后根据年度预算下发各部门的指标,结合指标做每个员工的绩效考核,以此来激励目标的达成。企业目标达成的战略分解如图7-2所示。

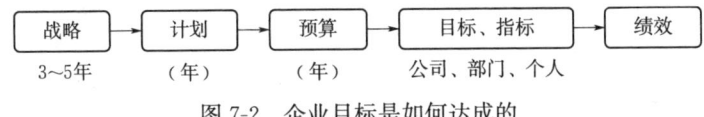

战略(3~5年) → 计划(年) → 预算(年) → 目标、指标(公司、部门、个人) → 绩效

图 7-2 企业目标是如何达成的

1. 战略

企业发展首先面临的问题就是定战略。一般来说,企业要制定自己3~5年的发展规划,也就是企业发展的大方向。这就好比我们每个人的发展路径,在刚毕业的时候,会考虑自己未来的职业发展方向,是从事本专业的工作,还是跨专业转行;是从本行业一点点积累工作经验,还是利用自己的独特优势创业;是选择大城市打拼,还是回到小城市生活。这些选择都会决定后续的每个行动和每一次决策。

企业也同样如此，在制定发展规划时，要考虑是采用成本领先战略还是差异化战略；是走激进的发展战略还是较为稳健的稳定战略；是选择传统行业还是选择新兴行业。不同的选择决定了企业未来的前景。

2. 计划

有了宏观的发展战略还远远不够，战略的实现需要落地的行动，否则就会成为空想。有了3~5年的规划，就要层层分解落实到每一年的计划。

举例说明

一家新零售连锁企业，计划用三年时间建设298家门店，实现京津冀、江浙沪区域内的全覆盖。那么就要把这个目标分解到每一年的行动方向。图7-3是这家企业的三年计划。第一年在京津冀地区建设71家门店，实现地级市的全覆盖。第二年建设112家门店，进一步实现京津冀县级市的全覆盖。第三年建设115家门店，实现江浙沪的地级市覆盖，最终全面实现京津冀、江浙沪的全覆盖。

```
                298家门店，三年实现京津冀、江浙沪全覆盖
                              |
         ┌────────────────────┼────────────────────┐
       第一年                第二年                第三年
         │                    │                    │
    京津冀市区覆盖        京津冀县区覆盖        江浙沪市区覆盖
        71家                 112家                115家
```

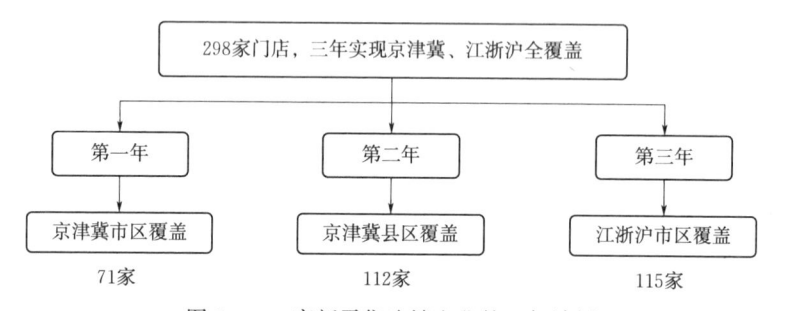

图7-3 一家新零售连锁企业的三年计划

经过层层分解的战略，就形成了企业每年的发展计划，有了这个具体的发展计划，就有了前进的方向，可以进一步去匹配实现计划所需的各项资源。

我们以这家企业第一年的规划为例，为了实现建设71家门店的计划，需要多少人、财、物的资源投入呢？随着门店的不断扩张，需要配备相应的专业人员及物料设备，制订人员招聘计划及设备采购计划。初始阶段门店盈利状况大概率是亏损的，这时候就需要资金的投入，包括新增门店所需的费用。然而实际运营过程中的计划远不止这些，从市场的定位、客户的开发、物料的采购、销售的方案，方方面面都要有详细的计划方案。

更为重要的是，这些计划要经过各部门间的沟通和协调，不能是上层领导拍脑袋的决定。很多企业之所以计划无法落地，是因为做计划的和实施计划的人员是脱节的。制订计划的人，只从宏观上考虑，以自己的主观意愿确定，而实际操作中有各种各样的突发情况，实际发展也并不以个人的意愿为转移。没有经过反复讨论和分析验证的计划通常是无法落地的，最终也会导致企业战略规划无法实现。

3. 预算

确定好具体计划后，就要将计划层层分解为预算，也就是要为各项计划匹配确定的资源。因此，预算也可以理解为更具体化、数字化的计划，是对有限资源的合理配置。

举例说明

企业现有资源 1 000 万元，如何利用这有限的资金实现上述的年度计划，这是对经营者经营能力的考验。

为了达成计划，各个环节都需要资金的支持。人力资源部要招聘人员，采购部要采购设备，销售部要进行市场活动，但是给各个部门配置多少资金，在哪个环节配置，配置后能够实现怎样的结果，这就是预算给企业所带来的价值。图 7-4 中展示了在相同资源条件下，企业有预算管理和无预算管理时的不同经营状况。

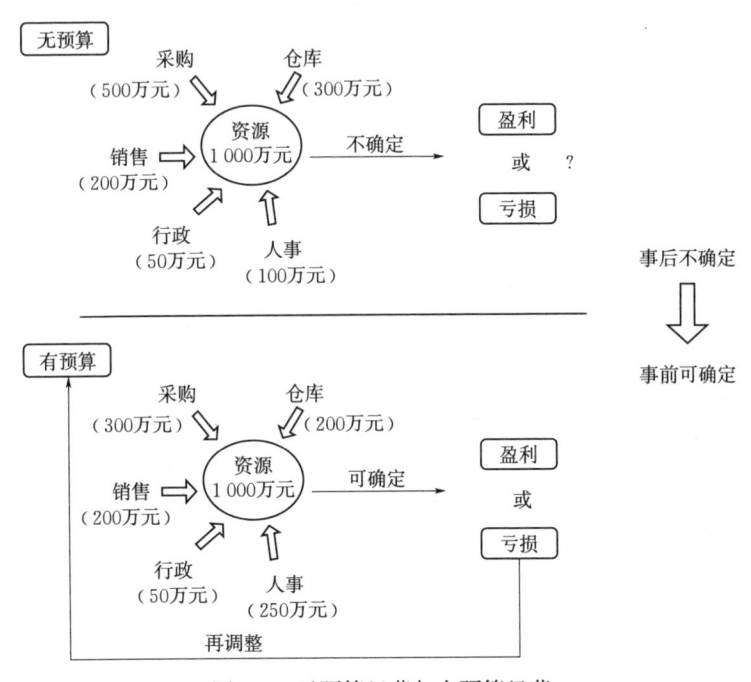

图 7-4　无预算经营与有预算经营

很多在发展初期的中小型企业，没有制定过预算，就会出现各个部门在抢夺资源的情况。采购部需要购置资产、原材料，销售部需要申请销售资金，人事部需要招聘人员，各个部门都会为了自己的计划而争抢企业的资源。而在没有预算的情况下，管理资金的财务部却无法统筹规划，单独看每一个部门的资金计划都没有问题，都是用于企业业务的正常开展，但是最终却很难实现企业期待的盈利状况，这就是没有预算的结果。经营者无法预期经营的结果，各个部门也没有经营的意识，资源被随机分配，这样的经营结果可想而知。

作为经营管理者，不仅要从各个部门的单一模块考虑计划的达成，更要从企业全局的角度看待资源的配置，并最终达成经营的结果。而预算就是把配置的工作前置化，从事后的不确定转变为事前的可确定，在工作之初就完成资源的分配，并能够合理预期实现的结果。这样才不会出现各部门争抢资源的情况。

4. 指标

有了计划，有了预算，接下来就是要保障预算的实现。从事前的可确定性到事后能否达到预期效果，取决于中间环节的执行情况。在具体执行的层面，还需要将预算的数据，转换为可衡量的指标，这些指标也就是员工在努力过程中的方向。

举例说明

以销售部为例，在预算中会有关于销售收入的预算金额。假定销售部的销售收入预算是100万元，如图7-5所示，如何在销售部门内实现这样的目标呢？如果仅是简单地将销售任务均分给每个销售人员，可能会带来一系列的不良后果。

比如为了达到销售收入而牺牲利润，或者给不符合规定的客户提供赊销服务。销售的产品会有不同的利润率，低利润率的产品作为引流品，而高净值的产品才是企业经营的盈利点。如果仅为了达成销售业绩，销售

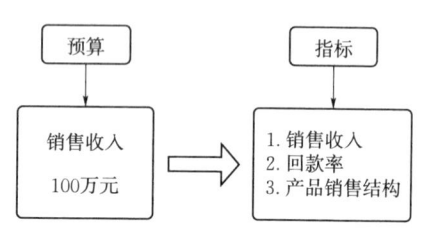

图7-5 销售部的预算指标

员会多销售低利润率的产品，最后虽然预算的收入达成了，但是企业却会蒙受损失。这时，具体的指标就是在规范员工的行为，以正确的导向指引目标的达成。对于一个销售任务的达成，不仅需要下达销售收入的指标，还需要回款率、毛利率、新客户增长率等指标的约束。总之，企业实现预算目标，不仅在于数字上的实现，还要重视有质量的达成，真正能够为企业的发展提供助力，而这种助力能支撑企业实现中长期战略规划，实现良性发展。

因此，从预算到具体指标，就是要进一步明确工作的方向，帮助企业实现有质量的增长和预算指标完成。

5. 绩效

从企业战略到年度计划，再到年度预算，最后细化到具体的指标。在这个经营闭环中，还有一个最重要的环节，就是绩效。

企业经营最重要的资源是人才，所有的规划、预算，都要通过人才的工作来实现。而如何评价人才的工作，确保工作的结果，就需要相应的绩效方案来保障。要通过绩效的方案去激励人才，在企业上下达成一致，共同实现企业目标。很多企业都有绩效考核，但是绩效考核指标和数据却没有相应的依据，更多是凭

借经验确定的。这样的考核即使做了,也不容易评估,管理者也难以判断工作的结果到底是怎样的。

好的绩效要与预算、指标相结合,依据具体的指标,让企业内部达成共识。只有预算指标得到员工的认可,在业绩没有达成时做相应的绩效考核,才能够带来激励和促进改进的效果,并以此来保证企业目标的达成。很多企业都是缺少衔接的这一环,导致绩效考核流于形式,起不到保障目标实现的作用。

通过经营的完整闭环,企业的战略一步一步落地为具体的行动,并最终通过绩效考核的方式激励员工达成。在这个链条中,预算上承计划,下接具体的指标,起着经营指挥棒的作用。一旦预算数据没有达到预想的经营结果,就要进行新一轮的调整,重新匹配相应的资源,最终实现人、财、物和企业目标相统一。

7.1.3 预算是人、财、物配置的推演方案

仅仅有了宏观的方向还远远不够,我们还要有具体的行动方案。没有细节的方案都是不可实现的,而预算就是帮助企业实现目标的推演方案。

从现有的资源出发,最终的目标和规划能否实现,以何种方法实现,都需要制定详细的方案。而预算就是拉通两端,实现资源配置的推演方案,如图 7-6 所示。只有行动方案能够被合理推演出来,目标才会有实现的可能性,否则,实现的概率会大大降低。

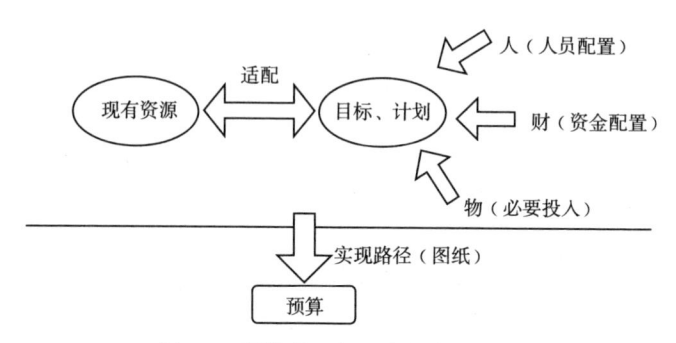

图 7-6 预算是目标达成的实现路径

不仅要对过程进行推演,还要根据不同的情景进行分析。当市场处于上升期时如何应对,匹配什么样的资源,制定怎样的策略。当市场处于衰退期时,又需要做出怎样的调整。就如同作战之前的排兵布阵,把有限的资源排布在哪里,怎样排布。当对手采用不同的战略时,应当如何应对,要有细致的预算方案。

举例说明

仍然以图 7-3 所示的新零售连锁企业为例。该企业计划第一年拓展 71 家门

店,这是目标。如何用有限的资源实现这个目标呢?在不同的行业竞争情况下,会有不同的情况,选择不同的战略。采用较为激进的扩张方式还是采用较为稳健的扩张方式,决定了每月增加的门店数量,而每个门店的盈利情况,又影响着门店扩张的速度和资金的投入规模。

表7-1是该零售企业第一年的门店建设计划表。从表中可以看出,根据现有门店个数,以及能够给企业供给的利润情况,在不进行资金投入的情况下,可以测算出每月能够拓展的门店个数。当每月门店拓展到一定数量时,门店的不同盈利状况,又决定了每月的资金投入规模。这样一来,根据一年71家门店的建设计划,就可以测算出资金的投入规模、投入速度及对每个门店的盈利预期。

表7-1 第一年门店建设计划表

第一年门店建设计划表													单位:万元
日期	1月	2月	3月	4月	5月	6月	7月	8月	9月	10月	11月	12月	合计
现有门店个数	3	5	5	6	7	8	9	12	16	22	32	48	49
单个门店上交企业净利润	1.91	1.42	0.55	0.61	0.67	0.75	0.83	0.92	1.02	1.12	1.24	1.37	12.41
门店上交净利润总计	5.73	7.11	2.73	3.65	4.72	5.98	7.46	11.01	16.24	24.70	39.71	65.81	194.87
资金留存率	20%	20%	20%	20%	20%	20%	20%	20%	20%	20%	20%	20%	20%
可用于门店拓展资金	4.59	5.69	2.19	2.92	3.78	4.79	5.97	8.81	12.99	19.76	31.77	52.65	155.89
单个门店拓展所需资金	2	2	2	2	2	2	2	2	2	2	2	2	2
可拓展门店个数	2.29	2.84	1.09	1.46	1.89	2.39	2.98	4.40	6.50	9.88	15.89	26.33	77.95
新增门店个数	2	0	1	1	1	1	3	4	6	10	16	26	71

企业还可以结合可能出现的经营状况,预测出不同情况下的盈亏预期,并推演出不同的资金投入规模。这样一来,企业在经营之初就可以预测经营过程中可能出现的问题,并提前做好资金预算,保存流动资金,防止资金链断裂等情况的发生。

7.1.4 预算是目标达成的实现路径

通过对各种情景的模拟推演,得出本年度不同情境下的各项预算,这份预算就是目标达成的实现路径。

比如我们出行都会用到电子地图。当输入起点和终点后，系统会自动推荐不同的方案，有速度最快的、有收费最少的，还有高速最多的。不同的方案之间，起点和终点相同，但是行走的路线会有相应的调整。当我们选定一种路线后，系统就会按照预设的情景推送该情景下的路线，这份路线就是我们选定的预算方案。但是路况信息并不是一成不变的。我们也经常遇到因为堵车，或者交通事故，而临时变更行进路线。企业经营也同样如此，会经历各种各样的突发情况，经营场景也在实时地变化。这时就需要在原有的预算基础上，做出适应性的调整。

在预算保证的前提下，经营者能够避免做出临时决定。即使出现调整，也不会手忙脚乱。因此，有了整体预算的框架，在做决策时就会有更多的依据和指导，从而大大提高决策的准确性。有了预算这份经营地图，经营结果的实现也就有了基本的保障。

经营的本质是取舍，在方向上取舍、在客户上取舍、在产品上取舍，因为资源是有限的。通过不同的管理方式和手段，将有限的资源进行整合，创造最大化的价值产出。预算就是众多管理方式中重要且有效的一种。它不仅是企业经营的指挥棒，为人、财、物的配置提供了推演方案，更是企业目标的实现路径。

7.2 从财务预算到全面预算

从没有预算到建立预算，从财务部自己做的数据分析，到企业上下各部门协同制定预算。从粗略估计三张报表，到细化每个角落的分项预算。这是预算从无到有，从片面到全面的过程，这些变化也体现了经营者管理思维的进步。

7.2.1 财务预算的缺点

前面说了预算对于企业经营的作用，而反观目前广大中小型企业的经营现状，更多是处在没有预算，经营者拍脑袋做决策的阶段。即使有预算，也大多停留在财务预算的阶段。从基层员工到最高管理者，普遍认为预算仅仅是财务部的工作，似乎这就是财务部自己的一场数字游戏。

处在这个阶段的企业，看上去预算体系也很健全，但是却难以落地执行的。最终预算流于形式，无法发挥其管理的核心价值。总结起来，仅采用财务预算通常会暴露出以下问题。

1. 目标不一致

很多企业做了预算，给员工定了关键绩效指标。企业负责人的格局也很大，愿意把企业的经营利润跟创造价值的员工共同分享。但是，最后的结果不是利益的共同分享，而是员工赚得盆满钵满，企业却亏损得一塌糊涂。员工按照各自的关键绩效指标完成了工作任务，得到了应兑现的奖励。这本应该是企业盈利的表现，企业的效益好，员工的薪酬高，这是再正常不过的道理。然而，在很多企业中呈现的事实却截然相反。这又是为什么呢？

举例说明

一家商贸企业的管理者，为了提高企业的整体业绩，给销售人员制定了不同的销售任务。为了激励业务人员完成业绩，向大家承诺，只要业绩完成，就按照销售业绩的5％给业务人员发奖金。管理者心想，把员工的利益和企业捆绑在一起，员工完成任务才能赚到钱，而企业挣了钱也不怕跟员工分享，两全其美，这下终于可以省点心了。

但是员工心里不是这样想的，既然确定了销售任务，为了赚到钱，就要想方设法去完成销售业绩。不管企业经营什么情况，只要我把产品卖出去，有了销售数据就可以得到相应的奖金。于是业务员开始给客户大量赊销，并提供一定的折扣。这样一来，他的价格在市场变得非常有竞争力，与同行企业的价格持平或者偏低，还能够提供赊销，客户纷纷过来抢购。这个业务员很快就完成了销售业绩，管理者也兑现了承诺的奖金。但是等到年底算账的时候，管理者才发现，账面上留存了大量的应收账款无法收回，利润也因为折扣和赊销被消耗殆尽，企业随时面临因资金链断裂而倒闭的风险。

这个例子反映出来的问题是什么呢？管理者想的是让员工利益跟企业利益捆绑在一起，员工为了赚钱就会更加努力工作，从而带动企业的盈利。而员工想的是不管企业赚不赚钱，只要我完成指标，赚到钱就可以了。管理者的初衷是好的，但是在执行的过程中，没有通过管理的手段，真正做到让员工跟企业的目标一致。

企业在日常经营中经常会出现这种情况，企业出于某种目的，出台了相应的制度或政策。但是在执行的过程中，总是会被员工找到各种各样的"漏洞"。这也是没有建立一致目标所导致的结果。员工不能领会企业的意图，自然也就无法达成一致。"落地难、执行难"的困境也就不难理解了。

回到预算上面，财务预算仅仅关注了财务数据，却忽视了数据之外更重要的问题。预算是帮助企业达成目标的工具。如图7-7所示，预算目标所呈现的具体指标、数据，就如同冰山上面的部分。员工仅仅能够看到呈现出来的指标、数据，却无法领会冰山下的部分。预算不能局限于某些财务数字的达成，更重要的是建立上下一致的目标体系，这样员工的业绩达成才能够支持企业目标的实现。

预算的导向，是企业目标的如何达成。企业的目标并不是单纯的销售最大化，或者利润最大化。仅实现这两个目标，可能造成销售越多、亏损越多，利润越大、资金越紧张的情况，这也是很多企业在预算管理中经常出现的问题。

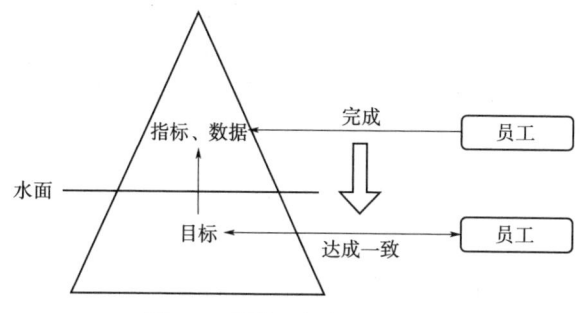

图 7-7　预算目标与呈现指标

让员工在实现业绩指标的过程中，关注企业剩余价值的分配。要建立只有企业盈利，大家才能盈利的理念，建立上下统一的经营目标，这样的预算指标才有指导意义，才能给员工指明努力的方向，实现共同的目标。

2. 制定与执行"两张皮"

制定和执行"两张皮"的现象并不少见，根本原因是双方不能真正懂得彼此。比如，有很多小学生的家长都在网络上抱怨陪读的苦恼。一到寒暑假，家长就会为孩子制订各种各样的假期计划，以帮助孩子实现假期的弯道超车。但是，理想很丰满，现实很骨感。不管家长的计划多么周全，在监督孩子执行的时候都会遇到各种困难。因为家长想的是，如何最大限度地帮助孩子安排时间，做好各项学习规划。而孩子的想法是，这么多计划，什么时间才能出去玩呢？出于不同的想法，家长制订的计划，在陪孩子执行的过程中，遇到各种阻力也就不足为奇了。

传统的预算制定也同样如此。一说到预算，大部分人第一想法是，这是财务部的事情，跟我有什么关系呢？甚至财务部自己都是这样认为的。于是，每到年底，财务部就会忙得热火朝天，编制各式各样的预算表格。终于等到预算全部编制出来，经过一系列审核后下发到各个部门。这时候，各个部门又开始抱怨，财务部编制的预算根本没有办法执行。

销售部说，今年经济形势不好，制定这样的销售任务无法完成；采购部说，受国际形势影响，原材料要涨价，要想采购价格低，只能靠扩大采购规模，想要做低成本的零库存没法实现；研发部说，今年要做的项目难度很大，必须投入大量的科研经费，预算的这些经费可能没法出成果。各个部门都摆出了自己的困难，也都是事实。可是资源有限，该怎么处理呢？财务部也很无奈，以为做出来的"天衣无缝"的预算报表，下发到各个部门后却不被认可和配合。

这就是制定者和执行者不能相互融合协作所导致的问题。财务部作为预算的制定者，因为不懂业务，只能通过数据间的关系来"纸上谈兵"。等到真正上"战场"的时候，必然会被各个部门批评不接地气。财务部"闭门造车"所编制出来的预算，无法为经营提供支持，更无法平衡资源的有效配置。

经营预算应由经营部门起草，并由最懂业务的人员根据实际情况提出业务资

· 113 ·

源的需求。但是业务部不懂财务，很容易为了自己部门业绩的达成，扩大预算的资源分配，这时就需要财务部与业务部进行沟通、协同，最终完成可落地的预算方案。这样的方案，从业务中来，自然满足业务发展的需要，又经过了财务部的专业审核，也能平衡企业发展的资源配置，执行起来自然就会事半功倍。

3. 重编制轻执行

有多少计划"死"在了行动上，就有多少预算"死"在了执行上。我们都有过给自己制订年度计划的经历，比如在新年的时候，怀着对未来的憧憬写下自己新一年的规划和目标。制定目标的时候心潮澎湃，想象着各种实现的过程和场景，就像已经实现了一样。但是大多数人，坚持不了多久，就会给自己找各种理由放弃。

个人如此，企业也同样如此。每到年底，各个企业都会忙着制定下一年的经营预算，盘算着新一年的经营业绩和盈亏情况。经过财务部门精细的编制，最终形成了企业第二年的年度预算。虽然预算编制出来了，但是实际执行过程中却遇到了新的问题，编制预算的时候红红火火，干劲十足，开展启动会和动员会，大家畅想明年的规划，准备大干一场。但是过不了多久，热度消退，预算也被"雪藏"在了企业管理层的文件柜里，根本无法执行。究其原因，是企业从上到下，都没有正确理解并看待编制预算的意义，以及如何才能够发挥预算的作用。

在很多企业里，财务预算是企业管理层跟财务人员共同规划出来的。而各部门的员工却是被动的执行者。企业管理层认为，只要预算编制出来了，第2年的经营就有了保障。而员工却认为，预算就是给自己上枷锁，各种费用开支都要受预算数据的管控，工作的开展也受到了很大限制，因此员工从心里是抵制预算执行的。没有上下同欲，共同努力，仅凭企业管理层的意愿，预算的实施将会很难推进。

预算的编制仅仅是前端最基础的部分。预算对于企业的真正价值，在于给企业经营指引了方向。费用的控制不是上枷锁，而是树标杆，不是不让花钱，而是让每一笔费用支出都有结果。于企业而言，仅仅编制出一套预算报表，并没有太大意义。图7-8是预算目标达成的循环，企业需要的是将预算目标，层层拆解到每天的工作任务，并且实时反馈后进行复盘，进而调整改进。古语有云，苟日新，日日新，又日新。当企业能够缩短改进的时间，提高改进的效率，就可以不断提高组织的价值创造能力，以确保企业整体目标的完成。

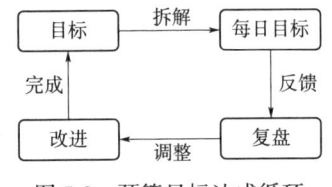

图 7-8 预算目标达成循环

在这个循环中，企业从事后发现问题，到实时发现问题，甚至事前发现问题并改进，其间的跨越是管理的巨大进步，也是预算管理给企业带来的真正价值所在。

4. 经营人才脱节

很多企业呈现出很明显的两极分化现象。企业管理层个个都是多面手，但是手下无强将,人才的梯队建设出现了严重的断层,导致企业管理层越干越累,似乎所有的指标都是为他们自己制定的。

传统的预算,大多是财务部门制定并下发,其他部门参照执行。员工只是在工作中感受到预算指标的限制,却不能领会预算的指导意义,知其然却并不知其所以然。这样也会导致员工进步缓慢或者无法成长。这就好比,我们上学时做题的过程。每做一道题,重要的不是掌握这道题的计算步骤和结果,而是理解在这道题中所应用的定义和原理,只有把底层原理掌握,才能够在类似题目中举一反三。

经营企业同样如此,员工被动地执行预算指标,就像是被动地抄写题目的计算步骤,无法理解经营的目的和本质,在下一次遇到同样问题的时候,依然无法解决。只有真正地参与其中,作为整个预算管理体系的一部分时,才能够在应用中深刻理解,提高自己的经营水平。

预算的制定、执行、调整,作为一个完整的经营闭环,本应让参与的管理者能够更加深刻地体会经营的本质。各层管理者通过预算在日常工作中的贯彻执行,能够不断提升自己的经营思维和财务思维,在不断地复盘改进中,抓准企业经营的方向。企业得到发展的同时,一批有经营思维的管理者,也会涌现出来。

7.2.2 体现全面预算的三个方面

为了弥补传统财务预算的缺陷,全面预算的概念应运而生。那么全面预算相对于传统财务预算有哪些优势?它的全面又体现在了哪些方面?

1. 全面预算是全方位的预算管理系统

全面预算"全"在范围。不同于传统的预算,只管控部分费用,全面预算将所有的经营投资活动,从销售、采购、仓库、研发、人事行政、财务到后勤,全链条均纳入预算系统中。每个环节都是预算范围内可控的、可预期的、相互衔接、彼此协同的,这样的经营过程才是完整的闭环。

2. 全面预算是全过程的预算管控

全面预算"全"在过程。以往的预算多是重事前编制,而轻执行。只要编制出预算报表,似乎预算工作就已经完成了一半,之后的执行情况很难保证,最终的效果也可想而知。然而,事前编制仅是预算的起始部分,预算的执行及根据实际情况的不断改善更为重要。因此,预算的事中和事后管理尤为重要。

全面预算是将管理深入到事前、事中、事后全过程中。事前,从业务到财务,通过不断的沟通、讨论完成各部门、各环节的预算编制;事中,用预算管控经营的过程,不断的修正、调整复盘;事后,要对本年的预算执行和预算差异进行回顾,哪些问题需要修正,哪些问题可以避免。这样预算就会越来越贴近实际情况,预算的管控作用也就越来越有效用。

3. 全面预算是全员参与的经营过程

全面预算"全"在人员。预算不再只是高层领导者和财务人员的"闭门造车",而是各层级、各部门、各岗位人员讨论、协调后的结果。让全体人员都参与到预算编制过程中,使每个人从被动的执行者转变为主动的经营者。全员参与减少了预算在执行过程中的阻力,有助于企业上下达成一致目标。

编制预算、执行预算,不仅是财务部门或者高层领导者的事情,更关系到每个员工的切身利益。从某个人有导航,到某些人有导航,再到全员有导航,且方向一致,这样的全面预算才能够有效推动企业达成战略目标。

总结一下,全面预算是全方位、全过程、全员参与的预算系统。不同于传统的财务预算,全面预算以业务为起点,从成本控制、资源约束,到经营规划、资源规划、绩效规划,再到最终的目标达成,最终呈现资金配置和财务报表预算。它以业务为前端驱动,覆盖全环节、全流程和全体人员,最终输出可落地的预算报表。

7.2.3 构建全面预算的三个阶段

任何一种管理系统,在企业中落地生根,都需要一定的过程。由易到难,由生疏到熟练,就如同人的习惯养成过程一样。从刻意、不习惯,到慢慢习惯、需要重复,再到形成下意识的动作。从无到有构建企业的全面预算体系也需要三个阶段,如图 7-9 所示。

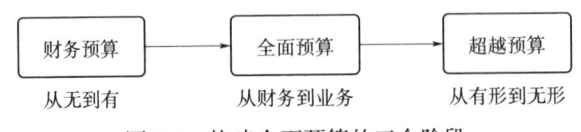

财务预算 → 全面预算 → 超越预算
从无到有　　从财务到业务　　从有形到无形

图 7-9　构建全面预算的三个阶段

1. 第一阶段:财务预算

大多数企业,从无到有建立预算,都是从财务预测开始的。财务人员利用原有的统计数据,在没有业务部门配合的前提下编制出初步的规划。虽然不够精确,管理效果也未必很好,但比起没有任何预算的随机经营,至少建立了一定的目标和方向。

2. 第二阶段:全面预算

随着财务预算的推进,业务部门和其他各职能部门,对财务部门"闭门造车"编制出来的预算指标会有诸多不满,加之预算执行也会遇到各种困难。这时,财务部门的预算会协同其他部门共同进行,并为各部门、各环节匹配相应的资源,做出相应的资金预算。通过各部门之间的反复讨论与协调,仅做财务预算和资金预算，远远不能满足企业发展的需求。且预算的编制逐渐向业务方向转变，以销售收入为起点的全面预算体系开始建立。

3. 第三阶段：超越预算

在这个阶段，全面预算体系已经在企业中落地生根。经过几年的磨合，企业全员在一定程度上具备了预算管理所培养的经营思维。这时，预算系统只是有形的管理工具，而更为关键的是，这种事前安排、事中控制、事后复盘的管理思维已经深入企业的方方面面。即使没有预算的指标，员工也会有意识地控制费用，按照既定的方式制订工作的计划。

第8章
从目标设定到预算搭建

　　理解了预算的底层逻辑和意义，接下来就要着手建立企业自己的预算体系。全面预算体系，是贯穿企业经营全环节的。以销售预算为起点，沿着经营的脉络，逐步渗透到企业经营的方方面面。从企业的战略目标，到年度计划，再到各个部门的周计划、日计划。既是目标的层层分解，又是企业战略实现的具体路径。

8.1 预算目标的确定

企业经营是从企业战略到年度计划，到年度预算，到具体的部门、个人指标，最后到绩效的完整闭环。预算就是为企业的现有资源到最终实现目标这个过程中适配合理的人、财、物资源，如图8-1所示。在搭建预算系统时，不仅要盘点现有资源，更要明确预算的目标。目标不同，企业实现的路径自然也不同。即使相同的目标，也会有不同的实现路径，所需的资源配置也会随之发生变化。

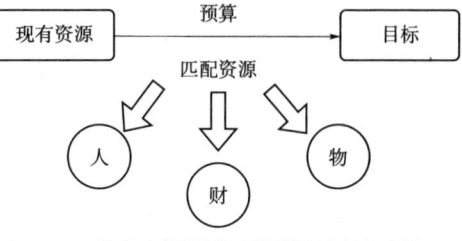

图8-1 以现有资源实现预算目标的过程

8.1.1 预算目标是什么

预算目标是什么？想要回答这个问题，先要了解企业经营的目标是什么。企业作为营利组织，目的当然是想要赚钱。有人说，企业经营的目标是赚取利润。利润越高，企业的能力越强。这句话没错，但是放在经营环境中，却不一定是正确的。

举例说明

张三和李四同时开始做贸易生意。两人第一个月的经营状况如图8-2所示。张三赚了5 000元，李四也赚了5 000元。张三跟李四说，咱俩第一个月做生意，水平也差不多。李四不同意，他对张三说："虽然同样是5 000元，但是效率不一样。你赚的5 000元是天天出去跑客户，做了10万元的订单才赚到的。而我

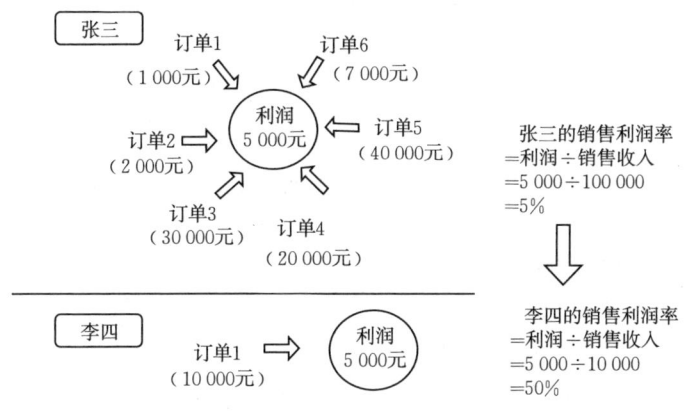

张三的销售利润率
=利润÷销售收入
=5 000÷100 000
=5%

李四的销售利润率
=利润÷销售收入
=5 000÷10 000
=50%

图8-2 张三和李四第一个月的经营状况

119

只工作了两天，做了一个1万元的订单就赚到了，剩下的28天我都是在休息调整状态，你说咱俩谁赚得更多呢?"

可以看出，虽然两人最终利润相同，但是为获得相同的利润而付出的努力却是天壤之别。利润作为绝对数，并不能衡量企业的盈利能力，当然也不会成为企业经营的目标。在这个例子中，只考虑了利润的绝对数，却没有考虑张三和李四作为人力资源的投入，也没有考虑赚取的利润在所销售收入的比重。同样是5 000元，一个是10万元的订单才赚到，而另一个靠1万元的订单就赚到了，显然后者的利润率更高。销售利润率似乎可以作为企业经营的目标，但是真的如此吗?

第二个月，张三也开始关注每个订单的利润率情况，他把自己的关注点放在了利润率更高的订单上。图8-3是张三和李四第二个月的经营情况。月末的时候，张三对李四说："咱俩这个月都赚了2万元，而且都是用20万元的销售订单赚到的，这回咱们的盈利能力相同了。"

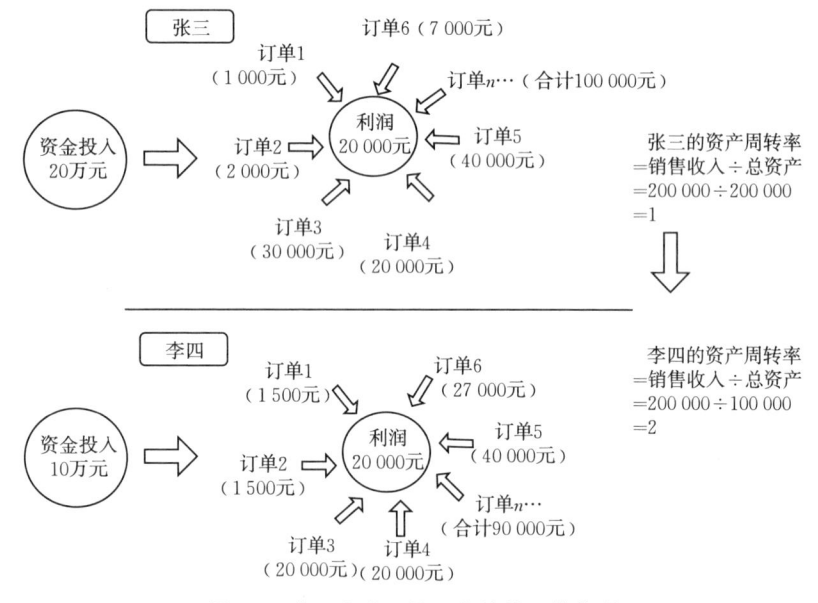

图 8-3　张三和李四第二个月的经营状况

李四不同意，他对张三说："虽然这个月咱俩的销售利润率相同，都是10%，但是在赚钱效率上还是有区别的。这个月，我只投入了10万元就赚了2万元，而你投入了20万元也才赚了2万元。更重要的是，我已经握住了赚取的2万元利润，而据我所知，你赚的2万元还在客户的口袋里。都是2万元的利润，我拿到的是"真金白银"，而你却是"纸面富贵"，万一客户不讲诚信，别说利润，连你的本金都有损失的风险。"

虽然销售利润率都是相同的，但是资金的使用效率却有很大区别。资金本身也是有价值的，即使不用于投资做生意，放在银行也是可以收取稳定利息的。因此，仅考虑销售利润率是远远不够的，还要考虑资金的投入产出比，也就是资产的使用效率。用财务的语言表达是资产周转率，也就是每一元资产的周转效率。同样的利润率，周转得越快，盈利能力自然也就越高。

随着经营的不断深入，张三也慢慢找到了经营的感觉，他不仅注重订单的利润率，也开始关注资产的使用效率及利润的质量，而李四也开始如火如荼地扩大规模。到了年终盘点的时候，张三和李四都赚到了人生的第一桶金，各自赚取了100万元。图8-4是张三和李四一年的经营情况。张三对李四说："这一年咱俩水平差不多，我听了你跟我说的经营方法，也开始注重订单的利润率和资产的周转率，现在咱俩都赚了100万元，说明咱俩的盈利能力不相上下。"

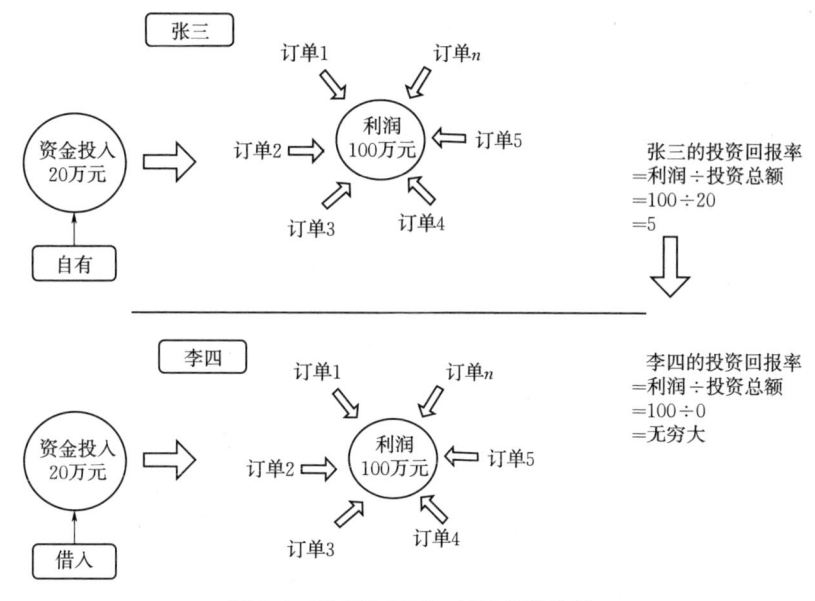

图 8-4 张三和李四一年的经营状况

李四摇摇头说："差别还是很大的，今年咱俩都赚了100万元，我只投入了20万元，你呢？"张三说："我听了你的建议，开始非常注重资产的使用效率，经过不断的努力，我把投资规模也控制在了20万元。"李四笑了笑说："虽然咱俩都用20万元赚到了100万元，但是这投入的20万元也是有区别的。""有什么区别呢？"张三不解地问。"我这20万元是借的，实际上我自己是没有任何投入的。"李四解释道，"如果用投入产出比来衡量的话，你是用20万元赚到的100万元，而我是没有任何投入，就赚到了100万元。因为投入为零，对于我来说，我的投资回报率是无穷大的。"

通过这个例子可以看出，企业经营的目标不是利润，不是销售利润率，不是资产周转率，不是财务杠杆的使用，而是它们共同作用的结果，也就是投资回报率，如图8-5所示。企业经营是为了取得回报，相同的回报下，投入的资源越少越好。因此，用投资回报率来反映企业经营的目标，能够体现企业经营的实质，且满足各方投资人的利益。

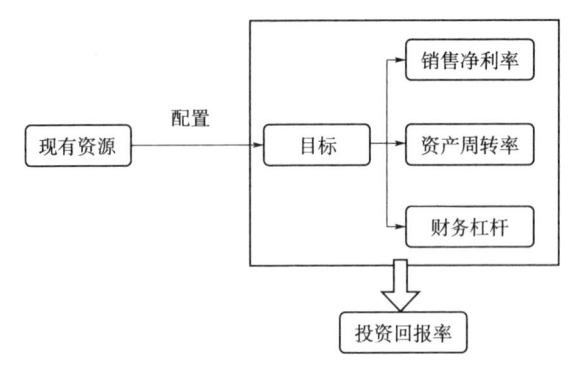

图 8-5　企业经营的目标

8.1.2　预算目标与计划的区别

既然用投资回报率作为预算目标，能够很好地衡量企业经营的目标。那么在前文讲到的企业经营闭环中，作为预算连接的两端，企业的预算目标和年度计划之间的区别和联系又是什么呢，如图 8-6 所示。接下来一一进行介绍。

1. 预算目标是企业经营的方向

企业的经营，在不同阶段会有不同的方向。当企业处于初创阶段时，最重要的是建立市场认知，增加市场占有

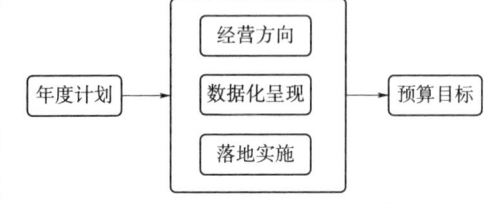

图 8-6　预算目标与年度计划的关系

率，甚至不惜牺牲利润换取销售收入，这时的预算目标就可以以销售收入为结果。当企业经过一段时间的发展，处于相对稳定的成长期时，这时企业已经占据了一定的市场份额，开始有一定的利润。为了进一步扩张，企业会继续加大投资力度。这时的投资回报率相对较差，预算目标可以以净利润为结果。当企业进入成熟期时，市场开始稳定，股东或者投资人开始享受投资带来的回报，这时预算的目标可以以投资回报率为结果。

选定的方向不同，也就决定了企业以何种方式、何种资源去实现既定的年度计划。比如，一家初创期的新零售企业，计划今年新增 71 个门店，覆盖京津冀的主要地市区。当它确定预算目标是销售收入达到一定规模时，在匹配资源时就要向扩大销售的方向倾斜，分配更多的营销投入和品牌建设资金。同样是新增 71 家门店，如果是一家成熟期的企业，它的预算目标可以设定为投资回报率。这时，在匹配资源方面，就会更多地考虑成本的控制、销售净利率及资金周转情

况，通过各项预算资金的调配，最大化地实现预期的投资回报率。可见，同样的年度计划，因为不同的预算目标，实现的方式也会有很大区别。

2. 预算目标是年度计划的数据化呈现

计划旨在实现企业3~5年的战略，而预算目标是企业在达到上述计划的同时，需要实现怎样的经营目标。预算目标是计划的数据化呈现，用财务思维和数据语言，将宏观、概括性的计划，转换为精确、可衡量的指标数据。

如果一份计划是宏观的，通常无法直接落地执行。而预算目标就会更加具体，比如，今年的投资回报率达到10%，销售收入达到1 000万元，销售净利率达到15%等，有可量化的方向。

3. 预算目标是年度计划落地实施的方向

从计划到目标，是一个具体和细化的过程，从不可执行的模糊概念，到可执行、清晰化的任务指标。比如，上述的新零售企业，全年计划新增71个门店，那么具体到每个月应该新增多少？每家门店可以达到怎样的利润水平，每月新增的门店需要多少资金投入支撑？股东的投入在年末可以达到怎样的回报水平？这些资源的配置本身，就是帮助企业推演经营的过程，而这一过程也为计划的落地实施提供了方向。

8.1.3 预算目标实现的不同方式

经过上述的分析，我们了解到如果不考虑特殊战略时期的发展需要，企业经营主要目标是投资回报率的最大化。如果投资回报率是企业的预算目标，那如何实现这一目标呢？从前文中的例子中可以看出，影响企业投资回报率的主要指标有三个，分别是销售净利率、资产周转率和财务杠杆。这三个主要的影响指标，也代表着企业不同的经营方式。

从影响因素上来看，同时达到这三个指标的最优，就可以保证投资回报率的最大化。但是在实际经营中，同时做到这三个指标最大化的企业很少。比如苹果公司，就是三项指标都达到最优的例子。苹果手机在市场定位中属于高端机型，利润率高，盈利能力非常强。每当苹果手机发布新机型时，很多苹果手机的粉丝们连夜排队抢购，并且是预订购买。这样一来不仅不会产生赊销，还会给苹果企业带来大量的现金流，它的资产周转率和财务杠杆指标也非常好。

大部分的企业，在选择自己的经营策略时，都是以一个或两个指标的最优化为主，来实现企业投资回报率的最大化。从这三个指标出发，可以衍生出如图8-7所示的不同经营方式，这也是企业实现投资回报率最大化这一预算目标的三种路径。

1. 高毛利

在高毛利方式下，企业主要是提高自身利润水平。利润水平的提高，体现在

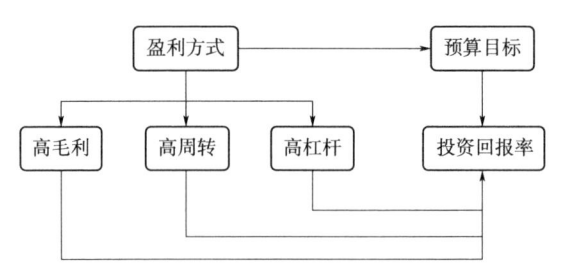

图 8-7 企业实现预算目标的三种路径

销售利润率的提高。通过高定价来获取高利润，是每个企业都希望达成的目标。但是，在充分的市场竞争条件下，一旦某个市场有超额利润，大量的竞争对手就会涌入该市场，并最终通过竞争的方式，将超额利润降低为平均利润。一般情况下，实现高利润率可能存在以下两种情形。

一种是由技术创新带来的高利润。这是真正的利润，但是技术的创新需要大量的研发投入，因此这种情况下的高利润率，是否能够提高投资回报率，取决于所处的阶段及研发的投入产出比。研发从投入到产出结果，需要较长的时间周期。但是从长远来看，技术壁垒越高，所带来的投资回报率越高。

另一种是牺牲现金流所带来的高利润率。这就像是天平的两端，当放大一端时，必然会导致另一端的折损。在同等竞争的前提下，高利润率通常是以赊销为代价的，而赊销带来的是周转率的减慢。这时的高利润率其实是对资金占用的变相补偿。

2. 高周转率

采用高周转率方式的企业，通常不提供赊销服务。即使降低利润率，也要即时收到现金。在现金为王的理念下，资金的及时收回大大降低了企业资金链断裂的风险。虽然利润率可能降低，但拿到的却是实实在在的利润，而不是装在别人口袋里的"纸面富贵"。拿到的现金，可以在采购时采用现金交易的方式，从而获得一定的折扣幅度，也可以通过合理的投资获取一定的投资回报。通过高周转率的方式来提高投资回报率，就是要想方设法将资金高效利用起来。薄利多销，就是这个理念下的产物。

同样以 2 000 元作为进货的本金投入，以不存在赊销的情况来说明，不同资金周转效率下的投资回报率如图 8-8 所示。

在正常的市场定价水平下，不考虑其他费用支出，按照 20% 的销售利润率标准，2 000 元的投入可以赚取 400 元的利润，大约 30 天的时间能够完成一个销售收款的循环。也就是说，30 天的时间，投入 2 000 元的本金，可以收回 2 400 元的资金，其中包括 400 元的利润。

如果采用低利润率、高周转率的方法，情况就会有所不同。20% 的利润率是市场的平均水平，为了扩大销售规模，将销售利润率调整为 15%，这时 2 000 元

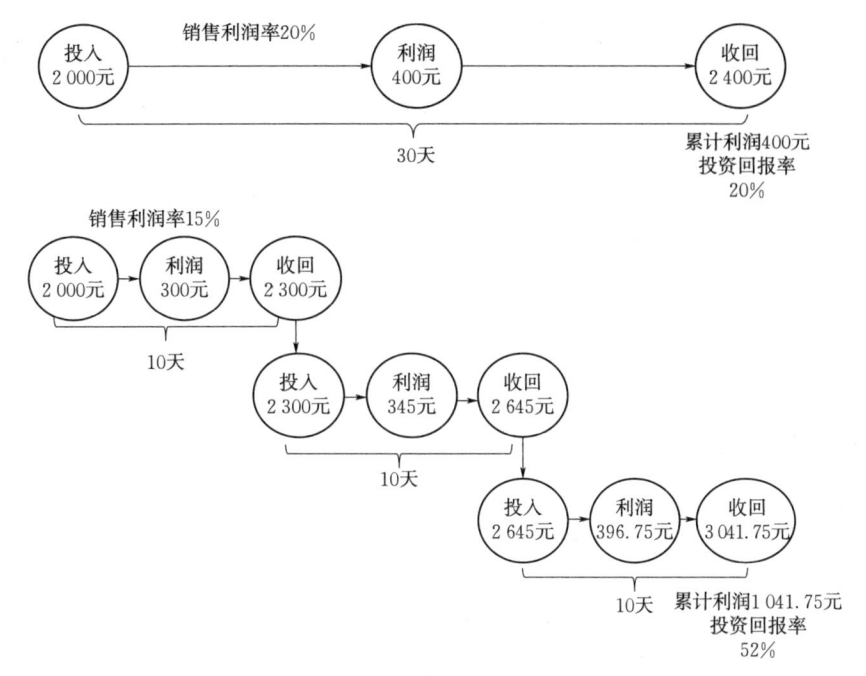

图 8-8 不同资金周转效率下的投资回报率

的投入可以赚取 300 元的利润。虽然利润降低了，但是因为价格低，销售速度明显提高。原本需要一个月才能完成的销售收款循环，在价格的刺激下，十天就可以完成。这就意味着，每十天投入 2 000 元本金，就可以收到 2 300 元的资金，其中包括 300 元的利润。以此类推，在第二个十天循环中，投入 2 300 元本金，可以获得 2 645 元的资金；在第三个十天中，投入 2 645 元，可以收回 3 041.75 元的资金。

对比一下两种销售方式。第一种方式，在一个月的时间里，用 2 000 元的本金赚取了 400 元的利润。第二种方式，在一个月的时间里，第一次赚取 300 元，第二次赚取 345 元，第三次赚取 396.75 元，累计共赚取利润 1 041.75 元。同样的本金投入，第一种方式下的投资回报率为 20%［=（2 400－2 000）÷2 000×100%］，而第二种的投资回报率约为 52%［≈（3 041.75－2 000）÷2 000×100%］。这其中巨大的差别，就是高周转所带来的差异。通过资金的有效投资及整个经营系统的高速周转，虽然牺牲了一部分利润，但最终结果却大大提高了企业的回报率。

3. 提高财务杠杆

说起提高杠杆，首先会想到的是用别人的钱生钱，也就是"借鸡生蛋"。借款是最简单的提高杠杆水平的方法，但是借款也意味着利息支出，如果利息支出超过借款所产生的利润，不仅不会带来增值，还会因为利息负担过重造成收益的减损，甚至企业资金链的断裂。有没有不用支出利息或者少量支出利息就能提高财务杠杆的方法呢？不用支付利息就能够合理合法使用他人的资金，在实际经营中主要有以下两种方式。

一种方式是融资。其中，融资也分为两类，一类是向投资人融资，一类是向公众融资，也就是我们所说的上市。向投资人融资，一般是以稀释股权为代价的。投资人注资后，也会成为企业的股东，享受相应的投资回报。通过公开市场交易的渠道，向公众融资也是同样的道理，每位股民都会成为企业的股东，只不过股民持有的份额较小。

另一种方式是通过经营的手段，以及企业在整个链条中的优势地位获取的。当企业在供应链条上处于优势地位时，就可以利用这种优势所带来的议价权，实现与上下游客户和供应商的资金融通。这种资金融通的方式，能有效地提高财务杠杆，从而提高投资回报率，且不需要支付利息，但是对于企业自身实力有一定的门槛要求。

举例说明

以电商平台为例，大家都有过网购的经历，每次都会经过几个交易环节，如图 8-9 所示。在网上购物时，不是直接向网络后面的商家进行交易，中间还通过了电商平台，电商平台就像是我们在线下购物过程中的商场，是一种销售货物的渠道。

图 8-9 网购的交易环节

那作为中间商场的电商平台是如何进行融资的？从付款、收货，再到商家真正收到钱，会经历几个环节。我们在网购的时候，大多是下单即付款，等到收到货物时再将货款打给商家。资金从客户的账户里打到电商平台的账户，再由电商平台向商家结算货款。

假定这家电商平台拥有大量的客户群体，是消费者网上购物的主要平台。这就相当于这家电商平台占据了黄金地段，拥有巨大的客流量。这时所有的供应商、品牌方都会纷纷涌向这个平台，于是就有了很大的议价权，在与商家合作时，就会成为谈判双方中最有优势的一方。不仅是高额的入驻费用，还有付款方式、货物价格都会有更大的话语权。

这时，电商平台就会跟商家提出结算货款的周期和商品价格限制的要求。因为该平台的价格较其他平台价格更低，又会吸引更多的消费者在平台上购物。出于规模效应的考虑，即使价格低，商家也是可以赚到钱的。

我们再来看网购交易中资金是怎样流动的，如图 8-10 所示。假定每天的销售额是 500 万元，从消费者下单到确认收货需要 15 天，这 15 天的时间，资金都是留存在电商平台中的。

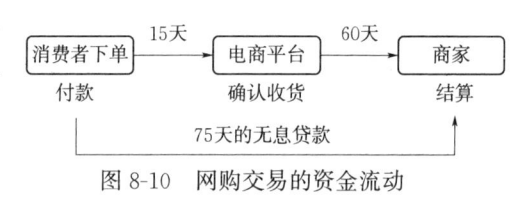

图 8-10 网购交易的资金流动

当消费者确认付款后，该笔交易完成。但是因为电商平台的强势地位，要求跟商家的结算周期为60天。这笔500万元的资金，从消费者确认收货后，再到跟商家结算，又在电商平台的账户上留存了60天。

从资金运动的过程可以看出，从消费者付款到最终结算，这500万元的现金在电商平台的账户中留存了共75天的时间，而这笔资金是没有任何利息的，相当于75天无抵押、无担保的无息贷款，这就是因为商业模式和电商平台的优势地位所带来的资金融通。

以上三种方式都是实现高投资回报率这一预算目标的有效方法。选择哪一种才是最符合企业当前状况、最有效果的方法呢？处在不同发展阶段、不同的行业背景、不同的经营情况下，选择的方法都会有所不同。不是所有的企业都能够像上述的电商平台一样，利用上下游的供应商去融资，也不是所有的企业都有足够的资金，能够承担亏损依然扩大销售。方法的选择不是单一的、排他性的，也不是一成不变的，需要不同方法间的互相配合，才能达到最优的经营结果。企业需要根据自己所处的不同阶段，以及当前的经营环境去实时调整实现路径。

确定预算目标，了解实现预算目标的方式后，接下来还需要建立预算编制的全局观，并根据企业的不同阶段匹配相适应的预算方向。

8.2 搭建全面预算体系

搭建全面预算体系，首先要建立系统化的搭建流程，避免"眉毛胡子一把抓"。从业务入手，最终回到业务本身。在预算编制的过程中，要遵循"自上而下、自下而上、反复沟通、达成共识"的原则。只有按照系统的搭建流程，逐步推进，与各部门有序配合，并与各方达成共识，最后编制出的预算体系才能真正有效落地。

8.2.1 全面预算搭建的整体流程

在搭建全面预算的整体流程时，要建立以终为始的思维方式。从企业的经营的终极目标开始，层层分解到每一层级，并经过不断的推演、测算，最终形成可落地实施的预算方案。整个全面预算的搭建流程，如图8-11所示。

1. 定目标

每年年底，要由企业领导人或高层机构确定第二年的总体预算目标，比如投资回报率要达到10%。具体目标的确定要结合企业发展战略及内部拥有资源，制定符合本企业实际情况的预算目标。

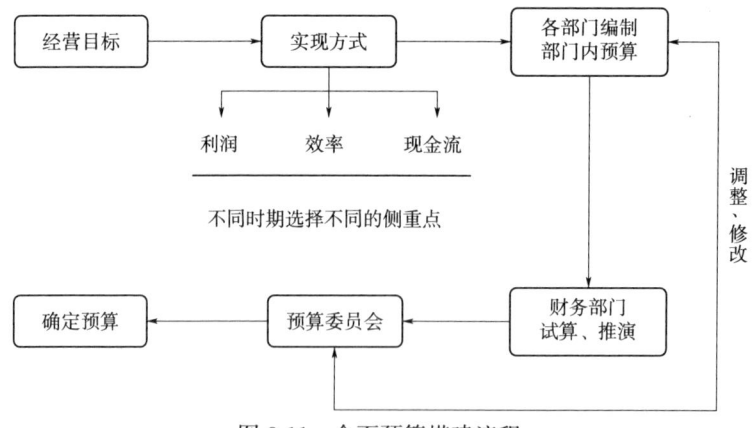

图 8-11 全面预算搭建流程

但是不论领导层确定怎样的目标,都会存在员工的不满。因为每个人都希望自己不被限制,一旦设定条条框框,不论宽紧,都会产生本能性的抵触。这时,领导层在做好各项评估的基础上,就要守住预算目标,不能因为员工的不满而妥协,这样才能确保企业战略的稳步推进。

2. 定方向

确定好第二年的总体预算目标后,就要逐层分解,确定实现总体目标的方向和侧重点。首先,在企业内部,要成立专门的预算委员会。当企业规模较小时,可由各部门抽调骨干人员,或由各部门负责人组成预算委员会。通过对当前行业特点、企业所处阶段、预算期可能遇到的问题的判断,结合企业发展的方向,做出实现目标的方向选择。比如,企业明年的发展重点是扩大收入规模,提高市场占有率,那么预算侧重点就要转到收入预算上,要确保收入规模的达标。如果企业明年的发展重点是稳步推进,维持现有市场份额,提高内部管理水平,这时的预算侧重点就要转入内部的成本控制预算上。

确定了整体方向后,如何实现投资回报率的目标,还需要从盈利能力、周转速度以及财务杠杆的使用上去综合平衡。

3. 编制部门内预算

预算目标和方向选定后,就要下发到各个部门。各部门作为业务和管理的最前线,负责制订部门内的工作计划并进行预算编制。比如销售部门,首先要对本部门明年的工作内容进行规划,比如明年的收入规模要达到的水平,回款率控制的范围等,并结合该规划编制销售预算。

在编制部门内预算时,各部门要充分调动部门内的员工,让大家都参与进来,分析工作中现有的问题、可能遇到的问题、可实现的最大化目标,以及实现目标需要匹配的资源是什么。只有经过大家充分的沟通、讨论,最终编制的预算才能够让大家信服。作为部门管理者,千万不能盲目自信,仅凭自己的经验就进行预算的编制。这一过程讨论得越充分，细节沟通得越详细，预算编制得就越准确，在实施过程中也越容易得到大家的支持。

4. 提交财务部门试算

各部门根据自己的实际情况，编制好部门内的预算后，提交给财务部门。财务部门根据各项业务预算，结合企业的资金状况，编制三大报表的预算，并试算最终的投资回报率。

通常，根据各部门上报的预算数据测算出来的三大报表，都会与企业的目标相差较大。这是因为各个部门都是站在各自业务的角度上，没有考虑整体资源的平衡，甚至在计划每笔费用支出时，都没有考虑过支出的必要性。这些因素都会导致费用超支、整体预算的失衡，这是预算编制中很正常的现象。

5. 提交预算委员会进行整体平衡调整

财务管理部将编制的三大报表提交给预算委员会，由预算委员会结合企业的目标及现有预算数据进行调整。由于预算委员会成员均来自各个部门，预算委员会的讨论主要围绕在各部门上报预算与最终整体预算之间差距上。经过各个部门之间的讨论、协调，确定调整方向和意见。

6. 各部门进行预算修改

预算委员会确定调整方向后，再次下发到各部门进行预算调整。如果第一次预算是完全基于业务实际编制的，那经过各部门沟通后的第二次编制，就会更多考虑企业整体资源的平衡，更关注预算超支的部分，如何平衡资源，把有限的资源配置在合适的地方，以实现资源效率的最大化。

结合预算委员会下发的调整方向，各部门在进行预算修改时，就会更有明确的方向。比如为了达成目标，哪些项目需要多投入资源，哪些部分需要节约支出，投入的资源会获得怎样的回报，节约的支出又可以投入到哪些增值的项目上等修改方向。

7. 提交预算委员会审查

各部门进行预算调整后，由财务部门编制预算的三大报表，并再次提交预算委员会审查。如仍未达到企业整体目标，需再次讨论调整。整个过程，自上而下，再自下而上，会进行数次，直至上下协调达成一致。这个过程讨论得越细致、越充分，在后续执行时越容易落地。

8. 确定预算

通过预算委员会与各部门间的不断协调讨论，最终形成符合企业目标的预算方案。这时预算委员会要将编制的整体预算方案上报最高领导层审批。最高领导层审核批准后的预算，会形成企业层面的预算决议下发到各部门，并作为第二年各部门工作方向和业绩考评的依据。

8.2.2 全面预算下的预算分类

从业务到财务，再回归业务。按照业务活动的不同类别，全面预算下的预算主要分为三类，分别是资本预算、经营预算和财务预算，如图8-12所示。

1. 资本预算

资本预算，是关于企业投资方面的预算，包括新建项目的投资，原有项目的更新、改造等。对于资本预算，主要关注资金投入的时间、投入的方向、投入的金额、资金获取渠道、资金回收周期及投资回报率等。

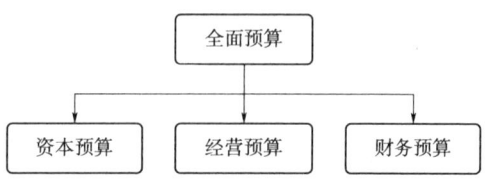

图8-12 按照业务活动类别划分的预算类型

企业为了实现增长、扩大规模，往往会涉及项目投资。而投资项目一般具有金额大、周期长的特点，一旦投资失败，不但无法助力企业的增长，可能还会导致企业经营困难。因此对于投资项目，需要在投资之初就做好项目预算，对项目进行事前评估，以选取有利于增长的投资项目。比如，在进行项目投资时需要考虑的报酬率。假定市场的银行利率为5%，如果经过测算的项目投资报酬率低于5%，该项目就不值得投资。在不影响正常经营的前提下，将有限资金投入到高价值或对未来有增长的项目上，这也是资本预算的意义。

2. 经营预算

经营预算，主要包括生产经营的各个方面，覆盖采购、生产、销售等各环节，包括生产预算、销售预算、采购预算、存货预算、成本费用预算等。经营预算为企业日常经营活动提供了数据指导，有利于对各项收入支出进行合理控制。

经营预算主要侧重于日常经营活动的管控，而财务预算侧重于对财务经营成果的预算。在正常经营的前提下，企业能够达成的财务结果是怎样的，可以通过财务预算反映，这有利于企业整体平衡资源。

3. 财务预算

财务预算，主要是关于企业利润、资产状况及现金流的预算，包括利润表预算、现金预算、资产负债表预算、现金流量表预算等。

如果财务预算反映出来的经营成果不符合企业发展方向，或者未达到企业经营的合理预期，需要重新调整经营预算。经营情况是产生财务预算的原因，而财务预算反映的是经营预算的经营结果。

经营情况相当于一个学生的日常学习情况，而财务预算就是阶段的测试评价。评价需要给予日常学习以指导，而日常状况决定了测试结果，二者相互配合才能编制出符合企业情况的预算报表。

8.2.3 各分项预算间的逻辑关系

全面预算是由资本预算、财务预算、经营预算等一系列预算所构成的预算体系。它以企业的销售业务为入口，通过业务链条贯穿了整个经营过程。

各项预算间的逻辑关系如图 8-13 所示。企业在编制全面预算时，通常以销售预算为起点，通过"以销定产"的思路确定与之匹配的生产预算。有了生产预算，再根据采购价格和存货水平，确定采购预算和存货预算。结合采购价格、生产计划、生产工序和流程，确定生产过程中所耗费的直接材料、直接人工和制造费用，并编制相应的产品成本预算。同时，结合采购、销售及生产的过程，确定发生的费用预算，这一过程构成了整体经营预算的搭建。

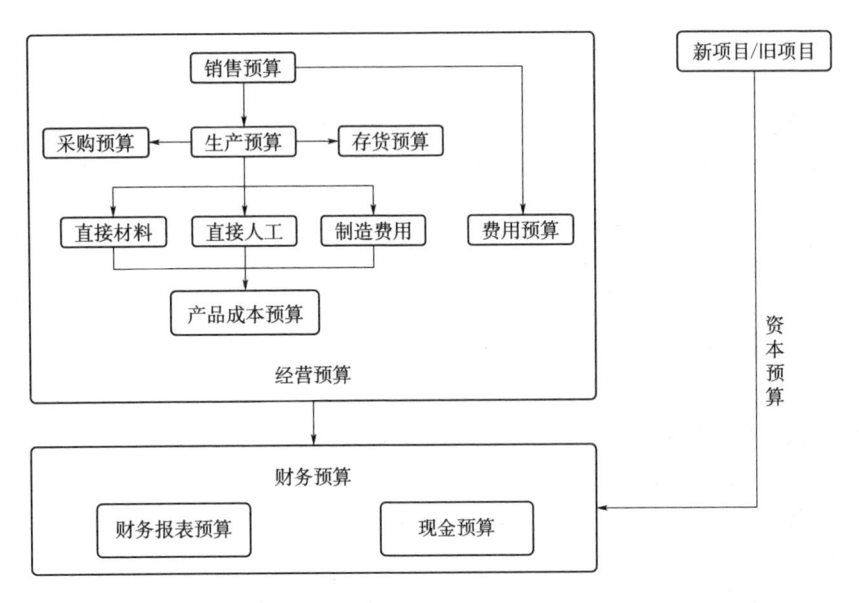

图 8-13 各项预算间的逻辑关系

完成经营预算的编制后，结合新项目或旧项目的资本预算，可以确定经营过程中的资金投入和支出，并编制现金预算、预算资产负债表、预算利润表和预算现金流量表等财务报表预算。

8.2.4 预算编制的主要方法

在预算编制过程中，需要采用不同的方法。常用的方法有增量预算、零基预算、固定预算、弹性预算、定期预算、滚动预算，不同的方法有不同的优缺点。企业需要根据自身的情况及所处的发展阶段，匹配最合适的方法。

1. 增量预算和零基预算

增量预算和零基预算，顾名思义，一个是以上一年的预算为基准进行本年度的预算编制，另一个是从零开始重新进行预算编制。截然不同的编制方法和编制基础，决定了编制难度和适用预算场景的不同。

增量预算，更适合于原有预算比较稳定的情况。它以历史情况为基础，结合预算期的实际情况和可能的影响因素进行预算调整。这中间隐含的假设是，上一年的预算是合理的，该预算项目是企业经营所必须且持续的。有了历史数据作为参考，预算的编制工作就会简单很多，但是准确性会受原有预算的影响。如果历史情况同预算期的情况有较大差异，这时的预算与实际可能会产生较大偏差。比如，成本费用类预算就不适合采用此种方法。如果一直基于原有情况，可能会出现越做预算越高的情况。即使能够节省的费用，因为想要保住下一年的预算费用，可能会出现年底突击花钱的情况。

而零基预算，因为一切从头开始，解决了原有预算不合理、不匹配的情况，更加接近预算期的实际情况。对于降低成本、完成既定目标也有很好的促进作用。但是相对于增量预算的缺点在于工作量较大，编制预算所需要投入的资源较多。

2. 固定预算和弹性预算

固定预算与弹性预算的主要区别点在于是否与业务量相关联。比如，当编制生产线上的人工预算时，编制基础是否与生产量有关。一般而言，流水线上的工人都采用计件方式计算薪酬，生产量越高，人工费用越高。因此，人工费用与生产量存在直接关系，这时采用的就是弹性预算。如果直接人工是以一个固定生产量为基础编制的，也就是说在一个生产量基础上，都是一个固定的人工成本，这时采用的就是固定预算。

在实际的生产经营中，大部分成本费用的发生，都会与生产量、销售量、工时等因素相关，大多能够找到与该项费用发生直接或间接相关的动因。相比之下，固定预算的适应性更差，不能适应企业经营业务的波动及产销量的波动。而弹性预算，按照一定业务范围进行编制，扩大了使用的范围，便于日后的执行、评价和考核。

3. 定期预算和滚动预算

定期预算和滚动预算主要着眼于编制预算的期间。定期预算是以固定不变的会计期间进行编制的。这种方法可以保证预算期间与会计匹配，便于相同期间的比较分析。

滚动预算是将预算期间逐期滚动推移，使预算期间始终保持在一定范围内。这种方法根据上期的预算执行情况，可以及时调整下期预算，使得预算编制更加贴合实际生产经营情况。依据不同的滚动时间周期，可以按照月度、季度滚动，也可以按照月度和季度同时进行滚动。

8.2.5 不同时期的预算编制重点

从初创到衰退，企业经营需要经历不同的阶段。在不同阶段，预算的目标会随着所处行业特点、企业自身状况有所不同。因此，编制预算时的侧重点也要有所不同。

这就如同一个人毕业走向工作岗位，从职场小白到职场精英，再到衰退期退出职业生涯，各个阶段的关注点也是有所不同的。毕业后初涉职场，不论工作经验、社会经验还是工作技能都是非常欠缺的，因此，这一阶段能够赚取的工资十分有限，仅够支付自身日常支出。

经过几年的工作，不管是经验还是技能都有了一定的提升，薪酬也会提高。为了更快提升自己的工作能力，除了日常支出，还要在技能培训上投入更多的资金和时间。这时，最重要的并不是提高收入，而是通过投资学习，让自己不断增值，为日后收入的提高打下基础。因此，这一阶段的重点是做好自身的资本预算。

随着技能的不断提高，慢慢成长为业务的骨干，收入也得到了大幅提高。大部分人也步入了三十而立的阶段，开始有了家庭的负担。这时重点开始转向扩大收入，继续在更高的层次上积累能力。因为支出的范围更加广泛，这一阶段开始注重收入增长。

到了四十岁左右，大部分人到达职业生涯的巅峰。不管是经验、技能，都已达到比较高的水平，相应的收入也会达到高峰。这时家庭也已经趋于稳定，收入、支出、盈余都相对容易预测。开始注重资金的留存，为日后需求进行储备。这一阶段，不仅应注重收入的增长，还将更多的目光转向支出上，争取留存更多的储备资金。

到了退休以后，也就进入了衰退期。这一阶段主要是依靠养老金和前期积蓄，关注的重点开始转入资金的量入为出。

以上是一个人在职场中发展的不同阶段，各个阶段需要关注的侧重点和发展方向也各不相同。回到企业的预算编制上，也要遵循同样的规律。要根据企业发展的不同阶段，匹配不同的预算方向和侧重点。企业发展一般来说都会经历四个阶段，分别是初创期、成长期、成熟期和衰退期，如图 8-14 所示。

1. 初创期

处在初创期的企业，客户很少，产品或服务刚刚推出，还未经受过市场检验。这一时期的企业，规模非常小，但是面临着大量的投资。从筹备期的场地租赁，到各项设备、原材料的采购，再到核心团队的组建及核心员工的招聘，方方面面都需要初始资金的投入。为了扩大市场份额，提供更有竞争力的产品和服务，企业还需要在技术和研发方面投入大量的人力、物力。

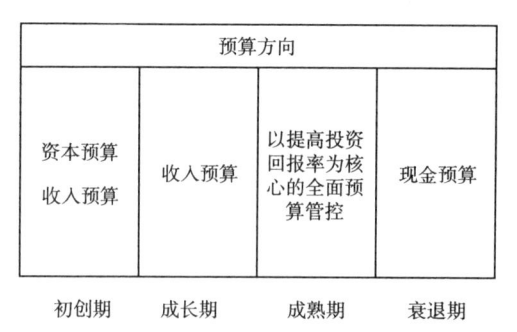

预算方向			
资本预算 收入预算	收入预算	以提高投资回报率为核心的全面预算管控	现金预算
初创期	成长期	成熟期	衰退期

图 8-14 不同时期的预算编制重点

这个阶段的企业，经营风险非常高。一方面要做好资源投入的合理配置，另一方面要做好产品和服务的推广，扩大收入，找到可以被市场和用户接受的产品和细分市场。以便企业后续可以规模化生产和模式复制，形成规模效应。

为了匹配这一阶段的企业发展特点，预算编制应重点关注资本预算和收入预算，根据收入预测所指引的方向，确定资金投入量和投入方向，并匹配现有资金的投放，确保资金利用的最大化。

2. 成长期

挺过了初创期，企业经营开始走向成长期。经过初创期的探索和尝试，企业找到适合自己的细分市场和能够被客户接受的产品或服务。在成长期的经营中，企业需要不断扩大销售规模，提高市场占有率，争取通过规模效应的形成而降低成本。

这一阶段，产品在特定市场中被客户所认可，经营风险较初创期有所降低，但仍处于较高水平。因为商业模式在上一阶段得到了初步验证，潜在的竞争者开始发现并进入该市场，这也导致市场的不确定性在增加，能否以高市场占有率进入成熟阶段，决定着企业初期的投入能否收回，并产生相应的回报。因此，在预算的编制方面，应该更偏重收入预算，将提高收入作为这一阶段的管控重点。

3. 成熟期

当企业如愿以高市场占有率进入成熟期后，这个阶段的市场竞争格局已初步形成。虽市场空间巨大，但已逐渐趋于饱和，客户增量不断减少，市场竞争主要集中于存量市场的竞争，产品和服务的消耗主要来自现有客户的重复消费。市场开始出现价格战，竞争依然非常激烈，继续扩大市场份额的难度非常大。

这一阶段的企业，更多关注维持现有市场份额，并不断提高经营的投资回报率。在预算方面，成熟期的企业，市场份额、经营规模、销售收入、盈利水平都相对稳定，利润和现金流也相对容易预测，此时预算的重点应当转变为以提高投资回报率为目标的全面预算管控。从上一阶段的扩大收入，到此阶段的精细化管理，不断的细化成本控制、向内挖潜、降低成本，以维持企业现有的竞争优势。

4. 衰退期

从初创到繁荣，再到衰败，这是事物发展的必经阶段，也是企业发展的必由之路。处在衰退期的企业，应当尽快找到企业发展的第二曲线，守住并收回最后的现金流。这个阶段的企业，仍应极力控制成本，将现金流维持在正数状态。如仍无法控制衰退规模，且无法维持正的现金流，应尽快采用撤退战略，及时止损。这个阶段的预算管控，应主要关注现金流预算，以保证企业的资金安全。

第 9 章
预算的编制、执行与考核

　　理解了预算的实质,以及预算编制流程和各类预算之间的逻辑关系,本章将会对预算的具体编制、执行与考核进行介绍。预算的编制,侧重于该如何编,具体到每类预算编制时的细节。有了预算,只是刚刚开始,更重要的是预算的有效执行。这也决定着预算能否在企业中真正落地。预算的考核,是对预算结果的反馈,激励员工更好地完成预算目标。

9.1 各预算环节的编制方法

全面预算是贯穿企业经营全环节、全链条的。在编制过程中要遵循一定的顺序和方法。要遵循业务发生的逻辑，不断向下推演，从而实现全环节预算的编制。每类预算在编制过程中，既要考虑经营业务的实际情况，又要为后续的考核和改进留出余地。将管理的思路植入业务发生前的预算，帮助企业实现从事后管控到事前管控的飞跃。

9.1.1 销售预算

销售预算是整个预算编制的起点，也是其他预算编制的基础，这也体现了预算编制是以业务为基础的特点。通常情况下，企业产品分为两种，一种是生产型产品，一种是服务型产品。生产型产品通常是有形的产品，通过各工序的加工生产，由原材料加工成半成品，再到产成品，最终向消费者销售。在以销定产的总体思路下，产品的销售量直接影响着产品的生产量。

服务型产品通常是企业向客户提供的服务，服务过程也需要耗费原材料、人工及其他费用，不同的是，服务型产品不产出有形的产成品。对于服务型产品而言，服务过程即是产品。比如物流运输服务，司机的运输过程就是提供服务产品的过程。当货物到达，客户签收后，运输服务结束，同时物流企业也完成了对客户服务产品的交付。这时，服务的销售量直接决定了各种原材料、人工等成本的耗费。

销售预算如此重要，那么该如何编制销售预算呢？在编制过程中，如何确定预算期的销售规模，需要对哪些数据信息进行重点预算编制呢？下面我们逐一进行讲解。

1. 销售规模的确定

在编制销售预算时，大多数企业会采用增量预算法进行预测，即在上一年已完成的销售收入基础上，按照固定比例加成后确定预算期的销售收入。这种方法简单直接，但是对于销售收入的准确性却大打折扣。

如果企业处在成熟期，且预算期整体经营情况与上年度无较大变化，整体销售情况趋于稳定，这时采用增量预算的方法编制销售预算可靠性尚可。如果企业处于成长期或市场外部环境变化较大时，这样的预算方法就不能给企业提供较为准确的预算支持。相比于增量预算法，编制销售预算更适合使用零基预算法。零基预算法突破了对于原有销售业绩的限制，对于明年的销售可以结合实际情况大胆设想。下面主要介绍三种确定销售预算的方法。

方法一：按照客户、员工、产品三个维度预测。

不管是有形的产品，还是无形的服务，我们都需要关注三个问题，即产品是什么？产品卖给谁？产品由谁来卖？在收入规模的预测上，这三个问题演变成每种产品的销售规模是多少？每个客户能够贡献多少销售额？每个员工的销售业绩是怎样的？

销售方向代表着企业未来的发展方向。比如一家物流企业，确定主要提供大件物流服务还是小件的快递业务，决定了企业未来的发展方向和参与竞争的市场。企业可以根据以往的销售情况及预测期的销售方向，确定每种产品的预期销售量。

对于产品类别，企业通常会有不同的战略关注点。表9-1是基于产品维度下的销售预测。在进行不同产品的销售预测时，要结合企业对于产品的不同定位，从而确定每类产品的预测销售规模。比如产品A作为引流产品，销售价格低，微利甚至是亏损，这类产品的作用在于吸引客户，让客户有机会尝试企业的产品或者体验企业的服务，从而促进对其他产品的消费；产品B作为品牌产品，价格属于市场平均水平，这类产品主要用于树立企业的品牌形象，提供差异化产品和特色服务；产品C作为利润产品，通常价格较高，主要的客户群体是已经对企业产生深度信任的客户，当然企业对客户也会提供物超所值的服务，这类产品就是企业的盈利点所在。

表9-1 产品维度下的销售预测

产品类别	\multicolumn{3}{c	}{20××年销售预测（产品维度）}									

产品类别	1月			2月			3月			……		
	单价	销量	销售额	单价	销量	销售额	单价	销量	销售额	单价	销量	销售额
产品A												
产品B												
产品C												
……												
合　计												

根据不同产品的功能划分，以及企业的发展阶段，可以有针对性地确定每种产品的功能及目标销售规模。除了按照产品类别预测收入，还可以按照不同客户进行收入预测。除了日常的零散用户，企业还会有一些重要的大客户。零散用户通常会按照产品或服务的统一定价进行销售，而大客户，因为销售份额比例或其不同的战略意义，会给予不同的价格折扣和赊销期限，或者根据客户量身定做一套价格体系。因此，可以根据不同客户的销售情况、利润贡献情况及合同安排来预测预算期的收入规模。

表9-2是基于客户维度的销售预测。由于不同客户间的价格有所不同，且服务该客户的成本不同，因此每个客户能够贡献给企业的利润也大不相同。在编制预算期收入时，可以按照历史年度不同客户的利润贡献情况，将客户的利润贡献情况依次排列。在进行下一年销售安排时，将更多的资源放在高利润贡献的客户身上，以确保企业整体收益的最大化。这样确定的销售预算，可以在一定程度上保证销售收入的质量。

表 9-2 基于客户维度的销售预测

客户类别	20××年销售预测（客户维度）											
^	1月			2月			3月			……		
^	单价	销量	销售额	单价	销量	销售额	单价	销量	销售额	单价	销量	销售额
客户A												
客户B												
客户C												
……												
合 计												

除了从产品和客户的维度进行销售预测，还可以从员工的角度入手。企业的销售任务达成是靠企业内员工来完成的。销售预算不仅是企业下一年的计划表，更是每个员工的业绩完成目标。表9-3是基于员工维度的销售预测。从员工收入完成情况出发，也可以对销售预算的编制起到很好的支撑作用。

表 9-3 基于员工维度的销售预测

员工类别	20××年销售预测（员工维度）							
^	1月		2月		3月		……	
^	销售额	销售贡献率	销售额	销售贡献率	销售额	销售贡献率	销售额	销售贡献率
员工A								
员工B								
员工C								
……								
合 计								

根据正态分布曲线，企业的员工也分为三类，一类是业绩非常突出的员工；一类是基本能够完成业绩的员工；还有一类是业绩无法达标的员工。在图9-1所示的员工业绩正态分布曲线中可以看出，处于曲线两端的员工正是业绩非常好和

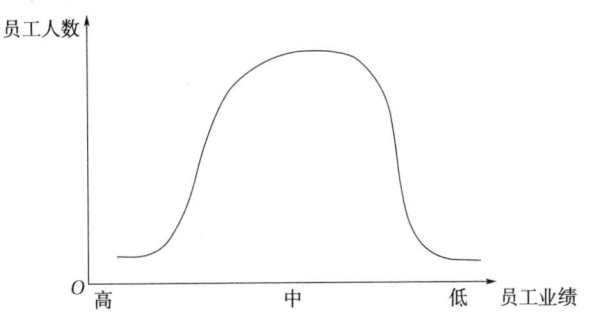

图 9-1 员工业绩的正态分布曲线

业绩非常差的员工,他们在组织的占比大约为20%和10%,而组织中的绝大多数员工是可以正常完成业绩的。

依据这样的规律,企业可以对自己员工的业绩完成情况进行梳理。根据他们的能力和业绩完成情况进行资源匹配。检查业绩目标是否饱和,企业销售预算的增长空间还有多少,以及预算期人员扩张情况,综合考虑后可以评定出预算期的销售预算。

方法二：按发展进程预测。

当企业处于成长期或快速扩张期时,可以根据发展规划和发展进程进行销售收入的预测。一般情况下,扩张期的企业有两种方式,一种是借助外部资金注入来扩张业务规模；一种是稳扎稳打,用自有资金,像滚雪球一样扩大规模。

当采用外部资金注入的方式进行业务扩张时,根据资金的投放规模,每个业务单元的历史业务量及业务增量,可以确定预算期的销售规模。当企业采用自有资金进行业务扩张时,需要根据现有业务单元的利润贡献情况,确定可用于扩张的资金投入,并以此为基础确定扩建个数,从而确定预算期的销售规模。

举例说明

以新零售企业的门店扩张为例。表9-4是某零售企业的门店扩张计划。根据每个门店的利润贡献和资金投入情况,可以确定每月的门店扩建个数。这样通过滚雪球的方式,可以利用自有资金进行扩张,但要保证每个门店的利润率,才能确保扩建资金准时足额的投入,确保计划的完成。

表9-4 某零售企业的门店扩张计划

20××年门店建设计划表												单位:万元
日 期	1月	2月	3月	4月	5月	6月	7月	8月	9月	10月	11月	12月	合计
现有门店个数	0	0	2	6	14	19	27	35	44	50	57	65	71
单个门店上交公司净利润	0.73	0.75	0.77	0.80	0.82	0.85	0.87	0.90	0.92	0.95	0.98	1.01	10.36
门店上交净利润总计	0.00	0.00	1.55	4.79	11.50	16.08	23.53	31.42	40.69	47.62	55.92	65.68	298.79
企业资金留存率	0	0	0	0	0	0	30%	40%	70%	70%	70%	80%	
企业资金投入量	0.00	4.00	6.50	11.50									22.00
可用于门店拓展资金量	0.00	4.00	8.05	16.29	11.50	16.08	16.47	18.85	12.21	14.29	16.78	13.14	210.29

续上表

日期	1月	2月	3月	4月	5月	6月	7月	8月	9月	10月	11月	12月	合计
单个门店拓展所需资金	2	2	2	2	2	2	2	2	2	2	2	2	2
可拓展门店个数	0.00	2.00	4.02	8.14	5.75	8.04	8.24	9.43	6.10	7.14	8.39	6.57	73.83
新增门店个数	0	2	4	8	5	8	8	9	6	7	8	6	71
消耗资金	0	4	8	16	10	16	16	18	12	14	16	12	142
剩余资金	0	0	0.05	0.29	1.50	0.08	0.47	0.85	0.21	0.29	0.78	1.14	68.29
人员配置		6	12	24	15	24	24	27	18	21	24	18	213
累计门店数量	0	0	2	6	14	19	27	35	44	50	57	65	319

表9-5是基于门店扩张计划而制定的销售预算。有了具体的扩张计划,再根据每个门店的平均销售额,就可以测算出企业下一年的销售收入。

表9-5 基于门店扩张计划制定销售预算

20××年销售预测							
1月		2月		3月		……	
门店数量	销售额	门店数量	销售额	门店数量	销售额	门店数量	销售额

方法三:按薪资规模预测。

除了按照扩张规模进行销售预算的编制,对于人员较为稳定的企业,还可利用薪资规模进行收入预测。人力资源不仅是企业最重要的资源,也是企业的重要支出项目,且该项支出具有较强的刚性。不论企业盈利多少、是否盈利,都要保证职工的工资收入,正常的工资支出,这也是企业经营必须要守住的底线。

因此在销售预算编制时,可以按历史期间的整体薪资规模确定明年销售预算的基准值。假定一家企业的整体年薪资规模为500万元,不考虑社会保险及职工福利支出,按照毛利润60%作为工资支出的分配比例进行测算,可推算出企业毛利润,结合历史毛利率及预算期的降本增效计划,确定毛利率水平,进而可以预测出预算期的销售收入。

表9-6是基于薪酬规模对销售收入的预测。这种方法是以人员规模和企业刚性支出的底线作为收入预测的依据，能够确保在完成预算的前提下，不因工资支出导致资金链断裂，但前提是各项预测数据，如毛利率、工资支出比例要能够合理保证。

表9-6 基于薪资规模预测销售收入

20××年销售预测				
项　　目	1月	2月	3月	……
工资支出				
毛利润				
毛利率				
销售收入				

2. 销售预算需关注的主要数据

关于销售规模如何测算，可以根据企业的实际情况，采用上述的不同方法测算收入的整体规模。由于不同产品所需的原材料或其他资源消耗不同，一年之中的淡旺季对于整体收入波动影响较大。所以，对预测的整体销售收入，还需要进一步分解到每种产品每个月的销售收入。因涉及后续的现金需求预算，还应对回款方式所带来的不同回款情况进行预测。

考虑到不同产品的利润率不同，关注收入绝对值时，还要考虑产品结构的合理搭配。如上文提到的，企业中的引流产品大多是价格低、利润低甚至利润为负的产品，其目的是吸引更多的客户，扩大新增客户的数量。由于价格较低，通常更容易吸引客户，从而销售难度也相对较低，如果销售预算仅关注销售额，可能会导致销售额达标，而盈利为负的情况。因此，在编制各类产品的销售预算时，需要根据不同产品的目的和利润情况进行分配。

9.1.2 生产预算

生产预算是为了解决生产量的问题。销售预算确定后，销售量也就随之确定。在以销定产的思路下，生产量的确定也就有了依据。在现代企业管理中，为了资源的最大化利用，企业想方设法按照销售量匹配生产量，避免因为库存积压造成资金占用和存货贬值。但是在实际生产过程中，由于各环节的衔接问题，很难做到产量和销量的无缝衔接。生产量和销售量之间的关系，无时无刻不在考验着经营者的智慧。

下面分别来看在不同的供需情况下，企业可能会面临的状况。当生产量大于销售量时，企业内部供应充足，虽然资金占用较多，但可以满足市场增量的不断扩大。如企业在整个供应链中处于优势地位，可在与上游供应商谈判中延长付款期限，以缓解资金压力。在下游客户方面，一旦市场遇冷，企业也将面对存货积压、贬值的风险。当生产量小于销售量时，企业内部供应不充足，资金占用虽较少、存货压力较小，一旦遇到市场机会，需要大规模销售时，企业一时难以应对，甚至错失发展机遇。

综合来看，确定供需规模取决于企业所处发展阶段和行业发展进程。如企业处于成熟期，占据大量市场份额，且在供应链中处于强势地位，可在生产量上超过销售量。如企业处于初创期或成长期，市场前景尚不明朗，且经营风险较大，这时采用保守的生产策略可能是更好的选择。

表9-7为生产预算表，确定了生产策略后，可以确定预期的期末存货量，再根据销售预算中的预期销量和期初存货量，按照生产量等于预期销量加上预计期末存量，减去预计期初存量的逻辑，就可以得出预算的生产量。

表9-7 生产预算

项 目	1月	2月	3月	……	合 计
预期销量					
预期期末存量					
预期期初存量					
生产量					

9.1.3 采购预算

有了生产量，接下来就可以确定料工费的投入量及采购量。采购预算主要关乎完成生产任务所需采购的原材料或服务。在编制采购预算时，需要重点关注三个方面，一是采购量的确定，二是采购金额的确定，三是付款方式的确定。

采购量的确定是以生产量为依据的，关键是确定期末原材料的留存量。留存量的多少与市场供需情况以及企业所处供应链的溢价能力相关，还需要考虑原材料的安全储备量，以不影响生产为最低限要求。

表9-8以直接材料的采购预算来说明。由生产预算可以得到预计的生产量，结合不同产品每种材料的定额投入量，可以计算出产品的预计直接材料投入量。再根据预计的期末材料存量和期初材料存量，就可以得到该种材料的预计采购量。

表 9-8 直接材料预算

20××年直接材料预算					
项　目	1月	2月	3月	……	合　计
预计生产量					
单位产品材料投入量					
预计直接材料投入量					
加：预计期末材料存量					
减：预计期初材料存量					
预计材料采购量					
采购单价					
采购金额					
现金支出					

采购金额的确定，除了受市场价格波动影响，还与企业采购量有关，采购量越大，占供应商销售份额越高，企业的议价权越大，采购价格越低。但是采购部门不能为了低价，而盲目扩大采购规模，这也会造成资金占用和原材料积压的风险。应当在资金占用的机会成本和采购价格降低之间找到平衡点。当资金占用的资本成本等于采购价格降低所带来的资金结余时，此时的采购量为平衡点。

付款方式决定着企业资金何时流出，关系着现金预算的编制。付款方式受采购量和企业的议价能力影响。当企业采购量越大或者垄断地位越强时，可以采用赊销的方式进行采购，相当于获得了一笔来自供应商的无息贷款。因此，付款周期越长，企业资金周转越快，相应的投资回报率也就越高。

9.1.4 人工成本预算

一般而言，原材料的需要量是随生产量变化而变化的，但是人工成本就会有所不同。对于按件计薪的流水线工人，他们的工资是随产量而变动的，很多工人不仅是按件计薪，有基本的底薪作为收入保障，还有的工人是固定工资，这时人工成本并不总是与产量保持正比关系。

因此在编制人工成本预算时，有必要对成本的不同形态做一个区分。不同形态的成本，其管理方式也会有所不同。可以将成本按照形态分为三种，即变动成本、固定成本、混合成本，如图 9-2 所

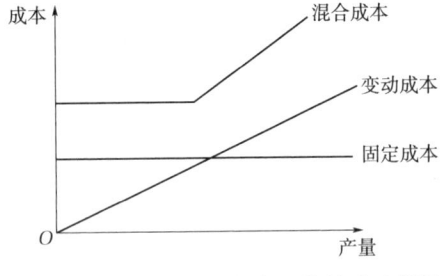

图 9-2 不同成本形态与产量的关系示意图

示。它们之间最主要的区别在于,是否随产量的变化而变化。

变动成本是与产量直接相关的,产量越高,相应的变动成本也越高。固定成本与产量没有直接关系,不管产量多少,固定成本的投入在一定范围内都是一样的。因此对于固定成本而言,在能够承受的投入范围内,产量越高,单位固定成本越低。混合成本介于两者之间,既有随产量变动的部分,又有不随产量变动的部分。

比如,我们都有办理手机通话业务的经历。手机的套餐费通常会有三种,一种是无月租,打多少电话花多少钱,这是典型的变动成本型;一种是包月,只要交了固定的月租费,不论打多少电话,都不再额外缴费,这是固定成本型;还有一种是有一定的月租,但是月租内只包括一定的通话时长,超过后需要按照单价额外收费,这是混合成本型。

回到人工成本预算的编制上,除了直接参与生产的直接人工成本和间接人工成本,其他的职能部门、管理部门的人员,其工资不与产量直接相关。如果绩效不与企业业绩挂钩,工资就是一项固定成本。如果工资中有一部分与企业业绩挂钩,工资就是混合成本。这时,人工成本的预算,就不能简单地按照收入增长规则来预测,而要根据实际情况重新编制,采用零基预算法是比较合理的。

比如某企业上年销售额为 5 000 万元,支付的管理人员工资总额为 100 万元。如果下一年销售额预计为 6 000 万元,支付的管理人员工资总额能够同比上浮 20% 吗?按照上年的基础编制下一年的预算,显然是不合理。虽然销售额增加了 20%,但管理人员不管是人数还是工作量可能并没有上浮 20%。管理人员工资数额的变动与销售额并没有直接关系,更主要的决定因素在于人员的增减,以及员工整体薪酬的调整计划。

对于与产量直接相关的变动成本,根据产量的变动进行预算编制。比如按件计费的直接人工费用、按工时核算的人工工资等。表 9-9 和表 9-10 分别是按件计算的人工预算和按工时计算的人工预算。这些人工工资与产量直接相关,一般属于生产成本中的直接人工。

表 9-9 按件计算的人工预算

20××年人工预算(按件)					
项目	1月	2月	3月	……	合计
预计生产量					
每件工资					
人工总成本					

表 9-10 按工时计算的人工预算

20××年人工预算（按工时）					
项　目	1月	2月	3月	……	合　计
预计生产量					
单位标准工时					
总工时					
单位人工成本					
总人工成本					

9.1.5 制造费用预算

制造费用主要分为变动制造费用和固定制造费用，这两部分需要分别进行预算编制。表 9-11 是制造费用的预算编制。变动制造费用主要是与产量直接相关的间接人工、间接材料及其他变动费用，如电费、修理费等。而固定制造费用主要是与产量无直接关系的费用，如产地的租赁费、折旧费、管理人员工资等。

表 9-11 制造费用预算

20××年制造费用预算					
项　目	1月	2月	3月	……	合　计
变动制造费用： 　间接人工 　间接材料 　其他变动费用					
固定制造费用： 　租赁费 　折旧费 　职工工资					
合计 减：折旧费 　……					
现金支出费用					

在编制制造费用预算时，首先要对各项费用进行归集，并将其区分为变动成本和固定成本。对于变动成本，通常采用弹性预算法，找到成本变化最直接、最合理的动因，即该项成本是根据工时来消耗的，还是根据产量来消耗。只有成本动因选择准确，预算数据才能够尽可能准确。对于固定成本，一般采用零基预算法，对所有可能发生的成本要重新思考投入的必要性，而不是固守原有成本的发生。

同时，为了方便编制现金预算，也要关注现金的流动。虽然大部分制造费用会导致现金流出，但是也有例外情况。比如折旧费用，虽然属于制造费用，但是并没有产生现金流出，因此在编制制造费用预算时要对这类费用进行调整。

9.1.6 产品成本预算

产品成本预算主要是生产产品或提供服务所需直接人工、直接材料、制造费用的汇总。在汇总产品成本时，与产量直接相关的变动成本可以直接归集。而与产量不直接相关的固定成本，需要按照一定的分配方式，分配到单位成本或服务中，这就需要找到统一的成本动因。确定了产品的单位成本，在日后执行预算时，就可以以单位成本作为依据，发现问题并及时进行改进。

9.1.7 期间费用类预算

表 9-12 是企业的期间费用类预算。期间费用主要包括销售费用、管理费用、财务费用。这三类费用通常与销售量不是直接的线性关系，而加强管理的目的也是要尽可能地降低这部分费用。因此，对于期间费用的预算，要采用零基预算。任何管理的创新、工艺的创新，都有可能大幅降低这部分的费用。如果采用增量预算法，可能促使员工为了保证预算金额，而出现突击花钱的情况。

表 9-12 期间费用类预算

项　　目	1月	2月	3月	……	合　计
20××年期间费用预算					
销售费用： 固定销售费用： 　工资 　房租 　…… 变动销售费用： 　佣金 　……					

续上表

20××年期间费用预算					
管理费用： 固定管理费用： 　工资 　房租 　…… 变动管理费用： 　工资 　……					
合计 减：折旧费 　……					
现金支出费用					

在编制过程中，要重新审视每项费用花费的必要性，以及获得的成果是否能够给企业带来效益的提高。在粗放管理方式已经越来越不适应企业发展的阶段，精细化管理需要不断向内发掘潜力，降低内部管理成本损耗，才能给企业带来新的发展机会。

在期间费用预算的编制上，也需要区分固定费用和变动费用，并同时关注现金流动情况。对于发生费用，但是没有产生现金流动的项目，如折旧费等，要及时调整，确保预算的准确性。

9.1.8　资金预算

资金预算、资产负债表预算和利润表预算，这三者都是反映企业综合财务状况的财务预算。在企业经营中，最大的问题就是资金的问题。不论是否盈利，现金流一旦断裂，将给企业带来致命的打击。资金预算就是要在经营之初，对资金的运用做好规划，一旦资金不足，要及时筹措，确保资金流稳定。

表9-13是企业的资金预算。从资金流入开始，减去各类资金流出，再根据盈余情况进行资金的筹集和归还。对于资金预算而言，主要关注三个方面：一是资金的流入和流出情况。资金流入反映了企业可用资金的情况，而资金流出是分散在企业经营的各种成本、费用支出中，各分项预算的编制中都会带来相应的资金流出。二是资金流入、流出后的资金状况，是盈余还是短缺，是资金充足还是入不敷出。三是资金的筹集和运用。

表 9-13 资金预算

项　目	20××年资金预算				
	1月	2月	3月	……	合　计
期初余额 现金流入： 　销售收入 　投资收益 　……					
现金支出： 　直接材料 　直接人工 　制造费用 　期间费用 　所得税费用 　固定资产采购 　…… 　合计					
现金盈余或短缺 　筹资 　借款 　支付利息 　……					
期末现金余额					

如果资金状况良好，现金流充足，企业可以将资金投入到有增长的项目上，或者进行其他投资。如果资金状况紧张，现金流不足，甚至出现赤字，就要及时安排资金筹集。比如是向银行借款还是内部融资，是发行企业债券还是非公开发行股票。这些都需综合考虑，并充分比较各种融资渠道的资本融资成本和融资风险，帮助企业度过资金流难关。

在资金预算的整体编制过程中，通过预算，企业能够更清楚地看到资金的变化情况，如果出现资金短缺，不仅要考虑资金筹集和融资，还要考虑企业的销售政策。比如收紧赊销政策，缩短收款期限，控制各项费用的支出，严格审查费用支出的必要性等措施。

9.1.9　财务报表预算

有了以上所有的收入和支出情况，资产负债表和利润表的预算编制也就是水到渠成的。与正常的财务报表编制不同的是，数据不是真实的经营数据，而是预算期的预测数据。通过预算利润表和预算资产负债表的编制，可以及时了解企业的预期盈利水平及资产状况。如盈利水平未达到目标利润预期，就需要调整各部门、各分项预算，以保证目标利润的达成。

对于预算资产负债表，要结合不同的财务比率进行分析，如果反映出的资产状况没有达到企业预期的稳定性和流动性，就要及时查找问题并调整有关预算，确保预算期的财务状况在可控范围内。

整体的预算编制不是一次完成的，而是需要各部门不断地沟通、讨论。对于在预算编制中发现的问题，要及时调整，并协调出统一的方案，以确保最终的预算结果符合企业经营的预期。

9.2 预算的执行与调整

预算编制完成，仅仅是整个预算体系中的前端部分。在预算的执行过程中，还会遇到各种各样的问题。比如实际执行时，由于各种内外部的原因，与预算发生差异，这时是否能够调整，又该如何调整？这些都是在实际执行时可能会遇到的问题或困难，也是整个预算体系中更为重要的部分。在过程中指导经营，用经营成果反观差距，这也是预算的意义所在。

9.2.1 执行与调整流程

预算进入执行阶段，需要对执行环节进行过程管理。只有过程管控到位，才能确保经营结果的达成。在预算的执行过程中，需要对过程进行管理，重点需要关注预算完成的进度、预算的差异与实际完成值，以及对预算的调整，如图 9-3 所示。

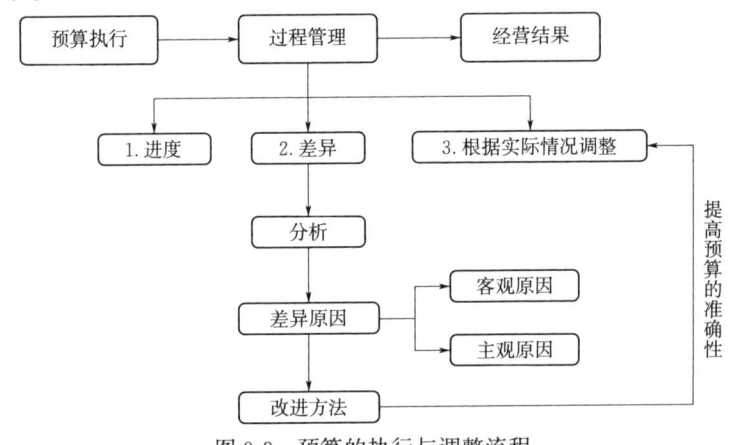

图 9-3 预算的执行与调整流程

1. 预算完成的进度

预算完成进度是硬指标。不管出现何种情况，都要先保证按照预算进度实现目标。经营结果的实现要依靠各个经营节点的目标实现而达成，比如全年计划完成销售额 5 000 万元，1 月份计划完成 300 万元，2 月份计划完成 400 万元。这个目标就是要刚性完成的，不仅要完成，还要按时间节点完成。

如果进度落后，要采取有效措施及时赶上。员工的内心也需要及时的激励，如果计划落后太多，最终会因为实现无望而放弃目标。因此一定要紧跟目标实现的进度，出现问题及时查找原因，无论如何都要保证关键节点的准时完成。不仅是收入的目标，还包括各项成本费用支出及现金流的控制，都需要按照既定的预算"地图"前进。

2. 实际完成值与预算值的差异分析

预算毕竟是对未来经营情况的预期，即使再努力保障准确性，也会与实际经营产生一定的差异。对于稳定经营的企业而言，差异可能比较小，而对于刚开始导入预算的企业，差异可能会比较大。虽然对预算目标的完成要求是刚性的，但也允许出现正常的差异。就像在公路上开车一样，计划用 60 km/h 匀速前进，但是在实际行进过程中，也需要考虑实际的路况和驾驶状况。出现差异后，要对差异进行细致分析，重点关注差异偏差幅度、是正向偏差还是负向偏差，以及差异形成的主客观原因。

如果差异幅度较小，且整体可控，一般不需要进行预算调整，只需要盯紧目标进度，稳步推进即可。如果差异幅度较大，需要分析差异原因，并与参与部门进行沟通、讨论差异是什么原因导致的。

对于正向差异，需要考虑是预算设定目标较低，还是外部市场经济回暖。如果目标较低，可能对员工激励效果不足。如果是市场原因，需要考虑这种原因是暂时的，还是长期的。

对于负向差异，企业需要更加警惕，它可能意味着无法完成既定目标。需要综合考虑造成这种差异的原因，是客观的不可抗力，还是主观上经营管理的原因。比如 2020—2022 年遭遇的客观环境，就是典型的不可抗力导致的客观原因。若因为此类原因导致预算偏差，需要考虑根据实际经营环境，调整预算和企业经营目标。如果是因为企业内部管理不到位，或者员工努力不足导致的，就要针对出现的问题，出具可行的解决方案。

3. 结合实际情况调整预算

通过对预算差异的分析，在符合一定条件的情况下，就需要对预算进行相应调整，以确保预算的有效性。虽然预算制定后，要保证其严肃性，不得随意更改。但是没有一成不变预算，如果由于内外部环境变化，需要调整而未及时调整，也会导致预算因为过松或过紧，而失去其指导经营的意义。在面对外部环境发生重大变化的情况下更应如此，快速调整，及时应对，这对于保证预算意义更大。

9.2.2 预算调整的条件

不是所有的差异都可以调整,预算调整需要符合一定的条件。

举例说明

举个生活中的例子,张三给自己制定的年度目标是参加由旅行团组织的为期一个月的欧洲深度游。本来计划3月份出游,结果因为当地旅游人数爆满,酒店机票价格高企、一票难求而无法成行。旅行团建议,等景区的人数回落,出游价格回归正常后再参团。

于是等到5月份,旅行团已经安排好了酒店机票和所有行程。就在收拾行囊,准备出发这段时间,张三因为意外摔折了小腿,于是行程再次延迟。伤筋动骨一百天,等到养好伤,已经是金秋时节。张三想,这个季节也很好,不同的季节有不同的风景,年度计划还是要年内完成的。于是,他再次联系旅行社,帮他安排出境游的行程。

就在等待的这段时间里,张三的生活发生了一件很美好的事情,他因为工作的机缘巧合遇到了自己喜欢的女孩,他认定这个女孩就是他一直寻找的人,于是他再次通知旅行社,暂缓了出行计划,因为他想要带着自己心爱的女孩一起去向往的地方旅行。

功夫不负有心人,张三实现了自己的心愿,跟自己喜欢的女孩确认了关系,这时已经到了隆冬时节。他想,在年末带着自己喜欢的人,一起实现年初的计划,也是一件很美好的事情。就当他再次盘算出行计划时,受到了客观环境影响,出境游全部暂停,张三也不得不调整了自己本年的目标。

通过这个例子可以看出,张三的目标在一年之中发生了多次调整。第一次调整,是因为外部市场原因而被迫调整;第二次调整,是因为自身的客观原因而不得不调整;第三次调整,是因为出行的目标发生了变化;第四次调整,是因为受到了外部不可抗力因素的影响必须调整。其中,每一次调整原因都是必要且充分的。企业在经营过程中也会发生各种各样的情况,但是调整预算也需要满足一定的条件,如图9-4所示。

1. 外部市场发生重大变化

外部市场的变化,通常会直接影响客户的需求或供应商的采购。而客户需求的变化,往往会直接影响产品的销售。企业预算的编制是以销售业务为起点的,当起点发生变化时,后续的经营、采购等一系列活动都会随之变化。这就如同张三第一次计划出行时遇到的情况,是市场需求发生重大变化,导致他的计划落空。

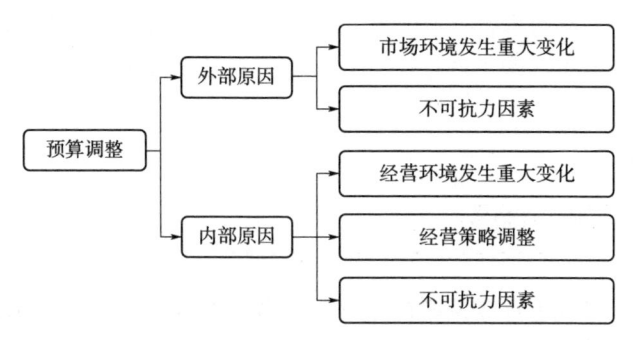

图 9-4 调整预算需满足的条件

比如某食品企业，预算计划本年实现销售额 2 个亿。但是突然媒体爆料，其用于生产产品的原材料，可能含有对人体有害的物质。这一负面消息的传播，直接导致客户需求的转向，该企业营业额骤降。这时就需要根据情况进行判断，如果属于媒体虚假消息，或者恶意传播，就需要采取有效方式进行危机公关。可如果确实存在有害物质，就需要及时调整预算。

2. 企业内部经营环境发生重大变化

除了外部环境发生变化，企业内部经营状况也会随着时间而有所变动。比如生产设备因为各种原因导致的停机，企业内员工因为薪资不满而罢工停产，这些都直接影响着企业经营生产的正常运行。再比如，因为操作方法和制作工艺的问题，导致的劣质品增多，合格品供应不足。

内部原因导致的变化，需要考虑产生的原因，以及对经营带来的结果。如果结果可控，通过及时调整，不需要调整预算。如果确实属于不可控的重大变化，且对结果影响严重，就需要及时调整。这就好比张三因为骨折而无法成行，是因为自身原因所导致的。但是这个原因是无法克服的，势必会对结果产生影响，这时调整出行日期就是最佳的选择。

3. 企业内部经营策略的调整

不管企业制定怎样的预算目标，都基于一定的经营策略。因此企业的经营策略，直接影响着目标的设定。比如企业的资金策略比较激进，在销售方面大量采用赊销政策，这时销售收入的预算目标就会设定在比较高的水平。当客户群体发生变化，赊销风险大幅上升时，企业又会调整自己的经营策略，将目光聚焦在现金流上，而收紧赊销条件，这时同等的销售收入目标就很难完成。就像张三在选择留下追求自己喜欢的姑娘，还是选择出境游时所做出的决定，这也是他在当时作出的人生策略。当策略发生变化时，结果自然需要进行相应的调整。

4. 其他不可抗力因素

不管是自然灾害、经济环境、还是国家政策，都可能在一瞬间改变我们的生活。比如教育部推出的"双减"政策，让教育行业发生了天翻地覆的变化。再比如客观环境，让所有行业都面临着前所未有的不确定性。预算目标也需要根据实际情况及时调整，尽快跟上环境的变化，才能在危机之中找到转机，尽快找到扭转不利局面的方法。

9.2.3 预算调整的程序

当企业经营出现上述需调整的情况时，调整需求由谁提出？由谁审核？由谁决定是否调整？这些并不是企业管理层拍脑袋就能够决定的。即使符合调整条件，也需要符合调整的流程。

比如每年寒暑假时，很多父母都会给孩子制订各式各样的假期计划。本着孩子能够"德智体美劳"全面发展的理念，设定科学、周密又合理的计划。每天早晨父母给孩子布置好当日需要完成的各项任务，晚上则会对一天的完成情况进行检查。但是执行了一段时间，孩子开始完不成每天的计划。这时就会向父母提出，计划安排得太多了，每天没有玩耍的时间，想把任务减少一些。面对孩子的要求，父母通常不会立即答应，而是会跟孩子沟通，分析哪里觉得吃力，时间安排是否合理，是否有突发情况导致计划滞后。经过跟孩子沟通确认，父母了解实际情况后，开始考虑孩子提出的调整计划是否合理，对于整体假期计划的影响，以及最终目标的实现程度。经过综合考虑，父母就会跟孩子一起对计划进行修改完善，以更好地适应孩子的实际情况，调整后的计划就会成为孩子今后执行的新计划。

回到企业预算调整的过程中，虽然上述例子中只有父母和孩子，不同于企业中交叉纵横的各个部门和各个岗位人员。但是所经过的各项程序却是相同的。图9-5是企业在进行预算调整时的流程。

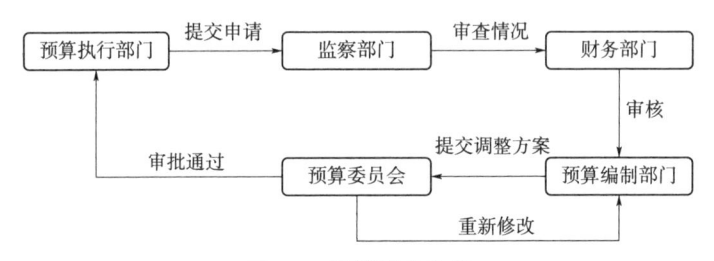

图9-5 预算调整流程

当企业经营发生变化，需要进行预算调整时，首先由预算执行部门提出预算调整申请。预算调整申请，要本着"谁执行谁申请"的原则。作为执行预算的一线部门，对于预算的变化需求反映是最直接的，因此需要由有调整需求的部门提出。需求提出以后，并不能由企业管理层直接拍板通过，而是要经过监察部门的调查，验证实际情况是怎样的，是否有调整的必要性，分析是人为原因导致预算计划无法完成，还是客观环境变化所导致的。监察部门调查后，就要由财务部门对调整方案进行审核，调整后的方案对于企业经营的影响是什么？是否还能如期完成经营目标，或者完成的偏差率有多大，调整后的利润情况、资产状况及现金流状况又是怎样的。

经过监察审计部门的调查和财务部门审核后的调整计划，上报给预算编制部门。预算编制部门结合上述两部门的调查和审核意见，提出本部门的预算调整方案，并上报预算委员会审核。经预算委员会分析讨论后，审核批准的预算调整方案，就可以下发到各预算执行部门执行。如未经过审核批准，需要预算调整部门重新进行修改，并再次提交审核。

9.2.4 预算调整的注意事项

预算调整既需要符合一定的条件，又需按照规定的调整程序完成调整过程。在预算调整的过程中，还要注意一些其他事项。如果说预算调整条件和预算调整程序，都是预算调整中较为刚性的要求，那么以下这些问题，则是需要参与和执行预算的全体人员关注的，是预算得以有效执行和企业目标得以完成的保证。

1. 对于预算调整要从严控制

随着经营环境的变化，可以对预算进行调整。对于不符合实际的预算进行调整，也是在给企业导向正确的经营方向。但尽管如此，对于预算的调整，一定要从严控制。对于变化的原因要从严审查。如确实因为客观原因和不可抗力导致的，可以按照流程进行调整。要确保预算调整的必要性，警惕以调整为借口，而使预算流于形式。

2. 将预算准确性纳入考评制度

预算对于管理的意义在于将经营活动通过预算的方式前置化。在经营活动开始之前，就对各项资源的投出、产出及可能遇到的问题做出预测，以更好地进行资源配置和应急预案。为了能够达到这一目标，预算的准确性就显得尤为重要。如果预算在执行过程中，一直处于调整状态，也就意味着预算的预测功能是失效的。

基于此，要将预算的准确性纳入考评制度，将预算的编制作为一件非常严肃的事情对待。不可随意编制，造成实际经营和预算"两张皮"的情况。与实际经营脱节的预算，不仅浪费企业资源，无法为企业提供经营预期，甚至还可能因为误判，导致企业经营的失败。这就如同在战场上，拿着假情报来应对真战场，失败的概率会大大提高。

3. 预算目标实现与预算准确性适当分离

不管预算编制的再准确，预算目标能否完成都需要各部门、各环节的努力和配合。将预算目标的实现与预算准确性的责任相分离，可以有效防止为了匹配目标实现，而制定相应预算的弊端。

预算的编制部门，要保证在现有市场环境、合理资源配置前提下的预算精确性。编制的过程，不仅需要考虑企业目前所处的发展阶段和所具备的能力，更要结合客观情况，给企业成长和发展留出足够的空间。在合理的预算确定后能否实现，就需要各个部门的执行与配合，不能为了业务完成而使预算目标迁就完成情况。

4. 确保预算的严肃性和刚性需求

在经营中会遇到各种问题和突发状况，但是不能稍有变化就调整预算。在确保预算准确性的前提下，还要保证预算的严肃性和刚性需求。任何人或组织的进步，都是需要走出舒适区后进入学习区，再将学习区变成新的舒适区。

在这个走出舒适区的过程，就会出现各种各样的状况。如果出现问题，想调整目标，降低预期，就会回到原有的舒适区。问题虽然解决了，但是能力没有增长，企业的经营也会处于停滞状态。因此出现问题时，首先需要考虑如何调整工作方式、改进工作方法，想尽一切方法去完成预期目标，尽最大的努力不调整预算。

9.3 预算的分析与考核

不管多么严谨的预算编制，都不可避免与实际经营产生一定的偏差。预算是在业务发生前，对于未来经营状况的预期，如果各项经营活动、成本费用的发生都能按照预算预期的情况稳步推进，获得企业所需的投资回报也就是水到渠成的事情。因此为了能够实现企业的经营目标，就需要保证各项活动能够按照预期，保质保量地完成。出现偏差并不可怕，最重要的是对偏差的分析及如何改进。

企业经营是靠人来完成，每一个具体目标的实现，也需要人来达成。因此企业需要将大目标分解为一个个可衡量的小目标，并分配到各组织和各个员工身上。让每一个目标的实现都能找到抓手。一旦完成，就要兑现相应的奖励，未完成，也要有相应的考核措施。这样不仅能够让员工目标清晰，也能更好地激励他们完成自己的工作，为企业做出自己的贡献。

9.3.1 建立以预算为导向的指标体系

虽然企业有法律意义上的股东，但是企业不是一个人的经营结果，需要一群人为了一个目标而共同努力。目标不够细化，员工就没有努力的方向。比如，大多数财务人都会以考取注册会计师证书为终极目标，这个目标虽然比较具体，但是却不容易实现。从对它建立认识到最终拿到证书，中间需要完成很多的环节。

首先需要了解考哪些内容，什么时间考试，证书的有效期是多久，对于能力的要求有哪些等方面。其次需要做出备考计划，每年计划考几个科目，具体是哪几科。确定参考科目后，还要做更细化的目标。如果不能够知道每天需要学什么，学到什么程度，并持续为之努力的话，很难实现取得证书的目标。

就如同企业一样，仅有总体预算方向远远不够，还要把总目标分解到每个人每天的工作之中。只有过程管控好，结果才能够有保证。在确定每个人的指标时，很多企业都是企业高层直接决定的，但是这样的目标，能够达成什么样的业绩，其实他们自己心里也没底。

因此，要建立以预算目标为导向的指标体系，让企业的千斤万担有人扛，每个员工身上都有自己需要负责的指标，如图9-6所示。在建立指标体系时候，需要确保每个部门、员工责权对等，按照职责的可控范围确定责任主体，再为相应的责任主体匹配可控的指标。

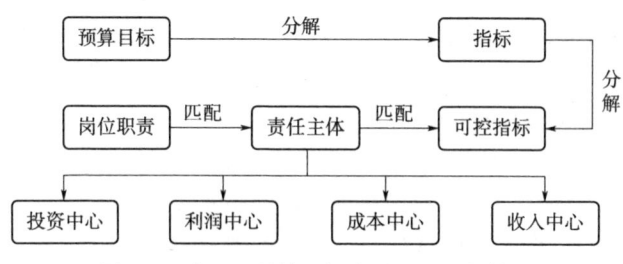

图 9-6 建立以预算目标为导向的指标体系

1. 责权利对等

在建立指标体系时应确保每项指标的责任与其相关人员的职责范围相匹配，避免将不相关或不可控的指标分配给员工负责。

比如应收账款回款率这一指标，很多企业都将它划分在财务部门。自上而下都认为，应收账款收不回来就是财务部门的事情，甚至连财务部门自己都是这样认为的。虽然财务部门对应收账款有管理责任，但是账款的催收责任主要在于业务人员。如果这一指标不由业务人员负责，就有可能出现这样一种情况，奖励的时候业务人员享受，而惩罚的时候财务人员承担。很显然，这样的逻辑是很不合理的。但是企业中有大量的指标，因为责权利的不对等，而出现这样的问题。

2. 根据职责划分责任主体

企业中，不同的部门或组织所负责的工作范围和工作职责不同。比如流水线上的工人，只负责在流水线上准确投放物料，在降低成本的基础上保证生产产品的正常供给。对于他们而言，无法控制本年的销售收入有多少，本年的利润有多少。再比如销售部门的员工，他们只负责按照企业的要求，最大化地销售产品，实现既定的销售规模，但是却无法控制每件产品的成本。这是由于各个部门或组织不同的工作职责所确定的。

因此，根据不同的职责权限和可控范围，将企业中的各个部门或组织划分为不同的责任中心，每个人对自己所能控制范围内的事项负责。一般而言，在企业中分为投资中心、利润中心、成本中心、收入中心。

3. 为责任主体匹配可控的指标

不同的责任中心，能够控制的范围不同。本着责权对等的原则，就要匹配相适应的指标。对于收入中心而言，最重要的是实现销售目标，保证收入的增长，因此收入中心的指标通常围绕销售收入展开，比如销售增长率、销售回款率、销售利润率等。

对于成本中心而言，主要控制成本的支出，它的主要工作就是要尽可能降低成本。如何衡量这种成本降低的成果呢？可以用销售成本率或成本利润率指标来考核成本中心，即每一元的收入消耗多少成本，或每一元的利润有多少成本来支撑。这两个比率型的指标可以反映出成本与收入，或成本与利润之间的关系。当销售成本率或成本利润率越低时，盈利的效率越高，也就证明了成本中心的工作成果。此外，对于成本中心，还可以设定产品单位成本的指标。只有不断降低单位成本，才能不断提高产品的利润空间。

对于利润中心而言，主要对利润负责。由于利润是收入减去成本得来的，它既负责收入也负责成本。因此，净利润、销售净利率都可以作为利润中心的考核指标。

对于投资中心而言，不仅对利润负责，还要对投资负责，需要决定在哪里投资，投入多少，产出如何。因此对于投资中心而言，投资回报率和净利润都可以作为投资中心的考核指标。

为不同的责任中心匹配可控的指标，让各个部门或者组织为自己能够控制和改进的事项努力，这样才能提高改进的效率，提高企业的经营成果。

9.3.2 建立绩效考核与全面预算的协同

从确认企业整体目标，到利用预算的手段层层分解确认各个分项的目标，再到根据不同部门或组织的职责范围划分不同的考核指标。这是一个将大目标不断细化，层层分解的过程，也是实现目标的完整闭环。让每个目标都有组织和人员的保障，并且配以有力的激励和监督。在这一过程中，预算起到了桥梁连通的作用，建立起了企业和个人之间的关系，将企业的千斤重担，以四两拨千斤的方式分配到了每个人身上。

企业的绩效与预算体系的协同流程如图9-7所示。企业在经营过程中，员工要盯紧自己的指标，各个组织、部门、责任中心也要盯紧自己的组织目标，并不断与既定的预算结果进行对标。企业要用激励和绩效考核的方式，给予组织和个人即时反馈。让员工能够及时调整方向，确保整体战略目标的达成。

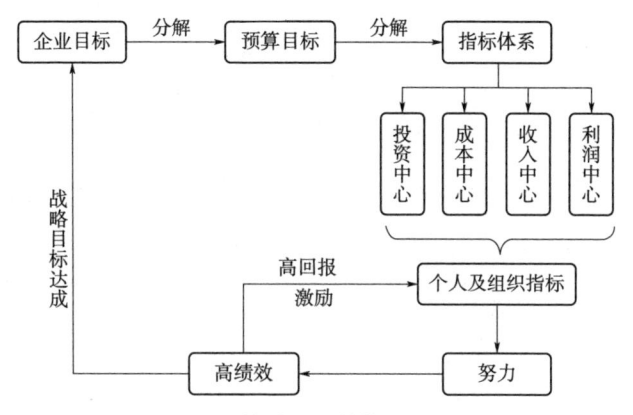

图 9-7 绩效与预算体系的协同

指标体系为组织或者员工划分了努力的方向，绩效就是对目标结果的检查。指标是什么，考核的方向就是什么。指标就是导向，绩效就是通过激励的手段强化这种导向。但是，在企业中经常出现指标和绩效脱节的问题。

比如，给销售部门定下了销售任务，但是结果却是以企业实际经营利润来考核。给分公司定下利润指标，但是考核时却以公司的投资回报率来考核。这时员工在完成工作时就会束手束脚、不知所措，不知是为了完成指标而竭尽全力，还是为了考核方向努力。员工的绩效如何，是企业能否完成整体目标的关键。建立绩效与全面预算的协同，就是要在企业和个人层面完成两个闭环。

在员工层面，要建立目标与绩效的直接关系，让员工相信自己的努力是可以体现在绩效中的，而高绩效就可以带来自己预期的高回报。这种高回报不仅是薪酬上的回报，还有心理上、名誉上的，要让员工在完成指标的过程中感受到成就感和挑战性。只有建立了"目标→努力→高绩效→高回报"这样的闭环，才能够有效激励员工完成业绩指标。而每位员工实现了自己的业绩指标，也就意味着企业整体战略目标的达成，这也是企业层面的经营闭环。

第10章
打造为优秀人才赋能的价值分配体系

　　企业就是一个组织，将一群人才聚合在一起，为一个共同的目标而努力。共同创造财富，共同分享财富。不管是战略选择、资金管理，还是全面预算体系的导入，都是为了企业能够更好地发展而服务的。企业得到更大的发展，获得更多的利润，不仅是股东获得投资回报最大化，在组织中的每个人才也要一同分享这一成果。只有共同达成这一目标的主体得到应有的回报，企业才能在发展的良性循环中不断成长。因此，高效的价值分配体系，就是为了实现企业发展这一目标的有力保障。

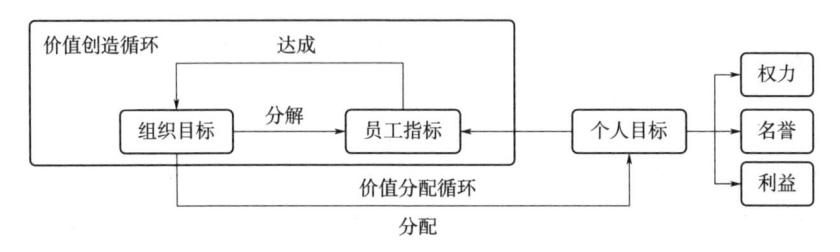

10.1 从价值创造到价值分配的循环

不管是个人还是组织，都需要完成价值创造到价值分配的循环。个人从服务到分配是一个单一循环，但是个体的能力有限，当个人无法提供客户所需要的服务时，就需要与其他个体进行合作，于是慢慢衍生出组织，由组织作为载体去提供服务。企业与个人不同在于，企业内需要人与人之间的协同，通过这种协同提供更高效的服务，创造出"1+1>2"的价值。

企业作为个体为社会创造价值的载体，通过创造价值而获取财富，并将财富分配到为企业服务的个体。每个人通过工作，以自己的劳动来获取报酬。因此，不论是哪种组织形式，都需要完成从价值创造到价值分配的循环。

10.1.1 两个循环

在原始社会中，当个人无法对抗大型动物时，就需要与其他人合作一起打猎。收获的猎物又会归集到一起，分配给每个人。在对抗猎物时，大家的目标一致，就是要成功捕获猎物。通过集体目标的达成，每个人也就能实现自己的目标，得到自己应得到的食物。从价值创造到价值分配，从集体到个体，实现了两次分配的循环。企业的经营也同样遵循着这样的循环。图10-1是企业从价值创造到价值分配的两个循环。

图 10-1 从价值创造到价值分配的两个循环

企业作为一个由个体组成的组织，有自己的使命、愿景、价值观，同样也有自己的经营目标。不管是利润最大化，还是投资回报率最大化，企业的目标会通过组织内的层层分解，分解为每个员工需要达成的指标。当每个员工达成自己的工作指标时，也就意味着企业整体的经营目标基本可以实现，这就形成了企业内价值创造的循环。

从员工个人角度而言，每个人都有自己的目标，不管是权利、名誉还是利益，都需要靠自己的努力实现。在企业中，员工实现目标的唯一方法就是努力工作，以实现自己的业绩指标。只有每个员工的业绩指标完成，企业才能实现经营目标。而企业实现经营目标后，又会按照每个员工的业绩完成情况，与大家分享收益，这就形成了企业内价值分配的循环。

员工依托自己的能力为企业创造价值，企业集合所有员工的价值，输出自己的社会价值获取财富，然后再根据员工的贡献进行财富分配。这就是企业中从价值创造到价值分配的两个循环。

在这个大的经营循环中，价值分配发挥着重要的作用，它直接影响着员工工作的积极性和工作结果，不仅能够激发员工的工作热情，还能够激发组织活力。作为企业的第一生产力，只有不断提高人均效能和组织效能，才能更好地实现企业的目标。而不断提高的企业效益，又能够帮助每个人更好地实现个人目标。这是一个完整的、互相滋养的、互相促进的循环。

10.1.2 价值分配背后的经营实质

虽然价值分配能够驱动员工积极性，但是怎么分、分多少，又受到各方的利益牵制。企业背后的资本方和员工之间是博弈关系。给员工分配的多，资本方无利可图，也就没有投入资本的动力，企业的资金通道就会出现问题；给员工分配的少，组织没有活力，招聘员工遇到困境，企业经营出现问题。

出现这些问题的根源在于，资本方和员工目标不一致。资本方的关注目标是股东价值最大化、投资回报率最高，对于员工的投入，当然是越小越好，最好是用最小的产出获得最大的人力回报。而员工的目标是如何实现个人的财富回报和更高的名誉、地位，这两方是天然的对立统一面。在价值创造方面，双方目标一致，希望企业获得最大化的效益回报，而在价值分配方面，都希望各自获得最大的回报。

因此，企业管理需要解决的一个重要问题是如何才能够让组织始终充满活力。人都会有倦怠感，无论是什么样的环境、怎样的管理机制，时间长了，一旦适应了环境，就会进入舒适区。这个时期的节奏就会慢下来，工作效率会降低，工作热情也逐步减退，组织的效能也随之降低。比如某些刚入职的新员工，开始工作时朝气蓬勃、信心满满，打算大干一场、一展宏图，但是随着时间的推移，会逐渐开始懈怠，工作效率也会随之降低。此时就需要有外力不断地给予刺激，重新激发活力。

如何才能利用趋利的本性来不断激励员工，这是企业需要解决的问题。价值分配需要做到的是动态的平衡。不管给多高的薪酬，随着时间的推移，员工的工作热情和心态就会趋于平缓和倦怠，进入一种相对平衡的状态。这时需要的分配方法不单纯是回报的多少，而是一种动态的机制。这种方法需要不断打破个人和组织的平衡，充分利用这种利益驱动的本质，让它发挥内在指挥棒的作用。将价值分配导向高贡献的人群，不断给予组织和员工新的刺激，保持内在的活力和动力。

用价值分配的方式，主动地构建内外部的利益差，如图10-2所示。通过不断的打破平衡，给予组织新的活力。对外要与同行业、同地区、同等体量的企业对比，让员工获得更高的价值回报，并以此来留住企业内的高价值员工，同时吸引外部优秀员工进入企业。对内要让为企业创造高价值的员工获得高回报，让不同层次员工之间拉开差距，同时又给予这种差距之间的上升通道，不断激励员工为了实现个人目标而努力。

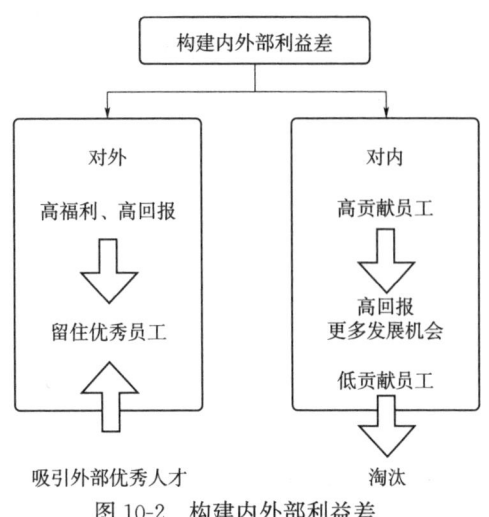

图 10-2 构建内外部利益差

高效的分配机制，就是要用利益驱动的方式，让员工与企业保持目标一致、上下同心。当企业受到外部市场冲击，遭遇经营困境时，也要让员工感受到这种开放的市场压力，而不是被企业保护在温室中，对外界一无所知。只有让员工与企业同样暴露在市场竞争之中，并不断创造内外利益差距，引入更多优秀的人才，将价值不断分配到创造高贡献的员工身上，才能让企业始终充满活力，不断创造更高的价值。

10.1.3 传统价值分配方法的弊端

大多数企业采用的都是固定工资的方式。这种价值分配方式最为简单，也最容易被接受。对于企业而言，每个月固定的人工成本支出，能够较好地预期及规划资金，也不需要进行复杂的绩效考核及工资核算。对于员工而言，每月固定的工资收入也能够获得足够的安全感预期。

从更深层次来说，一旦工资固定，无论员工为企业创造的价值如何，都需要为此付出相同的成本。在收入固定的前提下，多劳不多得，少劳不少得，没有人会为了工作付出更多的劳动，反而会最大限度减少自己为工作的付出和投入。这会促使企业中出现工作效率低下，人浮于事的现象，对企业来说是非常大的人力资源浪费。大笔的人工成本投入，却无法获得相应的成果回报，投入产出比极低。这时，员工不但为没有为企业创造价值，反而在吞噬着企业有限的资源。

为了改变这种情况，一部分企业开始从固定薪酬中划分出一定比例的浮动工资，且这部分浮动工资要与工作绩效挂钩，也就是"固定工资＋业绩提成"的模式。对于工作成果与业绩直接挂钩的岗位，比如销售、生产等一线业务部门。这种分配方式在一定程度上解决了少劳不少得的情况，激发了员工工作的热情。但是，"固定工资＋业绩提成"的方式仍然暴露出不少弊端，如图10-3所示。

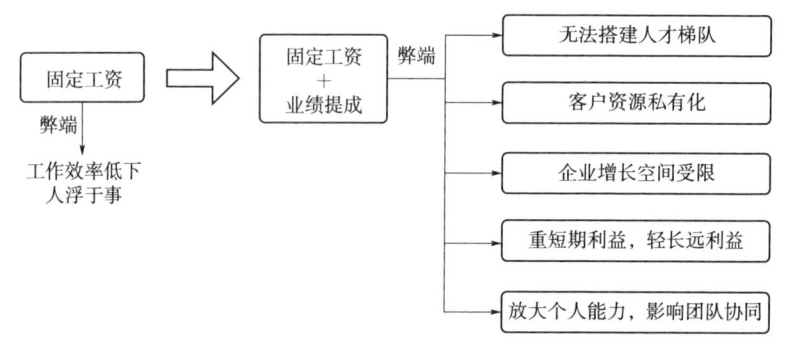

图 10-3　传统价值分配方法的弊端

1. 无法搭建人才梯队

由于工资与业绩挂钩，业绩的多少直接影响个人收入。因此有些员工不愿意分享自己的工作经验，领导者也不愿意花时间培养新员工，有"教会徒弟饿死师傅"的顾虑出现，怕自己的客户被抢走，影响自己的收入。这样一来，企业的人才培养就会出现断层，无法建立"老带新、传帮带"的机制。没有新员工的注入和成长，组织的活力势必会不断衰减、各种"企业病"会随之而来。企业只能依靠现有的老员工完成工作业绩，发展空间受到极大限制。

2. 客户资源私有化

随着老员工与客户之间往来的日益密切，客户与员工之间的黏性不断增强。个人之间的情感关系更胜企业利益，客户资源作为企业重要的资产，会逐步转为员工的私有资源。当员工与企业发生利益争执时，可能会以客户资源为要挟。一旦员工离职，客户资源流失，也会给企业带来极大损失。

3. 企业增长空间受限

业绩提成的分配方式，虽然在一定程度上激发了员工的工作动力，但是随着客户资源的积累，业绩达到一定水平时，员工的收入也会重新进入稳定舒适区。这时对于大多数员工而言，不用继续努力，依靠原有的存量客户，就可以获得相对稳定的工资收入。企业无法通过业绩提成的方式，打破现有的平衡，也就无法激励员工推动企业的增长。

维持现有的收入规模，在原有的外部市场竞争中或许还能够存活。但是随着市场竞争的日益激烈，市场竞争者和潜在竞争者不断增多，竞争对手间互相进入对方市场、收购兼并的行为时有发生，都会蚕食企业原有的客户资源和市场份额。不进步就意味着企业会被市场所淘汰。

当市场上供过于求，客户需求被充分满足时，存量市场已经无法满足企业的生存和发展，势必会有大量的企业退出市场。那些没有跟上市场进步，一直在存量客户中"吃老本"的企业会首先被淘汰，这时企业就会处于非常被动的状态。如果不在企业平稳时积累客户、拓展客户资源、挖掘客户新的需求，就很难在持续且激烈的竞争中处于不败之地。

4. 重短期利益，轻长远利益

业绩提成与员工个人直接相关。员工在执行过程中，可能会出现重个人利益，而忽视了企业利益和长远发展。比如，很多企业在没有核算清楚的情况下，就以收入的固定比例为基数计算员工提成。员工在完成业绩时，不会考虑哪种产品的销售会更有利于企业利润的提高，反而更关注哪种产品更便宜，更容易提高自己的销售业绩。还有的员工，在面对选择的时候，会优先选择对自己收入有提高的短期项目，而放弃对企业更有利的长期项目。这样的分配方式，表面看上去提高了企业的业绩，但是从长远来看，却伤害了企业长远发展的根基。

5. 放大个人能力，影响团队协同

企业中的每个人都不是独自在战斗。即使一个销售员能够独立完成销售任务，这中间也需要其他员工大量的工作协同。比如财务部门提供的经营数据、人力资源部门核算的绩效收入、市场部门提供的客户来源等。员工个人的高业绩，并不完全是个人能力的体现，还有市场行情、行业红利期等多种因素的影响。以个人业绩作为分配方式，会放大个人能力，忽视了其他因素的影响及其他支持部门和人员的配合，这种分配方式会造成收入分配的不公平。长此以往，可能导致企业内部团队协作效率低下等问题。

比如，销售部门通常作为企业面对市场的一线部门，承担着为企业直接创造收入的重任。销售部门的薪酬通常是与销售业绩直接相关，销售收入越多，提成越多。但是销售收入的提高，背后付出努力的并不只有销售人员，还有其他各部门员工的支持。如果仅提高销售人员的工资，而忽视其他人员的努力，造成收入差距过大，就会无形之中造成员工之间的隔阂，影响团队工作的协同。

10.2 价值分配的策略导向

想要让价值分配体系成为企业内部无形的指挥棒，并发挥指挥棒的导向作用，就需要在制定分配策略的时候给予相应的导向。我们需要员工多为企业创造价值，分配策略就要以价值创造为导向；需要员工团结一致、上下一心，分配策略就要以团队业绩先于个人业绩为导向；需要整体目标一致，而不是各自为政，分配策略就以目标一致为导向；需要不断提高效能，就要以增值和增效为导向。价值分配的策略导向，不仅给员工指明了工作方向，也给企业的经营文化奠定了基调。

10.2.1 以贡献为先，打破传统"大锅饭"思维

传统的价值分配方法是不论员工创造价值多少，都是相同的工资收入，这种价值分配方法必然会导致员工工作的低效。而高效的价值分配方法，就要帮助员工建立贡献为先的理念，以贡献多少来评定收入的多少。

原有的"大锅饭"分配方式，是因为对经营成果没有量化标准。要打破"大锅饭"思维，就要将工作成果量化出来，多劳多得、少劳少得，把每个员工创造的价值用量化的方法区分并呈现出来。不仅让员工看到自己可获得的收入，更要看到工作中需要改进的地方，并持续改进自己的工作方法和工作成果。对于员工个人而言，企业和个人的成长更胜于一时的收入高低。在企业中形成以贡献为先的分配理念，需要从以下几个方面不断努力，如图 10-4 所示。

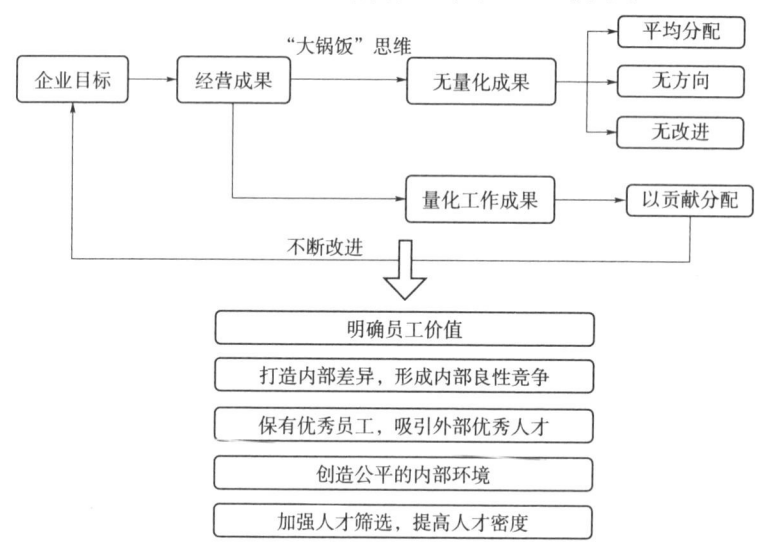

图 10-4　建立以贡献为先的分配理念

1. 明确员工价值

以贡献为先的价值分配，首先就要对员工的价值进行量化的评价。比如工作业绩的完成率，为企业创造价值的贡献率等。通过量化的数据评价，可以让员工对自己的工作成果有更加清晰的认知。员工工作的本质是用自己创造的价值获取收入回报，价值一旦可衡量，收入不论多少都比较容易被员工所接受，而且有利于让员工养成对工作负责的态度。员工有了衡量的标准，也就有了努力的方向，目标变得更加清晰化。不同于量化之前，无法对自己的工作做出正确的认识和评价。企业中有很多人，认为自己非常努力，其实努力远远不够。

在"大锅饭"的企业中，大部分员工可能并没有为企业创造更多的价值，有时甚至会影响企业的利润空间。大量的员工可以浑水摸鱼来分享少数员工的工作

成果。但是，当价值分配以贡献为衡量标准时，贡献大小当下立见，混日子的员工顿时无所遁形。想要增加收入，只能不断提高自己的工作能力，努力完成工作目标，更多地为企业创造价值。

2. 打造内部差异，形成内部良性竞争

"大锅饭"的根源，不仅在于工作成果没有量化，更在于价值分配没有差别。当所有人都是相同收入回报时，从性价比的角度考虑，自然没有人愿意付出更多的努力。以贡献为分配基础，员工的价值得到相对准确的衡量。员工的工资收入因为个人贡献而拉开差距，实现多劳多得，少劳少得。员工之间收入的差距，也会激发一部分员工更加努力的工作，让大家看到努力工作是能够获得更多回报的，形成企业内的良性竞争和有活力的工作氛围。

但是内部差异也不能一概而论，还要根据企业所处的不同阶段。当企业处在更需要团队作战的阶段时，团队间协作更加重要，这时就要以团队为单位，拉开团队之间的差异。当企业所处阶段更适应个人作战，或者某些业务更倾向于个人业绩的达成时，这时就要更注重拉开个人之间的差异。

3. 保有优秀员工，吸引外部优秀人才

以贡献为导向的分配方式，就是要让优秀员工与普通员工拉开差距，给予高价值员工更高的回报。这种公平的回报方式，不仅能够留住企业内的优秀员工，还能够吸引更多外部的人才进入到企业中来。人是企业经营的第一生产力，只有优秀人才不断注入企业，企业才能不断发展。而不断发展的企业，反过来又能给优秀人才提供更高的收入回报和福利待遇，形成良性循环。

4. 创造公平的内部环境

很多企业对于薪酬是严格保密的，同一个岗位不同的人，工资可能会相差很多。一旦薪酬泄露，薪酬少的员工会产生极大的不满，影响企业内部人员的稳定。而以贡献为评价依据，大家的衡量标准一致，就能够有效解决公平性的问题。不让勤劳的员工吃亏，也不让偷懒的员工浑水摸鱼，防止企业内出现劣币驱逐良币的现象。

5. 加强人才筛选，提高人才密度

以价值贡献作为衡量依据，能够比较客观地评价员工价值和工作成果。对于优秀员工，要倾斜更多的资源，给他们提供更大的平台和更多的机会，让他们成长更快，创造更多价值。对于能力一般员工，要帮助他们成长，给他们提供更多的方法和支持，让优秀员工分享更多的成功经验，帮助能力一般的员工成长为优秀员工。对于无法进步、无法产生工作结果的员工，要果断淘汰。

通过这种方式，不断吸引优秀员工加入，并淘汰"消耗"企业的员工，帮助企业不断优化内部的人才结构，打造成一个优秀人才的能量场。这种能量会吸引更多优秀的人才蜂拥而至，为企业发展提供有力的人才保障。

10.2.2　上下同心，导向整体目标一致

分配方式虽然是以贡献为依据，但是整体要导向目标一致。只有整体目标完成，个人的努力才有意义。因此高效的分配方式，是完成整体目标后的分享收益，而不是在过程中争夺收益；是为了整体目标的协同一致，而不是过程中的各怀心思；是站在更高的视野和格局上，致力于开拓更大的市场资源，而非陷入狭隘自私的内耗之中。

比如一场篮球比赛，虽然会有个人积分，但是球队的整体目标是赢得比赛。当大家一起努力时，每个人都会获得应有的回报，共同分享胜利所带来的成果。如果在过程中，每个人都只想着表现自己，而不是协同配合，即使个人表现再好，输掉比赛，个人价值也无法得到很好的实现。

因此，要以企业目标的实现成果，作为员工分享收益的基础。

举例说明

以企业的财务目标为例，某企业计划本年实现净利润500万元，并且拿出企业净利润的50%与员工分享。那么员工分享收益的基础就是企业净利润的50%。虽然不同部门、不同岗位的员工，工作指标各有不同，但是大家分配的基础都是净利润的50%。

只有在大家的共同努力下完成企业目标，才能够得相应的收入回报。如果企业本年不仅没有利润，甚至亏损，那么即使员工完成个人指标，也无法实现个人的期望收益。这就无形中要求所有员工，都要齐心协力保证企业整体目标的达成。在工作中，不仅要关心个人业绩的达成，还要时刻关心是否有利于整体、有利于企业。

当大家努力工作，完成个人工作业绩的同时，还能够以整体利益为先，这时团队间的协作也会更加融洽。分配体系的整体导向，能够有效帮助员工建立一致的工作目标，更加关注团队间的组织协同。而不是为了个人利益各自为政、互相争抢，甚至在企业中形成小团体，损害集体利益。同时，减少内耗也意味着组织效率的提高，降低了企业隐形的成本损耗。因此在设定个人指标时，也要导向整体目标的完成。虽然工作内容各有不同，但是只有协同合作，才能实现整体收益。

整体目标一致，还可以激发员工的集体意识。通过全体员工的共同努力，一起打胜仗。在"作战"的过程中培养团队的凝聚力，有利于形成上下一心、团结一致的企业文化。每个员工在工作中都紧盯集体目标，也会放大集体的力量，而不仅是个人的成功。减少个人英雄主义，增强员工间的互相信任和默契，也增强了企业与员工间的情感链接和黏性，对于人才的流失起到了很好的控制作用。

10.2.3 先组织再个体

如果说目标一致是导向统一,那么先组织再个体的分配方式,就是用制度和方法来保障目标一致。不论是导向目标一致,还是先组织再个体,从本质上讲都是要确保组织的高效协同,减少组织间的内耗,从价值分配的角度为企业目标达成提供更好的助力。

比如一个新零售行业的基层门店,每个门店都是一个小团队,他们需要独立完成整个门店的运营工作。既要完成客户的拓展,又要完成其他的日常运营工作,这样的小团队需要相互间的配合。有的员工工作细致,适合门店内的运营工作。有的员工沟通能力强,适合客户拓展。整体配合能够较好完成整个门店的工作。企业赚取利润,根据一定比例分配到组织后,再根据小组内的员工贡献分配到每个人,分配方式如图 10-5 所示。

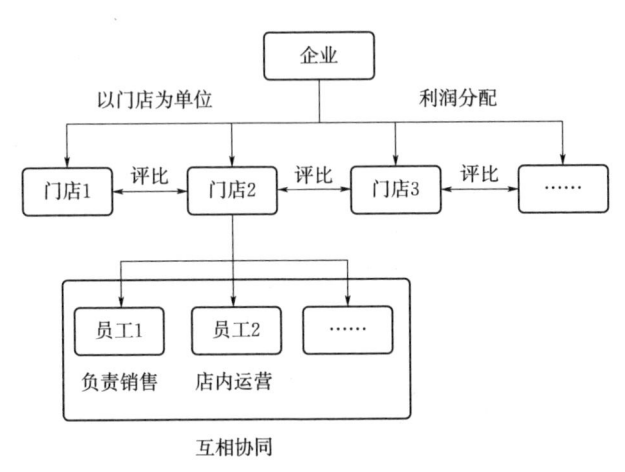

图 10-5 某零售行业门店的利润分配方式

如果企业在利益分配时,仅以个人业绩为衡量标准,这时员工之间可能会因为利益分配不均,而产生内部矛盾。负责客户拓展的员工,因为个人业绩高,收入也相对较高。但负责门店运营的员工会认为,虽然自己没有拓展更多客户,但是在客户后续的服务上做出了更多的贡献,如果没有自己的高质量服务和运营,即使能够拓展客户,也可能因为服务不到位而流失客户。这时,以团队为基本单元,在门店之间进行评比并分配奖金,能够更好地促进各个基层组织的协同配合及业绩达成。

如果小组间各成员是相互配合的链条关系,为保证各环节之间的相互配合,小组成员间的分配差异不宜过大。如果各小组间工作相对独立且相似度较高,比如各自负责各自区域的销售工作,那么以小组内成员的业绩进行分配更为合适,也能激发组织成员中的良性竞争。但是不论是否拉开员工个人之间的收入差距,在利益分配过程中，都要先以最小的组织为单元，再根据工作的性质和小组内工作配合情况，确定个人之间的分配方式。

10.2.4 导向增量，盘活存量

所谓发展，就是要有增量。而增量表现在两个方面，一个是新客户、新市场的增长，另一个是原有市场和原有客户上的增长。但是，不论是哪方面的增长，最终都是为了让企业实现增值。为了获得这两方面的增长，帮助企业实现增值的目标，在制定价值分配策略时，就要导向增量盘活存量，如图10-6所示。对内要关注存量的挖潜，导向效率增长。对外要不断激励员工开拓市场、开拓客户，不要躺在过去的"功劳簿"上。要充分发挥价值分配的作用，帮助员工关注企业价值的增值。

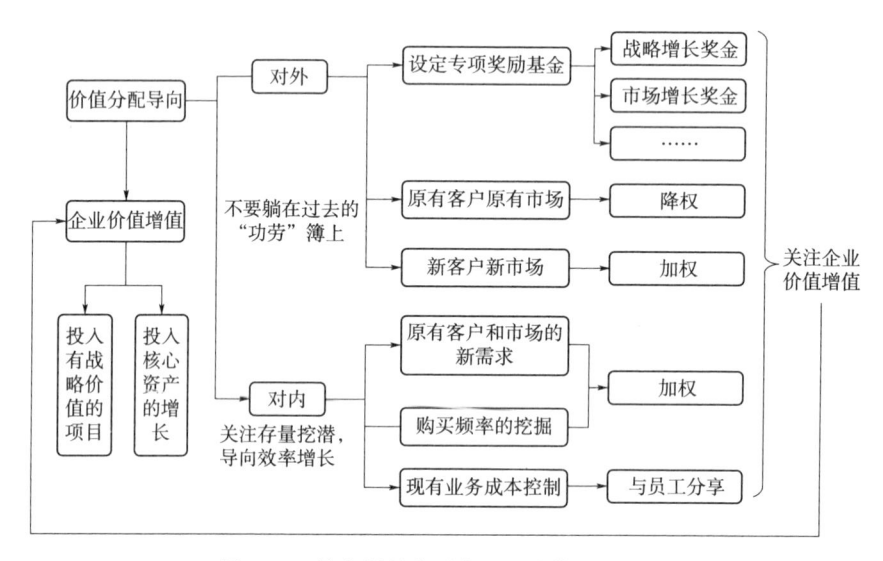

图10-6 导向增量盘活存量的价值分配策略

1. 不要躺在过去的"功劳簿"上

很多企业发展到一定程度后，员工就不再努力了，原有的工作已经得心应手，手里的老客户也足以支撑收入。这时"吃老本"就可以很轻松地拿到奖金，为什么还要费力去开拓新市场呢？况且开拓新市场，还有可能面临开始没有客户的困境，收入也会大幅下降。但是市场环境变幻莫测，如果不提前开拓新的市场、寻找新客户，不提前为客户流失做好风险预案，一旦风险发生，存量市场发生变化，企业经营将会受到巨大冲击，资金链断裂可能是一夜之间的事。因此，在制定价值分配策略时，就要考虑规避这种风险，把资源分配更多地向新增市场和新增客户倾斜。

比如，设定战略增长奖金、市场拓展奖励基金等激励新市场开拓的专项奖励。在分配奖金时，将原有已稳定的客户和市场所带来的收入降低权重，增加新市场和新客户收入的权重，帮助员工将努力的方向导向增量市场的拓展上。如果固守原有的客户，收入会逐年降低，而开拓新市场的员工，可以获得更高的奖金收入。

2. 关注存量的挖潜，导向效率增长

关注存量市场，向内挖潜需要关注内外两层含义。对外一层是对现有市场和现有客户新需求的挖掘，或者客户购买频率的挖掘。随着新市场和新客户的不断增长，当整体市场趋于饱和，增量市场增速放缓时，除了提前布局寻找新的市场，也要对原有客户进行充分挖掘。比如在价值分配上要关注老客户的复购率，存量客户的收入增长率等，对于原有客户的增量销售部分要增加分配权重。对内一层是对现有客户现有业务的成本控制。由于客户已经趋于稳定，开拓阶段的相关费用要尽量收缩。可以将节省的成本用于员工奖金的发放，或者与企业按照比例分配。

比如市场和客户开拓费用。与市场开拓期不同，对于长期合作的客户，费用的支出方向会更加精准，投入也会相应减少。企业可以制定相关政策，凡是节约的费用，60%用于员工奖金的发放，40%用于企业利润留存。这样一来既可以增加员工收入，增强员工的幸福感和归属感，保持员工队伍稳定，又可以为企业降低成本，提高企业运营的效率。

3. 关注企业价值增值

企业发展不仅要对外扩大收入规模，促进业务增长，对内不断降低成本，提高运营效率。同时，应该不断提高企业价值，将资源投入有战略价值的项目上，投入到人才、技术等核心资产上。

从价值分配角度促进企业增值，可以开设专项的战略项目奖金，对于有突出贡献的员工或者有重大技术创新的员工给予特殊奖励。在奖金分配上，要导向有长期战略价值的项目开拓上。对于核心技术的研发人员及核心管理人员要给予更高的分配权重。比如在小组中设置管理奖金，着力培养各级管理人才，以价值分配的方式，促进管理团队的成长。

10.2.5 导向弹性薪酬，与企业共成长

不论采用何种薪酬模式，一定规模的固定工资是必不可少的，这也是企业对于员工基本生活的保障。从财务成本角度而言，固定工资部分属于固定成本。不论企业收入多少，也不论企业是否盈利，这部分支出都是刚性且必需的。因此要控制并尽量降低固定薪酬的规模。

在价值分配策略的制定上，要根据不同岗位的工作性质，分配不同的固定薪

酬和浮动薪酬的比例。对于与主营业务增长强关联的岗位，要降低固定薪酬的比例，把薪酬比例更多的与贡献挂钩。除此之外，还要控制固定薪酬的刚性比例。比如，通过数据统计与测算，固定薪酬不得超过销售收入的10%。这意味着只有销售规模的扩大，才能带动固定薪酬的增长。即使未来提高职工福利，也要保证固定薪酬的刚性比例不超过该标准。

如果固定薪酬的作用是为员工提供安全感和稳定的回报预期，那么弹性薪酬就具有更大的灵活性和激励导向作用。比如，企业想要激励员工不断拓展新客户的数量和增长量，就可以把弹性工资的分配导向业绩的增量增长上。如果企业想要激励员工提高企业经营效率，降本增效，就可以把弹性工资的分配导向成本费用的节约规模上。以所要导向的指标为分配依据，来分享企业的收益。

增加弹性薪酬的比例，就是要倡导员工，按照企业导向的方向，积极做出自己的岗位贡献，与企业共同成长。只有企业发展了，利润增加了，回报率提高了，员工才能获得相应的高价值回报。这种弹性回报是基于价值创造的，不管对于企业还是员工而言，都是双赢的。

10.3 价值分配要分多少

从整体的价值创造到价值分配循环来看，价值分配的多少取决于价值创造的多少。但是，价值分配占价值创造的多大比例才合适呢？分配有哪些种类？员工可以以哪些形式分享企业的收益？为什么有的企业业绩越好，亏损越多呢？很大原因都是因为没有合理确定分配标准，导致越分越亏。对于投资人来说，应当分享多少收益？是员工占大头还是投资人占大头？如果固定工资对企业不利，那可以取消固定部分，完全以成败论英雄吗？接下来将对这些问题进行解答。

10.3.1 分配的种类和形式

一般来说，企业跟员工分享收益，大多会采用工资、奖金、各种福利、股票期权等方式。比如奖金，又会分为月度奖金、季度奖金、年终奖、专项奖励、即时奖励、一次性奖金等。福利也是花样繁多，覆盖了日常生活的衣食住行等方方面面。股票期权，根据企业的不同性质、所处阶段也分为不同种类，比如在公开市场的股票交易，或者是非公开市场的定向发行，还有企业为激励员工发行的虚拟股。下面主要就工资和奖金部分进行介绍。

1. 工资

工资主要是指员工维持基本生活的固定工资。一般包括基本工资、岗位工资、工龄工资、加班工资等。基本工资可以参照当地最低生活标准确定。岗位工资,顾名思义就是员工完成一定的岗位工作所获得的报酬。比如流水线工人和职业经理人,他们的岗位工资就是不同的,因为他们从事的工作和岗位不同,工作性质和工作难度也相差很大。工龄工资主要是依据员工在企业的工作年限来评定的,加班工资一般是根据员工的计薪日工资结合加班时长来确定。

工资的构成相对简单,其中较为复杂的当属岗位工资。对于员工而言,每个人的情况千差万别,即使工作岗位相同,能力也可能相差很多。那么如何正确评定每个员工的能力,给予相对公平的岗位工资呢?岗位和工资之间又是怎样的关系呢?对于高价值、高贡献的员工又该如何分配岗位工资呢?

岗位工资要根据具体的岗位特性,结合市场行情确定相应的工资标准。即使同一个岗位,不同员工的工作年限、能力水平、经验都各不相同,统一的岗位工资也无法评价不同的员工,这时就要引入岗位级别和工资等级的评定方法。表10-1是一张职务层次与工资等级的对照表,每个岗位会划分不同的职务层次,而每个职务层次又会对应相对宽泛的工资等级。如果在同一个岗位中,可以划分出相对宽泛的等级范围,按照每个员工实际情况确定所处的等级,就可以解决同岗不同酬的问题。

表10-1 职务层次与工资等级对照表　　　　　单位:元

序号	岗位性质	岗位系列	职务层次	职务级别	工资等级	工资最低值	工资中位数	工资最高值
1	干部	管理职系 专业职系 行政职系	高级	高级 中级 初级	七级到一级	5 680	7 440	9 000
			一级	高级 中级 初级	十级到四级	5 020	6 440	8 100
			二级	高级 中级 初级	十三级到七级	4 230	5 660	7 200
			三级	高级 中级 初级	十六级到十级	3 700	4 750	6 800
			四级	高级 中级 初级	十九级到十三级	3 040	4 100	5 400
			五级	高级 中级 初级	二十二级到十六级	2 460	3 320	4 500
			六级	高级 初级	二十五级到十九级	1 770	2 580	3 600

续上表

序号	岗位性质	岗位系列	职务层次	职务级别	工资等级	工资最低值	工资中位数	工资最高值
2	工人	操作职系	一级	高级 中级 初级	二十一级到十七级	2 560	3 320	4 200
			二级	高级 中级 初级	二十三级到十九级	2 250	2 800	3 600
			三级	高级 中级 初级	二十五级到二十一级	1 770	2 310	3 000

比如，会计岗位对应的职务层次为四级，那么根据工资等级对应的是十九级到十三级。这时还需要一张工资等级对照表，能够帮助每个员工找到自身所处岗位的具体工资。表10-2是一张工资等级对照表，根据不同岗位的职务层次，可以找到相应的工资级别。根据不同的工资级别及该岗位员工的各项条件，就可以找到该名员工的具体工资。

表10-2 工资等级对照表 单位：元

等级	1档	2档	3档	4档	5档	6档	7档	8档	9档	10档
一级	8 250	8 500	8 750	9 000						
二级	7 740	7 980	8 220	8 460	8 700					
三级	7 250	7 480	7 710	7 940	8 170	8 400				
四级	6 780	7 000	7 220	7 440	7 660	7 880	8 100			
五级	6 330	6 540	6 750	6 960	7 170	7 380	7 590	7 800		
六级	5 900	6 100	6 300	6 500	6 700	6 900	7 100	7 300	7 500	
七级	5 680	5 870	6 060	6 250	6 440	6 630	6 820	7 010	7 200	
八级	5 460	5 640	5 820	6 000	6 180	6 360	6 540	6 720	6 900	
九级	5 240	5 410	5 580	5 750	5 920	6 090	6 260	6 430	6 600	
十级	5 020	5 180	5 340	5 500	5 660	5 820	5 980	6 140	6 300	
十一级	4 650	4 800	4 950	5 100	5 250	5 400	5 550	5 700	5 850	6 000
十二级	4 440	4 580	4 720	4 860	5 000	5 140	5 280	5 420	5 560	5 700
十三级	4 230	4 360	4 490	4 620	4 750	4 880	5 010	5 140	5 270	5 400
十四级	4 020	4 140	4 260	4 380	4 500	4 620	4 740	4 860	4 980	5 100
十五级	3 810	3 920	4 030	4 140	4 250	4 360	4 470	4 580	4 690	4 800
十六级	3 700	3 800	3 900	4 000	4 100	4 200	4 300	4 400	4 500	

续上表

单位：元

等级	1档	2档	3档	4档	5档	6档	7档	8档	9档	10档
十七级	3 480	3 570	3 660	3 750	3 840	3 930	4 020	4 110	4 200	
十八级	3 260	3 340	3 420	3 500	3 580	3 660	3 740	3 820	3 900	
十九级	3 040	3 110	3 180	3 250	3 320	3 390	3 460	3 530	3 600	
二十级	2 820	2 880	2 940	3 000	3 060	3 120	3 180	3 240	3 300	
二十一级	2 650	2 700	2 750	2 800	2 850	2 900	2 950	3 000		
二十二级	2 460	2 500	2 540	2 580	2 620	2 660	2 700			
二十三级	2 250	2 280	2 310	2 340	2 370	2 400				
二十四级	2 020	2 040	2 060	2 080	2 100					
二十五级	1 770	1 780	1 790	1 800						

根据工资等级对照表可以看出，会计岗位从十九级到十三级对应的是3 040元至5 400元的工资范围。也就是说，在会计这个岗位，即使不升职，工资也可以在一个比较宽泛的范围内浮动。

有了岗位工资的范围，接下来就是需要根据每个人的情况进行相应的评定。评定的部分可粗可细，根据企业规模而定。规模越大、越正规的企业，对人才的评定越全面，也越科学。但是对于大多数的中小型企业，科学规范的人才评定不容易做到，这时也可以采用几个维度来进行简单的评定，比如员工的学历、职称、工作表现、工作经验和能力等。

岗位级别和工资等级确定以后，并不是一劳永逸。不管是企业还是员工，都是在动态发展中的，随着工作的深入、能力的提高，对于企业的价值贡献也会有所不同。这就需要定期对员工的岗位级别和工资等级进行重新评定和调整，这也是对员工工作价值的正向反馈。

比如每季度对员工的工作表现和业绩贡献进行审视评价，对于表现优异、价值高的员工，要给予相应工资级别的调整。需要注意的是，这里的调整影响的是固定工资，因此需要降低调整的幅度，控制固定工资的规模，尽可能用弹性薪酬来体现收益上的增加。用固定薪酬的调整给予员工荣誉感和获得感。

调整的标准也需要量化。对员工进行季度审视的时候，可以给予工作绩效的等级评定，按照ABCD四个等级进行评定。C级代表基本能够完成工作任务；B级代表能够完成工作任务，且偶尔能够超出企业期望；A级代表经常超出企业期望，且做出较大贡献的；D级则代表没有完成工作任务。完成工作绩效的评价后，就可以根据不同的评定等级，给予相应的工资级别调整。在进行工资级别调整时，因为每个岗位的工资级别范围跨度较大，首先需要确定调薪员工目前在该岗位工资幅度内所处的位置，对于处在不同位置的员工给予不同的调薪幅度，如图10-7所示。

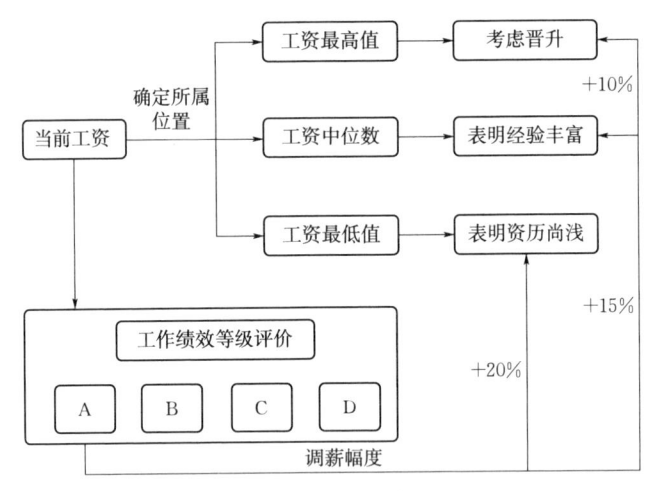

图 10-7　工资级别调整

比如，同样是绩效评级为 A 的员工，对于薪酬处于较低值范围内的员工可以给予 20％的调薪幅度。对于薪酬处于中位数附近的员工，可以给予 15％的调薪幅度。对于薪酬处于较高值范围内的员工，可以给予 10％的调薪幅度，并给予一定的工资级别调整。这是因为对于已经处于较高值范围的员工，在该岗位级别内的调整幅度已经受限，只能通过调整职务层次来实现薪酬调整。当调薪幅度超过所在岗位最高限时，意味着员工需要获得岗位提升，这时要结合岗位和薪酬进行综合调整。

仍以会计岗位来说明。会计岗位的薪酬范围为 3 040 元至 5 400 元，岗位中位数为 4 100 元。如果在职会计的岗位工资为 4 000 元，意味着该员工的薪酬处于中位数以下，当他的绩效评级较好时，可以给予较大幅度的薪酬提升。如果该会计的岗位工资已经达到 5 000 元，意味着该员工的薪酬已经处于整体薪酬范围的较高级别。当他的绩效级别评级为 A 时，现有的岗位工资调整幅度无法满足其应得的薪酬增长，这时需要综合考虑岗位的调整，在更高的职务层级上进行工资级别的调整。

2. 奖金

奖金大多属于弹性薪酬。当效益好的时候，企业愿意拿出更多的利益同员工分享。当效益不好时，奖金也都属于收缩状态。弹性薪酬的好处就在于，能够根据企业经营状况，实时调整人工成本。

奖金主要分为业绩奖金、专项奖金和即时奖励。业绩奖金是基于贡献分配的，具体又可以分为月度奖金、季度奖金和年度奖金。专项奖金是对于某些有战略意义的重大项目，或者对企业有特殊贡献所设立的专项奖励。即时奖励重在即时，激励不过夜。奖励金额不大，重在奖励员工的行为。业绩奖金一般作为常态化的利益分配形式，应用最为广泛。业绩奖金要与企业整体经营情况和员工贡献情况直接相关。企业经营情况越好，员工分享的"收益盘子"越大，高贡献员工获得收入越多。

在发放形式上一般分为月度、季度和年度。具体的分配比例需要结合不同的岗位性质决定。基层的员工发放的周期短，月度奖金占应发放奖金的比例大。高层管理人员发放的周期长，应当考核企业长远的经营成果，这也是很多高管实行年薪制的原因。对于普通员工而言，应当将大比例的奖金作为月度奖金进行发放。比如80%的贡献奖金在月度发放，这样员工的贡献可以得到即时的反馈，激励员工更加努力的工作。而留出一定的弹性，是因为按照贡献发放，可能会产生汇算清缴的情况。如个别月份业绩很高，但其他月份业绩低迷，使得年度累计业绩不达标，这种情况就需要留有一定的调整空间。如果按月全额发放，在全年目标没有达成时，企业就会处于较为被动的处境。

虽然按照全年累计贡献发放业绩奖金，可以规避上述问题，但是对于处在成长期或者正在经历扭亏为盈阶段的企业而言，员工的贡献无法得到及时和有效的评价反馈。即使员工很努力为企业创造贡献，但是因为前期亏损额度较大，或前期亏损尚未弥补，导致当月即使有贡献也无法兑现奖金，员工工作热情无法得到有效激励。

10.3.2 价值分配怪象：业绩越好，亏损越多

很多企业的负责人都在抱怨，自己累死累活，承担很大的责任，到头来都是在给员工打工。员工挣得盆满钵满，而企业却是亏损的，这是为什么？按照员工贡献进行价值分配，应当是企业与员工双赢的，为什么还会出现这种情况？

很多企业给员工确定了业绩指标，也按照业绩指标分配收益，但是却没有结合企业的实际，对盈利情况做出明确的分配依据。价值分配怪象如图10-8所示，有些指标的完成并不能直接导向企业的最终收益，而且价值分配基数确定不合理，没有建立分配总额的概念，也是造成这一现象的原因之一。虽然员工是按劳分配，完成越多收入越多，看上去很公平，但却没有做好整体的分配规划。

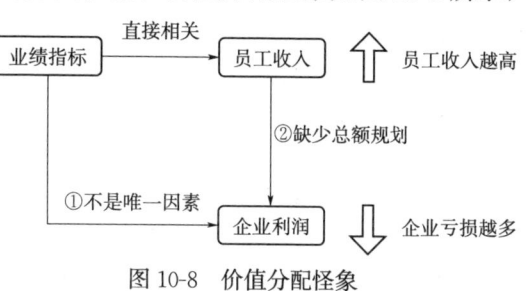

图10-8 价值分配怪象

比如，销售人员按照销售收入0.1%的比例计算业绩奖金，销售业绩完成越好，收入越高。看上去这是很公平合理的一种分配机制，但是在实际操作中就可能会出现员工业绩越好，企业亏损越多的情况，造成这种"怪象"的原因主要有以下两点。

(1) 业绩指标是企业获得利润的重要因素，但不是唯一因素。

从一般的关联关系上来讲，企业的收入规模越大，利润也应当越高。但是很多企业基于发展战略的考虑，为了更快地占领市场获得用户，可能会以牺牲利润来扩大规模。还有的企业为了扩张，会有很多费用的消耗，虽然收入多，但是各种费用支出可能更多。因此企业最终是否盈利，不是以收入的绝对数为依据的。有些"小而美"的企业，虽然销售规模不大，但是盈利能力强劲，属于典型的隐形冠军。而有些"巨无霸"企业，虽然销售规模庞大，但是负债累累，经营状况堪忧。

如果以收入作为分配的基础，销售人员当然会因为业绩的增长而分配更多的奖金。但是对于企业而言，盈亏无法保证。对于那些利润率低、运营效率不高的企业，无疑增加了更沉重的负担，亏损也就不奇怪了。

(2) 缺少薪酬的总额规划。

为了支撑企业的持续经营与发展，需要保证一定的利润留存。因此在净利润中需要划定一定的留存比例，用于企业的发展。对用于员工利益分配的利润，也需要事前做出总体规划。比如，按照销售收入的10%作为分配总额的基线，来确定用于利益分配的基数。再根据每个员工的贡献，确定各自的分配金额。也可以按照净利润的百分比进行划定，比如用净利润的60%作为利润分配的基数。

不管用哪种方法，都需要在事前确定用于价值分配的人工成本总额。这样成本才能处于可控状态，企业的利润留存才能够得到保障。员工赚钱，企业亏损的状况也就可以避免了。员工无法看到企业经营全局，只能立足本职岗位工作，完成企业要求的业绩指标。而企业需要立足全局，整体协同，并用分配机制来导向组织和员工的协同与共赢。

10.3.3 合理确定劳资双方的分配比例

进行价值分配时，需要考虑与员工分享收益的比例。虽然财务管理的目标是股东权益最大化。但是在价值分配上却不能简单地奉行股东权益最大化。在推动企业发展上，主要有两股力量，如图10-9所示。一股是资本方，负责提供企业经营发展所需的资金；一股是经营方，包含所有员工，不管是管理者还是普通员工，都是经营主体的一部分。

两股力量的利益分配比例，取决于哪种力量在企业发展中占据主导作用。当企业发展是以资本为驱动力量时，资本方占据利益分配的主要份额，当企业发展是以人为核心要素时，经营方占据利益分配的主要份额。

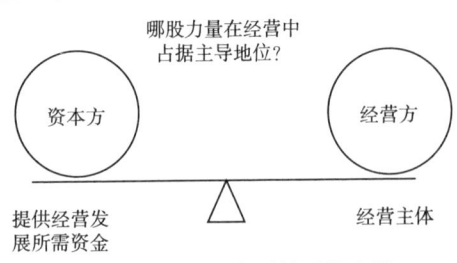

图10-9 推动企业发展的两股力量

举例说明

一家从事大宗货物销售的贸易企业,从进货采购到低价中标销售,主要依赖于低价策略和宽松的赊销政策。低价中标后,该企业还为客户提供较长的赊销期限。因此,这家企业与其他竞争对手的主要竞争资源就是资金,资本的力量在企业发展过程中占据主要作用。在整个经营链条中,经营者发挥的作用有限。因此这家企业在获得利润进行价值分配时,资本方占据60%的份额,经营方仅占据40%的份额。

随着外部市场环境的不断发展和变化,过去粗放式的经营方式无法满足需求。企业开始向技术性、创新性的轻资产方向转型,资本方开始转向投资高新技术型企业。高新技术企业的发展有赖于一大批优秀的技术人才和持续的技术创新。虽然资本的注入能够推动技术的发展,但是核心人才更是企业发展的关键。这时在进行价值分配时,关于人的份额就要占较大的比重,而资本的份额就要相对弱化。

因此,在确定劳资双方的分配比例时,要依据企业的经营性质和经营方式。哪股力量占据主导地位,哪股力量就占据主要的分配份额,这也符合多劳多得的原则。即使是同一个企业,在不同的发展阶段,分配比例也不是一成不变的。

比如在企业的成长期,需要大量的资金快速提升市场占有率。这时资本发挥主导作用,在价值分配时要向资本倾斜。随着企业的不断发展,进入成熟期后,企业发展增速放缓,资金流开始充裕起来,主要精力聚焦在技术创新和内部管理的提质增效上。这时人才的作用要胜于资本的力量,在价值分配上就要向经营方倾斜。

10.3.4 保障之后再谈浮动

在价值分配的策略导向中提到过,要尽量降低固定成本。这种策略导向在价值分配上体现在要尽量降低固定薪酬的比例。对于企业而言,尤其是在创业初期,每一笔固定薪酬支出都是一笔不成正比的投入。虽然投入了固定薪酬成本,但是员工在开始阶段并不能创造相应的价值。在资金本就拮据的初始阶段,对于企业而言更加艰难。

举例说明

分享一个企业中的真实案例。这是一次去"固定薪酬"化的尝试,也是一次失败的尝试。一家物流企业为了推动整个企业的发展,想要推行阿米巴经营模式,把每个营业网点划分为独立的经营个体,让每个营业网点自负盈亏、独立经营。为了节约成本，减少初始固定成本的投入，降低企业的经营风险，给予每个营业网点两个月的支持期。在支持期内，企业提供必要的前期投入，并给每位员工支付3000元的固定工资作为支持。

支持期后，营业网点仍然归企业统一管理，企业提供运营支持和指导，与企业的其他部门没有差别。唯一不同的是，企业不再提供日常的资金支出，而是由营业网点的利润支撑各项费用支出和员工工资。除基本工资收入外，每个营业网点的员工还可以分享其所在营业网点净利润的70%，剩余的30%则归属于企业，用于技术创新和日常的经营管理服务。

让每个营业网点自负盈亏、独立经营，让每个员工由打工者转变为经营者。这个思路虽好，但是在实施过程中遇到了巨大的阻力。虽然净利润的分配比例很高，但是没有了固定收入的基本保障，大多数员工还是望而却步。很多年轻的新员工，虽然有心尝试，但是考虑到自己的生活成本及经营的不确定性，不敢接受挑战。最后该项目因为无人敢承接、敢担当而宣告失败。

减少固定薪酬，虽然很大程度上减少了企业负担，降低了经营风险，但是从员工的角度考虑，却增加了很多后顾之忧。企业经营与员工工作的很大区别在于，企业经营需要先付出后回报，甚至是无回报或负回报。虽然经营风险大，但收益也越大。而员工提供劳动获取收入，虽然也是先付出后回报，但是希望这种付出能够获得相对固定的回报。当然，作为员工来说，经营风险小，收益也就是相对较小。员工付出后的低回报，也是基于低风险而言的。遵循风险报酬的原则，企业也应当提供一部分有保障的固定薪酬。这不仅是企业的必要支出，也是企业作为经济主体的社会责任。

因此，在价值分配上，企业要将合理的固定薪酬作为一项必要的投入。可以控制比例降低总额，但是基础保障不能减少。有了基础保障之后，再设计合理的方式，根据企业的盈利情况与员工分享收益。

第11章
从价值创造到价值分享

  企业的经营要经历两个环节，一个是价值创造，另一个就是价值分享。价值分享，不仅是股东分享企业的税后收益，更是所有参与创造的员工分享企业的经营成果。对于员工来说，分配的结果体现着个人的劳动价值，也激励着员工创造更多的价值。能够把收益分配好，已经解决了一半的管理难题。只有员工的价值能够得到合理的体现，能够获得应有的回报，才能不断激发大家的工作热情，共同推动企业的发展。

11.1 价值分配的总额管理

企业创造了价值，就要分享给创造者。但是在分配的过程中，常常遇到各种困难和特殊情况。因为经营过程是复杂多变的，分配过多，会造成企业的亏损，影响股东和投资人的利益。如果分配过少，又会影响价值创造者的利益。因此在分配过程中，要建立终局思维，在分配之初就确定分配的总额。在分配总额的基础之上进行分配，多劳多得，少劳少得，实现企业和员工的双赢。

11.1.1 如何确定分配总额

在价值分配时要有总额意识。不管利益分配方式如何变化，分配总额要有一定的限额，这样才能保证企业的正常经营收益，否则就有可能出现员工赚得盆满钵满，而企业亏得稀里糊涂的状况。那么分配总额是不是意味着要确定一个固定金额呢？这个固定金额又该如何确定呢？

企业在设计分配机制时，要从以终为始的思维出发，真正发挥"分配"的功能。只有企业和员工共同创造，并取得了经营的成果，才能谈到分配。否则没有经营成果，分配也就无从谈起。因此要从结果出发，来确定分配总额。

当员工队伍稳定时，固定薪酬部分也会相对稳定。很多企业不设浮动薪酬，或者只有很小比例的浮动薪酬，人工成本总额会是一个相对稳定的数额，如图 11-1 所示。从成本控制角度来说，在企业发展上升期，固定的人工成本总额对企业来说是成本最小化。不论企业业绩如何增长，人工成本支出都是有限的。但是这种分配方式无法激发员工，员工的收入与企业经营成果关联性不大，可能会导致"大锅饭"的情况发生。

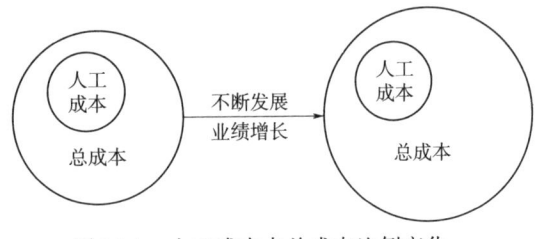

图 11-1 人工成本占总成本比例变化

因此在价值分配上，要让员工与企业经营成果有更强的联结，只有企业发展了，员工才能有更好的收入回报。要打破分配总额固定化的方式，既要让分配总额有上限，又要与企业的经营成果共进退。

为了确定分配总额，就要回到一个更加底层的问题。分配总额从何而来？是股东的资本投入吗？显然不是。如果以股东的资本投入作为分配总额，股东的利益会受到损害，也没有达到股东价值最大化的目标。企业存在的意义在于用集体的力量去创造价值，并获得相应的回报。因此分配的总额应当来源于价值创造的多少，也就是企业的盈利能力大小。

企业各方，不管是资本方，还是经营者、管理层或者是普通员工，都要把目光聚焦到如何从外部市场获取收益上，并达成收益来源于创造的共识。在不考虑资金流的前提下，可以用净利润来衡量企业价值创造的多少。当企业的利润越多时，不论是资本方还是员工都可以获得更多的收益，这时的员工分配总额可以表达为：

$$员工分配总额＝利润×分配比例$$

从这个逻辑表达式中可以看出，员工的分配总额取决于企业的利润和分配比例。从前面的章节中，我们了解到企业在经营过程中会产生不同类型的利润，有毛利润、利润总额、营业利润还有净利润。那么这里分配的应该是哪种利润？

从利润表的结构可以看出，企业首先得到的是毛利润，这也是在工资薪金等支出发生之前所获得的第一个利润。因此在计算员工分配总额时，选择的是毛利润。从为客户创造价值的角度来说，相同的收入，价值创造越多，获取的毛利润越多，分配比例的确定就是企业价值创造后的价值分配。

企业取得毛利润后，又会分配到两个部分，如图11-2所示。一部分用于人工成本的支出，也就生成了员工分配总额；另一部分用于其他各项非人工成本的支出。扣除这两部分后形成企业的净利润，企业的净利润成为企业的留存又会分为两个部分，一部分利润留存用于企业的持续经营，另一部分用于股东的分配。

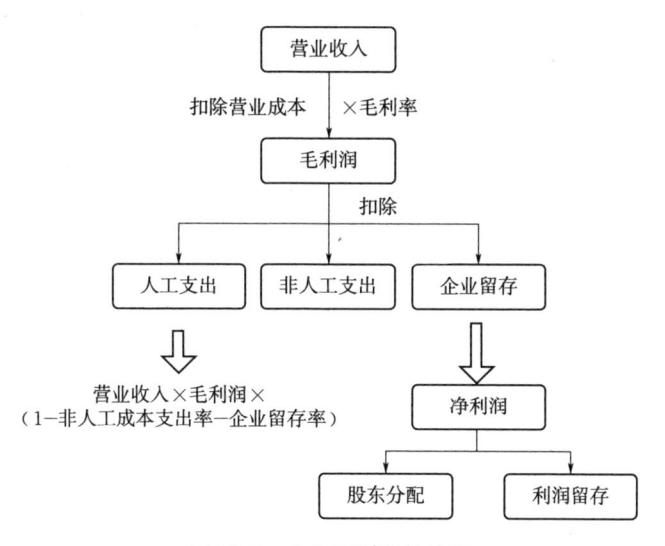

图 11-2 企业毛利润的分配

由此可以看出，影响员工分配总额的因素有营业收入、毛利率、非人工成本支出、企业留存。因此，上述的公式可以转换为：

$$员工分配总额＝营业收入×毛利率×（1－非人工成本支出率－企业留存率）$$

由这个公式可以看出，当企业留存率保持稳定时，员工想要增加分配总额，就需要在营业收入、毛利率和非人工成本支出率上下功夫，这也符合经营改进的方向。扩大营业收入代表着增加客户的认同，只有客户认同企业的产品和服务，才会增加购买。毛利率体现着营业收入的质量，当企业能够为客户创造超出预期的价值时，客户才愿意为产品或服务支付更多的费用。非人工成本支出率与员工分配总额呈反向增长关系，成本费用支出越少，表明企业消耗越少，经营效率越高。

从根源上讲，员工分配总额的增长，取决于能够高效率为客户创造价值。如果毛利率过低或者销售规模不足，都无法支撑员工的人工成本支出，此时需要改进的是企业的主营业务或者对产品进行升级迭代。

员工分配总额体现了企业用于支付人工成本的总额。但是在实际可分配金额中，还需要考虑社保、公积金及相关税费。各地政策不同，假设某省的社保及相关税费占员工薪酬比例约为30%。这意味着每支付100万元的工资，实际的人工成本为130万元。因此上述的员工分配总额在转换为员工可分配总额时，还需考虑社保费用和相关税费，扣除后的方为实际可分配金额。

举例说明

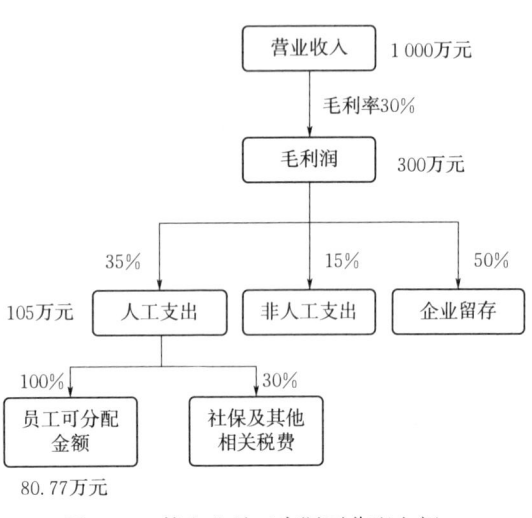

某企业今年营业收入1 000万元，毛利率为30%，非人工成本费用率为15%。由于该企业为资本驱动型企业，企业利润留存率为50%。这时该企业员工分配总额为105万元，如图11-3所示。假设社保、公积金及相关税费的占比为30%，考虑其影响后，可实际分配的金额为80.77万元 [≈ 105×100%÷（100%+30%）]，这就是在1 000万元收入规模下可用于员工价值分配的总额，至于如何分配需要依据员工的贡献或其他驱动因素。但是总额固定，确保了企业成本的可控性。

图11-3 某企业员工实际可分配金额

11.1.2 如何确定浮动比例

员工可分配总额确定后，就要确定可分配总额内的具体分配项目，包括固定薪酬、业绩奖金、各项福利支出及其他即时奖励等。比如固定薪酬占比40%，各项福利占比5%，其他即时奖励占比5%，业绩奖金占比50%。具体的占比份额根据企业历史数据及实际经营情况确定。

这只是薪酬分配的总体规划，但不代表各个岗位的固定薪酬和浮动薪酬比例。不同的岗位，根据岗位性质不同，固定工资和浮动工资的占比不同。与主营业务相关的岗位，直接创造收入和业绩，浮动工资占比较高。职能部门不直接创造业绩，主要是为业务部门和企业的整体运营提供支持，价值体现在与其他部门的协同和支持上，因此浮动工资占比较低，固定工资占比较高。

确定员工可分配总额中固定薪酬和浮动薪酬的比例（图11-4），需要通过以下步骤。

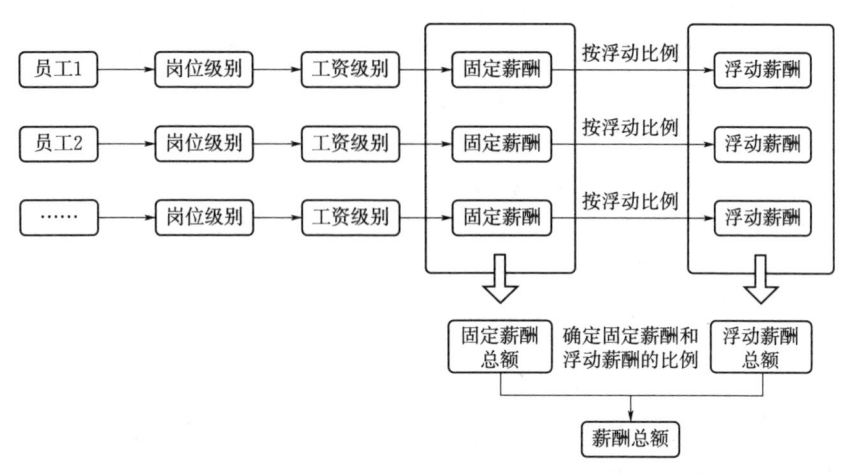

图 11-4　确定员工可分配总额中固定薪酬和浮动薪酬的比例

（1）根据员工的岗位级别匹配相应的工资级别，从而确定该员工的固定薪酬。

（2）根据各个岗位的固定薪酬和浮动薪酬比例，结合已确定的各个员工的固定薪酬，确定每个员工在既定比例下的整体薪酬水平。

（3）分别计算全体员工的固定薪酬总额和浮动薪酬总额，并确定其比例。

确定了全体员工的固定薪酬和浮动薪酬总额及分配关系，就可以在经营过程中做出预测和规划。比如，为了达到员工预想的收入水平，需要达到怎样的收入规模、利润水平及经营效率。这不仅为企业经营提供了方向，也为员工的工作指明了目标和努力的路径。

11.2　如何确定价值分配的依据

员工价值分配总额和分配总额内各项目的分配比例，是依据计划目标得出的。这是在每个岗位的员工都能够按照企业的预算目标，保质保量完成工作业绩的前提下得出的理想数据。但是在实际应用中，各个环节都充满了变量，每个岗位、每名员工、每个小组织的业绩也各有不同。因此在总额确定的前提下，还需要将人工支出总额按照一定的分配标准，分配到各个组织和个人中。

从价值创造的角度来说，分配总额是企业内组织集体创造出来的。但在各自的工作中，每个人做出的成绩和贡献不同，以什么标准分配、分配顺序如何、分配的公平性如何，都直接影响着价值分配的成效。在这一步中，员工价值将得到最直接的反馈。如果付出得不到应有的回报，员工的积极性会大打折扣。如果能够很好地分配价值，员工和企业都会进入正向循环，从而激励大家更加努力地创造价值。确定价值分配方法，简单地说，就是要明确谁创造了价值，创造了怎样的价值，以及如何评定这种价值的方法。

11.2.1 常见的分配依据

以前我们常说按劳分配，也就是付出多少劳动，就得到多少收获。但很多时候，劳动是付出了，却不一定能够获得回报。而且获得回报也不仅仅只是付出的缘故，也有可能是市场环境、市场机会、运气等原因得到的。因此在进行价值分配时就要慎重选择分配的依据，尽可能做到因与果的强关联。

企业是集体共创的组织。不是某个人的行为为企业带来回报，而是团队的共同努力为企业带来回报。是每个组织中的个体，因为自己的工作和努力共同为企业创造价值。个体贡献有大小。在对员工进行价值分配时，要依据其所在的岗位，找到其工作中最能直接影响利润的关键因子，并将这种关键因子与经营结果形成强关联，如图 11-5 所示。

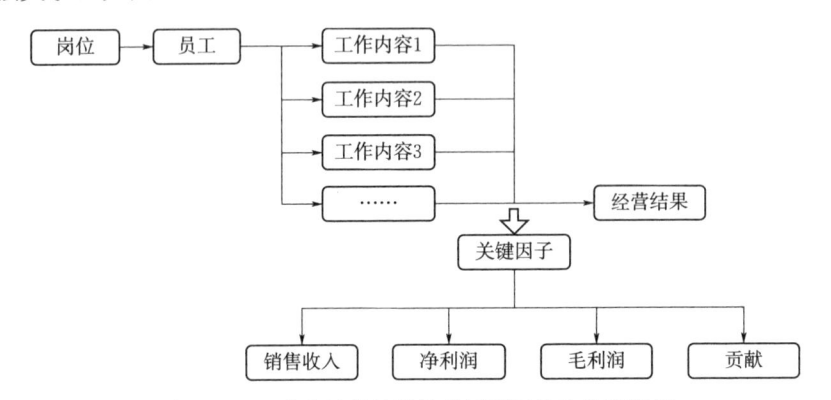

图 11-5 以形成经营结果的关键因子作为分配依据

基于这个思路，在确定分配依据时，常见的主要有以下几种。

1. 以销售收入作为分配依据

销售收入是最直接，也是最简单的分配依据。虽然销售收入的多少不能直接影响最终的收益。但是在分配总额确定的前提下，如果扩大收入是现阶段员工主要的努力方向，可以以此目标作为分配依据。比如一些需要产生规模效应才能盈利的企业，在初创期时扩大收入规模就是最重要的目标。这时为了让员工能够更好地完成收入业绩，不必顾虑过多，以销售收入作为分配依据是比较好的选择。

2. 以净利润作为分配依据

在企业扩大规模时，以销售收入为分配依据能够导向员工快速扩大收入。但是当企业经营稳定时，仍然以收入作为分配依据就显得不太合理。销售业绩好的员工不一定带来的净利润高，而销售业绩相对较低的员工也不一定带来的净利润低。销售收入和净利润之间还有诸多的考虑因素。净利润比销售收入更能够反映企业的经营成果。

比如，两个员工有同样的销售业绩，因为所销售的产品结构不同，创造的净利润可能相差很大。在企业中，不同的产品因为不同的营销功能，其产品利润率有所不同。用于扩大客户规模的引流品和为企业创造价值的利润品，它们的利润率会相差很大。因此不同的销售产品结构，虽然带来的销售业绩相同，但是为企业创造的利润却大不相同。

对于直接与业务相关的员工而言，他们能够直接影响销售业绩，也能直接影响销售产品的品类结构。当企业规模较小、层级较少时，业务人员作为企业的主导，能够控制绝大多数的费用发生。这时采用净利润作为分配依据，不仅能激励员工，又能比较直接地反映员工为企业创造价值的情况。比如初创期的企业，多是创始人带着几个合伙人一起干，每个合伙人都是一个小团队，负责业务从开始到结束的全周期运营，这时合伙人之间采用净利润作为分配依据是比较合理的。

但是随着企业规模的不断扩大，人员逐渐增多，各个管理层级和职能部门逐渐完善，前端的业务人员不再能够控制从开始到结束的全过程。这也意味着，很多的费用支出不再是由同一部门或者同一人员所控制的，这时仍然以净利润作为分配依据，对于业务人员来说就显得不大公平。

3. 以毛利润作为分配依据

既然业务部门对各项费用不可控，那么再往上一层，到毛利润就大概率能够解决这个问题了。对于与业务相关的部门，以毛利润为分配依据，既能够导向结果，又能让分配依据与员工直接相关。对于能够独立产生毛利润的组织而言，这个分配依据是比较合理的。比如各个独立的销售门店，每个门店都有自己的销售收入和进货成本，可以独立生成门店的毛利润。

但是，还有一些业务是需要团队间协同创造收益的。比如物流行业中，经过整个运输的链条实现货物物理位置上的移动，才能完成对客户的服务。每个营业网点虽然获取收入，但是与它所付出的成本并不匹配，需要整个运输链条中的各个环节，才能构成整体的营业成本。类似这样的业务，就需要在组织内进行人为的划分，将整体链条划分为能够独立核算出毛利润的小组织。但是在人为划分的组织中，组织间的价格结算和交易需要人为划定，这时的公平性就显得尤为重要。结算价格的高低会影响各组织的毛利润，进而影响每个员工能够分配的利益。一旦处理不当，不仅不能起到分配的激励和导向作用，还会造成组织间的协同障碍。

4. 以贡献作为分配依据

贡献，是一个综合性的评价维度。以贡献作为评价依据，前提是要与本岗位的工作职责相结合。以贡献为分配依据，适用范围更加广泛，不仅适合与主营业务直接关联的岗位，也适合与主营业务非直接相关的职能部门。这种分配依据看上去很合理，但是如何评定贡献呢？

首先要根据企业所处发展阶段，确定在该阶段各个岗位的主要工作职责是什么。比如在成长期的企业，对于扩大销售规模的需求更大，这时可以以销售额作为分配依据。但是销售人员工作职责不仅是销售额，还有合理的产品结构、回款的效率及销售费用的控制等，这些都是在销售人员的工作职责范围之内的工作。仅以销售额为依据，并不能完全反映出销售人员的工作业绩。

在以贡献为导向的分配中，要综合考虑销售人员的不同职责，并根据不同时期的侧重点，给予不同职责不同的权重。比如，某一时期销售的绝对额更重要，对于销售额指标给予60%的权重，而毛利润的权重降到40%；当企业经营比较稳定时，利润指标更加重要，而销售收入主要来自老客户需求的增长，这时销售收入给予40%的权重，而毛利润增加到60%的权重。

根据不同时期的需求，对需要牵引的方向给予不同的侧重。这样也能够给员工企业所需要的导向。在分配时按照导向的贡献进行价值分配，又能给员工很好的正向反馈，促进员工向企业需要的方向努力。

11.2.2 确保分配依据的公平性

分配讲求的是公平，一旦分配不公，就会引发团队内的不满。同类型工作小组中的分配相对容易确定。每个人做的工作相同或近似，按照相同的分配依据进行分配即可。而对于组织间，尤其是上下游链条关系的组织间，因为工作的内容、工作职责各不相同，在确定分配依据时就需要找到不同变量之间的关系，才能够在分配时找到合适的基础。

举例说明

例如，一家企业由两类主要团队组成：一类是负责业务拓展，另一类负责业务的具体运营。如果分配时按照销售业绩来分配，显然对于负责运营的组织是不公平的，因为运营的团队是不能直接创造收入的。

于是企业管理层想出一个方法。运营团队本质也是在提供服务，只不过服务的对象有所不同。拓展业务的团队在前端，运营的团队在后端。让业务团队购买运营团队的服务，支付相应的费用就行了。这样两个团队都有了收入，就可以按照业绩来分配了。但是问题来了，运营团队虽然获得了收入，但是这个收入却是基于业务团队的业绩。且不论两个团队间结算价格的公平性，即使是双方都认可的公平价格，对于运营团队而言，这个收入也是不可控的，是由业务团队来主导的，并不能体现这类组织的价值贡献。如果以销售业绩为分配依据，对于运营团队而言是不公平的。

回到各个组织运转，以及企业价值创造的底层逻辑上来思考这个问题。内部交易链条如图 11-6 所示，不管是前端的业务还是后端的运营，本质都是在为企业创造价值，只是创造的方式和创造的环节不同。业务端是通过扩大收入，增加高利润产品占比来创造的，而运营端是通过提高效率、降低成本来实现的。因此可以通过两端所创造的毛利润作为分配的依据，以各自在可控范围内创造的价值来分享收益。

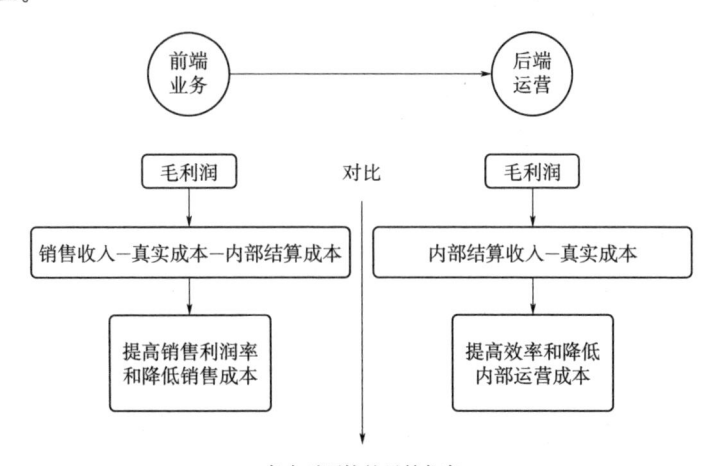

```
        前端业务 ──────────→ 后端运营
           │                    │
         毛利润        对比     毛利润
           │                    │
  销售收入-真实成本-内部结算成本    内部结算收入-真实成本
           │                    │
    提高销售利润率           提高效率和降低
    和降低销售成本            内部运营成本
           │
     各自对可控的贡献负责
```

图 11-6　内部交易链条

通过这个例子可以看出，在确定分配依据的公平性上，需要考虑以下几点因素。

1. 分配因素与职责相匹配

决定以哪些指标为依据进行利益分配，需要首先考虑是否与其所承担的岗位工作职责相匹配。分配依据与职责不匹配是产生不公平最主要的原因。员工工作就是要完成企业既定的工作职责，以工作职责来分配价值是最基本的原则。虽然道理容易理解，但是在实际操作中，有大量容易混淆的情况。

比如很多中小型企业把应收账款的催收工作归于财务部门。产生应收账款的主要原因，在于业务发生时没有进行严格的管控。即使在规定的收款期限内，也应当由产生这笔业务的负责人进行催收，财务人员并不应当对此负直接责任。如果以收款情况来考核财务人员的工作业绩，显然是不合理的。

2. 分配因素可控

在价值创造和价值分配的闭环里，分配可以起到导向创造的作用。但这个导向能否发挥作用，也取决于这个分配依据是否可控。只有可控才能够有改进的空间,才能够为了实现既定的目标努力。如果分配的依据是一个完全不可控的指标或因素,也就意味着无论怎样努力,结果都是无法确定的。

这就好比一个司机,不考核驾驶技术和驾驶安全,而用销售收入这样的指标作为分配的依据一样。如果公司销售业绩不达标,司机的绩效就要相应降低。那么即使司机驾驶技术和驾驶安全性再高,也没有办法提高自己的收入,因为核心的控制要素销售收入是司机所不可控的。这样的分配机制下,没有公平可言,必然导致没有人再去努力工作或者提升技能。因此分配依据要可控,让员工能够通过努力去提高、去改进,并能够通过这些努力获得更多的价值分配,这也是对他们努力付出的正向反馈与激励。

3. 分配因素对于分配主体统一且一致

不管是分配依据与岗位职责直接相关,还是分配依据直接可控,都是对于被分配的组织和个人而言的。而公平性还体现在组织间分配的统一性上。比如对业务部门按照收入分配,而对于职能部门按照费用分配。在部门间分配时,不同的部门给予不同的分配标准,这本身也是对公平性的破坏。

比如,某企业今年可分配的人工总额为100万元,销售部门按照销售收入的30%分配,运营支持部门按照费用节约率的10%分配,职能部门按照固定薪酬的10%分配。这种方式下,每个部门的分配都有自己的分配依据,虽然分配比例跟各部门的工作职责相关,但是对于各组织之间可能会造成公平性上的缺失,因此在组织间分配时要统一口径。

再比如上面的例子中,不管是业务端或运营端,都是按照毛利润的贡献比例进行分配,这时的分配就相对公平,大家都是以相同的基准进行分配,衡量标准相同,也有利于导向共同的目标,形成团队间的良性竞争。

11.2.3 以效益为先的团队作战机制

有了分配的依据,并且能够确保分配公平性的基础上,接下来就是具体的分配规则。在分配时,首先会面临一个问题,共同创造的价值是以个人还是以组织为单位进行分配。虽然最终都要分配到每个人,但是分配的顺序不同,效果也会有所不同。

直接分配到组织还是个人,最大的区别在于价值分配的导向作用。如果直接分配到个人,每个人都会更关注个人的利益。个人利益分配的多少与组织无关,可能引发因为个人利益而损害集体利益的情况。如果先分配到组织,再分配到个人,每个人都会先确保自己所在组织得到价值分配最大化。有了整体的最大化,才会有个人的最大化。相比于直接分配到个人,先以团队为单位进行分配的方法会相对复杂,不如直接分配到个人那样简单直接且效率高。对于工作内容较为简单,可以单兵作战，不需要或很少需要组织协同的工作，可以采用直接分配到个人的方法。

企业的发展，之所以从个体到组织，是为了用集体的力量去共同实现工作结果。从这个意义上来说，不管是哪个岗位，都需要不同部门、不同岗位间的协同。没有人能够孤军奋战，每一项工作的背后都有组织的保障作用。

一般来说，销售岗位是企业中相对能够独立完成工作，也能够比较独立的核算工作价值的岗位。但是好的销售行为也是需要组织间配合的，不是单靠销售人员自己就能够独立完成的。比如销售前需要的销售线索、数据支持、潜在客户的信息和特点，销售中涉及专业技术人员的配合讲解等，有这些工作的保障才能够完成对客户的销售行为，如图 11-7 所示。

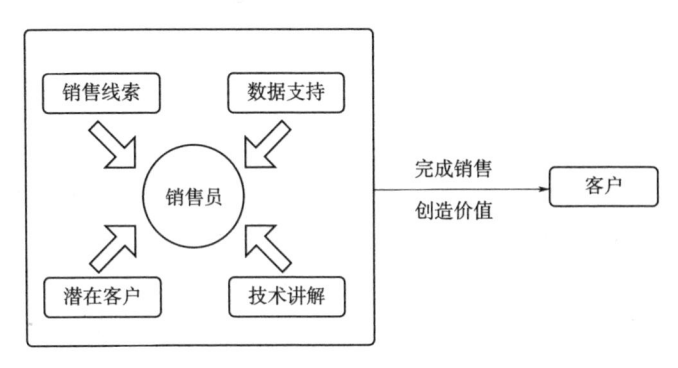

图 11-7 团队协同和支持完成销售任务

表面上看，是销售人员完成的销售业绩，但实质上是无数有形或无形的支持在帮助销售人员实现工作结果。如果直接分配到个人，每个人都会本着个人利益最大化的原则工作。一旦其他支持销售的工作无法得到应有的回报，或者回报与销售结果不匹配，就会出现组织间协同的问题。而如果把所有销售支持相关的人员划分为同一个小组织，由这个组织为单位先分享收益，这时组织内的成员就会齐心协力，高效协同完成销售任务。

因此，作为企业要导向高效协同、合作共赢，以团队为主体进行分配，能够较好地发挥组织的力量，激发团队的荣誉感，发挥价值分配向团队合作导向的激励作用，实现组织与个人"1＋1＞2"的效果。

11.3 价值分配的方法

不管是分配的总额管理，还是分配依据的选择，都是在进行前期的准备工作。在具体分配时，需要先在团队之间进行分配。分配到团队后，再进一步分配到个人。为了用价值分配的工具牵引员工向企业需要的方向努力，还需要通过杠杆的方法进行平衡。除此之外，对于不同性质的组织，也要区分不同的分配方法，接下来将对分配过程的具体方法进行介绍。

11.3.1 分配到团队的方法

当全体员工共同为企业创造价值后，根据价值分配总额，可以得出员工可分配的总额。员工可分配总额，首先要扣除所有员工的固定工资部分，以及其他的福利、即时奖励等，剩余的部分才作为奖金分配到各个"作战单元"中。

图11-8是依据不同标准划分的"作战单元"。所谓"作战单元"，就是在企业中划分的能够独立，或相对独立地完成工作闭环的组织。

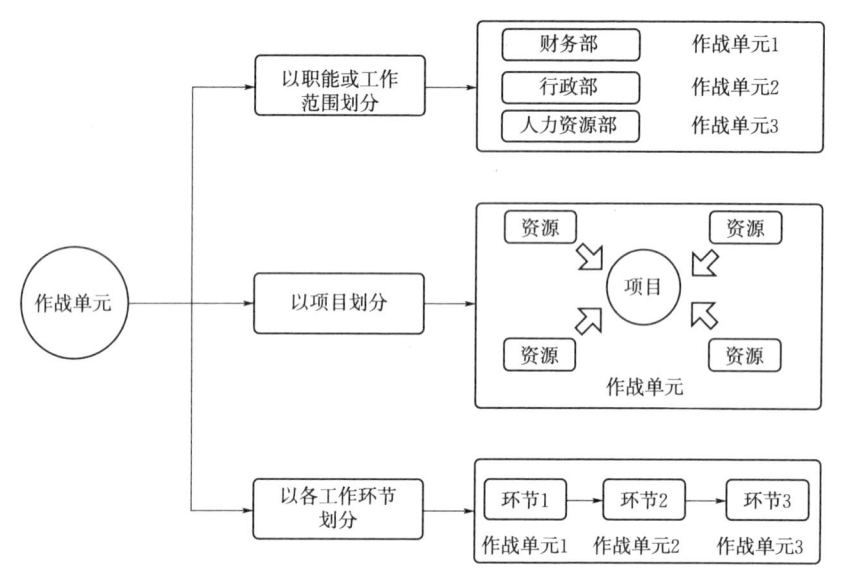

图 11-8 依据不同标准划分的"作战单元"

第一种，以职能或工作范围划分。比如财务部、行政部、人力资源部，这些就是以部门职能划分的一个小单元。这种划分直接按照企业内的部门属性划分，相对比较简单。

第二种，以项目划分。按照完成每类工作所需要的必要支持资源进行划分，即划分为独立的项目组，为每个项目组匹配所需要的人员。比如完成销售任务，不仅需要销售人员，还需要销售会计、与业务直接相关的人力资源管理人员等。这种划分打破了传统的部门概念，以完成工作所需要的所有支持为依据。

第三种，以各工作环节划分。每个小组都可以独立完成自己的工作闭环，获得相应的职能支持，这种类型的划分更适合于前端的销售业务，或者没有复杂工作链条的工作。比如会计师事务所的审计项目，或者信息化升级的实施项目等。独立的项目制工作可以采用这种方法，在价值分配时更能够反映每个组织所创造的价值和贡献。如果存在复杂的工作流程，无法分割成独立的项目，或者即使项目独立，也需要完成全环节的工作流程的，就不能简单地采用这种方法。比如传统的制造业企业，不论是大客户的生产项目，还是用于零售的产品，都需要经过各个生产工艺环节，这时各个环节可以划分一个独立的单元，每个环节只需要完成好自己的工作即可。

如何划分"作战单元"，没有绝对的标准，要依据企业的实际情况和业务完成所需要的资源决定。划分好各个小组织后，就要将员工创造的可分配价值总额，分配到各个小团队之中。在分配过程中，采取怎样的方式，既能保证公平，又能准确的衡量不同团队间的贡献呢？

一般来说，采用不同团队的毛利润进行分配是比较好的方式。既能保证整体目标一致，又能兼顾团队间的公平性。如果是独立的项目制团队，每个小团队都可以相对独立地完成工作，形成自己的收入、成本及费用，从而得出团队利润。如果是处于工作链条中的各个小团队，因为有些环节不直接创造收入，可以人为制定收费标准，这样每个小团队也能得出自己的利润。不管是哪种形式，都可以以各自的利润作为分配依据，分享企业所创造的价值。

11.3.2 分配到个人的方法

不管是分配到组织，还是分配到个人，整体的分配原则都是按劳分配、按贡献分配，导向以奋斗者为先。首先需要区分不同小团队的工作内容和工作性质是否相同。在不同的"作战组织"中，分配到个人的方法也有所不同。

有些小团队成员的工作内容基本相同，可以按照相同的标准进行分配。分配依据可以是单一指标，也可以是多个指标综合考量。比如销售小组中，每个人的目标都是最大限度地完成销售任务，这时就可以按照每个人的销售业绩进行分配。如果这个销售小团队的工作任务，不仅要完成销售指标，还要达成一定的产品毛利率，也就是要符合企业设定的产品结构。这时就要考虑销售业绩和毛利率的占比，以两个指标的达成情况及各自占比，来综合决定该销售小组内的利益分配。

如果小组内员工的工作性质相同，但具体工作内容有所不同，就无法按照同一指标为依据进行分配。比如职能部门中每个岗位的工作职责都不相同，这时就需要通过一定的方法构建统一标准。以财务部来说明，不同的岗位有不同的工作职责。出纳主要负责日常的资金流入和流出，做好与资金相关的各项工作。而成本会计，主要负责与产品成本相关的控制和核算。两个岗位的工作内容不同，评价标准也就不同。在分配中，需要对各自的工作进行分别评定、打分，并按照不同工作内容的占比，综合出可以统一衡量的分数，以此得分来进行部门内的利益分配。

如果在"作战单元"中，同时存在上述两种情况，也就是前面所说的项目制团队。每个项目组中都能够相对独立地完成工作。小组内既有工作内容相似的岗位，又有工作内容不同的岗位，可以先将不同的岗位进行划分，然后同时按上述两种方法进行分配。

除了小组成员的分配，还需要重点关注每个小团队中管理者的分配。在组织中，管理者不仅承担业绩的达成，还要承担管理、培养团队和搭建人才梯队的责任。管理能力的高低，决定着其所负责的团队是否能够完成工作目标。对于人才的培养，更是直接影响着企业能否得到持续发展。对于团队的管理者来说，这部分责任更胜于个人业绩的达成，相应的贡献也要得到价值的体现。

如果在价值分配中，将管理者的业绩也同其他员工一起参与分配，就会导致管理者无法专注发挥管理职能，而重在达成个人业绩，甚至还会出现与下属争抢业绩的情况，这都是由于不合理的分配机制所导致的。

因此，在设计管理者的分配机制时，可以让管理者按照整体团队业绩的一定比例分享收益，如按照整体团队业绩的 20％ 作为管理者业绩进行分配。对于管理者培养团队的职责，可以通过其培养的新管理者所带团队业绩的一定比例进行分配。

举例说明

张三作为现有团队 A 的管理者，其团队主力成员包括李四和王五。作为管理者，张三可以分配到团队 A 的可分配总额 20％，作为其管理奖金。剩余 80％ 再按照上述方法，根据员工的贡献进行分配，这 20％ 的管理奖金是对张三团队管理及业绩达成的肯定。该团队管理者的分配机制如图 11-9 所示。

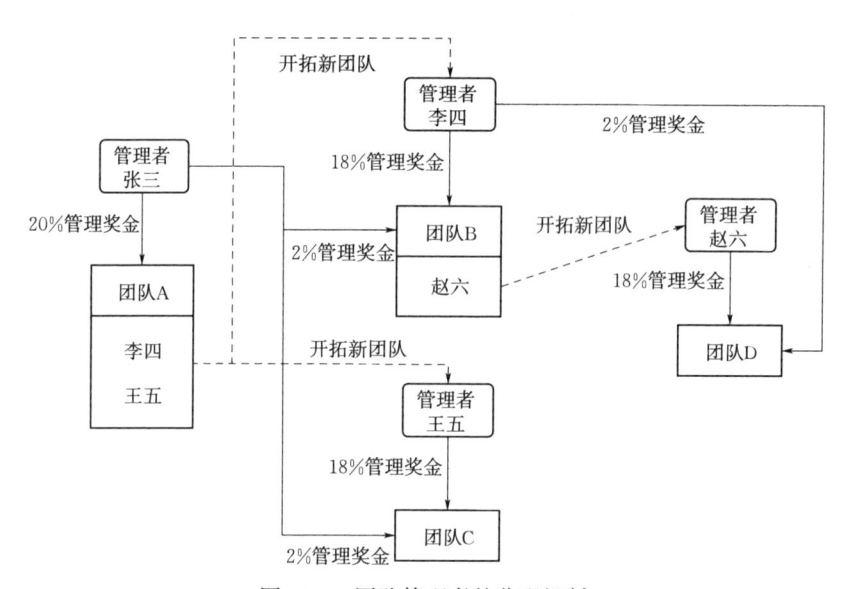

图 11-9　团队管理者的分配机制

在团队培养和人才队伍建设上，张三的培养能力体现在其下属能够独立带领一个新的团队，因此张三这部分价值会体现在其下属管理者的业绩中。张三团队中的李四和王五因为业绩突出成为新团队 B 和新团队 C 的管理者。由于李四和王五是由张三培养起来的管理者,张三可以分别分享团队 B 和团队 C 可分配业绩的 2%,而这部分被张三分享的份额由李四和王五的 20% 中扣除,不影响其团队成员的整体分享比例。这样一来,新的管理者为了增加自己的收入,也会积极地培养自己的下属成为新团队的管理者。当李四团队的成员赵六再成为新团队 D 的管理者时,张三不再分享赵六团队的业绩,而由李四分享赵六团队可分配总额的 2%。

如果企业的可分配金额为 100 万元,通过团队之间的分配后,团队 A 能够分得 30 万元,团队 B 分得 20 万元,团队 C 分得 50 万元。这时,作为团队 A 的管理者张三能够分配多少收入呢?李四和王五又能分配多少呢?团队管理者的分配收入如图 11-10 所示。

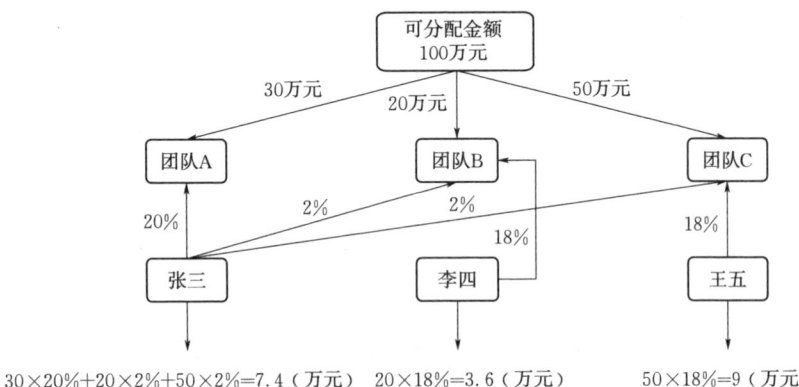

图 11-10 团队管理者的收入分配

首先,张三在自己的团队 A 中,能够分配 20% 的管理奖金,也就是 6 万元。由于张三培养了团队 B 和团队 C 的管理者李四和王五,因此张三也可以分享李四和王五的团队业绩的 2%。也就是说,张三可以从团队 B 中分享 0.4 万元,从团队 C 中分享 1 万元。张三从团队 B 和团队 C 中分享的 2% 业绩奖金,需要从李四和王五的 20% 管理奖金中扣除,因此李四和王五能够拿到各自团队 18% 的管理奖金。也就是说,李四可以从团队 B 中分配 3.6 万元,王五可以从团队 C 中分配 9 万元。

上述案例中这种管理者的分配机制,既能让管理者专注于团队业绩的达成,又能激励管理者培养人才,而团队内的员工也会积极展现个人能力,成为新团队的管理者。人才的可持续保证是企业持续扩张、不断发展的基础。

11.3.3 给分配加上增量的杠杆

前面逐一分析了分配到团队和分配到个人的方法。随着业务的不断稳定,企业也进入了相对稳定的成熟期,这时新的问题随之而来。

有的员工因为倦怠，会出现"躺在过去功劳簿上"的情况，组织内的效率反而开始降低。虽然企业经营相对成熟并逐渐稳定下来，但是内部效率的降低会带来更多的问题。员工依靠现有的业绩和客户，能够得到不错的收入，就开始不再努力。很多员工也不愿意去开拓新的市场，组织内的创新性也在不断下降。这对于企业来说，是非常危险的信号。

因此，企业就要在制度和分配机制上导向增量，让开发新客户的员工获得更多的收益分配。最简单的方式，也是很多企业采用的方法，就是给业绩回报增加阶梯。比如销售业绩完成10万元，给10%的提成；销售业绩完成30万元，给15%的提成；销售业绩完成50万元，给20%的提成。这种方法简单、直接，员工知道只要做的业绩越高，获得回报也就越高，能够激励员工向更高的目标努力。

但是这种方法会带来一些问题，比如员工这个月士气高涨，业绩很好，拿了很高的收入。下个月因为某些原因，在一开始没有把握好进度，或者有些懈怠，这时可能就会想，反正这个月也完不成了，不如就这样吧。这时候不仅没有起到激励的效果，反而给了员工懈怠的借口。还有些员工心想如果完不成高业绩，不如把这个月有把握的业绩放到下个月，还能增加下个月的提成收入。这些问题会给企业带来收入不稳定的情况，经营水平会忽高忽低，不利于管理人员进行经营分析。对于上市企业而言，更会严重影响股价。

为了解决这种问题，就需要在分配机制上下功夫，用分配机制导向员工创造更多的增量。因此，分配时就要给增量收入更多的权重，对以往的存量收入降低权重。在设定分配依据时，为了保证每年销售额的增长，对增量部分给予更高的权重。

某企业设定每个小团队的销售目标分为三档，基准值为50万元，目标值为80万元，冲刺值为100万元。基准值就是基于以往的存量业绩设定的，目标值就是本年正常的增量，而冲刺值就是企业希望通过努力实现的增长。当员工完成基准值且不足目标值时，分配依据按照0.9的系数设定；当员工完成目标值且不足冲刺值时，分配依据按照1的系数设定；当员工完成冲刺值以上时，分配依据按照1.1的系数设定。销售目标的分配系数划分如图11-11所示。

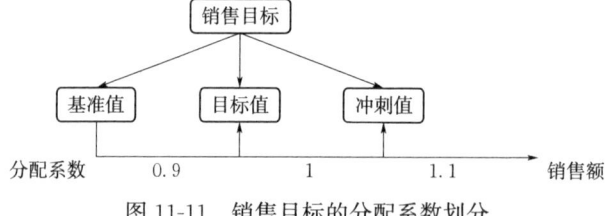

图11-11 销售目标的分配系数划分

这样一来，在将可分配总额分配到各个小团队时，完成增量越多的团队，不仅获得收益越多，而且还能因为这种分配机制放大自己的收益，激励员工更多地完成增量收入。

除了上述这种方式,还可以通过错位分配的方法来导向增长。所谓的错位分配,就是让增量杠杆和销售业绩错开实现。根据本月实现的业绩,获得相应的提成比例,但是提成比例不是在当月兑现的,而是在下个月的销售业绩中兑现,这样就可以解决之前提到的一旦员工完不成业绩就会破罐子破摔的情况。

错位分配如图11-12所示,销售目标仍然划分为基准值、目标值和冲刺值。完成基准值,提升比例设定为10%。完成目标值,提成比例设定为15%。完成冲刺值,提成比例设定为20%。根据本月的销售完成情况,确定可以享受的提成比例。但是该比例不在本月享受,而是在下月享受。也就是说,根据本月的销售额确定下月的提成比例,而下个月的销售收入,又决定了下下月的提成比例。

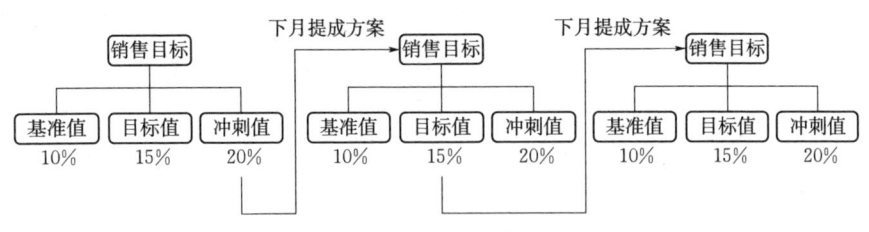

图 11-12 错位分配

图11-13中可以看到不同销售业绩下的提成分配比例。比如本月完成销售任务45万元,得到的下月提成比例为10%,下月所有的销售业绩都是按照10%的比例计算收入;如果下个月完成业绩86万元,得到下下月的提成比例为20%,该月可以分享的收益是8.6万元（86×10%＝8.6）；如果下下月完成销售业绩60万元,可以分享的收益是12万元（60×20%＝12）的收益,以此类推。

图 11-13 错位分配机制下的价值分配

如果员工本月得到了高提成,只有下月完成尽可能高的业绩,才能不浪费上月的业绩成果,把个人的收入放大到最大。把影响员工收入的两个因素,业绩完成额和提成比例,分别在不同时期兑现,可以实现对员工激励的无缝衔接,更好地激励员工完成更高的指标。同时更高的指标又会获得更高的提成比例,促成下月的高指标完成,形成良性的循环。

11.3.4　业务部门和职能部门的分配方法

根据企业整体的净利润，扣除各项费用后，生成可分配的价值总额，也就是可供员工共同分享的劳动成果。在分配过程中，需要先扣除员工的固定工资及各项福利、即时奖励支出，然后采用先分配到组织，再分配到个人的方式进行奖金分配。在组织间分配时，业务部门因为与经营直接相关，会直接创造收入，产生成本，其业绩相对来说容易衡量。

而职能部门，其本质是为业务部门提供支持服务，不会直接创造收益，但是会有一系列的费用发生，其价值相对来说不容易衡量。职能部门的价值体现在，通过专业化的管理或者支持，帮助企业运行更加高效、降低各项管理成本和风险。比如财务部门，虽然没有直接给企业带来收入，但是专业的财务管理却能够给企业带来超出业务部门的价值。而一个不合格的财务部门，也可能给企业带来巨大的损失。

举例说明

以税务筹划为例，通过合理的运用国家的税收优惠政策，可以帮助企业合理、合法、合规的降低成本。如果不懂得采用合理的方法降低成本，而采用了违法的方式偷税漏税，虽然看上去降低了成本，但是企业将面临巨大的风险。不仅是财务部门，其他的职能部门也同样如此。比如人事部门，一旦没有做好用工风险的规避，便会给企业带来巨大的损失和劳务纠纷。职能部门的价值虽然不如业务部门直接，但是也应该得到应有的体现。既然不能在业务中自然体现，就需要进行人为的划分，进行内部结算，把每个部门都作为一个能够独立创造利润的小团队。

首先，对于每个部门的每个岗位要有清晰的岗位说明书，每个岗位可能会有哪些工作，需要完成哪些工作，细分出来。其次，为这些工作进行定价，对于针对全企业的常规性工作，可以设定固定的交易价格，也可以包含在固定工资中，不再另外结算。对于项目型的工作，可以按照其所创造的价值，分配一定的收益比例，比如上述的税务筹划工作，预计能够为企业节税10万元，这项筹划工作就可以按照节税金额的一定比例进行定价。

对于大多数的中小型企业，采用内部定价、内部结算的方式，需要强大的信息化支持，对内部的核算及各项管理能力都提出了较高的要求。为了核算的简单，对于不具备内部结算条件的企业，也可以采用按比例分配的方式。在分配除固定工资、福利及即时奖励以外的奖金时，先按照一定比例在职能部门和业务部门间分配。比如职能部门占可分配总额的30%，业务部门占可分配总额的70%。

这样做的好处在于职能部门也能够与整体的经营情况联动，避免内部结算中可能产生的价格争议和部门间博弈。当然，部门之间的比例，需要各部门协议一致后确认。确定了分配比例后，接下来就是在个人间进行分配，这时可以按照每个岗位所确定级别的相对数来分配。

回到 10.3.1 节表 10-2 所示的工资等级对照表。每个岗位的固定薪酬部分，都是依据岗位的职级来确定工资等级的，评定工资等级的标准就是岗位的职责及个人的能力。由于职能部门的工作与业绩关联性相对较小，更重要的是高质量地完成相对固定的本职岗位，因此在个人间分配时可以按照工资等级的相对比例来进行分配。

举例说明

以某企业为例。假定该企业的职能部门仅有财务部门，财务部门中有一名会计、一名出纳和一名经理，他们的固定薪酬按照工资等级确定，分别为 4 200 元、3 250 元和 6 440 元。这部分薪酬是根据他们的任职资格、能力及岗位职责确定的。所以，在分配业绩奖金时，也以此为标准进行分配，如图 11-14 所示。

财务部门	工资等级	折算薪点
经理	6 440	128.8
会计	4 200	84
出纳	3 250	65

可分配金额 按比例分配

图 11-14　某企业财务部门的个人业绩分配

该企业扣除全体员工的固定薪酬和其他固定比例的奖励后，剩余的可分配奖金按照 30% 的比例分配到职能部门。在分配到个人时，先将每个岗位的固定薪酬按统一标准折算成分配系数，这里称为薪点。比如按照每 50 元一个薪点的比例进行折算，职能部门人员的薪点分别为 84 点、65 点和 128.8 点，然后将可分配的奖金总额按照他们的薪点比例进行分配。

上述案例中这种分配方法是基于每个岗位进行分配的，不论是操作还是核算都相对简单。对于无法实现内部结算，或者核算不够精细的企业，可以采用这种分配方法。

11.3.5　内部利润中心的分配原则

内部利润中心的分配难点主要在于其公平性。公平性，一方面体现在分配依据是否统一，是否上下一致，是否按照相同的标准进行分配。另一方面体现在内部结算价格是否公平，关于分配依据的公平性，前文已经讲过，这里主要说说内部结算价格的公平性。

既然是内部结算价格，就意味着价格的确定没有以真实的市场交易为依据，而是人为确定的。人为确定的价格，就会存在不同部门间的博弈。市场价格的确定，是以买卖双方的供需来决定的。当供过于求时，市场供给较大，产品会出现剩余，这时价格就会降低。当供不应求时，市场需求变大，产品处于短缺状态，这时价格就会上涨。而内部结算价格，没有了市场这只无形的手，就需要通过一定方法来确定相对公平的交易价格。确定内部结算价格，可以采用以下三种方法，如图 11-15 所示。

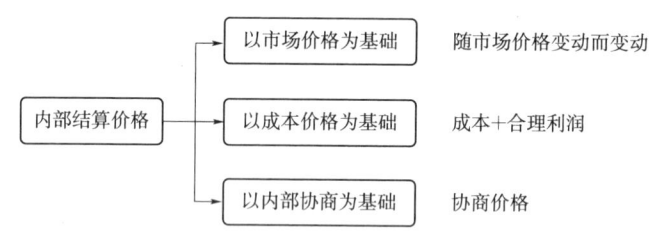

图 11-15 内部结算价格的确定方法

1. 以市场价格为基础

以市场价格为基础的内部定价，简言之，就是按照市场定价来评估内部交易的价格。在不考虑内部交易的前提下，直接向外部市场销售产品或服务的价格是多少，并以此价格来确定内部结算价格。当外部市场价格上涨时，内部交易价格也随之上涨。当外部市场遇冷，价格下跌时，内部交易价格也随之下降。

这种方法模拟了真实的市场交易情景，解决了内部交易没有真实市场的问题，能够比较真实的反映市场行情。确定的价格也比较容易被内部的买卖双方所接受。不足之处在于内部交易的产品、服务种类繁多，需要每一项找到对标的市场价格，且需要实时根据市场价格进行变动，工作量较大。

2. 以成本价格为基础

市场价格的确定，是基于生产产品或服务的成本，加上一定比例的利润确定的。虽然市场价格受供需关系的影响，但也是以成本加合理利润为基础的。以成本价格加合理利润为基础进行内部定价，能够减少市场波动的影响，较容易确定内部定价。

3. 以内部协商为基础

内部结算本身具有博弈的性质。一方收入增加，就会造成另一方成本的上升。而收入、费用的变化又会直接影响各小组的利润情况。如果交易价格不能达成一致，在以利润贡献来确定利益分配金额时，就可能造成组织间的矛盾和冲突。因此协商确定内部定价也是一种可行的方法。一般来说，协商定价也是基于一定标准范围的。通常价格的波动在市场价格和产品成本价格之间，通过协商来确定出双方均可接受的交易价格。

企业的发展阶段不同，采用的价值分配方法也会有所不同，价值分配所牵引的方向也有所不同。对于刚起步的创业企业，可以采用较为简单的方式，不断导向业务增长、扩大市场份额。对于处在成长期，有一定规模的企业，可以采用更为精细化的分配方式。

当企业具备一定的市场价值时，还可以适时分股、分权，采用股权激励的方式，跟员工形成利益共同体。但是，不论采用哪种分配方式，都要以贡献为先，价值分配向奋斗者、贡献者倾斜，在相对公平的环境下实现多劳多得、少劳少得。从整个价值创造和价值分配的循环中可以看出，分配的问题解决好，企业的管理就解决了一半。企业持续稳定的发展也就有了可靠的保障和基础。

第12章
打造属于自己的经营仪表盘

在企业经营的过程中，会经历无数的流程、环节，产生各类的经营数据，这些经营数据不仅反映了企业经营的过去，也在一定程度上预示着企业未来的发展趋势。以客观数据为依据，重视企业发展的趋势，并不断调整，紧跟数据的变化，就可以让企业在经营中更加有的放矢，有章可循。但是并不是每个经营者都能够从繁杂的数据中抽丝剥茧，看到数据背后的经营真相。因此，企业需要一种工具，将这些有价值的经营信息整合和提炼，直观地呈现给经营的管理者，这种工具就是经营仪表盘。通过简单、直观的数据呈现，让管理者看到经营的方向并提供更多的决策依据。

12.1 一眼洞穿经营仪表盘的本质

笔者问过很多中小型企业的负责人是依据什么来做决策的？绝大多数人都告诉笔者，凭经验。更通俗一点说，就是拍脑袋决定的，这种决策机制的风险非常大。

汽车尚且有各种各样的指示灯、仪表盘、报警装置，但是很多的企业却是一路在经营的道路上盲目前行，风险和失败的概率可想而知。因此，对于企业经营而言，打造一个像汽车一样的经营仪表盘是必要的。那什么是经营仪表盘呢？我们需要的又是怎样的经营仪表盘呢？从本质上来说，经营仪表盘是对企业经营情况的集成化表达，是企业经营过程中的预警系统、决策支持系统和决策反馈系统。

12.1.1 经营仪表盘是经营数据的集成化表达

以传统的制造业企业来说明，在生产过程中，需要采购原材料，然后在生产线上对原材料进行加工，生产出各种产品。产品再经历各个环节，最终销售到市场上。整个过程需要经历很多道工序，由众多员工共同完成。

每个环节、每道工序都会产生大量的经营数据和表格单据。管理者无法事无巨细地了解每一个环节、每一项数据，也无法直接通过每项数据了解经营情况。参与其中的员工，也只是了解自己所参与的工作，无法看到全局。于是，断层就出现了。

图 12-1 所示的经营仪表盘就像是连接无序数据和有价值信息之间的桥梁。将这些庞杂无序的数据、单据，通过整理、加工的方式，集成出管理决策所需要的信息，作为连接断层两端的工具。这就是经营管理中需要呈现的经营仪表盘。

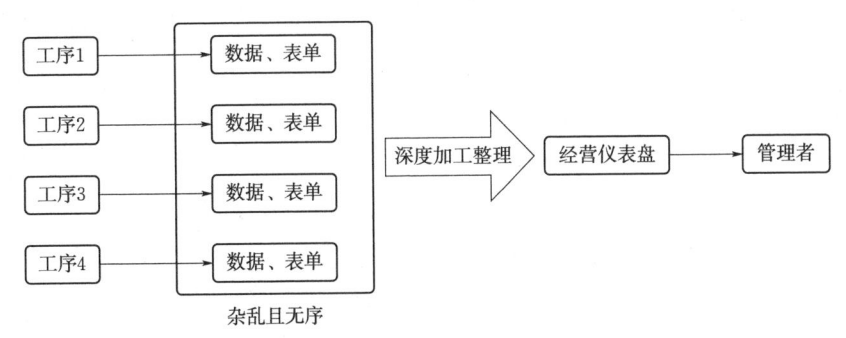

图 12-1 经营仪表盘是连接无序数据和有价值信息的桥梁

管理者只是信息的使用者，不需要了解每一项数据。正如我们开车一样，作为驾驶员，我们的目标是安全到达目的地，汽车上的仪表盘就是帮助我们了解车辆信息,并做出正确的决策,以实现最终目标。驾驶员不需要了解汽车每个零部件的生产数据,也不需要了解每项数据是如何产生的。只需要根据最终呈现的结果,做出正确的判断即可。

正如企业经营一样,通过将生产经营中散落的各种数据进行加工、整合后,形成各层管理者所需要的指标数据。经营仪表盘上的每个数据都是经过深度整理和加工的,这样的信息才是能够提高管理者决策效率的高价值信息。一旦从仪表盘上发现数据异常,就可以抽丝剥茧找到问题发生的根源所在,这也会大大提高数据使用者的工作效率。

12.1.2 经营仪表盘是企业经营的预警和反馈系统

有了高质量的经营信息,管理者在决策时才能有据可循。很难想象,如果汽车上没有仪表盘,驾驶员该如何安全行驶到目的地。但是有太多的企业就像一辆没有仪表盘的汽车,完全由各层管理者凭借经验驾驶。

正如汽车上的油表或者油位报警,不会直接帮驾驶员决定是否加油。即使油表已经报警,受限于主观或客观因素,驾驶员仍然可以选择不加。比如附近没有加油站时,是客观原因导致不能及时加油。但是因为有了预警,驾驶员就会判断要尽快找到加油站加油,油表或者油位报警系统给了驾驶员准确的判断和决策依据。当驾驶员加满油后,油表又会重新回到满油的状态,这就是驾驶员决定加油,并且完成这一决定后,在仪表盘上的反馈信息。

回到企业经营中,通过对重点信息的关注,管理者可以实时了解企业的经营状况。以企业的经营利润来说明,经营仪表盘如图 12-2 所示。企业的利润既可以通过净利润来反映,也可以通过销售净利率来反映。因为企业不仅要了解利润

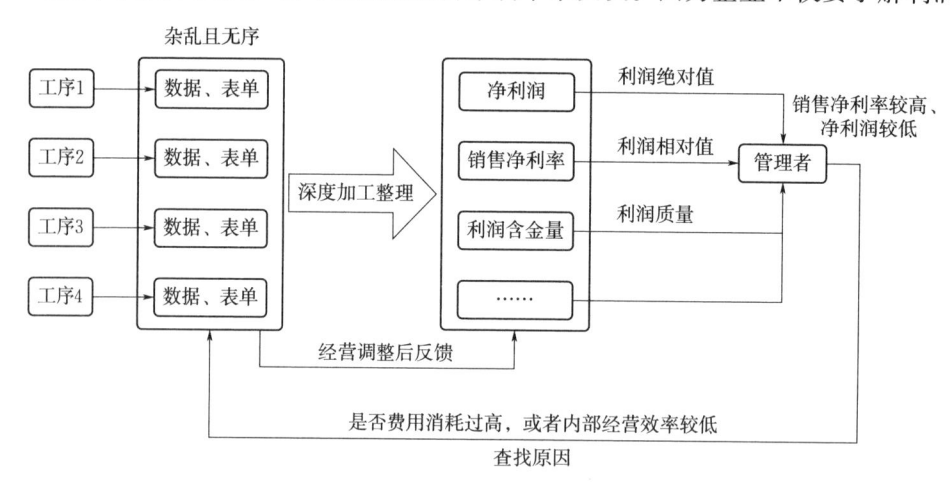

图 12-2 企业经营利润的经营仪表盘

的绝对值，还要了解利润的相对值。

对于利润的质量，还可以通过利润含金量这个指标来反映。如果销售净利率较高，而净利润较低，就要查找原因，是否因为其他费用消耗过高，或者是企业内部经营效率较低，然后"对症下药"，做出合理的决策调整。而调整后的决策，在经营过程中又会以新的数据形式反映在经营仪表盘中。这样管理者不但能够获得调整后的反馈，还能根据经营状况实时调整经营策略。

12.1.3 经营仪表盘是企业经营的决策支持系统

做决策时往往需要很多信息支持，才能一定程度上保证决策的有效性。但是面对纷繁的经营数据，管理者反而无从下手。信息太多相当于没有有效信息。经营仪表盘就是帮助管理者反映经营中的关键信息，给管理者的决策提供支持作用的。

图 12-3 是管理者在面对投融资决策时，经营仪表盘能够提供的支持。当企业面对融资机会时，是否需要融资，管理者仅凭经验往往也是一头雾水。这不是由管理者凭直觉能够决定的，科学的方法是要预测企业未来的资金需求及经营状况，并结合融资的成本以及资本结构共同决定。这时，经营仪表盘就能够给到管理者很好的决策支持，做有依据的决策才能有效提高决策的正确性。

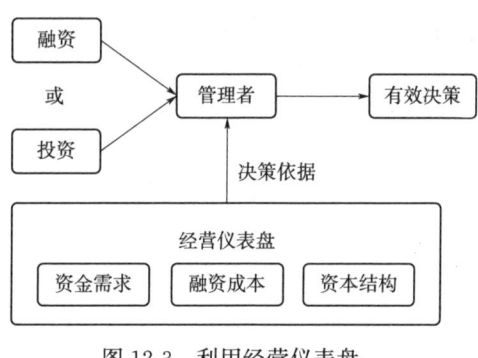

图 12-3 利用经营仪表盘进行投资决策

从另一个角度来说，经营仪表盘帮助管理者建立了数据和经营情况之间的关系。而这种关系，能够帮助管理者在决策时做出更好的判断。比如，通过对仪表盘数据的管控，能够及时发现企业资金的运转情况，对企业的资金状况做出更有效的判断，及时决策是否需要融资或投资。有效的决策，既能够规避资金不足带来的风险，又能够有效地运用资金，将资金价值最大化。

12.2 打造经营仪表盘的意义

了解经营仪表盘的本质后，它对于企业的意义也就不言而喻了。从散乱的数据中提取关键信息，整理并整合成有价值的信息，呈现给信息的使用者，从而帮助他们做出更有效的经营决策，就是经营仪表盘对于企业的意义。

12.2.1　帮助企业不断对标，确保行驶不偏航

为了达成企业既定的目标，在经营过程中要不断地跟进，并与目标值进行对标，确保各项任务能够及时、保质保量地完成。我们都有过给自己定目标的经历。确定目标后，会把每月的目标拆解到每周、每天，甚至每小时，每天的每个时段做什么都非常清晰，然后在每天结束时进行复盘总结，有哪些完成了，哪些没完成，完成的质量如何，没有完成的原因又是什么。这份每时段的计划表和复盘总结，就相当于我们自己的目标仪表盘。通过它可以实时了解目标的完成情况和完成进度。如果我们没有每天对自己的目标及完成情况进行对标、跟进，很可能会出现一种情况：临近月底时发现自己的目标跟实际完成差距很大。这时，很多人会自我安慰，无论如何是无法完成了，把目标调低或者放弃目标。

企业经营目标的实现远比个人目标实现复杂。对于个人而言，每天只要认准某几个目标，严格控制进度即可。而经营过程中，每天生产的数据多如"牛毛"，如果不经过详细的规划和整理，甚至连对标的数据都无法找到。经营仪表盘就提供了各层管理者不断对标的工具。管理者不需要一头扎在复杂混乱的数据中，只需要通过仪表盘的数据反馈，就能够清晰地了解企业目前所处的发展状况、与目标值的差距，以及是否偏离经营目标。

在管理过程中，管理者也要严格管控目标实现的进度条，防止因为管理后置，而无法实现既定目标。经营仪表盘可以帮助企业不断对标（图12-4），对于销售部门而言，本年的目标是销售额完成600万元，毛利率达到20%，这个目标拆解到每月是50万元。

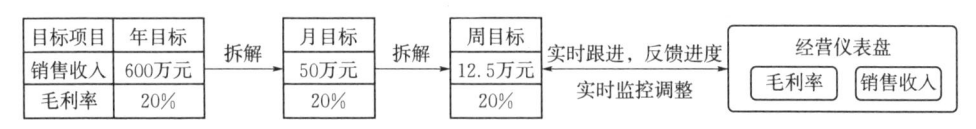

目标项目	年目标		月目标		周目标	实时跟进，反馈进度	经营仪表盘
销售收入	600万元	拆解	50万元	拆解	12.5万元	实时监控调整	毛利率　销售收入
毛利率	20%		20%		20%		

图12-4　经营仪表盘帮助企业不断对标

管理者为了保障目标的完成进度，甚至需要把目标拆解到每天。那么经营仪表盘中就要重点监控销售收入和毛利率这两个数据。通过对目标指标的强监控，来保证目标的达成。如果没有经营仪表盘的监控，只在每月甚至每年才做事后统计，即使发现没有完成指标，也已经无力回天，对于员工士气也是一种负面的打击。

12.2.2　帮助企业调整发展节奏，根据路况调整油门和刹车

企业经营如同车辆驾驶一样，也需要根据外部环境和内部环境的变化，来实时调整企业的发展节奏。当企业面临外部行业变化或者经营风险时，要根据情况

放慢发展节奏，及时调整经营策略。如果外部市场已经发生变化，客户群体的需求已经发生转移，企业还保有高水平的生产节奏，结果大概率会带来滞销。相反，如果行业迎来红利期，而企业没有及时调整策略，就会丧失在红利期的发展机会。

对于车辆驾驶来说，踩刹车还是踩油门，是通过驾驶员的判断来决定的。而驾驶员的判断，来自对车窗外路况的判断和车辆仪表盘的各种指示灯提醒。同理，对于企业来说，管理者需要根据经营情况来进行判断。判断的依据不能仅通过管理者对外部环境的观察，还需要实际数据的支撑，这就是经营仪表盘的意义。通过经营仪表盘上的数据，监测企业外部环境和内部运行的变化，及时调整经营策略。

经营仪表盘可以帮助企业及时调整发展节奏（图12-5），企业在经历着各种外部市场环境和内部经营环境的变化，这些变化都会带来经营数据的变化。如果没有及时关注，就会忽略环境的细微变化。当环境变化大到可以感知时，可能已经错失了调整转向的机会。而经营仪表盘可以实时反映这些变化，管理者通过对这些数据指标进行观察，就可以洞察企业所经历的这些变化，并及时调整企业的发展节奏。

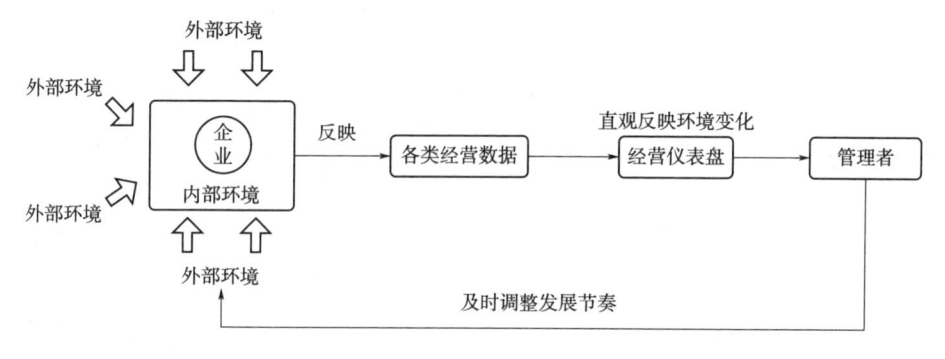

图12-5 经营仪表盘帮助企业及时调整发展节奏

比如，可以在营销部门的经营仪表盘上监测客户的销售数据，以及各个购买人群的消费比例。通过数据的反映，可以了解用户的消费习惯。假设原本25~35岁这个年龄段，是企业产品的主要消费人群，当这个年龄段的销售额明显变化时，可能是市场已经发生变化，目标用户的需求发生了转变。

这时就要及时了解用户的需求，是否市场上有新产品满足了用户新的需求。然后结合用户需求的变化、竞争对手的情况，减少原有产品的产量，并加大研发力度，调整自己的生产工艺，生产符合用户新需求的产品。这些信息不能仅通过管理者的观察，因为个人的观察是有主观局限性的。因此，需要利用管理者专属的经营仪表盘来进行分析判断。

12.2.3　帮助企业发现问题及时调整，根据信号灯发现隐患

除了主动地观察市场和行业动向，以及对目标的跟进外，如同信号灯预警一样，经营仪表盘也会给企业提供各种预警信息。

举例说明

假设给门店经营设定盈亏平衡点，以一个新零售行业的门店为例。店长的经营仪表盘上可以设定一个预警数据，盈亏平衡销售额。

所谓的盈亏平衡销售额，就是指这家门店在达到多少销售额的时候能够保证不亏损。更通俗地讲，门店只要营业，都会产生各种各样的费用支出。盈亏平衡销售额，就是告诉店长在完成多少销售任务时才能够满足这些成本支出。

在图 12-6 中，当经营仪表盘上的数据接近预警时，店长就要格外注意，并及时分析查找原因。是什么原因导致的数据接近预警值？是因为销售额下降？还是销售的产品结构问题？如果是因为销售额下降，就需要考虑是销售人员的服务不到位，还是广告营销不足，或者是消费者的需求已经悄然发生了变化；如果是因为产品结构不合理导致的毛利润下降，就要考虑为什么会产生这样的产品结构，是因为消费者的消费偏好问题，还是销售人员的销售引导不足。

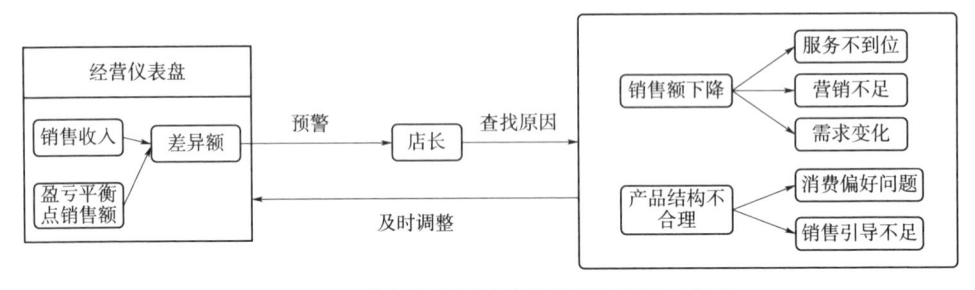

图 12-6　经营仪表盘帮助店长发现问题及时调整

通过预警信息找到问题的症结点，接下来就可以对症下药。是调整销售策略、增加营销支出来提高销售额，还是调整销售结构、向高利润产品销售倾斜。及时预警、及时调整，能够帮助企业不断改进现有问题。通过经营仪表盘的及时监控，帮助企业及时规避风险，并找到可行的解决方案。如果没有实时监测数据，仅靠店长的经验和判断，是很难发现的。

比如销售结构的问题，如果没有仪表盘数据的支持，是不能直观反映的。而且持续少量的衰退，也是不易被察觉的。因为盈亏平衡点的销售量和日常的销售额并不是直接对应关系，仅通过显性数据的观察，不能直接及时地发现隐患。当能够直观发现问题时，问题已经非常严重，这时再想补救，不管是难度还是补救成本都是比较大的。

12.2.4 帮助企业检测资金运转，及时补给发展所需的能源

不管企业的商业模式如何先进，管理方式如何高效，首先要保证企业能够永续经营，而永续经营的基础就是现金流的正常运转。所谓"千里之堤，毁于蚁穴"，一个小小的现金缺口，可能就会让企业濒临倒闭。

由于收付实现制和权责发生制的不同，财务人员在记账时是按照权责发生制来核算的，而资金运转却是按照收付实现制的规则发生的，两者之间就会出现时间上的差异。如果没有及时关注数据变化，等到危机显现时，为时已晚。因此，经营仪表盘的一个很重要的功能，在于实时监测企业的资金运转。资金的合理运转，不仅发生在资金短缺时的有效融资，也存在于资金富裕时的合理投资。

比如，一些经营现金流充裕的"小而美"企业。因为最近销售额暴增，资金充裕，管理层就急迫地想要扩大生产、扩张门店，我们经常看到很多小企业就是这样倒闭的。本来经营得很好，日子过得很滋润，却因为盲目扩张而倒闭。但是企业有了资金，想要发展，不应该扩大生产、增加门店吗？这个问题让管理层很困惑，甚至很多管理层因为盲目扩张倒闭后，都不能明白其中的根源是什么。

其实，能否扩张不能仅依靠目前企业是否有资金决定。很多管理层因为看到最近经营不错，销售额大幅上升，手里的资金比较宽裕，就片面地认为自己的企业经营状况很好。为了更好的发展，想要扩大规模。但是真正需要看到的是，这种销售额的大幅上升及现金流充裕的根源是什么。是因为企业的投资收益，还是因为资产变卖、外部市场环境带来短暂增长。如果增长是短暂且不可持续的，就不能盲目的扩大规模。

企业经营的本质，是通过产出的产品或服务能够为客户提供价值，从而获得商业回报。也就是说，只有当产品价值被客户认可、经营效率提高，带来可持续增长时，才是企业扩大生产的时机。但是管理者毕竟不是专家，不可能精通财务分析，了解每一项财务数据背后的本质。如同驾驶员不是汽车专家，却不影响驾驶一样。经营仪表盘就提供了这样的一种工具，它作为管理者和数据之间的桥梁，打通了数据使用者的知识壁垒。通过经营仪表盘中对资金数据的监控，帮助管理者洞察经营本质，了解企业的资金状况。在资金充裕时合理投资，提高资金的使用效率。在资金短缺时，及时筹备资金来源，为企业经营提供能源支持。

12.3 经营仪表盘的构建逻辑

既然经营仪表盘对于企业和经营管理者来说这么重要，那么如何搭建适用于各层管理者的经营仪表盘就显得至关重要。经营仪表盘的背后，就是匹配各个岗

位的管理报表体系。在构建过程中，不仅要关注仪表盘的使用对象，还要结合使用者的特点，匹配相应的呈现数据。而数据的呈现，又要结合使用者的特点，是专业人员，还是非专业人员？采用哪种呈现方式？哪些呈现方式能够最有效、最直接地为使用者提供决策支持？呈现风格是一成不变，还是定期变化的？接下来就对这些问题进行一一的解答。

12.3.1 确定经营仪表盘的目标用户

经营仪表盘的使用者不仅是企业的高层领导，还包括各级的管理者、决策者，甚至基层的员工。企业的管理不是单一层次的，而是多层次、多维度的。只有每一层级的管理者或者员工，做好自己所在岗位的工作，在工作职责范围内做到有效管理，才能实现企业的整体目标。

因此搭建经营仪表盘的第一步要确定使用对象，不同的使用对象所需要构建的经营仪表盘差异很大。不同的仪表盘背后，代表着不同岗位人员的责任范围，也就是他们需要对哪些数据负责、需要提高和改善哪些指标。而对哪些指标负责，与每个岗位的不同岗位职责相关，在分配时要掌握"可控"原则。所有需要岗位人员负责的项目，均是岗位责任范围内可控的。

比如，对于一个销售部门的负责人来说，让他对产品的成本控制负责，显然是不合理的。这个原则比较容易理解，但是在实际操作中，有大量的成本费用与该岗位或其所在部门相关，但是却不唯一相关，这时就要选择合理的分摊依据进行分摊。当然经营仪表盘上可以呈现出与该岗位或该层级人员相关但不可控的其他数据，帮助他们更好的分析、了解经营状况，能够有针对性地找到经营中的问题和改善的路径。

为了确定各个层级、不同使用部门或使用者的需求，需要先明确内部的责任单元。所谓"责任单元"，是针对绩效考核而言的，它不同于传统会计主体的思维方式，而是根据管理的需要，对内部的各个组织，按照各自所承担的责任进行了重新划分。

从企业整体来说，构建经营仪表盘是为了让企业告别"盲人摸象"的阶段，及时看到企业的经营成果，并能够有针对性地确定发展战略和调整策略。对于各层级员工，经营仪表盘也是为了让大家看到自己所负责工作职责内的工作结果，并在企业战略的指导下，结合所在部门或组织的可控范围进行不断改进。

在这个方向的指导下，先要按照管理的思维，在企业内划分不同的责任中心，如图12-7所示。一般情况下，企业的责任中心分为成本中心、费用中心、收入中心、利润中心和投资中心。不同的责任中心，所负责的业务范围和承担的管理责任不同。下面针对不同责任中心的投入、产出进行比较。

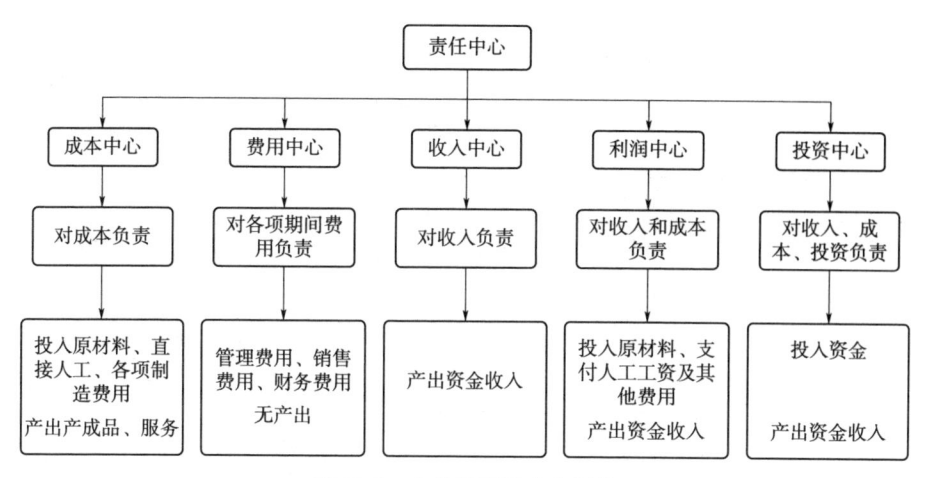

图 12-7　企业的责任中心划分

　　成本中心，只对该组织的成本负责，不直接参与销售业务。在投入方面，需要投入原材料、直接人工和各项制造费用，而这些投入最终均归结为资金的投入。在产出方面，如果是制造业，产出的就是产成品；如果是服务业，产出的就是各种有形或无形的服务。但是成本中心并不直接产出收入，典型的成本中心可以参考制造业企业中的生产环节。它们只负责生产产品，负责原材料的采购、投入、生产，不负责产品的销售。

　　费用中心，主要对各项期间费用负责。包括各项管理费用、销售费用和财务费用。通俗地讲，这类责任中心就是一些花钱的部门，它们只有资金投入，但是没有资金的产出，也没有产品的产出。职能部门，比如财务部、行政部等多属于此类型的责任中心。

　　收入中心，管理人员只对收入负责。典型的收入中心为销售企业或者销售部门，这类型的部门或组织直接产生资金收入，通常也会产生相应的销售费用和其他期间费用。一般企业中，会把收入中心纳入利润中心的管理中。

　　利润中心，顾名思义，该责任中心既要对收入负责也要对成本费用负责。通常会形成完整的投入、产出链条。投入的资金用于购买原材料、支付人工工资、支付其他费用，产出产成品或其他服务，并负责销售给客户，形成资金产出。

　　投资中心，不同于利润中心的是它还有拥有投资权，能够进行资本运作。因此，除了利润，投资回报是需要投资中心关注的目标。在投入产出方面，投资中心投入资金，也需要对资金收入负责。

　　区分了不同的责任中心后，就可以根据不同部门或者组织的特点进行分类，匹配不同的经营仪表盘指标，如图 12-8 所示。构建经营仪表盘的第一步是确定目标用户，不同的目标用户，根据其承担的不同责任，可以划分为不同的责任主体。各类责任主体，因为不同的投入产出配比关系，需要关注的指标和结果也各不相同。

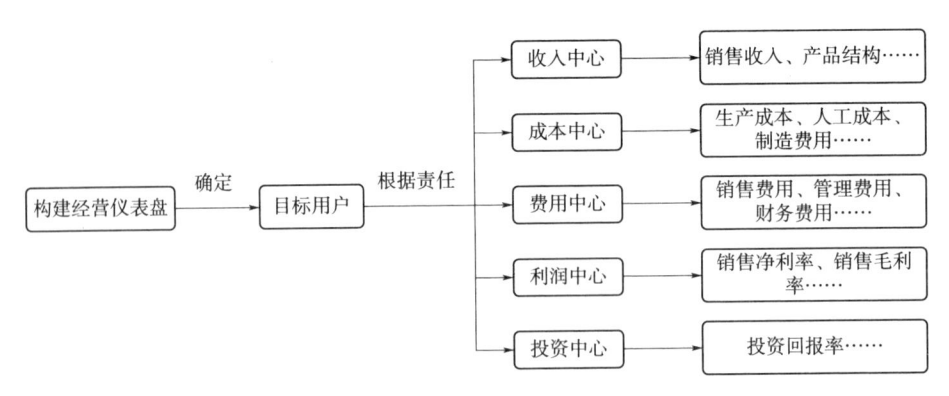

```
构建经营仪表盘 —确定→ 目标用户 —根据责任→
    ├─ 收入中心 → 销售收入、产品结构……
    ├─ 成本中心 → 生产成本、人工成本、制造费用……
    ├─ 费用中心 → 销售费用、管理费用、财务费用……
    ├─ 利润中心 → 销售净利率、销售毛利率……
    └─ 投资中心 → 投资回报率……
```

图 12-8 按不同的目标用户构建经营仪表盘

对于成本中心而言，同等质量前提下，单位产品成本越低越好。这就意味着，同等产出的情况下，投入的资金越少越好。对于利润中心而言，不论是单位成本低或销售价格高，只要最终利润越高越好。但是利润是决定值，利润最大化时可能投入也随之提高，这也是投资中心与利润中心最大的区别。

比如，同样获得 500 万元利润，A 企业投入 1 000 万元，而 B 企业投入 2 000 万元。如果是利润中心，两者的结果相同。但如果考虑资金的运作，则相差一倍。投资中心需要重点考虑的是投入产出比。不仅是利润最大化，还要考虑投入的因素，做到投资回报率最大化。

使用者不同，经营仪表盘也就各不相同。除了根据使用者的岗位职责匹配不同责任中心所需的经营指标外，还要根据使用者的管理权限和管理幅度，匹配相应的数据范围。这样"千人千面"的经营仪表盘，才是对使用者最有效、最实用的。

12.3.2 确认经营仪表盘的实现目标和指标选取

确定了经营仪表盘的使用对象和其所在的责任中心后，还需要对经营仪表盘的实现目标进行明确。虽然责任中心的划分明确了组织发展的整体目标，但是仅有整体目标不足以帮助使用者明确方向，还需要确定各个环节的细节目标和指标方向。

就像我们制订考试计划一样，大家都想取得 100 分的成绩，但是没有各个细节和分项的指标，目标很可能因为实现路径不清晰而最终落空。退一步讲，即使实现也可能没有达到既定的效果。

分项的目标，就是在规范行动过程中的每一个动作，确保最终目标的实现是有效的、有质量的。在实现最终 100 分的目标上，需要保证上课的出勤率、作业的完成率、每个阶段的测试达标率等目标的达成。这些指标在各个方面反映着学习进程和学习效果，也就是我们保证学习成果的仪表盘。通过这些仪表盘数据，可以有效地帮助使用者看到学习过程中的不足，及时复习、及时纠正，最终保证目标的实现。

同理，在保证各个责任中心正常运转，实现既定目标的进程中，也需要让各级使用者清晰地看到各个分项的目标。以利润中心来说明，利润中心的最主要目标是利润最大化。但是在实现利润最大化的目标时，还需要考虑客户价值最大化、客户体验最优化等目标，如图12-9所示。

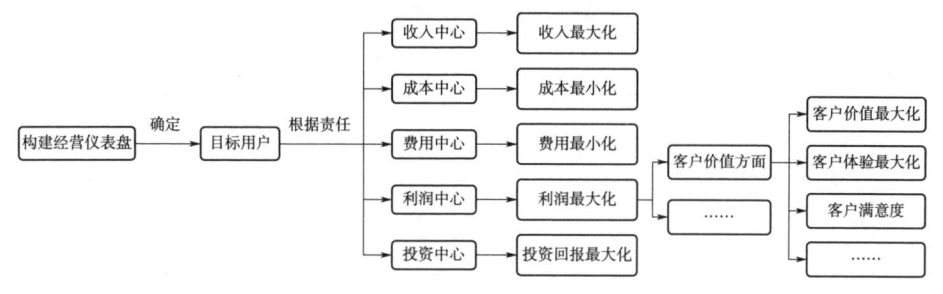

图12-9　经营仪表盘的细节目标和指标方向

如果仅有利润最大化这一目标，管理者不但不知如何实现，还有可能因为错误的方向，而损害了企业的长远利益。比如，向客户销售伪劣产品，为了利润损害客户利益，过度赊销造成资金流危机等。虽然短期内能够实现利润最大化，但并不是企业所要实现的利润最大化的初衷。因此，确定经营仪表盘的目标，就是要帮助管理者有质量地实现其职责范围内的工作结果。

确定经营仪表盘目标时，需要在保证最终目标的前提下，根据企业的价值观、目标和使命，并结合市场环境，选取适合企业发展的关键指标。在经营仪表盘指标的确定上需要综合考虑，每个指标都是管理者阶段性的行动方向和目标。在选择上要避免过度偏重个别指标，不可因为短期利益而忽视长远利益，还要综合考虑信息的取得成本和收益的平衡，避免过度追求指标的精准而花费大量的统计成本。对于各个细节指标，要关注是否在使用者的可控范围内，让每个指标都能有对应的责任人，才能把实现最终目标的每个细节落到实处。

在经营仪表盘的指标选择上，还要追求"平衡"发展，不仅要体现财务指标，还要均衡选择其他的评价目标。比如，很多企业把增长放在很重要的位置。增长固然是企业发展的重要目标，但是可持续增长更是不可忽视的。如果仅为了增长而盲目扩张，投资一些风险极大的项目，反而会折损企业价值。还有的企业，为了增长盲目放宽信用政策，虽然销售量激增，但是坏账风险大幅提高，资金流面临严重挑战。

在经营仪表盘的导向上，要导向企业的长期发展，而不是短期利益。在保证利润目标的同时，还要兼顾新产品的研发、有战略意义项目的投资上。将这些能够给企业带来长久竞争力的项目，作为经营仪表盘上的评价指标。比如，对于制造业企业，要大力支持研发投入，将新产品的研发比例作为评价和努力的方向，帮助企业打造核心竞争力。企业内在价值的提升、基本面的健康，远远胜过一时的繁荣。

在确认选取指标时，还需注意一点，要平衡成本效益原则。不同于传统的会计信息，在纷繁复杂的管理和统计数据中，为了反映经营的实质，需要选择更多的非财务指标，以实现管理中的平衡发展。但是非财务数据的选取，对于企业的信息处理也提出了更高的要求。如果企业内没有较为完备的信息化作为支撑，数据的提取和收集将会耗费大量的管理成本。因此企业需要结合自身情况，综合评价成本与效益的平衡。

经营仪表盘就是企业向各级管理者和使用者传递经营信息的渠道。通过经营仪表盘的数据展现，告诉使用者在其职责范围内的经营状况，应该向哪个方向努力，需要改进哪些问题。全面且立体，兼顾长期利益和可持续发展的经营仪表盘，能够发挥其经营指导的作用，帮助使用者关注目标的同时，也指导使用者的行动路径和努力方向。

12.3.3　经营仪表盘也要定期更换风格

不同部门或组织的责任不同，经营仪表盘也各不相同，仪表盘上的各个指标和实现目标方向也有所不同。那么根据每个部门、不同层级管理者的使用需求，制定出特定的经营仪表盘后，这些仪表盘就是固定不变的吗？答案是否定的。外部环境是不断变化的，企业也处于自己不同的发展阶段。即使相同的部门或岗位，在不同的阶段，经营仪表盘也不是一成不变的。

经营仪表盘的本质是为了清晰、直观地向各层级的使用者展现经营状况，并将仪表盘中的各项指标作为管理者努力的方向，导向企业目标的实现，形成信息反馈的闭环。在经营仪表盘中，企业的经营状况是由各项数据或指标来体现的。但是随着企业发展的不同阶段，方向也有所不同。正如之前章节中提到的预算目标的确定一样，预算目标调整，所要关注的指标也要做出相应调整，相应的仪表盘也要随之而变化，如图12-10所示。

在企业的初创期，经营风险非常高，不论是产品还是技术，都没有完全被市场和用户所验证，存在很大的不确定性。同时，初创期的企业通常很难实现规模效应，这也意味着各项成本都会相对偏高。这时企业的目标是导向市场份额的扩大，根据客户反馈不断提高产品质量。因此各层级的经营仪表盘，也要导向这一目标，为了扩大市场份额，牺牲一部分利润，或者采用较为宽松的信用政策，把焦点集中在市场占有率和市场增长率上。

经过一段时间的发展，企业的销量不断上升，开始在市场上站稳脚跟。产品在一定程度上被市场所验证，经营风险有所下降。但是潜在的竞争者纷纷涌入，

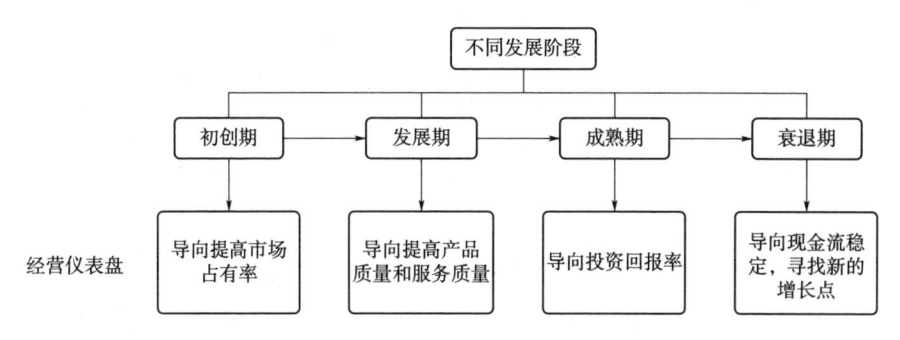

```
                          ┌──────────────┐
                          │ 不同发展阶段 │
                          └──────┬───────┘
           ┌─────────────┬───────┴───────┬─────────────┐
       ┌───┴───┐     ┌───┴───┐     ┌────┴───┐    ┌────┴───┐
       │ 初创期 │     │ 发展期 │     │ 成熟期  │    │ 衰退期  │
       └───┬───┘     └───┬───┘     └────┬───┘    └────┬───┘
           │             │              │             │
   ┌───────┴──┐   ┌──────┴──────┐  ┌───┴────┐  ┌─────┴──────┐
经营仪表盘 导向提高市场  导向提高产品   导向投资回报率   导向现金流稳
           占有率      质量和服务质量                定,寻找新的
                                                   增长点
```

图 12-10 不同发展阶段的经营仪表盘导向

并开始争夺资源和用户。这时,企业在不断提高产品或服务质量的同时,需要建立自己的分销渠道,并继续扩大市场份额,争取成为市场上的领头羊。这一阶段,企业为了争夺市场上的一席之地,竞争非常激烈,企业间的并购重组经常发生。最终留下来的胜利者,会进入下一个阶段,成为少数的头部企业。虽然经营风险较上一阶段有所降低,但是快速发展阶段的风险依然不可小觑。比如资金方面,快速扩张期需要大量的资源投入,如果没有掌握好投入的节奏,很可能造成资金链断裂而被迫出局。这一阶段,企业的方向会转向不断地提高产品或服务质量。

进入成熟期的企业,市场的竞争格局已经基本形成。市场上的主要份额会被几家头部企业所瓜分,这时产品技术也相对稳定,市场开始出现价格战。随着竞争者增多,市场也开始进入买方市场,供大于求,用户更加关注性价比。相比于上一个阶段,这一阶段的企业业务相对稳定,企业开始关注投资回报。因此,各个层级的经营仪表盘也要围绕这一目标的达成做相应的变化调整。

到了企业发展的后期,进入衰退期后,不能再盲目扩张,而要严格控制现金流的稳定,目的就是要守住最后的现金流。这一阶段要关注资金风险,收紧赊销政策,避免因为坏账导致的资金链断裂。同时,在维持原有业务的同时,要不断尝试,找到新的增长点或发展方向,争取进入下一个周期循环中。基于这一目标,经营仪表盘的侧重点就要转向对现金流的关注,给找到新的增长点留出足够的时间。一旦资金恶化,就要果断选择退出战略,避免现有业务对企业的进一步侵蚀。

12.3.4 选取仪表盘数据的原则与方法

仪表盘数据的选取,主要取决于使用者需要在哪些维度上去了解其所在组织的经营发展状况。

为了整体呈现指标的选取原则和方法,下面以投资中心来说明,如图 12-11 所示。一个完整的经营组织,不仅要关注企业增长、盈利能力,还需要关注资金的流动性、资产的使用效率、负债的偿还能力及资产结构带来的影响。总体来说,就是要关注这一组织的盈利能力、偿债能力和成长能力。

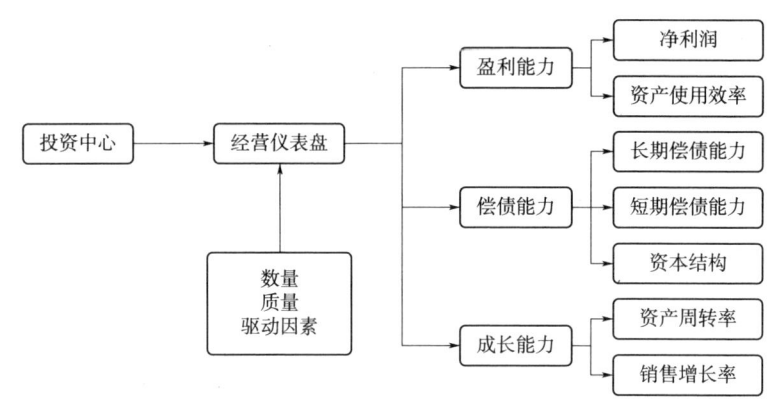

图 12-11 投资中心的经营仪表盘

1. 盈利能力

企业经营的主要目标之一是盈利，因此盈利能力是企业经营非常关注的一个方向。盈利能力最直接的评价指标是利润。同等资源投入的前提下，利润越高，盈利能力越强。但是利润是一个绝对值指标，仅参考利润的绝对值，不能反映企业实际的盈利能力。如果同样是盈利 50 万元，A 企业投入 10 万元，B 企业投入 100 万元。从利润的绝对值上看，两家企业的利润相同。但是投入的资源不同，导致两家企业的盈利能力相距甚远。其中最大的差别，在于资产的使用效率不同。资产的使用效率，也反映了企业的营运能力。因此，盈利能力不仅考虑绝对值，还需考虑相对值。从这个角度来说，企业的盈利能力，不仅反映在净利润上，还体现在资产的使用效率上。

2. 偿债能力

资金的流动性，反映企业能否支撑日常的资金运转，流动资产能否及时偿还短期流动负债。资金的流动性，需要重点关注企业的短期偿债能力。负债的偿还能力，主要关注长期负债的偿还能力。对于负债偿还能力的评价，可以有效监控企业是否有因为资金问题所导致的破产风险。

资本结构，主要反映资金的来源结构。企业中，资金的来源大体分为两种，一种来源于债权融资，一种来源于股权融资。债权融资需要在固定期限内偿还，而且需要支付一定的利息。一般来说，债权融资成本较股权融资成本低，但是债权融资比例过大时，也会带来更大的债务风险。股权融资虽然既不需要支付利息，也不需要偿还，但是股权融资的成本较高，且会稀释股东对企业的控制权。

在对利润的影响方面，债权融资需要支付利息，会消耗一部分利润。但是债权融资的利息，可以在所得税税前扣除，又能带来一定的抵税收益。因此，对于利润的影响，需要视两者之间的比例而定。在一定比例范围内可以享受债权融资带来的抵税收益，但是超过这一比例后，债权融资的风险会大于其所带来的收益。

不管是资金的流动性、负债的偿还能力，还是资本结构，这些不仅反映了企业的资产状况，债务的偿还能力，能否可持续经营，以及不同资金来源所带来的债务风险，更体现了一家企业的资产运作能力和财务风险的控制能力。

3. 成长能力

最后，需要关注的是企业增长，也就是企业的成长能力。增长的范畴很宽泛，不仅包括业务的增长，也包括经营效率的提升和资产规模的扩大，反映在指标上，可以用资产周转率和销售增长率来衡量，这些都会带动企业价值的提升，促进企业的长期可持续发展。

企业增长又会不断放大盈利能力、偿债能力和财务风险。业务量的增长、规模效应的形成，会带动企业利润的提升。资产规模的扩大，现金流的充裕，会增强企业的偿债能力。通过合理的资产配置，也会降低企业的财务风险。因此，反映企业或者企业内组织的经营情况，需要全方位、多维度的评价。在选取各层级的经营仪表盘数据和指标时，也要基于可控的前提下，从以上三个方面去综合反映不同主体的经营状况。

反映盈利能力、偿债能力及企业增长状况的指标很多，但是经营仪表盘这部分内容的篇幅有限，且对于使用者来说，如果选择指标过多，还会增加理解的成本，从而不利于其集中精力关注核心指标。在选择时，需要注重指标的质量而非数量，要确保每个指标都能反映使用者所在层级最需要关注的数据，给予其经营过程中重要的支持和辅助作用。经营仪表盘上的每个数据或指标，都在充当着使用者的指南针。在指标的选取上，要结合企业或各个责任中心的经营特点、责任范围，确定指标选择的标准，建立备选指标库。备选的指标库中，要有反映经营成果数量的，比如净利润，反映了经营盈利能力的量化成果。

但是仅有数量远远不够，还要有反映经营成果质量的。这种净利润成果的质量如何呢？需要反映成果质量的指标来体现。比如现金利润率，也就是在净利润中有多少是真金白银的现金流入。利润中现金比例的高低，直接反映了利润的质量。如果现金利润率很低，可能是因为赊销政策过于宽松导致的，也可能是因为应收账款管控不严，没有及时收回逾期款项。为了能够帮助仪表盘的使用者，清晰准确地找到问题所在，还需要选取与关键指标相关联的驱动因素指标。比如，应收账款的收款率、逾期率、赊销比例等。

总结一下，在经营仪表盘指标选取的过程中，首先要结合使用者的需求，建立备选指标库。指标要综合反映组织的盈利能力、偿债能力和成长能力。在各个不同维度的指标选择中，又要从数量、质量和驱动因素三个角度入手。不仅要反映经营的成果数量，还要体现出这种成果的质量如何。

经营仪表盘不仅是帮助使用者监测经营过程，及时发现问题，更重要的是及时找到出现问题的关键点，从而改进问题。为了有效发挥这项作用，在指标的选取上，还要能够反映关键指标的驱动因素，让使用者能够快速判断问题所在。

通过以上各个维度的搭建，各层级使用者的经营仪表盘，将是一个立体、丰富、匹配个性化需求的经营向导，能够帮助管理者及时看到经营全景，聚焦关键指标及影响关键指标的关键因素。

12.3.5 打造人人看得懂的经营仪表盘

确定了关键指标的选取，接下来如何在经营仪表盘上呈现？以怎样的方式呈现？这些也都决定使用者的使用效果。数据是"死"的，只有将数据转变为生动、可理解的信息，才能够帮助使用者做出有用的决策。打造人人都能看得懂的经营仪表盘，远比复杂、专业却无法理解的数据有意义。

可能有人会质疑，如果不专业、不准确的数据，会不会对使用者产生误导呢？上面所有的搭建逻辑，都在指向如何让经营仪表盘更加全面、更加专业、更加有效地反映经营信息，从而帮助使用者做出决策。

需要明确的是，全面且专业的指标选取，是经营仪表盘所提供信息准确性和有效性的保证。但是不论提供的数据如何，最终都需要使用者来分析决策。因此，能够被使用者最大化地利用这些信息，是经营仪表盘搭建能否成功的重要标志。后端数据的专业性是必要的，但是在前端呈现上必须秉持简单、易懂的原则。

在呈现方式上，切勿盲目地堆砌财务数据或者指标数据。经营仪表盘的使用者，大多是非财务人员，他们并不能准确理解财务管理中的专业术语，以及指标背后的准确含义。如果经营仪表盘上全部是看不懂的财务分析数据，也会让这些使用者望而却步。在经营仪表盘的呈现上，要遵循简单、通俗化、图表化表达的原则，让每个使用者都能够理解并使用。

1. 简单表达原则

简单表达原则体现在两个方面，一方面是数据的简单性，即数据的数量上，包括财务指标和非财务指标，一般建议不要超过 10 个。数量太多，会给使用者增加负担，无法聚焦关键目标。另一方面是操作的简单性，仪表盘上的数据最好能够直接获取，如果需要复杂的计算和推导，不仅使用者不易理解，财务人员在获取数据指标结果时的难度也大大提升。

2. 通俗化表达原则

通俗化表达原则体现在不管指标选取多么专业，都需要使用者能够清晰地理解其含义。因此，需要将专业的财务指标转变为各层次使用者能够理解的指标。

比如，应收账款周转率这个指标，一般销售人员很难从字面上理解它的准确含义。应收账款周转率的关键影响因素是销售收入和应收账款，评价应收账款的周转效率。当同等收入规模的情况下，应收账款越少，资金的使用效率越高。如何做到应收账款最少，一方面是缩紧赊销政策，另一方面是缩短应收账款的回收周期。对于销售人员来说，收款期限这个指标更通俗易懂。因此，对于应收账款周转率这个指标，就可以转化为账期这一指标。通过对账期的控制，来调整应收账款的周转效率。

再比如，大部分的仓库管理员不理解存货周转率这个概念，存货周转率与销货成本和存货平均余额有关。在销货成本一定的前提下，存货余额越少越好。翻译成库管员容易理解的语言，就是在能够保证生产需求的情况下，库存积压越少越好。但是库存量的多少并不是库管员直接控制和决定的。在库管员的经营仪表盘中，结合工作职责，不要直接选取存货周转率这个指标，可以用不同库龄存货的占比来管理。比如，30天以内、30～60天、60～90天、90～120天以内的存货占比，用这些数据指标来帮助库管员有效管理滞留库存。经过转换的指标，相比于存货周转率这样的专业术语，对于使用者来说更加容易理解，执行起来也会更加顺畅。

3. 图表化表达原则

除了指标简单、通俗易懂以外，还要尽量采用图表化表达的方式。运用多种比较手段，如完成值与目标值的比重、完成值与历史值的比重等，通过图表的方式呈现发展的方向、发展趋势及完成情况，更清晰直接地展现经营状况。

第13章
像搭积木一样搭建企业的经营仪表盘

　　企业的经营状况，需要从不同的方向用不同的指标数据进行全方位的展现。这些评价企业不同经营能力的指标，像是一颗颗的积木粒，是能够展现企业经营状况的基础零部件。再结合不同部门承担的不同责任，以及不同层级管理者的使用需求，进行个性化的组合，就可以得到适合每个人需求的经营仪表盘。

13.1 经营仪表盘的指标工具箱

经营仪表盘的核心，是评价企业或各责任主体的各种指标。在搭建企业内部的经营仪表盘时，要围绕着盈利能力、营运能力、成长能力和偿债能力构建企业所需要的指标库。在搭建时，就可以以此指标库作为工具箱，结合不同的需求，定制化搭建匹配使用人需求的经营仪表盘。下面将从四个方面对各维度的指标进行介绍。

13.1.1 盈利能力指标

盈利能力是一个企业持续经营和发展的基本能力，几乎所有的企业都非常重视自身的盈利能力。如何评价盈利能力呢？很多企业是用净利润来评价盈利能力的，但是这种评价方式过于单薄，能力的体现是需要相对数做比较的。比如企业本年盈利500万元和上一年盈利500万元，虽然利润的绝对值相同，但背后所体现出来的盈利能力可能大不相同。因此在盈利指标的选择上，不能仅选择绝对数，还要有相对于什么情况下的净利润的概念。

为了说明盈利能力指标的选择标准，先来举个例子。

举例说明

张三和李四是同年级、不同班的同学。作为学生，考试成绩是评价学习能力和知识掌握情况的指标。两人均考了100分，这时能说明两个人的学习能力和知识掌握情况相同吗？显然不能。100分的分数，仅代表了成绩的绝对数，但是并不代表两人的能力相同。假设张三是特长生，能够获得5分的加分，而李四是没有这项加分的。那么张三依靠自己学习能力而获得的分数就是95分。虽然最终结果都是100分，但是并不代表两人在各自试卷中，所反映的学习状况是相同的。

这时能够判定李四的成绩比张三好吗？不一定。虽然分数是客观的，但是两人所答的试卷难度不同。考试的难度从易到难是1到5分，张三所答试卷的难度系数是5，而李四的试卷难度系数仅为1。基于这样的情况，张三的95分并不比李四的100分所代表的学习成果差。从学习成果角度来说，张三所获得的95分的质量是高于李四的100分的。

虽然从分数的质量和获得方式上，对张三和李四的学习情况有了更全面的评判，但是以此来评判两人的学习能力，似乎还有欠缺。如果张三是复读生，且每天学习通宵达旦，不仅完成学校内的作业，还参加课外补习，做了很多课外习题。而李四学习非常轻松，仅是上课听讲，课下完成老师的作业，业余时间还参加了大量的课外活动。同样100分的成绩，但是背后的付出却是天壤之别，这时又说明谁的学习能力更强呢？

由这个例子可以看出，评价学习能力，不能仅靠分数的绝对数，即使是分数，也因为构成要素不同，而有所差别。回到企业的盈利能力评价上，仅用净利润来分析评价是远远不够的。

前面讲过获得净利润的四个步骤，也就是利润表的主要构成，见表13-1。从不同的构成上，可以获得不同层次、不同内涵的利润值。就如同考试中的100分，是通过学习成绩实际取得的，还是通过加分政策获得的。毛利润、营业利润、净利润就是不同含义下的利润指标。考虑到税收和利息的不同，利润的评价指标还包括息税前利润。

表13-1 利润表

利润表
20××年12月

编制单位：　　　　　　　　　　　　　　　　　　　　　　　单位：万元

项　目	本期金额	本年累计金额
一、营业收入		
减：营业成本		
营业税金及附加		
销售费用		
管理费用		
财务费用		
资产减值损失		
加：公允价值变动收益（损失以"－"号填列）		
投资收益（损失以"－"号填列）		
二、营业利润（亏损以"－"号填列）		
加：营业外收入		
减：营业外支出		
三、利润总额（亏损总额以"－"号填列）		
减：所得税费用		
四、净利润（净亏损以"－"号填列）		

以上只是不同构成下的利润值绝对数。盈利能力的评价，还需要考虑在一定限制性条件下的获利能力。是付出极大努力获得的，还是正常努力即可取得，背

后所代表的能力是不同的。

对于企业来说，同样获取 20 万元净利润的两种产品，A 产品需要完成 100 万元的销售业绩，而 B 产品仅需要完成 40 万元的销售业绩就能达到，这背后反映的是两种产品的盈利能力不同。销售净利率、销售毛利率、营业利润率就可以从这个维度上评价企业的盈利能力。从股东投入角度来说，同等利润情况下，股东当然希望投入越少越好，而投资回报率可以对这一能力进行评价。

除了盈利能力的整体水平，还需要考虑盈利能力的质量如何。如同上面的例子中，即使取得 100 分的成绩，也不能代表学习成绩和学习效果。同样的，如果不考虑盈利质量，即使利润值再高，可能只是挣了"面子"。比如，同样取得 20 万元的净利润，A 企业是通过 100 万元的赊销换来的，而 B 企业却是收到了 120 万元的"真金白银"。哪种情况的盈利能力更强呢？赊销会带来大量的应收账款，增加了企业资金的风险，虽然得到同样的净利润，但是利润背后的风险和质量是不同的。基于此，可以用利润含金量这个指标，来评价企业的利润质量情况。

通过以上分析，评价企业盈利能力的最常用指标已经挑选出来，可以通过不同的指标来反映盈利能力，如图 13-1 所示。基于不同的构成要素，可以通过毛利润、净利润、营业利润来反映；基于利润的不同质量，可以通过利润含金量来反映；基于相同收入规模下获得的利润绝对数，可以通过销售净利率、销售毛利率、营业利润率来反映；基于投资回报角度来看，可以通过投资回报率来反映；在不考虑利息和税金影响下，可以通过息税前利润来反映。下面将对这些指标进行一一介绍。

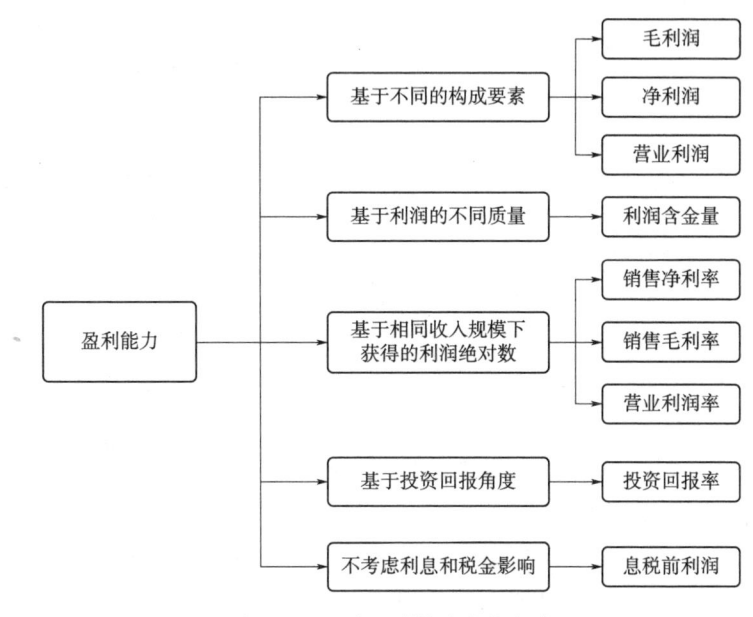

图 13-1 反映盈利能力的指标库

1. 毛利润、净利润、营业利润

营业收入扣除相配比的营业成本后所取得的是毛利润。在毛利润的基础上，加上其他业务利润，并扣除期间费用后，可以得到营业利润。而净利润和营业利润之间的差别在于营业外收入、营业外支出及所得税费用，这三个指标均可以从利润表中提取。

区分它们的意义在于毛利润可以反映主营业务相关的利润，营业利润可以反映与经营活动相关的利润，而净利润反映的是企业的整体利润。企业发展，最重要的是依托经营活动所带来的利润。如果出现意外的收入或支出，造成净利润很高，而营业利润很低。表面来看，盈利能力很强，但是这种盈利能力是不可持续的。在毛利润的指标中，还可以分为不同的维度，测算不同业务线的毛利润，有利于企业及时调整业务偏向。

2. 息税前利润

息税前利润不同于前面的三项利润指标，该指标不能从利润表中直接获取，需要额外地调整计算。区别于净利润，该指标剔除了债务资本成本和所得税的影响，反映了企业剔除债务利息费用和所得税费用后的盈利能力，如图 13-2 所示。这一指标通用性较强，既平衡了资本结构的影响，也关联到利息的抵税作用，同时便于不同时期的利润比较，具有较强的可比性。

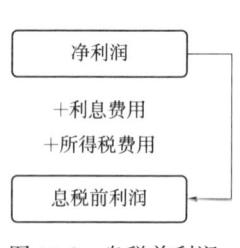

图 13-2　息税前利润

3. 销售净利率、销售毛利率、营业利润率

销售净利率、销售毛利率和营业利润率的由来过程如图 13-3 所示。

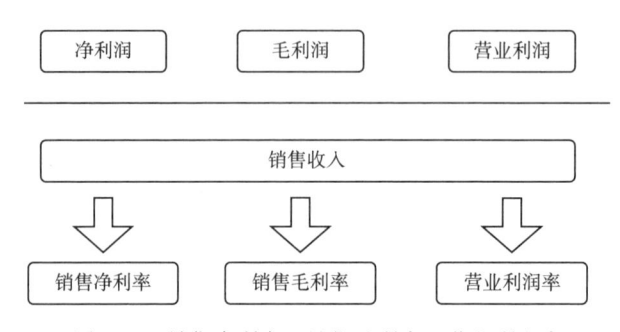

图 13-3　销售净利率、销售毛利率、营业利润率

销售净利率，反映了企业经营的成果，也就是每一元销售收入所能获得的最终利润是多少。该指标不仅扣除了经营成本，也扣除了其他成本费用，以及其他非经营性损益。从销售收入到净利润，经历的步骤较多，需要扣减的项目较全面。因此在分析该指标时，不仅要关注绝对值的变化，还要关注构成该指标的各项成本费用占比情况。从绝对值角度来说，销售净利率指标越高，代表

着企业的盈利能力越强。但是指标高，并不代表可持续盈利能力越强。其他非经营性的收益，也会带动该指标的增长。如果不关注主营业务的盈利能力，可能会因为表象而掩盖了真实的经营情况。因此，还需进一步分析销售毛利率和营业利润率的指标。

销售毛利率，剔除了非主营业务损益及非经常性损益的影响，反映了主营业务的盈利能力。从另一个角度来说，也反映了销售收入扣除成本后，可以用于支付期间费用和形成盈利的比例。

营业利润率，与销售净利率相比，剔除了非经常性损益的影响，更能反映出企业经营的成果。通过不同范围的利润评价，可以帮助企业找到利润变动的原因和进一步提升利润的方法。

4. 投资回报率

投资回报率，也称为净资产收益率或权益净利率，反映的是每一元股东权益所赚取的利润。换句话说，就是股东投入的资金，能够换回的利润比例。企业中，不管资产是以何种形式存在的，其资金来源大体分为两类：一类来自负债，一类来自股东投资。投资回报率，体现的是股东投入能够获得利润。

$$投资回报率 = 净利润 \div 股东权益$$

该指标是从投资回报角度来衡量企业的盈利能力，评价企业对股东投入资本的利用效率。股东投入资本的目的是盈利。从股东角度来说，财务管理的目标就是股东收益最大化，而这一指标就直观体现了股东在一定投入下的收益。

5. 利润含金量

利润含金量是利润质量的综合性指标，反映获取利润的同时能够带来多少现金。根据利润和现金净流量的不同选取标准，可以得到不同的利润含金量比率。

经营活动现金净流量与营业利润比率，反映了每一元的营业利润能够获得多少现金净流量。由于折旧、摊销等非现金支出的存在，在现销的情况下，经营活动现金净流量会大于营业利润。而在赊销的情况下，经营活动现金净流量会小于营业利润，也就是说赊销政策越宽松，利润含金量越低。因此，可以用该指标反映企业的利润质量，监控企业中有利润而无现金的情况。

$$经营活动现金净流量与营业利润比率 = 经营活动现金净流量 \div 营业利润$$

$$现金净流量与净利润比率 = 现金净流量 \div 净利润$$

现金净流量与净利润的比率，从整体上反映每一元的净利润有多少现金流入。同等净利润情况下，现金净流入越高，代表企业的盈利能力越好。与经营活动现金净流量与营业利润比率的不同之处在于，现金净流量中不仅包括经营活动的现金净流量，还包括筹资活动和投资活动的现金净流量，因此该指标综合性更强。在数据获取方面，不论是现金净流量还是净利润，都能够获得客观且可比的数据。

13.1.2 营运能力指标

营运能力是衡量企业经营效率的标准。从本质上来说,经营效率的高低也决定着企业的盈利能力。效率越高,盈利能力越强。企业的经营效率,主要体现在资源的使用效率上,如图 13-4 所示。

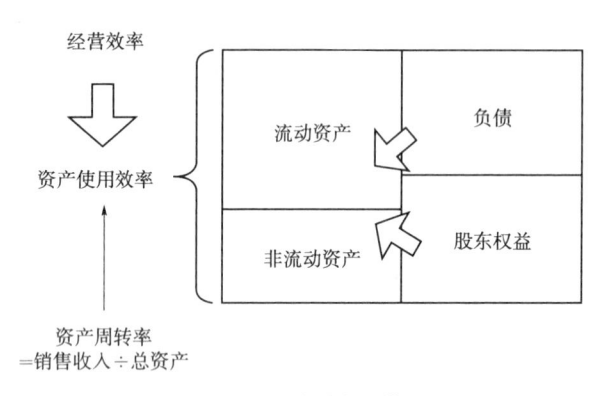

图 13-4 经营效率的体现

从资产负债表来看,企业的资源不管来源于负债,还是来源于股东权益,最终都体现为左侧的资产。也就是说,经营效率就是资产的使用效率。资产根据流动性分为流动资产和非流动资产,经营效率依据不同的资产性质,也分为流动资产的使用效率和非流动资产的使用效率。

资产的使用效率一般用资产周转率来反映。举个例子来解释一下资产周转率的概念。

举例说明

张三投资 20 万元开了一家服装店,这 20 万元会经历哪些环节呢?张三需要用 20 万元本金进货,这时 20 万元由现金变成了服装。在没有卖出前,张三是没有多余资金继续进货的。假设张三所卖服装的毛利率为 50%,不考虑其他费用支出,必须全部卖完才能再次进货。因此张三卖完 20 万元的货物,会收到 30 万元的收入。再用 30 万元的收入,完成下一次进货,最终会获得 45 万元的销售收入。

如果张三第一次进货的 20 万元货物,用了一年的时间卖完。这时,盘点张三一年的经营情况,投入 20 万元,取得了 30 万元的销售收入,20 万资金在一年之间仅周转了一次。如果张三第一次进货的货物,仅用了半年就卖完了。在第一次收回 30 万收入后,又完成一次进货,利用后半年的时间,又全部销售,取得了 45 万元的销售收入。图 13-5 展示了张三服装店的资产流转过程。

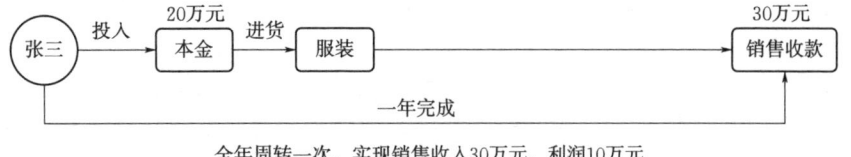

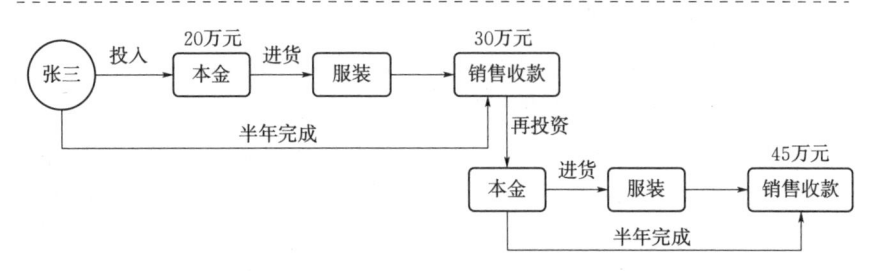

```
张三 —投入→ 本金 20万元 —进货→ 服装 ——————→ 销售收款 30万元
                                        一年完成
```
全年周转一次，实现销售收入30万元，利润10万元

```
张三 —投入→ 本金 20万元 —进货→ 服装 → 销售收款 30万元
                  半年完成              ↓再投资
                            本金 —进货→ 服装 → 销售收款 45万元
                                       半年完成
```
全年周转两次，实现销售收入75万元，利润25万元

图 13-5　张三服装店的资金周转过程

这时，再来盘点一下张三一年的经营状况。仍然是年初投入的 20 万元资金，因为销售效率提高了，全年完成了两次进货到销售的全过程，利用 20 万元实现了 75 万元的收入。由此可以看出，资金周转得越快，企业能够创造的收入越高，在同等利润率的情况下，盈利能力也就越强。

在资产负债表的左侧，总资产被分配到各个资产项目中。同资产周转率指标一样，各个分项资产都可以测算各自的周转率。当总资产周转率偏低时，需要分析各个分项资产的周转率，找到企业提升效率的方向。下面对常用的几种资产周转率进行介绍。

1. 存货周转率

投入资金取得存货，资产形式也从现金转换为存货。存货周转率，衡量的是存货的周转效率，也就是每一元存货能够支持的销售收入。如果以天数来表示存货的周转效率，可以演变成另一个指标，存货周转天数。存货周转天数，能够更直观地体现出存货从购入到销售所需要的时间。

$$存货周转率 = 销售收入 \div 存货$$
$$存货周转天数 = 365 \div 存货周转率$$

如果购入的存货，长时间无法销售，就会形成库存积压，自然也就无法获得销售收入，因此要尽量缩短存货在库的时间。低存货量，一方面代表着存货销售速度快，另一方面也代表着资金占用量较低。但是，存货周转天数也不是越低越好，如果存货量过低，会影响正常的商品流通。应当在正常生产经营条件下，保持相对低的存货量，降低存货的周转天数。

2. 应收账款周转率

存货经过生产或直接销售后，就会进入下一个环节，形成销售收入。因为信用政策和收款方式的不同，资产中的存货会转换为现金或应收账款。应收账款通常是由赊销产生的。

应收账款周转率，表示每一元应收账款能够支持的销售收入，这个指标越高说明企业的收款情况越好。将应收账款周转率转换为应收账款周转天数，这一指标表明，货物从销售形成应收账款开始，到收回款项所需要的时间。这一时间越短，企业经营的效率越高。

$$应收账款周转率＝销售收入÷应收账款$$
$$应收账款周转天数＝365÷应收账款周转率$$

就像前文张三服装店的例子中，张三的货款越快收回，就能够尽早开始下一轮的进货销售，赚取利润。但是应收账款周转天数也不是越少越好，还要结合企业的销售政策和市场行情。因为赊销有可能比现销为企业带来更大的价值，需要在平衡业务发展和风险的同时找到最低的应收账款周转天数。

除了存货周转率、应收账款周转率以外，其他的资产项目也可以计算周转天数。比如固定资产周转率，对于重资产的企业来说，固定资产投入是企业的重要资源，固定资产周转越快，说明企业的资产利用效率越高。而效率越高，也就代表着资产能够给企业带来的价值越大，反映着企业经营的效率。因此要对企业中的主要资产进行效率分析，找到效率低下的原因，并不断改进提高效率，从而提高企业的盈利能力。

13.1.3 成长能力指标

一个企业的成长能力，反映它能够长期、可持续的健康发展，是企业生命力的体现。从成长的角度来说，不仅要关注成长的绝对状况，还要关注成长的质量。比如是良性增长，还是报复性的短期增长。对于增长的驱动因素，也要有所关注。

如同关注的孩子健康成长一样，不仅要关注身高、体重的绝对增长值情况，还要关注增长的速度。是否在健康范围内，是否保持正常的增长节奏，过快的增长可能会带来更多的问题，比如过度肥胖等。这时还要有反映增长驱动因素的各项指标，比如过度肥胖的原因是主食摄入过量，还是零食摄入过量，这些指标能够帮助我们找到增长异常的原因。

企业的成长主要关注资产负债表和利润表两个方面，如图 13-6 所示。一方面是资产负债表中资产规模的扩

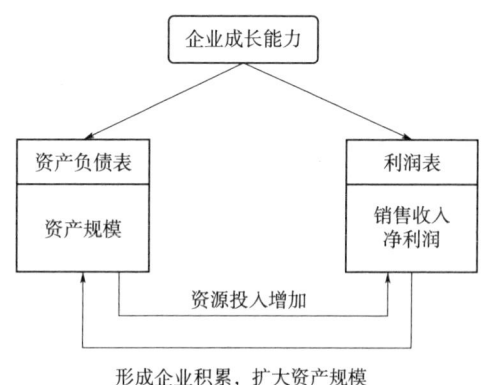

图 13-6　企业成长的两个方面

大，另一方面是利润表中销售收入和净利润的增长。这两者之间不是割裂的，而是互相促进、相辅相成的。销售收入和净利润的不断增长，会形成企业的积累，这种积累又会不断扩大企业的资产规模。而资产规模的扩大、资源投入的增加，反过来又会带来更多的收入和利润，就像滚雪球一样，不断将企业的盘子越做越大。

图 13-7 反映了企业成长能力的三项指标，即销售收入增长率、营业利润增长率、总资产增长率。可以用销售收入增长率和总资产增长率来衡量企业增长的绝对值，但是收入的增长不代表企业具备可持续的盈利能力，重点还需要关注利润的增长情况，尤其是能够持续、稳定增长的利润。

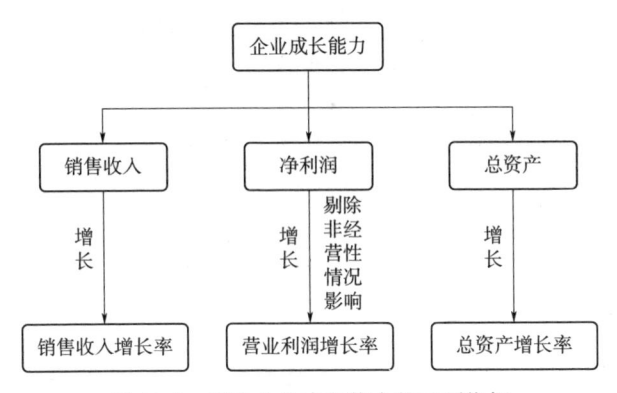

图 13-7 反映企业成长能力的三项指标

相比于净利润的增长率，剔除非经营性情况后的营业利润增长率，更能反映这一成长能力。

销售收入增长率，可以在一定程度上反映市场的销售情况。如果销售收入保持较高的增长态势，表明企业产品的市场占有率和增长都保持在比较好的状态。一旦增速放缓，甚至负增长，就要警惕是否市场上已经出现了新型的替代产品，或者客户需求已经逐渐转向。这时企业就要及时调整产品策略，加大研发力度，尽快重新适应市场和客户需求。

总资产增长率，反映企业价值的不断提高。资产不仅是继续扩大收入的基础，也是企业偿还债务的保障，良性发展的企业一般会保持总资产的稳步提高。如果企业的销售收入增长良好，而总资产增长缓慢，甚至没有增长，就要考虑是否盈利能力不足，要结合营业利润增长率来判断。只有收入带来合理的利润增长，才能够实现企业资产规模的提升。

除了上述的三项指标，为了更清晰地看到各业务线、各产品线的成长能力，一般还要分产品、分客户、分业务线，对各分项的收入增长和利润增长进行评价。如果说总体的销售收入增长率和营业利润增长率是"大锅饭"，那么各分项的指标就能揭示哪些业务、产品、客户是盈利的，能够带来企业增值的，哪些是侵蚀企业增长的。

13.1.4 偿债能力指标

企业增长缓慢并不会带来致命的打击，可是一旦资不抵债，无法偿还债务，会给企业致命打击，甚至造成企业破产，因此要对企业的偿债能力保持持续的关注。企业中的债务按照时间长短，分为短期债务和长期债务，因此评价偿债能力的指标也分为长期偿债能力和短期偿债能力。

资金对于企业，就如同人体的血液一样。除了从时间角度对偿债能力进行划分，还要从质量上对偿债能力进行评价。一般来说，如果资产的总额能够覆盖负债，则企业的债务风险较低。除此之外，还要考虑企业的持续"造血"能力。如果经营活动产生的现金流量净额，能够覆盖偿债所需的现金，说明企业的增量资金就能偿还债务，偿债能力较强。下面分别从"现有"和"新增"两个维度，对反映短期偿债能力和长期偿债能力的指标进行介绍。

短期偿债的本质，是对日常债务的偿还能力，反映了企业运营资金的充裕程度。那什么是运营资金，运营资金又如何反映偿债能力呢？

举例说明

举个日常生活中的例子，张三每个月收入5 000元，这是他的流动资产。因为买车需要偿还一年期的贷款本金及利息，每个月需要偿还2 000元，这2 000元的贷款就是张三的流动负债。5 000元的收入，扣除2 000元的固定债务支出，剩下的3 000元可以供张三自由支配，用来保障他日常的衣食住行开支，这3 000元的部分就是他的运营资金。

在收入5 000元的情况下，张三可以保障每个月固定债务的偿还。收入增长不仅可以负担固定债务的偿还，还会带来更多日常开支。如果张三因为各种原因被降薪，就会影响张三对短期债务的偿还能力。当工资收入低于每月2 000元的贷款支出，不仅日常生活无法保证，还会陷入无法偿还贷款的困境。

为了解决困境，张三就需要寻找各种短期融资渠道。而短期融资势必又会带来更多的利息负担。如果长期不能改善收入情况，张三会陷入更为严重的债务危机。由此可以看出，流动资产与流动负债之间的差距越大，短期的偿债能力越强。

对于企业来说，也是同样的道理。图13-8所示为评价企业偿债能力的三种主要指标，即流动比率、现金利息保障倍数、资产负债率。

在评价企业短期偿债能力时，可以采用流动比率的指标，即每一元流动负债由多少流动资产来保障。保障的倍数越大，企业的偿债能力越强，财务风险越小。

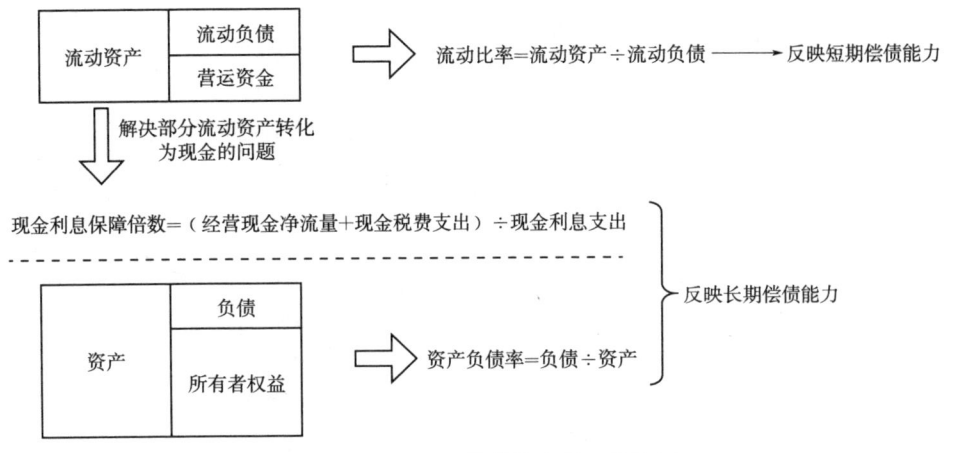

图 13-8 评价企业偿债能力的三种指标

如果企业中的流动资产全部以现金形式存在，用流动比率就能够比较准确地反映短期偿债能力。但实际上，企业中的流动资产除了现金还有大量的存货或应收账款，这些资产的变现能力也影响着企业的偿债能力。以现金净流量来反映偿债能力，能够规避流动资产变现能力的问题。考虑到企业的现金净流量主要是依赖于经常性的经营活动，而债务尤其是长期债务，往往也不需要每年偿还本金，仅需要按期支付利息。

现金利息保障倍数，这个指标可以反映企业债务风险。尤其对于长期负债而言，如果企业能够按时付息，长期负债一般可以正常延续。现金利息保障倍数越大，说明对利息支付的保障越高，偿债能力越强。

资产负债率，反映了企业的资本结构，衡量的是资产中有多少是通过负债得来的。衡量长期偿债能力，除了现金利息保障倍数，还可以以资产负债率来衡量。负债比例越低，资产的保障程度越高，偿债能力越强。且该指标作为通用指标，数据容易获取，可比性强。资产负债率还可以在一定程度上反映企业的举债能力。资产负债率越低，举债能力越强。当资产负债率达到一定比率时，负债负担过重，偿债能力无法保证，举债能力自然也就越弱。

13.2 各层级的经营仪表盘搭建

盈利能力、成长能力、偿债能力和运营能力这四个方面，基本能够涵盖企业经营的方方面面。以这四项能力为基础构建的指标库，能够给各层级的经营仪表盘构建提供有力的支持。根据不同层次使用者的需求和责任范围，选取可控的经营指标，就可以构建适用于使用者特点的经营仪表盘。在指标的选择上，既要反映绝对数量，又要搭配能够反映经营质量的指标，同时还要考虑指标背后的驱动因子，反映该责任主体的经营状况，以及可控的改善方向。

13.2.1 不同责任主体的经营仪表盘

不同的责任中心,负责的权限范围不同,需要的经营数据和指标也各有不同。下面分别对各种不同责任中心的经营仪表盘指标进行分析选择。

1. 收入中心

收入中心,主要对组织内创造的收入及所消耗的费用负责。收入的规模直接影响企业的成长能力、盈利能力。作为主要的"开源"部门,收入中心不仅需要考量收入的绝对值,还要考虑收入的增长率。

为了保证盈利目标,需要合理安排产品结构、客户结构、区域结构等方面。将更多的资源向高利润的产品、高价值的客户、高增值率的区域倾斜。因此,收入中心的经营仪表盘,需要设定销售收入的目标值、目标值的完成率、销售收入增长率、各类产品\各类客户\不同区域的收入占比及增长率。

在收入中心的控制范围内,还需要增加费用的消耗指标。同等资源投入下,获得的销售收入越多越好,获得高质量收入越多越好。在费用方面,需要增加费用的预算值、费用的节约率、收入费用率以及不同产品、不同客户、不同区域的销售费用率指标。对于运营能力来说,收入中心需要对应收账款的回收和产品的销售时限负责。从产品投入销售环节,到回收货款,周期越短,运营效率越高。

2. 成本中心

成本中心,主要对所负责组织内的成本负责。直接或间接影响企业经营的盈利能力、成长能力和运营能力。对于盈利能力来说,成本消耗越低,利润越高,盈利能力越强。而利润的提升会带来企业资产规模的扩大,体现了企业的成长能力。对于运营能力来说,各项资产的使用效率提升都会带来运营能力的提升。比如生产线上固定设备,使用效率越高,创造的收入资产周转率也会越高。

以制造业企业来说明,成本中心主要负责产品的生产。从原材料的投入,到产成品的产出,这一过程越短,代表着各个环节的运营效率越高。因此,成本中心的经营仪表盘,需要设定单位成本、单位成本的节约率、存货周转天数、资产利用率、产品单位生产效率等指标。

3. 利润中心

利润中心,既对收入、成本负责,又对利润负责。它几乎覆盖了整个经营过程,具有经营过程的决策权,直接影响企业的盈利能力、营运能力和成长能力。利润中心又会划分出不同的收入中心和成本中心,它们的经营仪表盘参考上面说到的指标。对于利润中心整体而言,更关注收入、成本整合后的指标,具有更强的综合性。因此,利润中心的经营仪表盘,更关注销售净利率、利润增长率、资产周转率等综合性指标。

4. 投资中心

投资中心，区别于利润中心，具有投资决策权。投资，讲求的是投资回报率。不管是投资固定资产，还是投资某个项目，都需要对项目回报进行测算，并且对资金的筹集、投资负责。投资中心不仅要关注利润情况，还需要关注投资决策、资金的运作，控制相关的财务风险。因此，相比于利润中心的经营仪表盘，投资中心还要关注投资回报率、资产周转率、资产负债率等指标。

13.2.2 不同层次管理者的经营仪表盘

不同的责任中心根据不同的责任范围，选取不同的指标构成其经营仪表盘。在不同的责任中心中，又有不同层级的管理者和使用者。对于他们来说，需要根据他们不同的岗位特点和职责范围，确定符合每个人需求的经营仪表盘。

让基层员工每天关注投资回报率这样的指标，员工会一头雾水。让高层管理者每天关注收款情况这类细节指标，管理者会陷入管理中的无数细节之中。这显然也是不合适的。不同层级管理者，根据其目标结果不同，需要匹配符合其定位的经营指标。匹配错误不但会造成经营仪表盘的失效，还会给管理者错误的管理导向。

企业中，高层管理者关注的是结果，根据结果对发展方向和战略进行宏观调整。结果如何达成，过程如何实现，需要每一个基层管理者去管控。只有每一个零部件都运转正常，整个企业机器才能正常有序的工作。因此，基层管理者最关注的是实际工作中的每个环节、每道工序、每个过程。

受管理幅度的制约，高层管理者无法直接管理众多的基层管理者。不管组织是集权化还是分权化，都需要中层管理者作为高层和基层之间的桥梁。中层管理者，既要管理其职责范围内的结果，又要关注高层管理者指标的过程。既要向基层管理者要结果，又要帮助高层管理者管控过程，以实现企业的整体目标。

不同层级管理者需要关注的经营数据如图 13-9 所示。以投资回报率这一指标来说明。投资回报率受到销售净利率、资产负债率、资产周转率的影响。再向下拆分，需要关注销售收入、净利润、各项资产的周转天数或周转率等。

一般来说，高层管理者需要关注销售净利率、资产周转率、收入增长率、资产负债率等指标。

为了实现目标投资回报率，中层管理者需要在其职责范围内，关注影响这一指标的各项因素，比如中层管理者所负责区域的销售收入、净利润、各项资产的周转率等，这些指标又需要不同层级的初级管理者去管理和控制。

生产线上的基层管理者，需要控制每一项产品的生产成本和周转效率，再细分到每个员工时，员工只需要负责把自己的工作完成到极致。比如生产线的工人，控制每一道工序都在规定时间内保质保量地完成就行；再比如一线销售人

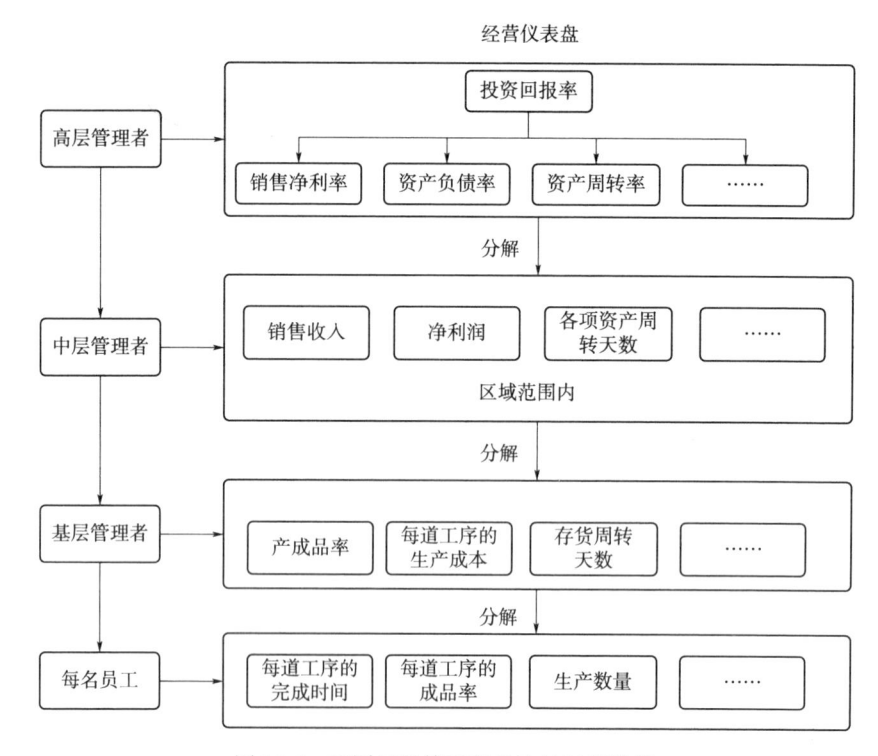

图 13-9 不同层级管理者关注的经营数据

员，只需要负责按照规定的产品结构比例，完成目标的销售任务，并保证回款比例即可。

不同层次管理者的经营仪表盘设定，如同漏斗一般，层层分解到各层级人员可控的指标，这些指标是上一级管理者管理和辅导过程的抓手。一旦目标无法完成，可以通过仪表盘的数据抽丝剥茧，找到未达成的原因，帮助员工聚焦在工作的改进上。只有每个员工都聚焦在自己可控的仪表盘指标上，并确保每个指标的达成，企业整体目标和战略的实现才能得到保证，这也是经营仪表盘的意义所在。

第14章
培养价值为先的经营者意识

　　企业就是一个创造价值的组织，无论是商业价值还是社会价值。没有价值的企业，本身来说也是没有意义的，企业的价值是由企业内所有员工共同创造的。很多企业的员工都是在被动执行领导的命令和任务，缺少作为经营者的主动性，这也是很多企业发展缓慢的原因。培养员工价值为先的经营者意识，就是要化被动为主动，让组织内的员工都能像经营者一样为企业创造价值，让企业与员工之间彼此赋能。这样企业才能创造更大的价值，得到更好的发展，而员工也会因此获得更多的收益。

14.1 揭秘"神奇"的阿米巴经营

每个企业都希望自己的员工能够转变思维，从打工者转变为企业的经营者。这之中带给企业的差距可以说是巨大的，而说到培养经营者意识，就不得不提到阿米巴经营模式。很多企业觉得，只要践行了阿米巴经营的理念，也能获得同样的成功。那什么是阿米巴呢？阿米巴在企业经营中取得成功的关键点是什么？它又独创了哪些方法和理念？接下来我们就来揭秘一下"神奇"的阿米巴经营模式。

14.1.1 阿米巴经营是什么

阿米巴经营，是由日本实业家稻盛和夫提出的。通过这种方法，他成功挽救了濒临破产的日本航空企业，并在两年多的时间里帮助日本航空企业重新上市。

在稻盛和夫看来，企业经营不过就是要秉持"收入最大化，成本费用最小化"的原则，一切都是围绕这一目标展开的。在这个原则之下，收入是可以无限增长的，成本费用也可以降到最低。当然，利润的多少还取决于定价。定价的利润越高，最终获得的利润也越高。定价不仅与成本相关，还受市场供需变化的影响。企业需要找到的是客户能够接受的最高价格。可接受的最高定价，无限增长的收入规模，以及最低的成本费用，就能带来企业利润的最大化。

道理虽简单，但实践起来却存在很多困难。利润的实现，不能仅依赖个别人的努力，而要全体员工在一致方向上的共同努力。需要员工不仅是工作的执行者，更是工作的创造者，不仅是被雇佣者，更是企业共同的经营者。这就需要一种方法，帮助员工转变成经营者的思维，能够以经营者的角度去看待问题、解决问题。阿米巴经营理念，就是基于让所有员工上下同欲，让企业与员工之间连接得更加紧密，并用一种独特的管理方法培养员工的经营者思维。

阿米巴是一种单细胞的变形虫，是最小的生物单元。它的特点是适应性极强，能够随着外部的变化而自我调整，不断适应新的生存环境。为了让所有员工都参与到经营活动中来，稻盛和夫将企业划分为众多像阿米巴一样的小组织。每个企业内的阿米巴组织，都能直接接受外部的反馈信息，如图 14-1 所示。这样做的目的就是为了让员工感知经营的过程，将企业的经营过程和市场情况实时传导到每个组织中。

在传统的管理方式下，只有管理者才能在一定权限里了解企业经营的状况。管理者就像一把大的保护伞，为自己手下的员工遮风挡雨，而自己独自承担经营的压力和外界环境的不断考验。而大部分员工对于企业的盈亏状况、收支情况及经营现状是不清晰的。这样的结果就是员工对于经营状况没有明确的感知，或者

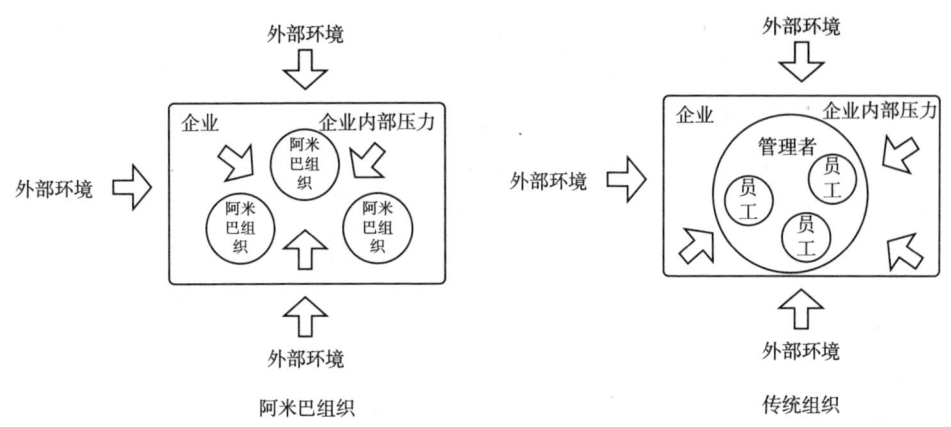

图 14-1 阿米巴组织与传统组织对外界变化的感知情况

感知是非常滞后的。只有当企业出现严重的经营困境时，才能感受到变化。

划分小组织，就要让每个小单元都能够实时掌握利润情况，以及各自的经营状况，将市场情况实时传导到每个组织。当员工实时了解经营状况，对自己所在小组织的利润负责时，就容易转变为经营者的思维，并对经营中出现的问题及时改进。

为了实现这一目的，阿米巴经营理念将每个划分的小组织作为一个独立的经营个体，各自对所在组织的利润负责，并将经营数据实时呈现。每个组织独立核算，需要独立计算小组织的收入、成本和费用。这样一来，就可以清楚地衡量每个组织的工作业绩和工作成果。但是问题也随之而来，除了销售部门能够直接获得收入，其他部门并不能产生直接的收入。没有收入，如何计算利润呢？这就需要在企业内部，人为设定交易价格，在企业中形成内部市场。企业经营需要各个部门、各个环节的协同配合，它们之间存在着链条关系，也正是基于此，内部市场化才能够实现。

比如，流水线上的各道工序，如图 14-2 所示。每个工序的半成品提供给下一个环节时，都需要按照内部交易的价格进行结算。

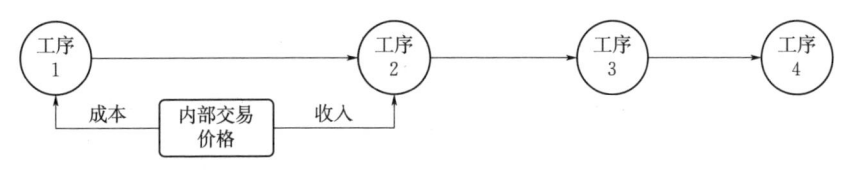

图 14-2 流水线上不同工序间的内部交易

再比如，向生产线提供原材料的采购部门。采购部门以尽可能低的价格购买生产所需的原材料，在给生产部门供应时，需要按照内部交易价格进行结算。采购部门获得提供原材料的收入，而生产部门需要支付领用原材料的成本。以这样的方式，重新划分内部的经营过程，每个小组织都可以形成自己的收入、成本和利润。

14.1.2 重新定义会计的核算方法

为了能够更准确的了解各个小组织的经营业绩,稻盛和夫还重新定义了会计的核算方法。有人可能会说,计算利润还不简单,收入减去成本费用不就行了。产品销售给下游客户获得收入,再从上游供应商处采购原料、支付成本,这之间的差额再扣除各项支出和人工成本,就是这个组织所贡献的价值,这的确是在普遍认知下,最简单的方法。但是在阿米巴模式中,却没有采用这样的方法,而是提出了单位时间价值的概念。

何为单位时间价值呢?就是要考量单位时间内创造的价值,不仅计算利润,还要考量员工工作的效率。同样产生 100 万元的利润,一个部门仅花费了 100 个小时的工作时间,而另一个部门却天天加班,用了 200 个小时才完成。哪个部门的价值更大呢?很显然,用时更少的部门效率更高、价值更大。

将效率这个因素加入后,就能够更清晰地看到每个员工给企业创造的价值是怎样的。用通俗的话来表达,单位时间价值,就是对于效率的评价。图 14-3 中展示了阿米巴经营方式下,组织之间价值的评价是通过单位时间创造的价值来确定的,其不同于传统的价值评价方式。

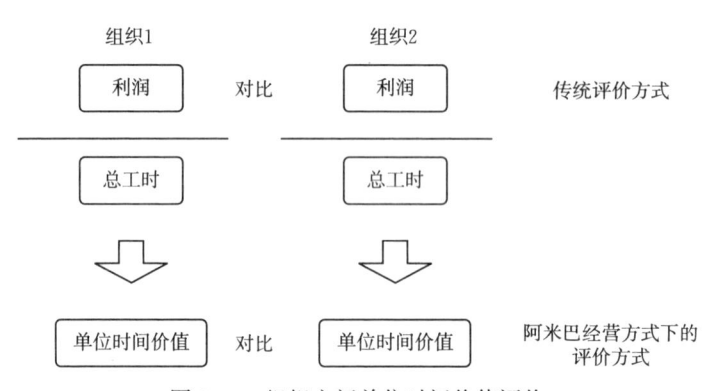

图 14-3 组织之间单位时间价值评价

举例说明

某生产小组产出半成品获得的收入为 50 000 元,从上一个生产环节获得半成品的成本为 30 000 元。这个小组一共有 5 个人,每人每天工作 10 小时。完成 50 000 元收入的工作,一共花费了 5 天的时间。也就是说,为了完成 20 000 元的利润,消耗了 250 小时的工时。按照单位时间价值的概念计算,每个小时产生的利润是 80 元,这就是人均利润的概念,如图 14-4 所示。

值得注意的是,在计算小组产生利润的时候,没有将花费的人工成本计算在内。传统意义上的利润,是由收入、成本和费用共同决定的。其中,成本不仅包

```
工作小组
┌─────────────────┐
│ 收入：50 000元  │
│ 成本：30 000元  │
│ 小组人数：5人   │
│ 每日工作时长：10小时 │
│ 工作时间：5天   │
└─────────────────┘
```

每名员工平均工资收入

利润：20 000元
工作总时长：250小时

单位时间价值
＝20 000÷250
＝80（元） 对比

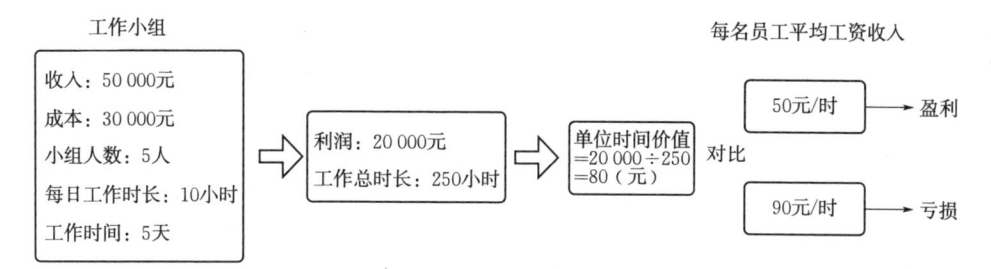

50元/时 → 盈利

90元/时 → 亏损

图 14-4　某生产小组的单位时间价值与组织盈亏

括采购原材料的成本，也包括生产过程中所需花费的人工成本。但是，在稻盛和夫的会计核算方法中，却没有将人工成本计算在内。这是因为在阿米巴的会计核算体系下，并没有把人工作为一项成本，而是创造收益的来源，并通过与计算出的单位时间价值比较，来衡量每个组织是盈利还是亏损。

生产小组每个小时产生的利润是 80 元，如果每名员工的平均工资收入是每小时 50 元，人均利润 80 元/时高于员工的平均工资，这个组织就是盈利的；如果每名员工的平均工资收入是每小时 90 元，那么这个组织就是亏损的。通过这种方法，每个组织都能够直观衡量自身创造的价值。

因此，阿米巴模式中的会计核算，不仅关注收入、成本和费用，还关注效率的提升，并用单位时间价值这一概念，将人均效能的理念传导到每个小阿米巴组织中。

14.1.3　阿米巴经营的土壤

虽然用内部交易的方式，让每个小阿米巴组织都能获得自己的收入，计算自己的利润。但是问题也随之产生。因为缺乏真实的市场环境，在内部交易价格的确定上，就会产生公平性，以及内部间过度拉锯消耗的问题。那么部门与部门之间该如何结算呢？

举例说明

以制造业企业为例，如图 14-5 所示。采购部门采购原材料的价格为 50 元/个，销售部门销售产品的价格为 80 元/个。那么中间的生产环节，如何确定收入和成本呢？作为生产部门来说，需要完成两次结算。一次是作为买方，与采购部门的交易。一次是作为卖方，与销售部门的交易。但是交易的价格如何确定呢？

比如，按照成本加成的原则。采购部门在成本的基础上，加上 20% 的利润，提供原材料的价格为 60 元。这时，生产部门可能会有不同意见，为什么是 60 元，而不是 55 元呢？毕竟市场上购买原材料仅需要 50 元。但是采购部门不同意这种

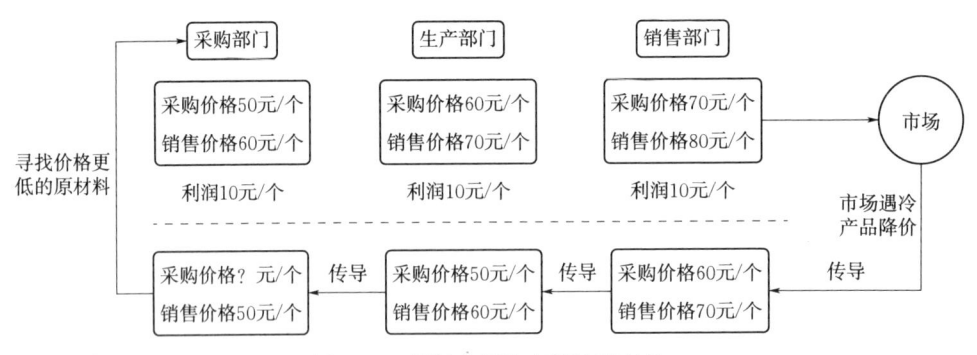

图 14-5　部门之间的内部结算交易

说法，我们采购的材料，都是经过精挑细选、严格把关的，不用担心有假货，或者质量问题，这些选择的成本也是需要付费的。这时，双方会为了交易的价格产生拉锯。

当生产部门将产成品销售给销售部门时，同样的问题会再次发生。生产部门按照 70 元的价格销售给销售部门。如果销售部门按照市场价 80 元销售，还能获得每件 10 元的利润。但是，市场价格受多种因素影响，是实时变化的。当市场价格只能按照 70 元/个卖出时，销售部门再按原有的价格向生产部门采购，就会没有利润。这时整个市场的行情，就会从市场传导到各个部门，新一轮的价格拉锯再次展开。当市场不断变化时，这种内部结算的交易价格，会耗费大量的管理成本。

这时，有的部门就会提出，按照市场价格的调整幅度，同比例调整内部结算价格。但是按照这种方式进行调整，有的部门能够继续维持，而有的部门可能就会出现亏损。难道亏损的部门就不再承接业务了吗？

从上述案例中可以看出，如果是外部交易市场，出现亏损，当然可以拒绝接下订单。但是如果是内部交易，为了保证企业整体的正常运行，必须要保证正常的供应，于是争吵、互相之间拉扯会再度出现，且不可避免。这是阿米巴模式中出现的第一个问题。除此之外，在独创的会计核算方式下，用单位时间价值取代利润来衡量各个部门的价值，虽然每个人的贡献被进一步明确，但是新的问题又随之产生。

确定单位时间价值，需要收入、成本和总时长共同决定。为了实现单位时间价值最大化，可以从这三项指标入手。增加收入、降低成本，或者降低工作总时长。也就是说，同样的利润情况下，只要总时长降低，单位时间价值就会提高。这时，有的部门为了提高单位时间价值，采用外包的方式来降低总时长。虽然计算的单位时间价值提高了，但实际上并没有带来真正的增长，这是在成本核算过程中产生的第二个问题。

从以上两个问题可以看出，在实行阿米巴模式的过程中，会出现各种各样人为原因导致的消耗或者错误。任何制度或者方法，都会产生漏洞。为了解决这一问题，让大家能够真实地反映经营情况，互相协同，不以个人或者小组织的利益为先，而要以企业整体的价值为重。企业中需要形成良好的环境让阿米巴模式更好地融入，并稳健发展。

因此，稻盛和夫先生提出了"敬天爱人"的经营哲学。在这一哲学文化的基础之上，员工之间、部门之间，不再为了各自的利益而争吵不休，而是把目标放在如何让企业获得更大的发展上面。阿米巴经营模式能否在企业中成功实施，不仅是组织的划分、内部结算价格的设定及单位时间价值的核算，更重要的是这种"作为人，何为正确"的理念。当出现互相之间的利益冲突时，组织之间是本着企业价值最大化来做出选择的，这才是保证阿米巴模式成功落地的关键所在。

14.1.4　如何利用阿米巴经营理念培养员工的经营者意识

在传统的管理方式下，员工对于企业的经营状况和盈亏状况并不清楚。员工懈怠工作，或者效率低下所带来的结果，并不能直接呈现给每一个人。阿米巴模式通过改变核算方式，让部门的人均利润能够清晰呈现。每个组织中的每一项收入、每一笔支出，每一次交易的发生，甚至工作的效率，所耗时长，都会直接影响最终的单位时间价值，并在组织内的报表中得以呈现，如图14-6所示。

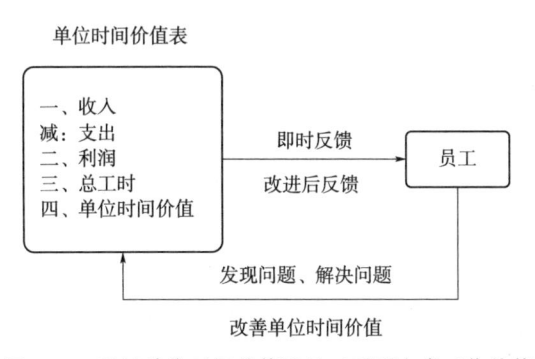

图 14-6　通过单位时间价值让员工看到自身工作价值

比如，同样的消极怠工、效率低下，在阿米巴经营理念之下，这些行为会反映出利润的降低和总工时的延长，最终会体现在单位时间价值的降低上。通过经营数据的展现，部门或者组织的管理者，可以清楚看到问题产生的原因，并进行有针对性的改进。改进后的结果，也会通过这种方式得以体现。

此外，通过将大目标分解到每个组织的小目标，也会让员工的工作更加有方向。企业的整体目标，更是与每个人都息息相关。让组织的管理者对自己管理范围内的事项，更加有掌控感。让每个组织内的员工理解，每次改进都会带来人均效能的提升。反过来说，市场上的每一点变化，也会通过这种方式，传导每个阿米巴组织中，让每个组织的管理者和员工都能感受到外部市场的变化。这时，员工不再是被企业保护的"温室花朵"，而是跟企业同生死共命运的"命运共同体"。大家会朝着同一个目标共同努力，而不是像传统管理方式那样，少数人感受到经营的压力。只有全体员工共同分担压力，共同努力，完成每一个小目标，才能实现企业的大目标。

除了形式上的转变，在日常工作中，也要逐渐培养员工和管理者的经营者意识。要以日报的形式，每天公布前一天的经营数据，并向所有组织员工传达。通过这种方式，能够让大家得到自己工作成果的及时反馈，切实感受到每天的工作对于企业经营的改善意义和作用。一旦经营数据没有按照既定的目标实现，就要展开分析讨论，迅速采取补救措施，避免差距的扩大化。通过工作过程中的及时反馈，以及在日常经营过程中逐渐积累的分析改进经验。每个阿米巴组织的管理者，会更加具有经营者思维。在进行每月的月度预算时，也会更有针对性。此时，管理不再是事后和事中的管理，而是事前的管理。

根据以往的经营数据和经营过程中的反思总结，来决定下个月的经营方向。比如如何达成目标、达成怎样的目标、需要增加哪些应对策略等，都是在事前可以进行规划的。由于不断地总结和思考，每个小组织还能够对可能出现的问题进行预判。比如下个月可能会出现什么问题，一旦出现可以采取怎样的措施，影响目标达成的障碍是什么，如何克服，有哪些备选方案等，这些预案会有力保障目标的达成和经营结果的实现。

工作得到及时的数据反馈，总结思考并不断改进，再通过改进后的经营数据进行验证、分析、调整。通过每天、每月反复重复这样的工作流程，来不断提高员工单位时间价值，也就是人均利润。与此同时，每个阿米巴组织的管理者，甚至是每个员工的管理意识和经营思维，会得到大幅度的增强，也为企业储备了一大批具有管理思维的后备人才。

14.2 用价值链的理念为企业创造价值

企业经营是由各种各样的活动组成的，从大的方面说，包括研发、生产、营销等环节，再进一步细化，又包括各种各样的生产活动，比如每个生产线上的每一道工序。这些或大或小的环节，构成了企业经营的全貌。

为了实现企业创造价值的目标，要从这些细微处入手，让整个链条上的每个环节都创造出应有的价值，这样才能保证企业整体价值目标的实现。接下来将引入价值链的概念，并详细阐述如何用价值链的理念为企业创造价值。

14.2.1 重构企业价值链

何为价值链？简单来说，就是企业内部创造价值的动态链条。各个环节之间各有不同，却又相互关联，通过彼此协同，共同创造价值。每一个环节，都要创造各自环节的价值，这样整体链条上的各个价值点，才构成了企业整体的价值，如图 14-7 所示。

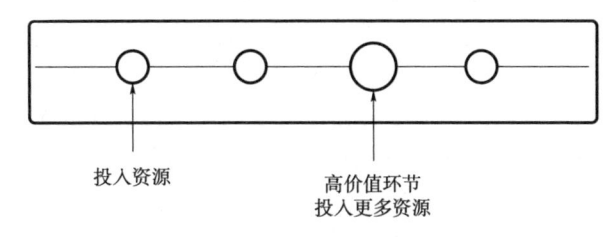

图 14-7 用价值链的理念为企业创造价值

以这样的视角，重新看待企业的经营活动。提高每个节点创造价值的能力，或者向高价值的环节投入更多的资源，促进其增长，就能够在整体上提升企业价值。从价值链的理念出发，需要重新规划企业的内部价值链，并且从价值链的视角规划各个环节的经营活动，在企业内部形成这种价值增值意识，打造增值型的组织。

企业在价值创造过程中，会经历多种环节。各个环节又由多个可互相分离的活动组成。按照不同的活动类型，可以将企业中的活动，分为基础活动和支持活动，这也是支撑企业经营的关键性活动。

所谓基础活动，是指与生产经营直接相关的活动。换句话说，这些活动是完成企业价值创造的基本要求所必需的企业价值链中的基础活动，包括内部后勤、生产经营、外部后勤、市场销售及服务五类活动，如图 14-8 所示。

基础活动					
内部后勤	生产经营	外部后勤	市场销售	服务
投产前发生的物流活动	从投入到产出产品的过程	产品产出后发生的物流活动	向客户销售产品的各类活动	能够提升产品价值的服务

图 14-8 企业价值链的基础活动

对于内部后勤和外部后勤，区分的关键在于活动产生的时间节点。在投入生产前所发生的一系列物流活动，归属于内部后勤。而在产品产出后所发生的一系列物流活动，归属于外部后勤。比如，在投入生产前发生的原材料入库、领料、仓储等活动，都属于内部后勤。而在产品产出后发生的产品分发、入库、送货等活动，都属于外部后勤。

生产经营，是指从投入到产出最终产成品的全过程，包括加工、生产、装配、设备维护、检修等活动。

市场销售，是指完成向用户销售产品的各类活动，比如市场推广、营销活动、销售渠道开发等。

服务，是指在生产活动过程中需要的、能够为产品价值提升服务的活动，比如设备的修理、设备使用的培训、配件的调试等。

除了这些经营所需的必要活动，为了提高经营效率和管理能力，还需要一些辅助的支持活动，如图14-9所示。这些活动包括采购管理、人力资源管理、技术开发服务，以及企业的基础设施建设。不同于传统意义上对于职能部门的划分，将企业运营过程中所需要的各类支持活动进行了更广义的划分和归类。

支持活动			
采购管理	人力资源管理	技术开发服务	基础设施建设
产品、原材料及各类服务采购	人力资源管理活动	技术研发、专业技术支持	企业正常运转所需要的基础设施

图14-9 企业价值链的支持活动

采购管理，不仅包括常规意义上的原材料采购、存货采购，还包括各类服务的采购。比如，企业没有专职的律师，需要请机构提供专业的法律咨询服务，这就是一项采购业务。再比如，企业在产品投放市场时，需要对市场需求进行分析，找到理想的销售渠道，这时需要专业的分析机构提供服务，企业与分析机构达成合作，也是一项采购活动。

人力资源管理，贯穿于企业的基础活动和支持活动。企业的经营，离不开人的活动，不管是招聘、培训、绩效考核，还是薪酬管理、晋升、辞退，都属于人力资源管理活动的范畴。

技术开发服务，不局限于与产品相关的技术研发活动，还包括各类支持活动相关的技术开发。其实企业中的各项活动，都需要技术的支持。比如，财务管理是一项技术服务，专业的投融资分析依赖的是专业技术的支持。再比如，管理技术的升级、信息化方面的开发，这些都属于技术开发活动。

基础设施建设，正如城市建设中的基础设施是城市正常运转的基础一样。企业中的基础设施，包括经营过程中需要遵循的制度、流程、文化等，这些都在支持着企业的正常有序的运转。比如，企业的组织架构，能够为正常经营提供有力的组织保障，这也属于企业基础设施的一部分。再比如，企业中的高层管理人员，这些人能够保证制度、流程、文化的建设和落地，也归属于基础设施的范畴。

不管是基础活动，还是支持活动，都在以各自的形式支持着企业的发展。找寻或重构价值链的意义，就是要找到关键性活动，或者重塑关键性活动。因为资源是有限的，是约束性的，要将有限的资源，投入到最有价值的活动中去。价值链的寻找，不仅局限于企业内部，还可以延展到企业外更广阔的范围里，如图 14-10 所示。以企业本身作为原点，围绕着企业的上下游关系，构成了一个更为广泛的支持系统。

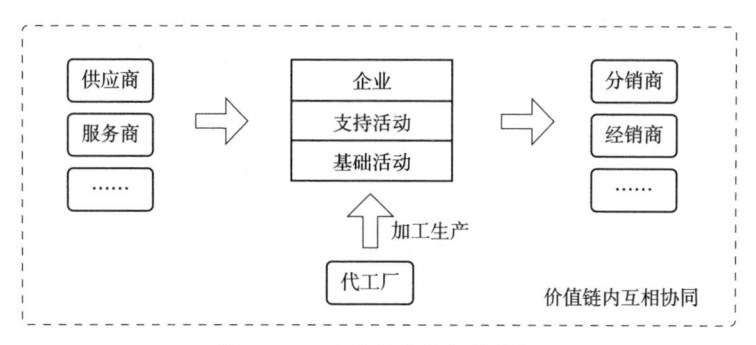

图 14-10　企业的内外部价值链

企业上游的供应商，能够给企业提供各类原材料和支持服务。下游的分销商，能够给企业在销售端带来更多的价值。有的企业没有自己的生产工厂，那么帮助企业代工的生产厂家，也是企业整个价值体系中的重要环节。

在这个更广泛的价值系统中，企业之间是相互合作、彼此协同的。比如，供应商的地理位置和供应渠道，可能严重影响企业的产品成本。再比如，提供信息化服务的供应商，需要与企业的技术人员和生产人员深入沟通，才能更有效地提供企业所需要的服务。它们之间能够深入协同，决定着这些环节的价值高低。

由此可以看出，企业的价值活动，不仅存在于企业内部，而且存在于企业外部。通过对价值链的梳理，能够帮助企业清晰地看到自己有哪些关键性活动，哪些活动属于增值性活动，未来需要在哪些关键活动上投入更多资源。相比于竞争对手而言，哪些活动有可能成为企业的竞争优势，哪些又需要一定程度的弥补。

14.2.2　从价值链视角看企业各项经营活动

企业经营链条上的各项活动，不是随机组合的，而需要合理搭配。只有将资源充分利用起来，才能实现既提供客户需要的产品或服务，又降低成本，从而为企业创造价值的目标。企业在对价值链活动进行重构以后，就需要对价值链上的活动进行分析，找到自己的优势所在，同时确定能够支持企业发展，帮助企业构建优势的关键活动。

图 14-11 所示为一家运动设备企业的主要生产经营环节。在对企业业务进行

梳理后，发现企业在采购、生产、销售等环节处于劣势，但是却在技术研发、创新，以及品牌营销方面非常有优势。企业正处于快速发展期，需要大量的资金来推动企业的持续增长。然而，现有的现金流，无法在各个经营环节大量投入。

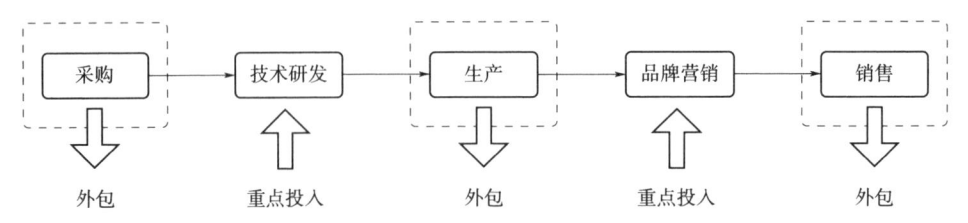

```
采购  →  技术研发  →  生产  →  品牌营销  →  销售
 ↓         ↑         ↓         ↑         ↓
外包     重点投入    外包     重点投入    外包
```

图 14-11　从价值链视角看某运动设备企业的经营活动

企业通过价值链分析，决定聚焦于研发和品牌营销环节，将自己的优势力量重点投入到这些高价值环节，而将采购、生产、销售外包给外部的供应商。利用外部资源，来共同推动企业发展。这样一来，企业既保障了关键领域的投入，又持续积累了优势资源，让企业在研发和营销方面，获得更大的增长优势。

不管是基础活动，还是支持活动，都是支撑企业发展的关键活动，是企业持续增长必不可少的环节。但是这些活动，对于企业的影响却各有不同。比如，选择差异化战略的高科技企业，其创新能力是影响企业的关键因素；选择成本领先战略的快消品企业，其生产线的高效率可能是影响企业成功的关键因素。因此，下大力度在关键环节上增强效率，能够帮助企业进一步巩固竞争优势。

除了找到高价值的价值链和关键活动以外，还需要注意不同价值活动之间的关联关系。企业中各项活动是交叉纵横的，从基础活动到支持活动，需要相互协同。不同的协同效率，带来的价值也各不相同。合理的协同安排，自然会给企业带来更高的效率，提供更多的价值。反过来，不协同的连接关系，可能会给企业价值带来贬损。

比如，基本活动中的存货量和生产安排之间的连接关系。当存货量较大时，生产安排比较充足，不用担心缺货的风险。但是存货较多，带来的不良后果是成本较高。如果能够准确评估存货的理想持有量，将存货水平控制在理想的范围内，就能够实现存货和生产之间的最高价值。

再比如，某新能源汽车企业，电池技术是其最主要的技术优势。为了进一步扩大企业的技术优势，采用收购的方式对企业所需要的其他关键技术进行了重点引进。通过这种方式，该企业构建了自己强大的技术能力，并且进一步拓宽了用户范围。通过收购具有某项优势的企业的关键技术和能力，也是一种构建不同价值活动之间高效链接关系的方法。

通过重构企业价值链，找到价值链的关键环节、关键活动，并将不同的关键活动进行合理的链接，能够帮助企业更高效地匹配资源，创造更高的价值。以这样的视角，重新看待企业中的各项经营活动，就会把关注点聚焦在关键活动上，避免无效投入和低价值活动上的低效努力。

14.2.3　培养价值创造意识，打造增值型组织

除了从企业的价值链角度出发，找到关键活动并重点投入以外，企业还要培养员工的价值创造意识，打造增值型的组织。员工的经营者意识，要在工作过程中进行培养。要从原有的被动工作，转变为以价值创造为核心的主动工作。这一转变本身，也是经营意识的提升。

如同企业重构价值链一样，员工的岗位流程、工作内容也需要重新梳理。图 14-12 中将每个岗位的工作内容和工作职责重新梳理和划分，区分日常的基本事务、基本岗位职责和创新性事务。

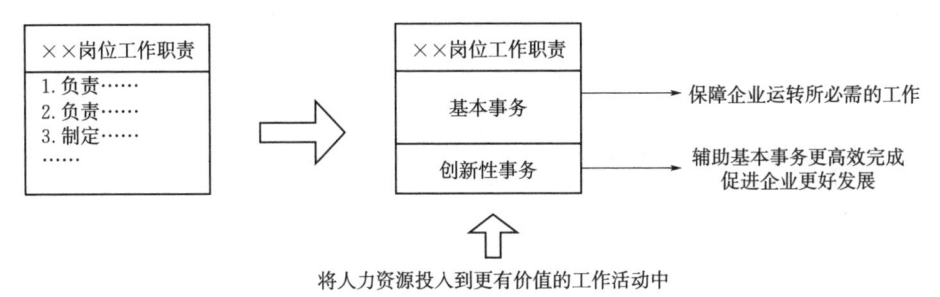

图 14-12　重构岗位价值链

这就像是企业在价值链重构时的基本活动和支持活动。基本事务是该岗位为了保障企业运转所需要的必要工作，这些工作的完成可以维持企业的正常运转。而创新性事务，是在基础事务的基础上，进一步优化、迭代，辅助基础事务完成得更高效，能够帮助企业创造更大价值的工作。

以会计工作来说明，会计最基本的职能是核算和监督。按照经济活动的发生，依据企业会计准则和相关规定做好账目的记录，并监督这一过程。那么会计的创新性事务又是什么样的呢？优秀的会计不仅局限于根据事后的数据进行核算，而要将财务的职能前置，给予更多指导、预测、分析的支持。这些工作会帮助会计在记账时更加规范，在成本核算时更加精细化。而且这些工作也会帮助企业更有针对性的发展。

同样是记账，但是记账的层次却是各有不同的。有的会计记账，仅是被动地完成工作。比如收到什么票据，就记入哪项账款；拿到哪些数据，就记录哪些数据。但是优秀的会计会在记账过程中思考并发现问题，比如哪些费用是可控的，哪些是不可控的，数据的来源是否真实、准确，是否存在滞后性等。

从价值创造角度出发，员工对待工作需要的是高标准地完成基础事务，并在此基础上不断开展创新性工作，促进企业和组织的发展，这也是工作价值链上的关键因素。当所有的员工，都秉承这种态度和标准工作时，组织的效率和效能都会得到大幅的提升。在这一过程中，员工的经营者思维也会得到不断的增强。员

工会始终把目光聚焦在如何让企业、让自己所在的部门、让自己增值。这样的员工，本身也是打造增值型组织过程中最宝贵的财富。除了做好自己的本职工作，还要做好和其他部门、其他员工之间的协同，也包括与企业外部相关资源的协同。不同的链接方式、不同的协同效率，创造的价值也是千差万别的。

仍以会计的工作来说明。很多人对于会计的印象，就是坐在办公室里，手里拿着各种单据、账簿，日常工作也就是记记账。甚至很多会计人员自己都是这样定位的。如果会计人员仅埋头于自己的工作上，不管是基础事务，还是创新性事务，都无法高质量地完成。

记账，仅是工作的工具和结果。会计，是为了记录企业发生的各项经济活动，其服务的对象是经济活动，也就是企业的主营业务，它是为企业主营业务来提供数据支持的。如果会计人员不懂业务，不能跟业务部门的人员很好的协同，那么做出来的账簿和报表也会是脱节的、滞后的。因此，培养员工价值创造的意识，可以从价值链的视角出发，重新看待自己的工作，找到能够为企业提供最大价值的关键活动。并且要与相关的部门和人员高效协同，进一步提高这些关键活动的效率和质量。当每位员工都以这样的标准要求自己，并且高质量地完成时，企业的增长、增值都会得到有力的保障。

14.3 打造"人人都是经营者"的业绩评价体系

人人都是经营者，不仅需要员工具备经营者思维，也需要企业的业绩评价体系将这种思维不断深化。业绩，是评价员工工作最直接的标准。让员工在工作的过程中关注自己的业绩完成情况，并努力保证目标的完成，这本身也是经营者思维的体现。

企业的管理者，常常要求员工要有经营者思维，要扭转为别人打工的心态。但是没有一些管理上的支持和方法，员工也只能做到打工的心态。在引导员工向经营者方向转变时，企业也需要提供相应的环境和氛围。作为经营者，是要与企业分享收益的，如果将降本增效与员工的利益深度绑定，员工自然会有意识地去帮助企业降低成本。因此，"人人都是经营者"不仅是一句口号，更需要组织和员工间的共同努力，彼此赋能，才能把企业打造成一个经营共同体。

14.3.1 把降本增效深植员工的心中

降本增效，是每个企业必做的功课。在经济下行的周期里，企业增长乏力，需要通过降本增效来保存实力，提高利润，但是这项工作在企业中执行得却并不理想。在很多企业中仅仅是一句口号，或者是一些无关痛痒的环节和措施。为什么会出现这种情况呢？这是因为，降本增效只对企业有利，而对员工无利，甚至还会损害一些员工的既得利益。虽然企业的效率提升、成本降低，会带动利润的提高，企业竞争力的增强。从长远角度来说，员工的工作会更加稳定，收入也会更有保障。但是，这种关联关系却并不明显，也不直接。

人都有即时满足的需求。如果实施一项举措，可能带来几年后的收益，而不实施该项举措，能够带来当下的收益。你会选择哪一个呢？这对大多数人都会选择落袋为安。降本增效，势必会对原有的工作习惯、工作流程做出改变，而且是需要更多约束的改变，这也是降本增效的举措难以有效推进的根本原因。因此，推动企业内的降本增效，不仅需要找到方法、拿出措施，更要让这些措施的成果与员工直接相关，和员工共享降本增效所带来的收益。

举例说明

采购环节是非常容易出现成本浪费的环节。很多时候，不是采购成本无法降低，而是采购员不愿意让成本降低，如图14-13所示。同样采购一项服务，100元能成交，120元也能成交。作为采购员来说，显然120元选择的余地更大，工作完成的难度也更小。这时对于采购员来说，当然更愿意支持120元的采购价格。企业要求降本增效，把价格降低到100元。对于企业来说，可以节省20元的成本，也就是提高20元的利润。但对于采购员来说，不仅没有好处，反而增加了工作难度。为了采购同等质量的产品或服务，需要付出更多的精力去筛选供应商、去考察产品或服务的质量。因此，员工是没有动力降低这20元成本的。

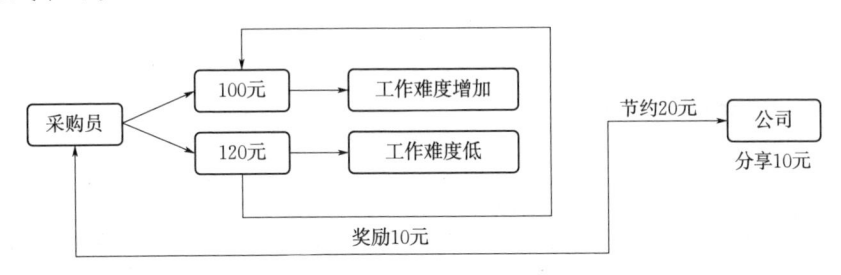

图14-13 采购环节的降本增效

想要实现降本增效，就要实现企业和员工的深入绑定。降低成本，不只是为企业节约，也是为自己节约。将企业利益和个人利益进行了绑定，让企业和员工之间实现双赢。比如，企业设置规则，员工每降低20元成本，企业就给员工10元作为奖励。在这种取舍之中，员工当然会选择与企业共赢。

有的生产企业为了节约电费，要求员工晚上工作。因为夜间的电费，相比于白天更便宜。由于用电量非常大，这项措施能够节省不少的电费支付。但是员工却要求，晚上上班需要额外支付夜班费。这就相当于按下葫芦浮起瓢，虽然电费节省了，但是夜班费的支出却增加了很多，而且对员工的管理成本也增加了。这时，站在跟员工形成利益共同体的角度出发，企业将白天的工作迁移到晚上，取消加班费，将电费的节约与员工共分享。这时员工不仅会站在企业的利益上思考问题，更会站在自己的利益上找到解决方案。可以看出，与员工直接分享收益，是提高员工降本增效意愿的有效手段。

除了与员工进行利益分享外，还要将与降本增效有关的岗位、部门进行利益绑定。降本增效的工作，通常不是由一个部门来实现的，需要跨部门间的配合。把大家捆绑在一起，形成利益共同体，让彼此之间的零和博弈，被共同利益所取代。当哪个部门想要获得单项盈利时，就会被其他部门或员工所牵制，形成共同促进，彼此牵制的关系。

比如，财务人员当年有一项指标，要严格审核单据，将成本控制在目标值以下。在审核费用单据时，发现业务部门的物流费用过高，经过询问市场上可以找到更低成本的车辆承运商。但是业务部门的回复是，时间紧任务重，实际操作过程中根本无法实现那样的成本，而且时效也无法满足需求。两个部门都是为了完成各自的工作，财务部门为了实现成本控制的目标，就会带来业务部门工作难度的提高。两者之间出现了零和博弈的拉锯战，为了解决这个问题，就要把两个部门捆绑在一起。把彼此冲突的目标，变成共同的目标。如果没有完成降本目标，既要考核财务部门，又要考核业务部门，以此来促进部门间的配合。

降本增效，不能只停留在表面，更要跟每一个利益相关方形成强关联，并通过这些方法，形成深植员工心中的理念，把降本增效落实到工作中的每一个细节。

14.3.2　把经营数据呈现出来

在给员工设定目标时，有一项配套措施，也需要配合到位，这样才能保证目标的完成。这项配套措施，就是经营数据的实时呈现。很多企业，都会给员工一定的绩效指标，完成指标就能拿到一定的奖金提成。员工为了提成，就会努力工作，但是完成的效果却并不如人意。这是因为，员工在完成指标的过程中，处于一种"盲人摸象"的状态，获得的反馈往往是滞后的。每天的经营成果是怎样的并不清楚，需要在哪里调整改进也不清楚。这种放养式的绩效指标，自然无法获得好的结果。除了一些能够直观看到的指标以外，其他的指标完成情况，当事人自己都是模棱两可的。比如，销售人员的销售指标是比较直观的，即使企业没有提供数据呈现的支持，也能够核算出来。但是像产品结构率这类需要综合统计的指标，就不容易直观反映。

有些企业采用独立核算的方式，每个部门都是一个独立核算的小单元，需要考核各自的收入、成本和利润。这些数据都是需要经过加工整理，才能够获取的。员工在数据公布之前，对自己的经营业绩无法获得清晰的认识。如果不能实时掌握自己的工作业绩，自然也就很难规划自己的工作方向和努力方向。

经营结果，如果在过程中能够实时呈现，会给员工带来两方面的支持，如图 14-14 所示。一方面，可以实时掌握经营情况，及时调整。改进后的工作结果，又会在经营业绩表中得以呈现，及时反馈给员工。通过这样的方式，实现工作的良性循环。另一方面，员工从一开始就紧跟目标，即使有一点差距，也可以及时弥补。在员工的心里，也会有下意识的暗示：还有机会，还来得及改进，只要及时调整，就依然能够按时完成。

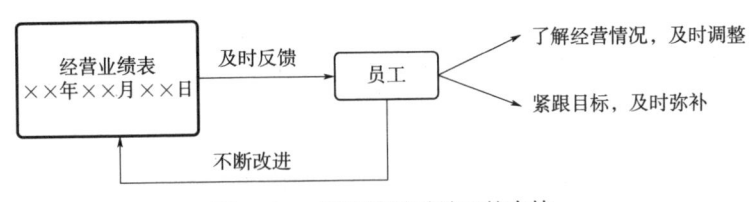

图 14-14　经营结果对员工的支持

但是如果经营数据滞后，无法及时获取，员工就不能及时了解自己工作的完成情况。如果到临近月末的时候，才知道自己的经营结果和指标完成进度。一旦差距较大，就会产生一种"破罐破摔"的心态，从心理上就会放弃。这种情况如果是经营的常态，企业业绩的完成就没有任何保证。绩效指标对于员工来说，也不过是一个数据而已。如果养成这种完不成也无所谓，或者得过且过的心态后，对于企业将是非常大的负面影响。因此，给员工设定指标时，一定要把这项配套设施配置好。不仅要让员工看到经营数据，还要让员工及时看到。把每月目标拆解到日目标，目标拆解得越细、越小，完成的难度就会越低。

14.3.3　业绩提升的抓手

很多企业反映，我们每天的早晚例会，都会向员工公布当天的经营数据。但是到了月底，指标仍然无法完成。大家并不是不努力，就像找不到方向的无头苍蝇一样，无法达成既定目标。因此，除了经营数据不及时的问题，员工业绩不能完成，无法实现企业既定目标，一定还有其他的原因。从业绩指标及绩效考核的目的入手，层层反推，就能找到背后的原因，以及呈现出来需要改进的问题。之所以做业绩指标，是为了让员工的工作有方向。而绩效考核，就是要保证企业整体目标的实现。也就是说，业绩指标对于员工来说，充当"指挥棒"的作用。

同样 100 万元的收入指标，完成的质量却各不相同。由于不同产品的利润率不同，所以产品销售结构不同，销售质量也不相同。100 万元的收入，如果全部是由高利润的产品实现的，那么企业的利润率就会提高。如果销售员为了完成业绩，全部销售没什么利润的引流产品。虽然收入指标相同，但是对于企业利润指标的贡献却微乎其微，甚至还可能带来亏损。

有些企业在绩效考评时，只看结果，不看过程，这也会给员工错误的导向。呈现结果的方式有很多种，难度也各有不同，因此指标完成的质量也不相同。比如，某物流企业非常重视内部运营管理。在完成既定的货物吞吐量指标的同时，还要重视安全管理，一旦出现安全事故，就会给企业带来损失，而这也是不符合企业绩效目标的。

上面内容说明一个问题，如果只重视过程，而没有重视结果，即使完成指标，也是不达标的，因为与企业整体方向是背道而驰的。除此之外，员工无法达成指标，也与管理者没有给予必要的辅导相关。辅导的过程，既是帮助员工实现目标，又是帮助员工按照企业既定的方向去高质量地完成。每天拿着绩效考核的"小鞭子"鞭策员工，是等不来想要的结果的。员工需要的不是单纯的压力，而是实现目标的方法。

从企业的目标，到员工需要完成的指标，这既是拆解目标的过程，又是管理者进行业绩管理的抓手，如图 14-15 所示。每个目标实现的背后，都有其相关的驱动因素。这些驱动因素，就是员工需要完成的指标。因此，在制定业绩评价标准时，要对这些关键节点的指标给予更高的权重。用业绩评价帮助员工导向关键的工作任务，从而保证企业目标的高质量完成。

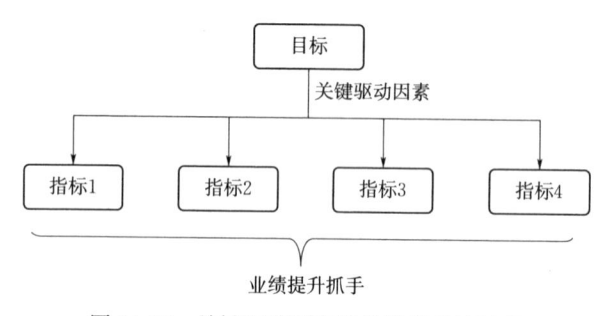

图 14-15　关键驱动因素是业绩提升的抓手

举例说明

一家物流企业的分公司，考核的指标是分公司的利润、收入和成本指标。当指标无法完成时，仅给员工公布经营数据还是于事无补，员工需要管理者的实际指导，比如该在哪些方面改进？想要创造 100 万元的利润，首先需要保证一定水平的毛利润。图 14-16 是该分公司实现 100 万元净利润指标的业绩抓手。收获 100 万元的净利润，需要用毛利润扣减各项费用。因此在控制费用的前提下，还需要保证一定的毛利润。如果毛利润扣除各项费用后的剩余利润无法达到 100 万元，也就无法实现净利润的指标。

再向下拆解，假定需要实现的毛利润为 150 万元，那么分公司又该朝着哪个方

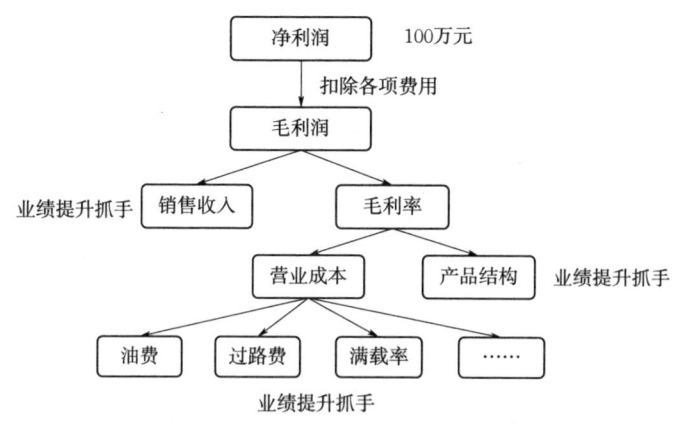

```
                    ┌─────────┐
                    │  净利润  │    100万元
                    └────┬────┘
                         │ 扣除各项费用
                    ┌────┴────┐
                    │  毛利润  │
                    └────┬────┘
              ┌──────────┴──────────┐
   业绩提升抓手  ┌─────────┐        ┌─────────┐
              │ 销售收入 │        │  毛利率  │
              └─────────┘        └────┬────┘
                           ┌──────────┴──────────┐
                      ┌─────────┐          ┌─────────┐
                      │ 营业成本 │          │ 产品结构 │   业绩提升抓手
                      └────┬────┘          └─────────┘
              ┌────────┬───┴───┬────────┐
          ┌─────┐  ┌─────┐  ┌─────┐  ┌─────┐
          │油费 │  │过路费│  │满载率│  │ …… │
          └─────┘  └─────┘  └─────┘  └─────┘
                       业绩提升抓手
```

图 14-16 实现净利润指标的业绩抓手

向努力呢？毛利润是由销售收入和毛利率构成的。也就是说，只要二者相乘能够达到 150 万元，就能够实现毛利润的目标。这就意味着，如果分公司无法完成利润指标，可能不仅是因为收入指标不达标，还可能是因为在销售过程中的毛利率不达标。即使再高的销售收入，匹配一个极低的毛利率，也无法实现目标的毛利润。

接下来就要分析毛利率不达标的原因。毛利率低，一方面可能是因为经营过程中的营业成本占比过高，也就是成本消耗过大；另一方面也可能是因为产品结构不合理导致的，这时员工努力的方向就发生了变化。

在销售收入方面，不仅是扩大收入规模，还要重点放在扩大高利润产品的收入上。除了收入的影响，为了保证利润，还要考虑成本费用的消耗。对于物流企业来说，最主要的成本支出来自运输成本。但是车辆运输成本，受市场行业影响及油费、过路费影响，在一定时期内其波动相对稳定。控制成本的关键落在了车辆的满载率上，由于车辆配送的装载率较低，也造成了单位成本的上涨。因此，分公司在控制运输成本时，就需要把重点从控制车辆的绝对成本上，转向到提高货物的合理配载上面。

因此，想要实现 100 万元的净利润目标，只下达净利润指标是远远不够的，还需要将拆解出来的细分指标作为员工工作的方向。每个细分指标，都是帮助员工实现最终净利润指标的抓手。只要细分指标能够保证，整体目标的实现也就有了保证。

一旦员工没有实现目标，经过上面的分析，也可以帮助他们找到无法达成指标的关键原因。浮于表面的业绩分析，没有办法帮助员工实现业绩的提升。只有更深层次的分析，找到问题的突破口，才能帮助员工达成目标。否则为了达成利润指标，只是一味地提高收入，控制成本。但是方向不对，即使再努力可能也无法达成理想的效果。这些关键因素不仅是实现目标所必需的，同时也是管理工作的抓手。通过分析原因，找到阻碍目标达成的关键节点，进行重点管控，最终目标的实现也就是水到渠成的了。

14.4 开好企业的经营分析会

员工的经营者意识，是在不断地总结、改进、提升、实践、再总结的过程中培养出来的。除了在经营过程中不断渗透经营意识，实现这一过程的有效方式和工具，就是开经营分析会。通过对工作的复盘总结、评价反思，找到与目标的差距，并进一步提升。

14.4.1 每个层级都应该有经营分析会

在一些企业里，基层员工是没有听说过经营分析会的。这样的会议离他们很远，似乎是管理者，或者高层领导才需要参加的。但是，在打造"人人都是经营者的"组织中，每个员工都是经营的一分子，每个员工、每个层级的组织都应该有自己的经营分析会。虽然不同层级的员工，分析的事项有所不同，但是经营分析会可以让员工更了解自己所做的工作、也更了解自己的工作结果。

一般来说，比较正式的经营分析会，可以一个月开一次。而日常的经营复盘，可以每日召开，在每天工作结束时，或者第二天工作开始时，总结当天或者前一天的工作成果，并梳理本日工作的方向，那么一场好的经营分析会应该分析点什么呢？

除了经营数据的呈现、各种指标的完成情况追踪，还要对工作中已经出现的问题、可能会遇到的问题，以及一些困惑进行总结分析。一般来说，分析会需要经历复盘、反思、评价、总结几个环节。图14-17是月度经营分析会的大致流程。

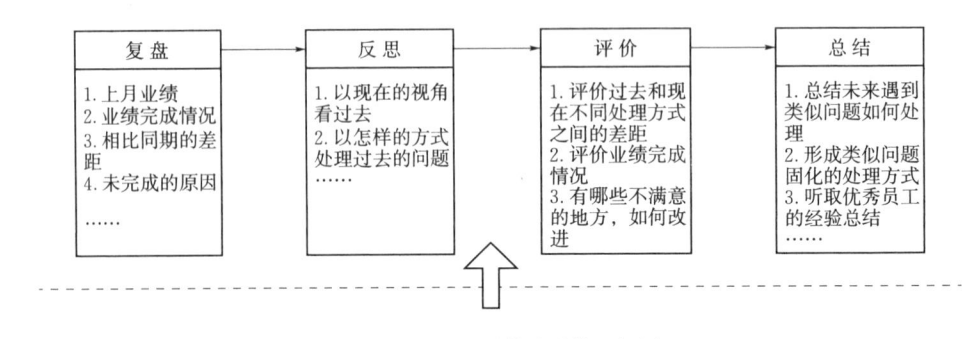

复盘	反思	评价	总结
1.上月业绩 2.业绩完成情况 3.相比同期的差距 4.未完成的原因 ……	1.以现在的视角看过去 2.以怎样的方式处理过去的问题 ……	1.评价过去和现在不同处理方式之间的差距 2.评价业绩完成情况 3.有哪些不满意的地方，如何改进	1.总结未来遇到类似问题如何处理 2.形成类似问题固化的处理方式 3.听取优秀员工的经验总结 ……

邀请不同层级，不同部门的管理者参与

图14-17 月度经营分析会的流程

首先，对上个月的业绩完成情况进行复盘。各项指标的完成情况如何，哪些指标是超额完成的，哪些指标没有完成。没有完成的指标，差距是多少，相比于上个月或者去年同期有哪些增长。没有完成的原因是什么，应该注意哪些问题。在下个月的工作中该如何改进等，这些都是需要在经营分析会上去公布和呈现的。

其次，要深入分析上个月的完成情况。这就要回到月初开始时的场景，站在现在的时点，看当时的状况。如果回到开始，会如何开展工作，会有哪些调整，这些调整又会带来哪些工作结果的改变。经过这样的分析，团队的管理者可以有效了解工作过程中出现的问题，能够有针对性地帮助团队成员进行分析总结。而团队成员，也会因为这样的深度思考，找到问题的症结点，促进个人的成长。

再次，以现在为起点，来复盘过去时点已发生的工作。这会给员工带来不同的感受，因为过程中经历过挫折或者考验，再次复盘相当于一次补考。接下来就要回顾当时是如何做的，那样做的原因是什么，结果又是怎样的。自己对结果是否满意，如果不满意，总结出来的原因又是什么。将自己的真实做法同复盘的做法相对比，进行反思评价，就能更清晰地看到差距，也有利于下一次出现类似情况时及时调整。

最后，在团队进行分析总结后，还要请完成指标及表现优秀的成员，进行经验总结和分享。从优秀的实践经验中，总结可复制的方法，并传递给其他成员，这种做法能够有效提高团队整体的能力。对于业绩比较稳定的员工，可以请他介绍自己的工作习惯和工作方法，形成固定的工作模板，向大家推广，供团队学习模仿，这也是快速提升团队能力的方法。

除了团队内的分析总结，还可以邀请上一层级的管理者，或者其他部门的管理者来参与经营分析会。不同层级或者不同部门的管理者，可以给团队的分析提供不一样的视角。比如邀请上一层级的管理者，因为管理的范围不同，考虑的层次也不相同，在看待下属的工作完成情况时，可以给出更有建设性的意见。邀请其他部门的管理者，也可以给团队提供不一样的思路和看待问题的角度。

企业是一个整体，任何部门都无法脱离其他部门独立运转，因此需要同各个部门紧密配合与协作。有时业绩不达标，问题并不是出在本部门身上，而是内部之间的协同没有处理好。因此其他部门管理者的参与，也能给本部门的经营分析会提供很大的助力。通过不同部门的管理者可以了解到，其他部门的关注点是什么，需要怎样的配合，才能实现效益最大化。

相比于月度分析会，每日的经营分析会相对简单。在每日的分析会中，要对每天的工作进行复盘总结，及时了解业绩完成进度。对于进度滞后的工作和指标，要重点分析原因，找到解决的方法。对于已经尝试的方法，要评价改进的效果，以及进一步调整的方案。同时，还要明确第二天的工作重点及需要达成的目标，以便及时比对调整。

14.4.2 如何确保经营分析会的效果

没有总结，就没有进步。经营分析会就是通过分析总结，来给团队和员工带来进步的。但是，很多实施经营分析会的企业却反映作用不大。这是因为经营分析会没有把分析做深、做扎实，而是浮于表面、走过场，这样的效果可想而知。因此，为了保证经营分析会的效果，需要在会前、会中、会后三个层面进行重点管理，仍以月度经营分析会来说明，如图14-18所示。

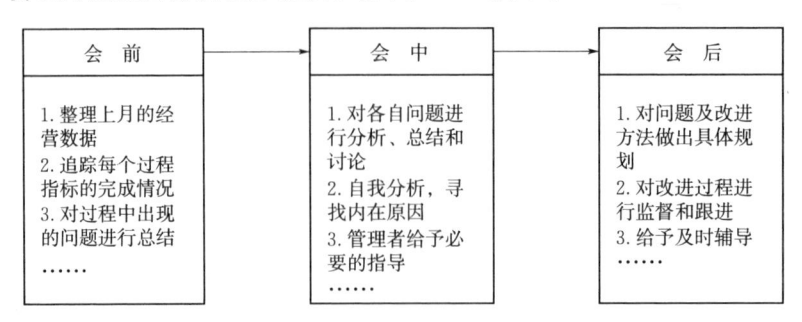

```
┌─────────────────┐     ┌─────────────────┐     ┌─────────────────┐
│      会 前       │────▶│      会 中       │────▶│      会 后       │
├─────────────────┤     ├─────────────────┤     ├─────────────────┤
│ 1.整理上月的经    │     │ 1.对各自问题进   │     │ 1.对问题及改进    │
│   营数据         │     │   行分析、总结和  │     │   方法做出具体规  │
│ 2.追踪每个过程    │     │   讨论           │     │   划             │
│   指标的完成情况  │     │ 2.自我分析，寻   │     │ 2.对改进过程进    │
│ 3.对过程中出现    │     │   找内在原因     │     │   行监督和跟进    │
│   的问题进行总结  │     │ 3.管理者给予必   │     │ 3.给予及时辅导    │
│ ……              │     │   要的指导       │     │ ……              │
│                 │     │ ……              │     │                 │
└─────────────────┘     └─────────────────┘     └─────────────────┘
```

图14-18　在会前、会中、会后三个层面重点管理

为了确保经营分析会的效果，首先要保证会前的准备工作做到位。月初，要将上个月的经营数据进行整理。数据的整理，不能局限于结果指标，还要追踪每个过程指标。仅有结果指标，无法进行细致分析，也无法找到问题的原因。如果没有对过程指标进行细致的分析，那么对于问题的分析也是不细致，且缺乏深度。为了深入分析，我们应对达成每个结果指标所涉及的过程指标进行详细的统计分析。只有通过过程指标，才能看到更多的细节。

比如，销售团队的指标是销售收入，这是一个结果指标，这个结果指标，是受很多过程指标影响的。例如，销售人员的拜访量如何，客户的转化率如何，这些都会影响销售收入指标的达成。因此要找到可能影响结果指标的所有过程指标，并不断追问未达成的原因，找到问题的关键因素。

在会前，团队成员还要对自己工作过程中出现的问题，进行深度总结和思考，并通过不断追问的方式，逐渐弄清问题的答案。一定要避免流水账、走过场式的分析。要通过深度思考，向内找寻原因以及解决方案。

经过会前的充分准备，大家已经对自己的问题有了充分思考和准备。在会中时，要就各自的分析、总结进行讨论。对原因的总结要实事求是，要充分认识到问题，而不是糊弄了事。很多企业在经营分析时，对于出现的问题或者指标没有达标的情况仅仅说了一些无关痛痒的原因，这就没有实现经营分析会的目的。

比如没有完成销售任务。很多人可能会归结于外部形势不好、经济处于下行周期，这是外部因素。但是同样的外部环境，仍然有逆势增长的企业，它们是如何做到的，两者之间的差距在哪里呢？还有的人在分析问题时过于笼统，把没有实现销售目标总结为不熟悉市场、不熟悉客户等客观因素，这些都不是问题的关键，也无法帮助员工找到解决问题的方法。

在分析会上，要深入思考问题原因，多向内寻找，从自己身上找原因。比如，没有实现目标，是因为哪些工作做得不到位，或者工作中遇到哪些问题处理得不好。是客户拜访的次数不够，还是拜访时的沟通有问题，又或者是推荐的产品与客户的需求不匹配。只有将这些细节问题一一思考清楚，才能在接下来的工作中有的放矢的解决问题。

通过员工的自我分析，团队的管理者也要给予必要的总结指导，而不是每次开会领导在前面讲话，下面的员工自顾自忙自己的事情。通过共创的方式，一同进行这样的归纳、分析、总结，层层剖析，找到问题的答案。让员工有参与感，才能把问题真正分析透彻，经营分析会才能达到理想的效果。经过认真细致的分析，找到问题的原因和解决的方案。

会后，团队的员工需要对自己的问题及改进方法做出具体的规划，包括改进的标准是什么，达到怎样的指标，在多长时间内达成，这些都要有明确的计划，才能有效落地。否则，分析再细致，不能落地的措施也是无效的。除此之外，还要对员工进行过程的监督和辅导，帮助员工在工作中持续的改进，这也是会后需要重点跟进的工作。在每天的经营分析会中，要跟踪问题的改进情况，并观察员工的工作状态。关注问题改善的进度如何，遇到哪些困难，及时地给予帮助和辅导，并快速地进行调整。通过这样的分析、改进、再调整的循环，就能够有效保障员工业绩和个人能力的持续提升。

第15章
重新认识成本控制

收入减成本等于利润,同等收入的情况下,成本越低,利润就越高。因此,控制成本对于获取利润来说是一件非常重要的事。几乎所有企业都非常重视对成本的控制,想方设法地压低各项成本费用,降低成本的关键似乎都聚焦到了控制上面,例如通过制定各种报销制度和成本消耗政策等方面。这些方法都是站在成本消耗的对立面上去控制,也就是想方设法不要消耗,但一味地控制结果可能并不如人意,反而带来了很多的副作用。因此,我们需要从一个新的维度去认识成本,成本不仅是消耗,更是获得收入和利润的基础。

15.1 成本是消耗，更是资源投入

企业经营，有一个永远绕不过的话题，就是成本。收入减成本等于利润，降低成本就是增加利润，这个理念在大家心中根深蒂固。许多企业领导者认为，降成本就是要控制支出，能省则省，能不花的钱就不花。很多工作多年的财务人员对于降成本的概念也仅局限于降低料工费等生产成本的支出，或者控制管理费用、销售费用等各项期间费用的支出。

降本增效，这个词在企业喊了很多年，一场场降成本、减费用的活动搞得如火如荼，但是却收效甚微，甚至还产生了很多副作用。而且越到后期，成本控制越困难。上有政策，下有对策。企业的各项降成本举措，落到员工日常工作中的时候，就会出现各种程度的变形，不但没有把成本控制下来，可能还会带来更多的成本支出。所有企业看上去都非常注重成本控制，但是真正做好的却寥寥无几。究其原因，从控制的出发点开始就已经错了。

15.1.1 成本控制不是一味地降费用

说起降成本，不管是财务人员还是业务人员，第一反应都是要砍费用。预算直接缩水，可有可无的费用一律砍掉。一场降本增效的活动下来，搞得大家怨声载道。其中当然有因为破坏了某些人的既得利益而带来的反抗，但更多的是因为成本控制的方法不正确，思路不清晰所导致的。结果成本不但没有降下来，反而带来更大的损失。

一家企业在开展降本增效活动时，各项支出全部缩减。后勤管理部门需要定期检查各项设施、设备，并对损坏或存在隐患的设施进行修理或更新。但是基于企业总体降低成本的原则下，这一标准大打折扣，只要能继续使用的设备，尽量不更换。这样一来，确实减少了一部分费用支出，但是也带来了很多其他的隐患。

比如，某企业为了降低办公费用，规定员工报销时后附发票所用的纸，必须是二次纸。如果用白纸粘贴单据，员工就会被罚款。看上去，这家企业对于费用的管理非常严格，而且精细化程度很高，甚至精细到了一张纸的管理。但是执行起来，却并没有达到企业的初衷。员工在使用白纸时，会在背面随意乱画几笔，故意把一张白纸变成二次纸，以达到企业的降本要求。这样的规定，看似是精细化的控制成本，但其实根本起不到任何控制成本的作用，反而滋生了弄虚作假的工作作风。

再比如，某企业为了节能降耗，规定三层以下的员工不得使用电梯，只能走

楼梯上楼。结果三层以下的员工，集体坐到四层再下楼。不仅没有降低能耗，反而因为所有三楼以下的员工，都坐更多的楼层，消耗了更多的能耗。

这些成本控制的方法本意是从经营管理的每个细节入手，来降低成本费用的消耗。最终不但没有实现企业降低成本的初衷，反而造成了成本的浪费。方法不对，努力白费。这一结果，在很多企业的成本控制中体现得淋漓尽致。类似的例子，在企业的降本增效实践中比比皆是。从管理层到基层员工，都将控成本等同于减费用。大家把关注点聚焦于显性的费用削减，而没有真正发挥控成本的作用。

所谓成本控制就是要把费用花在价值最大的地方。如同投资回报一样，没有投资哪有回报。投资并不可怕，花钱也不可怕，更何况对于很多部门来说，本身就是需要花钱的部门。关键在于，如何把钱花好，让花出去的钱真正发挥价值。如果一味砍费用，导致最终工作没有成果，企业没有业绩，即使花费再少，也是浪费。

成本控制绝不仅是简单的砍费用。如图15-1所示，从我们熟悉的利润表上来看，以营业收入为起点，到最终得出净利润，每一个减项都是需要付出的成本。包括生产产品所需要的直接材料、直接人工、制造费用，也包括企业经营所需要的与产品生产没有直接关系的各项费用，如各种管理费用、销售费用、财务费用等期间费用。

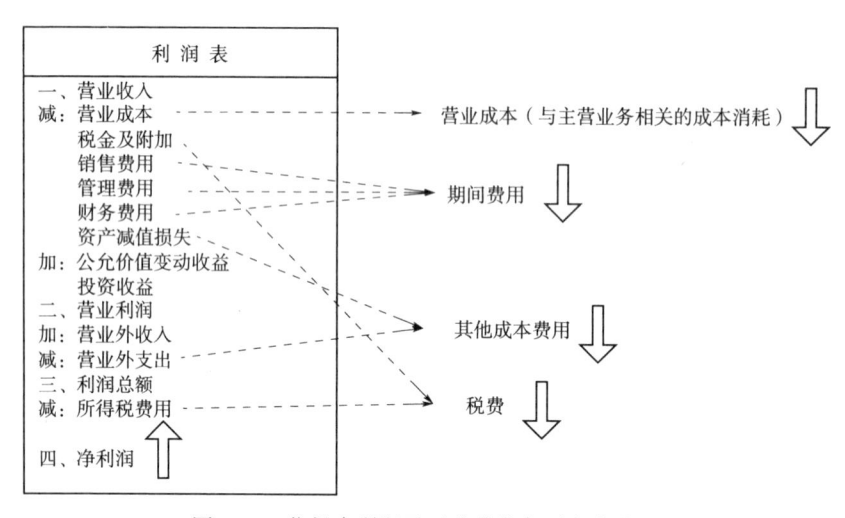

图15-1 获得净利润需要花费的各项成本费用

以传统财务的思维来看，只要在这些环节上下功夫，把成本费用降下来，就能够促进企业利润的增长。从理论上，这个方向没有错误，但是操作中该如何去做，值得深思。很多企业沿着这个方向，在每项费用上进行削减，最终仍然成为简单的砍费用，只不过削减的范围更加广泛全面了而已。

降本增效，首先要跳出降本等于砍费用的误区，而要从根源的角度找到成本控制的方法和途径，避免盲目的"一刀切"。

15.1.2 把钱花在"刀刃"上

上学的时候，有两类学生。一类是看上去非常努力，每天学习通宵达旦，练习册做了一本又一本，但成绩不好。另一类是看上去轻轻松松，主要在课上做作业，有时间参加各种课外活动，成绩名列前茅。都说天道酬勤，按理说更努力的学生应该成绩更高才对，难道是因为天赋的原因吗？

仔细观察这两类学生的作息和学习安排就不难找到原因。成绩不好的学生，每天通宵达旦，熬夜到很晚。看上去很努力，但是第二天上课的时候精力却不好。经常疲倦困顿，对于老师课上所讲的知识理解并不透彻。课下虽然做了很多的练习题，但大部分是重复作业。对于需要重点掌握和弥补的知识漏洞，却是避重就轻，没有重点突破和举一反三。看上去好像付出了很多努力，但是仍然存在很多的知识盲区。

再来看成绩好的学生，虽然没有通宵熬夜，也没有海量的练习册，但是上课的时候精力集中，注重课上时间的利用，老师讲过的内容都能够充分吸收。做练习题也不盲目采用题海战术，而是关注在自己的薄弱环节，重点突破并且能够做到举一反三。这样一来，节省下来的时间还能参加一些课外活动，增强了活力。很多优秀的学生，总结自己的经验时都说，他们并没有很高的天赋，只是把精力和时间放在了最有效的事情上而已。

这就如同企业中的降本增效，无效的方法和手段，没有办法带来低成本的改进，反而会耗费成本。高效的努力，应当是把钱花在刀刃上。成本是一种投资，而不仅是消耗，思路转变，管控成本的结果才能够有所转变。

成本和费用经常被混为一谈，即使是专业的会计，在核算时也常常含糊不清。哪些属于费用、哪些属于成本，看上去界限并不清晰。也有人认为都是利润的减项，只要结果利润提高就好，确认这两项意义不大。

在企业经营中，为了取得想要的结果，必须管控过程，如图 15-2 所示。区分成本与费用，不仅可以给我们带来更多成本控制的思路，还能在后续的指标监控上给予正确的方向。比如成本影响毛利润，而费用更多地影响净利润，如果不加以区别，在判断成本耗费情况时，就不容易找到真正的症结所在。

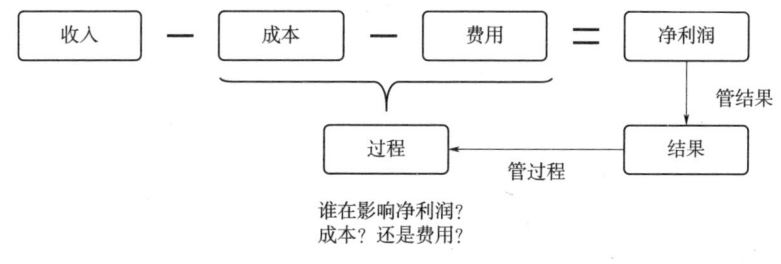

图 15-2 从管结果到管过程

那么究竟如何区分这两种消耗呢？简单地说，成本是取得收入的投资，而费用是辅助过程中发生的支出。

举例说明

张三准备开一个煎饼摊。收入是卖煎饼所取得的收入，这个不难理解。接下来，我们来看看张三的煎饼摊里，有哪些是成本？又有哪些是费用？

图 15-3 是张三煎饼摊所发生的成本费用消耗。为了卖煎饼，首先要买各种原材料，比如面粉、鸡蛋、面酱、油条等，还有煤气、锅具、各种器皿工具。这些支出都是为了能够制作煎饼并售卖出去，也就是张三煎饼摊的成本。换句话说，如果没有这些支出，就无法获得收入，成本是获得收入的必要投入。

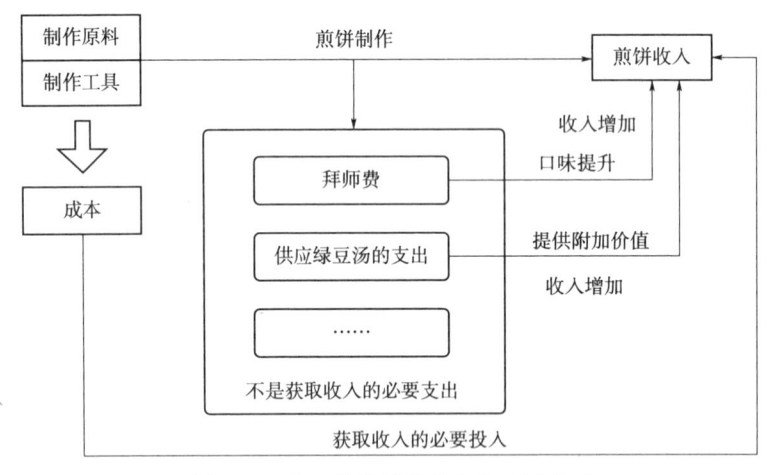

图 15-3 张三煎饼摊的成本和费用消耗

张三卖了一段时间后，总觉得自己的技术有欠缺，做出来的煎饼口味不稳定，想要跟一位老师傅学习摊煎饼的独门制作工艺，这时就需要支付一笔拜师费。这笔费用的支出可能帮助张三未来卖出更多的煎饼，获得更多的收入。但不是卖出煎饼的必要投资，而是一种辅助，这笔支出就属于费用。也就是说，不学这门手艺，张三也能卖煎饼。但是学习以后，可以帮助张三更好地经营自己的煎饼摊。

随着张三的手艺越来越被大家认可，排队买煎饼的人越来越多。为了缓解大家等待时的疲劳，张三在摊位前摆了几把椅子，并且供应免费的绿豆汤。购置椅子和绿豆汤的支出属于成本还是费用呢？这时就要分析椅子和绿豆汤是不是直接获取收入而产生的必要投入。显然不是，没有椅子和绿豆汤，并不影响煎饼的制作和售卖。这些支出是为了辅助售卖的过程更加顺利，让顾客得到更好的消费体验，增加客户的满意度，从而增加煎饼摊的口碑和复购率，那么这笔支出就是煎饼摊所发生的费用。

这样区分以后，会发现什么呢？在以往认知中的必要支出可能并不是获取收入的必要投入，而投入本身应该得到的回报也会更加明确。比如面粉、鸡蛋的采购支出，直接影响收入的取得，是必要支出。成本的控制，只能从用量、工艺上下功夫。而绿豆汤的支出，可能会获得更多顾客的认可，带来更多的收入，但是投入产出的效率并不稳定。这项支出不是必要支出，且不能直接影响收入，是可以削减的支出。

厘清成本和费用的区别，有助于我们找到成本控制的方向，重新认识企业中的投资和消耗，做出更有利于企业发展的决策。必要的成本，不是利润的减项，而是获取利润的必要条件。把钱花在刀刃上，就是要对不必要的成本费用项目进行重新盘点，分析其使用目的，产出方向，以及投入产出的比率。企业中的各项支出，不是洪水猛兽，如果能够带来更大的收益，为企业未来提供更多的发展，就是一笔有利的支出。

15.1.3 成本控制的误区

企业经营讲求可持续发展。成本控制的目的也是为了保证这一目标的实现，使企业能够更长期稳定的发展。但是在实践过程中，却往往与这一目标背道而驰。成本虽然降低了，但却是以牺牲企业长远利益为代价的。

成本控制的误区如图 15-4 所示。成本控制有多种方式，其中最常见的方式有降低原材料价格、降低员工薪酬和福利、减少各项投入支出。这些方法被认为是最简单、直接、有成效的方法。原材料和人工成本，构成了企业成本支出的主要项目，减少这些项目的投入支出有助于企业从根源上控制成本费用。

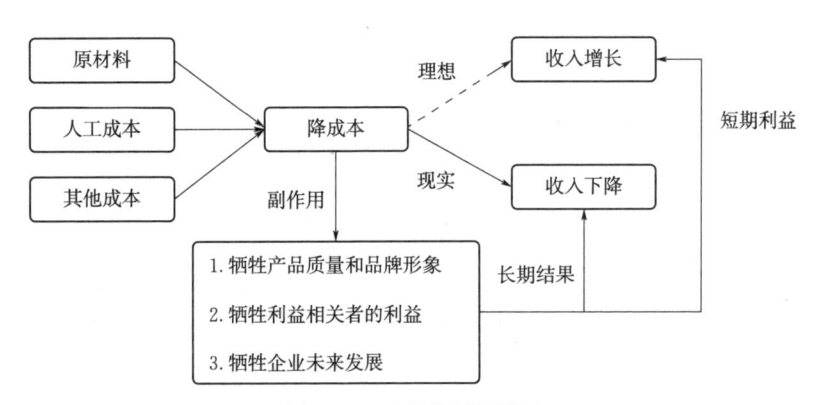

图 15-4 成本控制的误区

看上去简单高效的方法，恰恰也是企业陷入成本控制误区的重灾区。不管采用何种方法，成本控制都不能损害产品质量和品牌形象，不能牺牲企业利益相关者的利益，更不能以牺牲企业未来的发展为代价。

1. 不能牺牲产品质量和品牌形象

产品质量和品牌形象，是企业重要的无形资产，也是企业发展的基石。降低成本，绝不能以牺牲产品质量和品牌形象为代价。因为降低成本而损害了产品质量，即使利润增长也只会是短期收益，从长远来看必然会影响企业的发展。

很多企业，都会从原材料成本入手来降低产品成本。但不管采用何种方法，同等质量、同等需求的原材料，成本都是有底线的。压缩到一定程度后，就不能单纯通过谈判或者规模效应的方式降低，而要把思路转向技术和工艺。但是有些企业，为了降低成本，不惜以假乱真、以次充好，降低产品品质。这无疑是给企业经营埋下了隐患，一旦出现质量问题，付出的成本远不止于此。

2. 不能牺牲企业利益相关者的利益

不管是内部还是外部，企业都不是一个独立封闭的个体，需要与不同的利益相关方协同。在经营过程中，更要与不同的相关方合作共赢。如果一味地牺牲他人利益来降低成本，企业的发展必然不会长远。

只有同各方形成利益共享、风险共担的共同体，互相之间协同发展，才能在激烈的竞争中建立稳固的"护城河"。在企业发展的过程中，需要面对不同的利益相关方，如图 15-5 所示。在外部的市场环境中，企业需要与上下游供应商合作，共同为客户提供优质的产品和服务。在内部，除了股东，所有的员工也是企业的利益相关者，大家一同为企业服务，也共同分享企业的收益。

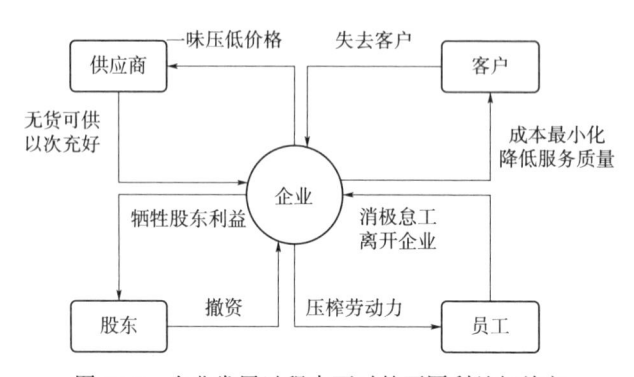

图 15-5 企业发展过程中面对的不同利益相关方

虽然大家的需求各有不同，但是对于企业来说，与利益相关方维持稳定关系的核心就是为他们提供价值。如果企业在发展过程中，是以牺牲利益相关者的利益为代价的，就无法满足他们的需求，结果必然也无法长久。

以供应商来说明，如果上下游的供应商跟企业合作都没有合理的利润，甚至是亏损的，这种不平衡的关系一定会被打破。结果可能面对的是无货可供，或者是以次充好，损害企业产品质量。经营的本质，在于为客户提供需要的价值，并获得相应的回报。对于客户而言，如果不能持续稳定地提供这样的价值，而是一直在客户身上去寻求成本最小化,得到的结果也会是失去客户。

对于股东和员工而言,如果提供的劳动不能获得相应的回报,员工出于"性价比"的考虑,也会出现效率降低、消极怠工,甚至离开企业。这些看似简单有效的方法,并不能从根本上降低企业成本,反而带来了更大的经营危机。当所有利益相关方都与企业离心离德、背道而驰时,企业的发展也就成了无根之水。

3. 不能牺牲企业未来的发展

企业在控成本过程中,常常陷入"不投入"的误区,会更关注短期利益。比如某些科技创新投入、研发支出,短期内可能看不到即时的收益,而且需要投入大量的科研经费。但是从长期来看,是真正能够帮助企业获得核心竞争力的投入。如果把这些费用全部砍掉,企业的发展必然受到极大限制。

再比如,有些企业在人才招聘和培养上舍不得投入,过度压缩成本。虽然短期内降低了人工成本,但是从长远来看却消耗了企业的资源。假设招聘一个月薪3 000元的会计,能做的仅仅是简单的记账报税;而招聘一个月薪10 000元的复合型财务人员,能够以更全面的视角帮助企业规范业务,提供业务发展的经营支持和财务支持。这种对于未来价值的体现,又哪里是每月7 000元月薪所能取代的呢?

因此,在成本控制上,不管采用何种方式,都要时刻警惕以上误区。方法可以灵活多变,但一定要保持总体原则不变,并不断审视调整。基于长期发展、基于共同利益,不踩坑、不走弯路也是一种成本控制的智慧。

15.2 重构"大成本"的管理思维

随着管理的不断进步,在企业中出现了很多新的管理方法,比如全面预算、价值链分析、作业成本法、阿米巴经营等。但不管是哪种方法,回归到经营的本质来看,都是要做到收入最大化、成本费用最小化。因此,降本增效是摆在企业面前一个永恒不变的课题。

在当前的经济环境下更是如此,在经济新常态下,降本增效更是必然选择,简单粗放的方式不能解决企业的困境,需要更精细化的管理、更有效的成本控制方法。这就需要我们先要转变原有的成本控制思路,从狭隘的减费用中走出来,建立"大成本"的管理思维。一旦转换视角,降本增效对于企业的发展影响巨大。

15.2.1 换个视角看成本

抛开传统的"控成本就是减费用"这一理念,以全新的视角来重新看待成本。成本不是一种消耗,而是获取收入的必要投入。换句话说,成本是一种投资。因此成本控制,不能以绝对数量的减少为标准,更要注重投入产出的比例。

同等情况下，投入 1 000 元的成本获得 500 元的收益，和投入 2 000 元的成本获得 2 000 元的收益相比。单纯从投入金额来看，2 000 元的成本过高。但是从投资回报角度来看，第二种的收益比例却比第一种高出一倍。显然，2 000 元的成本投入是价值更大，效率更高的。

以投入价值为导向重新看待成本，企业降低成本不仅是削减开支、减少浪费，更重要的是提高资源的投入产出率，其核心在于控制并减少无价值的成本耗费，如图 15-6 所示。投入成本，获得产出，最终目的都是要为客户提供价值。评价成本投入的必要性，就需要判断客户需要怎样的价值，并愿意为哪些价值付费。如果一项成本投入，获得的产出不被客户所需要，那么这项成本就是可以被削减的。

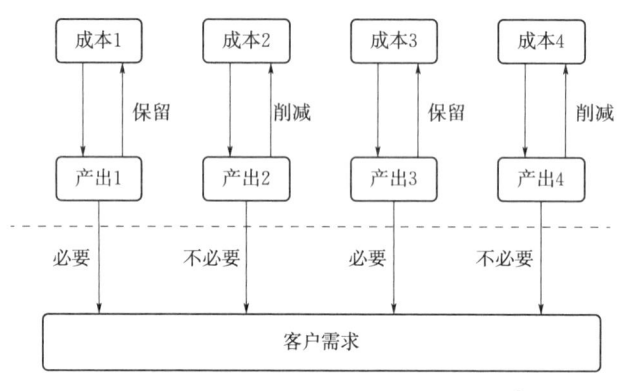

图 15-6 减少无价值的成本耗费

比如，一家生产老年手机的厂家投入了一笔不小的费用，在其生产的老年手机中添加了很多游戏功能，但是这一投入并没有给厂家带来更好的销量。从投入价值角度来看，这笔投入成本就是一种浪费。老年手机的客户群体主要是老年人，他们购置手机的需求是字大、音响、便宜，方便接、打电话，游戏功能并不符合这一人群的需求。因此，即使投入该项成本，也不会带来更多的回报。如果因为该项投入而提高产品售价，有可能会因为性价比的降低而减少销售量。

除了投入产出不成正比外，在企业内部管理中，还有一项主要的成本浪费，就是资源使用的低效率。降本增效有两方面含义，一方面是降低无价值资源的投入，另一方面是提高已投资源的使用效率。即使投入被验证是有价值的，能够带来可观回报的，如果过程中效率低下，也会折损投入的价值。资源使用的低效率，更多是一种隐性成本，对企业的消耗性大，却又不易觉察。如库房里堆积的闲置库存。不仅占用库存资金，还影响库房的有效使用。随着时间的推移，闲置库存价值逐渐贬损，又会带来资金的损失。

再比如，某些企业一味追求销售收入而大量赊销，造成应收账款激增且不能及时收回。不仅增加经营风险，也造成资金的占用成本。还有一些企业，人员冗余，工作饱和度低，效率低下，不管是人均收入还是人均效能都处于较低水平，这些都是资源使用效率低下的表现。

这些成本的控制，不能单纯靠砍费用、降预算来控制，而是需要站在投入产出的高度，以一种"大成本"管理思维，对企业中的各个环节进行全方位的成本控制。

15.2.2 从投入产出角度看待成本控制

从投入产出角度进行成本控制，需要以"大成本"的思维方式重新看待企业经营的全过程。"大成本"中的"大"体现在成本控制不局限于可见的费用支出，不拘泥于每一笔具体的支出，而是聚焦于各类资源在企业经营中流动的全过程、全环节。对于投入资源所要实现的目的和达成的结果，进行评价和分析，控制无效支出，提高有效资源的使用效率。

企业经营需要资源投入。图 15-7 是企业投入资源到获取利润的过程。资源投入可能以资金、实物资产、无形资产方式存在，其来源可能来自股东投资，也可能来自债权人的借款。不管是何种来源，这些资源都会以资产的方式，投入到企业的运营中。通过对各种资产的综合运用，企业开始对外提供产品或服务，并以此来获取收入，赚取利润。

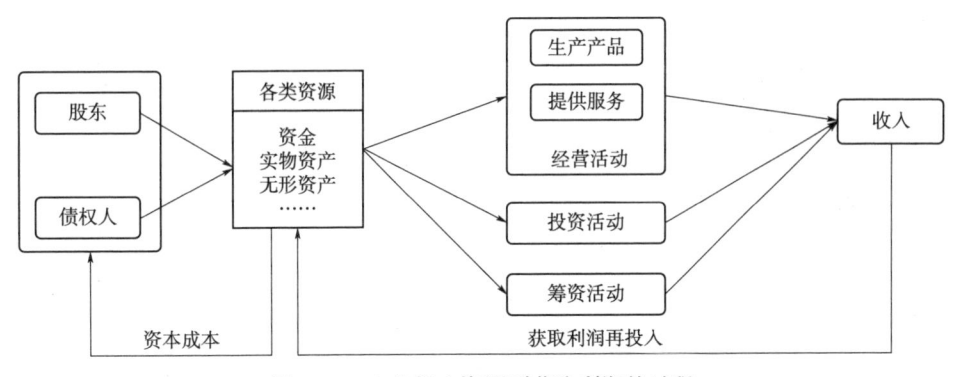

图 15-7 企业投入资源到获取利润的过程

在从资产转换为收入和利润时，需要付出一系列的成本和费用，也就是资源的投入方向。取得的收入和利润，最终又会以现金流的方式回到企业，完成整个经营的过程，并等待下一个循环的投入。在这个过程中，各类资源作为投入的起点，也作为产出的终点，流入企业的现金流，又会投入到企业的经营活动、投资活动或融资活动。

在整个的过程中，通过精细化管理和成本控制，力求成本费用最小化，投入产出最大化。传统意义下的成本控制，大多注重生产制造环节。但其实不然，从企业内外各方投入资本开始，到最终的资金回收，都会发生成本消耗，都是"大成本"思维下的成本控制方向。接下来，我们来看看在整个流程之下，每个环节的成本控制方向。

当资本进入企业时，成本控制就开始了。不管是股东的股权投资，还是债权人的债权投资，都是希望从企业中获得回报的。他们所期望获得的回报，就是企业在此环节中的成本。不同的股权和债权比例，构成了企业不同的资本结构，也带来了不同的资本成本。在平衡风险和资源的前提下，资本成本最小化，就是这个阶段的控制方向。

股东的资本投入，一般没有固定的偿还期限，偿还压力较小。而债权人的债务投资，都有明确的偿还期限和借款利息。企业需要承担定期偿还债务的压力。如果经营失败，投资人不但拿不到分红，连本金也无法回收。从这个角度来看，股东承担的风险较债权人更高。因此，期望的投资回报也较债权人更高，而且债务利息还可以享受所得税前扣除的政策，进一步降低了债权投资的资本成本。这样看来，是不是全部采用债权筹资的方式，可以实现资本成本最小化呢？当然不是。当负债比例增加到一定程度，企业的财务风险也随之增加，偿债压力非常大。如果资金匹配不均衡，现金流会面临严重考验。股权融资虽然规避了偿债风险，但是成本较高，且会造成股权稀释，可能会影响企业的经营决策。

因此，合理的资本结构不是简单的一刀切，需要匹配企业不同的发展阶段和发展情况，采用最合适的融资方式。既保证财务风险可控，又尽量降低资金的成本。在这个环节中，成本控制需要重点关注资金成本率，也就是资金的使用成本。同时结合资产负债率，以平衡财务风险。

取得资金后，资金会转化为企业中的各类资产并投入生产。从投入资金到产出产品或服务，再到获取收入的过程，就是资产使用的全环节，如图 15-8 所示。这一环节要重点关注资产的使用效率，资产分为流动资产和非流动资产。比如，

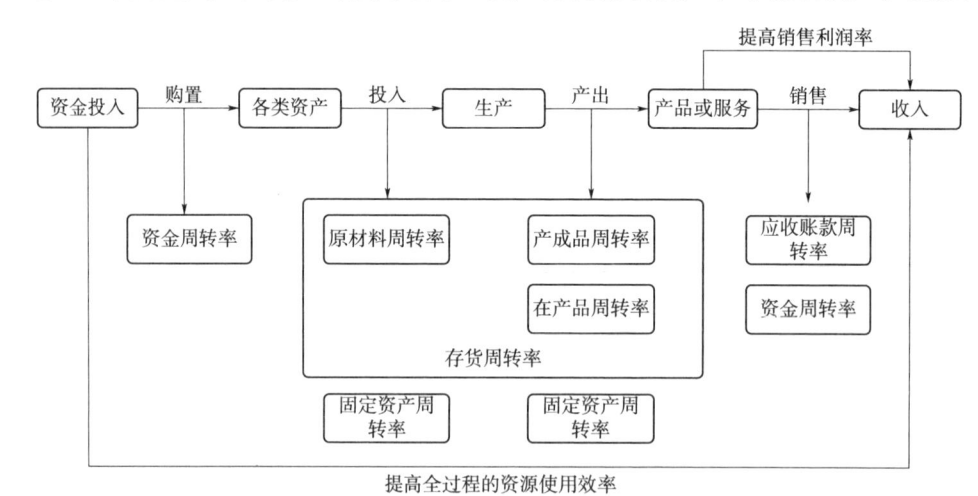

图 15-8　资产使用的全环节

存货、现金、应收账款，都是典型的流动资产；车辆、房屋等固定资产属于非流动资产。这些资源有没有流转起来并及时投入生产和使用。更重要的是，有没有发挥作用，产生价值。

如果用借入的资金购入了大批的原材料、库存商品，但是都在库房中堆积，又或者资金没有充分使用，而是在银行账户中闲置，这些都是对资金成本的极大浪费。在这个环节中，成本控制要重点关注各类资产的使用效率，主要包括现金、存货、应收账款的使用效率。在存货中，又要关注各细分类目的周转效率，比如原材料的使用效率、在产品的生产周期和产成品的生产周期等。对于固定资产，要想方设法提高设备的利用率，缩短在建项目的建设周期。对于闲置资产要及时报废，避免二次浪费，并收回最后的现金流。

投入资源，获取收入的过程，也就是传统的销售、生产、制造及服务环节。在这一环节中，会带来企业最关注的利润。要重点关注收入和成本两个方面，不断提高销售利润率。在收入方面，从销售量和销售价格两方面入手，提高售价并扩大销售规模。但是价格和销量受市场影响。什么样的产品市场，需要面对哪类消费人群，企业内部的产品结构，不同产品的目标客户，这些都直接影响企业的收入规模和盈利能力。

比如，处于夕阳产品的企业，其利润空间非常有限，发展艰难，即使再努力控制成本，能够获得的回报也无法同朝阳产业相比。产业结构的选择，直接决定了企业成本控制方向和投资回报结果。再比如，企业的产品是面向低收入人群，还是高净值客户，也决定了企业的盈利能力。低收入人群消费能力有限，更注重性价比和低价格，这类市场更注重价格战，只能通过薄利多销的规模效应产生利润。

不同的产业结构、产品定位和客户结构，都在很大程度上影响着企业的获利能力。除了收入最大化，还要尽量做到成本最小化。这个环节的成本，主要是我们传统意义上的生产成本、制造费用及各项期间费用。通过不同的产品组合，获得高毛利率的销售收入，同时降低生产、服务环节的各项成本，就是这一阶段的主要获利方向。

当企业销售产品，获取利润后，还要重点关注资金的运转情况。营运资金管理也是企业中最容易忽视的成本控制方向。何时收款、给予客户怎样的信用政策，对于供应商采取何种付款政策，都直接影响着资金的使用效率。回到企业经营的源头，投入的资金都是有成本的，因此资金的使用效率越高，单位资金成本越低。

举例说明

一家工厂拥有一项非常先进的工艺，生产的产品在市场上供不应求。消费者为了买到这种商品，需要提前一个月预定并支付货款。这家工厂所用的原材料都是标准产品，市场价格透明且竞争激烈，大批量采购能够获得供应商较长时间的赊销政策。这就意味着这家工厂从采购、生产再到销售、收款，整个环节基本无须动用资金。工厂完全可以利用客户预付的货款采购原材料，支撑整个生产环节。并且这家工厂因为产品供不应求，采购规模加大，不需要立即支付采购货款。这样一来，消费者的货款又可以在工厂的账户里留存一段时间。即使是银行活期存款，也能获得一部分的利息收入。

整个过程，工厂不但没有资金投入带来的资金成本，反而因为资金留存获得了一定的资金收益。这也是在这一阶段的成本控制方向，尽量降低资金成本。当然，实现这一目标的前提是要不断提升自身的核心竞争力。但不管何种情况，都可以在一定程度上通过运营资金的改善，降低资金的运营成本和使用成本。

由此可以看出，成本控制不仅是生产制造环节及各项费用的支出上，在整个经营过程的全链条都有降低成本的巨大潜力。从投入产出、资源使用的角度，重新看待成本控制，企业的利润空间也会随之提升。

第16章

全面成本控制

从投入产出的视角看成本，成本控制绝不是简单地压预算、削费用。全面成本控制重在全面，既要对从资金投入到取得收入再投资的全环节进行管控，又要让全员参与进来，而不仅是管理者的"控制游戏"。降本增效，不是没有空间，而是没有发现正确的管控方向。在错误的道路上前进，是无法到达终点的。只有在正确的方向上，从投入产出角度上，对成本进行全方位控制，才能真正帮助企业打造低成本的核心竞争力。

16.1 因材施教控成本

我们常说要因材施教，对不同特质的学生给予不同的教育方式，才能给孩子更好的发展。若采取"一刀切"的教育方式，可能会扼杀某些特殊孩子的潜质。对于成本控制来说，也同样如此。不同的成本类型，体现着各自不同的特点，与资源的消耗、产品的产出都有着不同的关联关系，需要不同的管控方式。盲目采用统一的方式控制所有成本，不但收效甚微，可能还会适得其反。

16.1.1 为什么卖得越多，亏损越多

卖得越多，亏损越多。看上去很不符合逻辑，毕竟谁会做亏本的生意呢？但是这种现象却在很多企业中都存在。一般来说，产品价格都会结合成本确定，如果产品成本确定有误或者不准确，就会影响价格的确定。但是有人会质疑，生产产品花了多少钱，难道算不清楚吗？产品的生产流程中，通常会经历多道工序，涉及的成本类别更是多种多样。在复杂的生产环节中，无法准确计算成本的情况并不少见。

以产品的生产成本来说明，生产成本主要是由直接材料、直接人工和制造费用构成。其中，直接材料和直接人工，跟所生产的产品直接相关。但是制造费用一般与所生产的产品并不直接相关，需要通过特定的规则分配到各类产品中。比如，生产车间里发生的水电费、办公费、修理费以及厂房折旧等费用，并不针对具体某种产品产生的，而是整个车间共同使用的。如何分摊，以何种方式分摊，直接影响着产品的成本。可见，产品成本的计算是否准确，与制造费用的分摊相关。

传统的做法是将车间内发生的制造费用汇总计算，然后以一种规则分摊到各个产品中，常见的分摊规则有人工工时、直接人工费用、机器工时等。这种分摊方法虽然简单方便，但是准确性却大打折扣。比如，在分摊车间内的装卸费用时，以人工工时进行分配，耗费人工多的产品分配的装卸费用较大，而耗费人工少的产品分配的装卸费用较小。但实际上，装卸成本的多少跟产品的质量相关。

如果一种产品，质量很大，但是生产所需的人工工时却很少，这时分摊的装卸费用就偏低。这会导致产品成本的不准确，直接影响生产决策和产品定价。当成本不准确的因素影响较大时，就可能会出现计算盈利，而实际亏损，且越卖越亏的情况。

因此，对于制造费用的归集和分摊，就需要采用更为准确有效的方式。将制

造费用这类间接成本，细分到更具体的项目上，以直接成本的核算方式，在更小的单元中进行分摊，这就是作业成本法。

举例说明

举个生活中的例子来介绍作业成本法，以计算张三家的成本费用为例，张三家有三口人，丈夫张三，是一名医生，工作非常忙碌，经常加班；妻子李四，是一位自由职业者，常年居家办公；儿子小张，刚刚进入幼儿园。这三个人的日常支出该如何计算呢？

有些费用是可以按人头分配的，比如小张的幼儿园学费，就属于小张的个人支出；李四这个月给全家买了几件衣服，可以按照衣服的归属进行费用划分。这些都是每个人的直接支出，比较容易确定费用归属。但是在划分如水电费这类公共支出费用时，遇到了难题。按照传统的分摊方式，可以用按人头平均分摊的方法，因为每个人都是家庭的一分子，需要共同承担费用，这个说法看起来也很公平。但是计算出来的个人支出会有比较大的偏差。因为张三和儿子小张由于日常外出工作和学习，在家时间较短。而李四常年居家办公，在家时间很长。如果平均分配，李四的个人支出会偏低，而张三和小张的支出会偏高。这时，我们可以用一种新的方式进行分配，即按每个人的居家时长分摊，如图16-1所示。

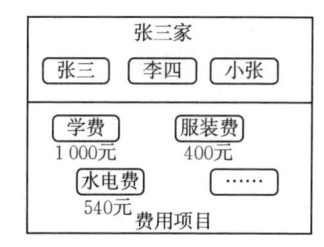

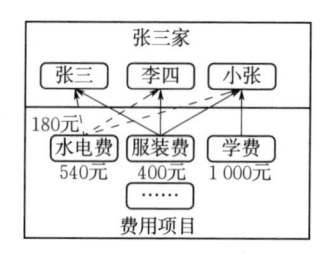

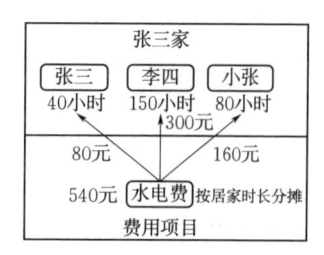

图16-1 张三家的成本费用划分

首先，将日常生活划分为工作日和休息日。其次，再来分析影响水电消耗的关键因素是什么。一般来说，居家时长会直接影响水电等能源的消耗。分别计算一家三口在工作日和休息日的居家时长，并以此作为分配水电费的依据。张三家按照两种分摊方法计算出来的个人消耗支出表，如图16-2所示。

张三	李四	小张
服装费：150元	服装费：200元	学费：1 000元
水电费：180元	水电费：180元	服装费：50元
合计：330元	合计：380元	水电费：180元
		合计：1 230元

水电费按人头平均分摊

张三	李四	小张
服装费：150元	服装费：200元	学费：1 000元
水电费：80元	水电费：300元	服装费：50元
合计：230元	合计：500元	水电费：160元
		合计：1 210元

水电费按居家时长分摊

图16-2 张三家个人消耗支出表

这样计算出来的结果与之前平均计算的结果相差较大，能够较为真实地反映个人实际消耗情况。其他的公共费用支出，也是按照此种方法，分别找到各自成本的主要驱动因素，在不同的环节中进行分配。

简单来讲，作业成本法就是将资源耗费按照最直接的影响因素在不同产品间进行分配。每种产品的生产需要不同的作业环节，而每一项作业环节都需要不同的资源投入。也就是说，每种资源分配到具体的产品上，是依赖于作业这个中间环节的。因此作业成本法的核心，就是将资源消耗按照主要驱动因素，分配到每一项作业上，再将每项作业划归到每种产品上，如图 16-3 所示。

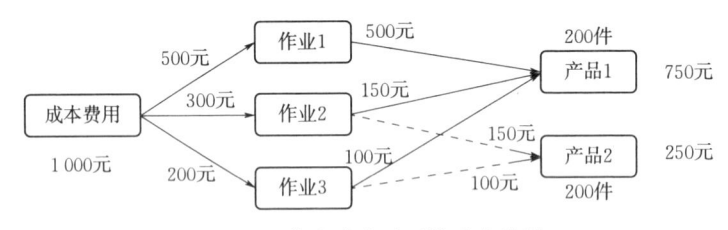

图 16-3 作业成本法下的成本分摊

假定资源耗费总额是 1 000 元，生产两种产品各 200 件，中间需要三个作业环节。其中产品 1 需要经历三个作业环节，产品 2 需要经历两个作业环节。这时，需要先将 1 000 元的成本按照关键驱动因素分摊到每项作业中。作业 1 分摊了 500 元，作业 2 分摊了 300 元，作业 3 分摊了 200 元。然后再按照每种作业服务的不同产品数量，分摊到各自的产品上。作业 1 只生产了产品 1，因此在作业 1 中分摊的全部费用，就被归集到了产品 1 中。按照这种方法，作业 2 向两种产品分别分摊 150 元，作业 3 向两种产品分别分摊 100 元。这样，就可以计算出每种产品归集的成本。

比如，生产车间内的装卸费。每一个产品的生产环节中，都有装卸搬运这一作业环节。将装卸费按照产品的重量和搬运次数，分配到每个作业环节中，然后再归集到每种产品的成本中，如图 16-4 所示。基于这个思路，需要将产品的生产过程划分不同的作业环节，制造费用按具体的项目列示。每一项费用的支出需

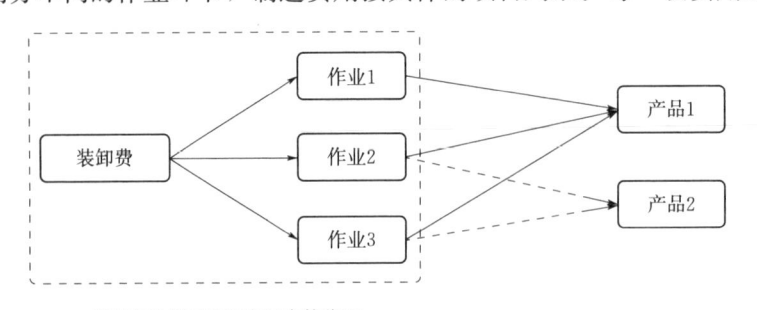

按照产品的重量和搬运次数分配
图 16-4 按照作业成本法分配装卸费

要找到关键的驱动因素,也就是最直接的相关因素,并按这个因素分摊到每一项具体的作业中去。最后,按照产品所需要的作业来归集产品的成本。

精确的成本核算,能够为企业提供有效的决策支持,减少成本扭曲带来的决策失误,从根源上解决卖得越多,亏损越多的情况出现。

16.1.2 价格战还能坚持打多少轮

企业进入成熟期后,最明显的标志就是一轮又一轮无休止的价格战。为了争夺客户,被迫降价,有时企业自己都不清楚,还能降多少,价格的底线在哪里。总之跟着市场做决策,再不济就由企业高层直接决策。激烈竞争下,有时比的是谁更大胆,至少先把对手挤出市场再说。但是作为财务人员,不能任由企业高层随意决策,还是要给出有科学的、禁得住推敲的决策依据。这就要从成本的特性说起了。

还记得产品的利润公式吗?产品利润等于销售收入减去产品成本。虽然有了作业成本法,能够更准确地计算产品成本了,但是这样划分还是过于笼统。在降价过程中,要用"剥洋葱"式的方法,将成本一层层地剥,价格一点点地降,毕竟每一点价格的降低,都是利润的损失。如果利润空间全部降完了,是不是就没有价值了呢?

批发比零售便宜,买得多就再便宜一点。这些都是日常随处可见的交易方式。为什么买得多就能更便宜呢?首先,我们先按照业务量与成本之间的关联关系,对成本进行划分。随着业务量变化而变化的,是变动成本。不随业务量变化而变化的,是固定成本。在两者之间还有一种成本,在一定范围内随业务量变化而变化,在一定范围内不随业务量变化而变化,是混合成本。基于这样的成本划分方式,产品利润的公式又可以进一步细分。

产品利润＝销售收入－变动成本－固定成本

固定成本,就是不管是否销售都会发生的成本,比如厂房租金、设备折旧等。这类成本不随销售量的变化而变化,也就是说,卖得越多,单位产品的固定成本就会越低。而变动成本,是随着销量而变化的,单位变动成本是保持不变的。每生产一件产品,就发生一件产品的变动成本,不生产则不会发生。

举例说明

一家面包店只生产一种面包,售价20元。生产这种面包需要面粉、黄油、奶油、鸡蛋、糖等材料及加工成本为8元。该面包房的其他支出包括房租每年5万元,人员工资10万元,其他各类费用3万元。按照这种成本划分标准,生产一个面包的变动成本为8元,而每年的固定成本支出为18万元。可以看出,在很长一段时间内，面包店的经营者都是在为固定成本而努力的，那面包店多久能够回本呢？

从生产面包的变动成本来看，如果不考虑固定支出，每生产一个面包能赚12元，这12元的利润就是生产一个面包的边际贡献。如图16-5所示，边际贡献就是收入扣减变动成本后的利润，这部分利润并不是真正的利润，需要先弥补固定成本部分。如果补偿固定成本后，仍有剩余才是真正的利润；如果不足以弥补固定成本，则会产生一定固定成本亏损，如图16-5所示。

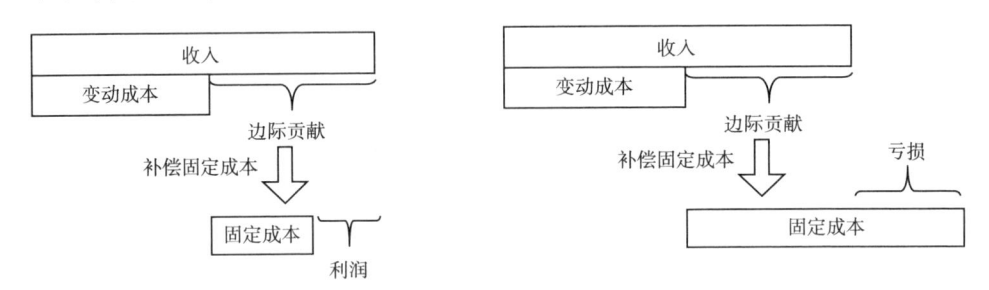

图16-5 边际贡献与固定成本

因此，生产一个面包产生的12元利润首先弥补的是固定成本。那么每年18万元的固定成本，需要卖出多少面包才能支撑呢？是15 000个（=180 000÷12）。也就是说需要销售15 000个面包才能支撑全部的成本支出；卖出超过15 000个面包，面包店才能获得真正的利润；如果少于15 000个，就意味着面包店需要承担一部分固定成本的亏损。如果按照每年卖出15 000个面包的标准计算，每个面包分摊的固定成本刚好是12元，在低于15 000个销售量的情况下，每个面包的固定成本会高于12元，而超过15 000个以后，每个面包的固定成本会低于12元。

这时，隔壁又开了一家面包店，出售同款面包，但是价格更低，只需要10元。问题来了，在这种情况下，原有这家面包店该降低售价吗？

在保证全年销售15 000个面包的情况下，每个面包的变动成本是8元，固定成本是12元，这时是没有利润的。单从数据上来看，低于20元，每个面包是亏损的。但是如果不降价而影响销售量的话，每个面包需要负担的固定成本则会更高。而如果降价，虽然不足以覆盖固定成本，但是至少覆盖变动成本后，还能有一部分利润来补偿固定成本，只是需要更多的销售量来弥补。因此这种情况下，可以把价格降低到10元，以维持销售量的稳定。

但如果隔壁面包房为了争抢生意，把价格降低到了7元，这时还能否继续降价呢？7元的价格已经低于生产一个面包的变动成本，也就是说每生产一个面包，不但不能补偿固定成本，还需要亏损一元。这时，再降价不仅不能弥补损失，反而会增加损失。

由这个例子可以看出，把产品的成本按照变动特性划分为固定成本和变动成本非常有必要。只要价格不低于变动成本，都能对固定成本起到补偿作用，可以通过降低价格扩大销售量来获得利润。但是如果价格低于变动成本,这时降价只能带来损失规模的进一步扩大。

16.1.3 如何判断项目该不该接

企业经常面临各种项目选择和决策,其中,是否接受某个项目或订单是一个重要的考量。这不仅涉及直接的利润计算,还需要全面评估项目的长期影响、额外成本以及与企业整体战略的契合度。下面我们沿用上一节面包店的例子,深入探讨在面对多个潜在项目或订单时,企业应如何进行全面分析和明智决策。

举例说明

在激烈的竞争环境中,为了维持生存,只能把每个面包的价格降到 10 元。但是由于面包市场的同质化严重,降价后的面包房也没有迎来大规模的销售增长,反而略微下降。店里的师傅和设备工作量严重不足,大多时间都是在店里等待顾客的光临。

为了减少损失,面包店经营者决定缩减规模,将面包店腾出一半空间对外出租。这样一来,面包店每年能得到 3 万元的租金收益。这时店里突然来了三笔大的订单,这三笔采购订单的成本费用情况,如图 16-6 所示。

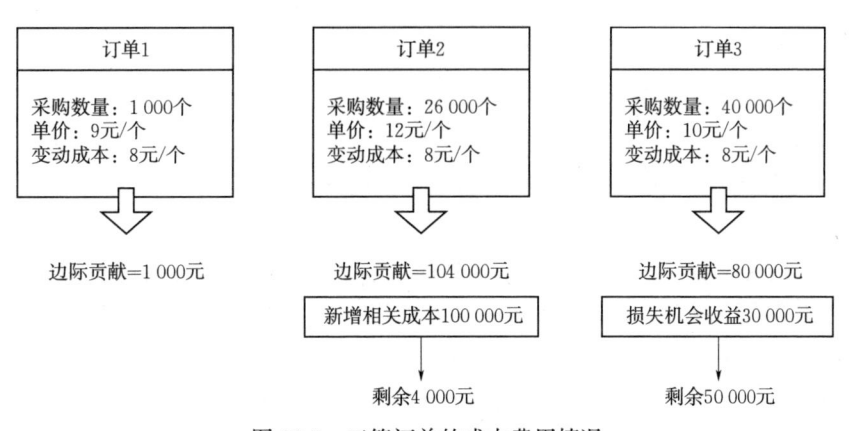

```
┌─────────────────┐      ┌─────────────────┐      ┌─────────────────┐
│     订单1       │      │     订单2       │      │     订单3       │
│采购数量:1 000个 │      │采购数量:26 000个│      │采购数量:40 000个│
│单价:9元/个      │      │单价:12元/个     │      │单价:10元/个     │
│变动成本:8元/个  │      │变动成本:8元/个  │      │变动成本:8元/个  │
└────────┬────────┘      └────────┬────────┘      └────────┬────────┘
         ▽                        ▽                        ▽
  边际贡献=1 000元          边际贡献=104 000元        边际贡献=80 000元
                          ┌─────────────────┐      ┌─────────────────┐
                          │新增相关成本100 000元│   │损失机会收益30 000元│
                          └────────┬────────┘      └────────┬────────┘
                                   ▽                        ▽
                             剩余4 000元              剩余50 000元
```

图 16-6 三笔订单的成本费用情况

第一笔订单需要采购面包 1 000 个,但是要求单个价格为 9 元;第二笔订单需要采购 26 000 个面包,但是需要在店里现售面包的基础上增加一些新的工艺,由于是定制款,采购的价格为 12 元/个;第三笔订单需要采购 40 000 个面包,价格仍然为 10 元/个。面对突如其来的订单,经营者有些为难了,到底接还是不接呢?

第一笔订单,虽然单价又降低了一些,但是仍在变动成本 8 元之上,剩余的边际贡献利润,可以补偿一部分的固定成本。因此这笔订单是可以接受的。

第二笔订单，按照 12 元/个的价格，是高于目前的售价的，接下这个订单看上去是盈利的。但由于客户需要的是定制款，工艺上与日常销售的面包略有不同，需要额外购置新的设备才能满足需求。而购置这样的新设备需要花费 10 万元，这时这笔订单还能接吗？在这笔订单的决策中，需要考虑的不仅是固定成本和变动成本，还有新增的相关成本，也就是需要新购置的设备。按照原有的变动成本计算，每个面包 12 元，可以贡献的边际利润为 4 元。为了覆盖新购置设备的支出，需要销售 25 000 个（=100 000÷4）这种定制面包，才能确保不亏损。第二笔订单共需采购 26 000 个面包，除了覆盖新购置设备的成本，还能够补偿一部分原有的固定成本，因此第二笔订单也是可以接受的。如果第二笔订单采购的数量少于 25 000 个，这笔订单就是不可接受的。

第三笔订单，需要采购 40 000 个面包，在接受前两个订单后，已经没有额外的产能继续生产了。如果想要接下第三笔订单，需要重新使用已出租的一半空间。这时不仅需要考虑已知成本，还需要考虑机会收益。如果接受订单，就意味着需要放弃出租房租所获得的每年 3 万元的收益。如果接受订单的收益超过放弃的房租收益，就可以接受订单。10 元的价格，每个面包能够贡献 2 元的边际贡献，这笔订单能够提供 8 万元的边际利润，除了覆盖损失的 3 万元，还能有 5 万元能够弥补固定成本。因此，第三笔订单也是可以接受的。

由上面的例子可以看出，在做有关决策时，不仅要考虑单项成本的多少，还要综合评价每个项目的相关收入和相关成本。其中，相关成本不仅要考虑变动成本，还要考虑新增的固定成本和相关机会收益。当决策需要放弃一些既得收益时，这些收益也是该项目的成本。

16.2 组织一场降本增效的全员活动

降本增效不是一句口号，更不是某些人的管理手段，而是需要企业全体员工参与，需要各个部门共同努力。但是在实际操作中，员工往往有心无力，并不知道该从哪里入手，如何入手。企业的降本增效往往是一个系统工程，需要结合不同类型的成本特性，采用有针对性的方法降低成本，下面介绍一些企业中常见的成本控制方法。

16.2.1 降本从标准化开始

很多企业在管控成本的时候没有方向，虽然知道要降低成本，但是不知道该用什么样的方式降。

比如一家生产汽车配件的企业，在最后的产品运输环节，由于自有车辆资源不足，需要使用社会车辆进行运输。在调配车辆时出现了问题，货物运输的单位成本时高时低。虽然运输价格受市场行情影响，但波动范围有限。该企业的产品运输成本高，主要是由于业务人员的操作方式不当所导致的。财务人员在审核单据时，曾质疑过运输费用过高，但是业务人员以财务人员不懂业务为由进行反驳，甚至还给财务人员出难题，说市场上没有合适的车，客户又着急发货，这样操作的成本已经是最低了，如果财务人员还嫌高，下次来现场帮业务人员配车。财务人员无力反驳，成本控制也就不了了之了。这样一来，运输成本就成了这家企业成本控制中的一个"黑洞"，企业中这样的现象不在少数。究其原因，是因为成本的花费没有标准，操作人员对于成本费用的支出过于随意化。如果既能完成工作，又能降低工作难度，谁又会想方设法地降低成本呢？

再比如，餐馆厨师做出来的菜肴。同样两盘鱼香肉丝，其花费的成本可能各有不同。一盘多抓了两把肉，一盘多抓了两把菜，成本就会相差很多，菜品的成本完全取决于厨师的手艺。笔者曾见过一家炸鸡店的店员因为遇到熟人，在装鸡块时把盒子装得满满当当，分量远超其他顾客，这是因为对成本没有控制标准所导致的。如果餐馆明确规定厨师做菜时每种配料的分量是多少，或者把常用的菜品配料按照规定的标准做好预制菜包，这会大大减少厨师在烹饪过程中对于材料使用的随意性。如果炸鸡店要求，每天提供多少炸鸡，可以售卖多少份。每天按照销售量和炸鸡供应量进行核对，也会减少上述情况的发生。

因此，管控成本要把主动权控制在自己手中，而标准化就是实现这一目标的有力抓手。不管提供产品还是服务，想要获得收入回报，都需要一定的成本支出。成本控制不能局限于事后的核算，而要在事前定标准，让员工在事中有参照，在事后只需要去对照标准评价考核即可。采用标准化方式降本的底层逻辑，如图 16-7 所示。

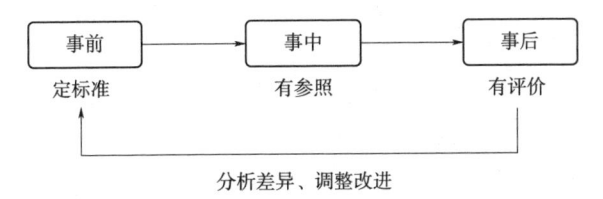

图 16-7 采用标准化方式降低成本的底层逻辑

比如，生产线上每种产品的消耗定额、人工定额，各类材料的标准化用量，规范的操作方法，基于标准工艺所需要消耗的资源等。通过事前设定标准，让员工在事中时有据可依，减少人为因素的干扰，将成本控制在标准范围内。在事后，对实际发生的成本与标准成本进行比对，并对成本差异进行分析，及时找到问题并不断改进。这样成本控制才能有据可依，并不断降低产品的单位成本。

16.2.2 采购成本的博弈

采购是每个企业都不可缺少的环节，不管是制造业还是服务业，不管采购对象是有形商品还是无形的服务，采购环节的成本控制直接决定着产品成本的高低。除了具体的采购价格外，在采购过程中我们还常常会面临各种各样的选择，这些选择的背后都隐含着采购环节的隐性成本。

比如，供应商同企业沟通，如果将目前的赊销改为现付，可以再降价2%。赊销能够一定程度上缓解企业的现金流危机，而降价也能够实实在在给企业带来成本的降低。那么该选哪种方式呢？

当企业规模小时，没有办法取得对供应商的规模效应，无法获得更低的价格，这时有没有其他办法能够降低采购成本？在采购时，是否需要提前预留储备库存，还是采用精益管理的方法，将存货动态清零，降低存货成本和跌价风险？是多次少量订货，成本风险更低，还是一次性订货，承担一定的存货风险，成本更低？是否存在理想的采购规模能使成本最低，效率最高？这些都是采购环节中需要面对的博弈问题，没有绝对的好与坏，要掌握决策的原则，并根据企业的实际情况，做出最有利的选择。

除了具体的采购价格，采购环节的成本主要发生在三个环节，即购买决策环节、订货和持有环节及与供应商的付款环节。

1. 购买决策环节的成本

在购买决策环节中，可以对供应商的结构进行优化，采用多种采购方式和采购渠道，根据季节性差异和波动特点，可以采购一定的战略储备。根据采购原材料或服务的不同特性，确定是独家采购还是采用竞争方式，让供应商之间形成相互牵制和竞争。同时，还要对供应商进行分类管理。不同的采购需求，匹配不同的供应商，以保证价格和质量的最优化。

在采购组织方面，除了在企业范围内采用集中采购还可以与其他非竞争关系的企业联合采购，以获得更多规模效应带来的价格优势。比如电动自行车企业同电动汽车企业相互之间没有竞争关系，但是有共同的电池采购需求，这时可以将相同的需求进行汇总，与供应商进行谈判。这就如同日常生活中常见的团购活动，通过汇总不同人群的需求，扩大范围集中采购，以此获得价格优势。除此之外，随着企业的不断发展，实力不断增强，对于非常重要的采购项目，还可以通过并购、互相持股、战略联盟等合作的方式，与供应商深度合作。

2. 订货和持有环节的成本

在订货和持有环节，要考虑订货成本和持有成本之间此起彼伏的关系。订货次数越多，订货环节成本消耗越高。不仅需要考虑每次订货的物流运输成本，还要考虑企业的安全库存，保证企业内生产经营的正常供应。

降低订货次数，提高单次订货量，虽然可以降低订货成本，但是带来的是持有成本的上升。订货量增多，意味着仓储成本增加、管理难度提升，积压的库存还会导致资金占用和存货跌价风险。订货成本和持有成本就像是跷跷板的两端，有此消彼长的关系。因此在决策时需要整体考虑，不能单独考虑各项成本的高低，而要考虑总体成本最低，并以此为标准，找到最合适的订货节点。

随着每次订货量的提高，订货成本在不断减小，然而，持有成本却随着订货量的提高而不断增加。假设采购价格不变，当订货成本和持有成本相同时，此时总成本最低。对于企业来说，此时所对应的订货量，也是最经济的订货量，如图16-8所示。

3. 与供应商的付款环节的成本

在与供应商的付款环节，需要明确付款政策。通常供应商都会给出赊销、折扣和现销的选项。对于规模较大，在采购环节较为强势的企业，由于其优势地位，可以得到更多的采购政策，需要更准确地衡量哪种政策和采购组合，能够为企业带来收益。比如，赊销与现销折扣如何选择？供应商提供的赊销，本质上是为企业提供了一笔短期的无息贷款。资金是有成本的，如果现销所提供的现金折扣小于这笔无息贷款的利息，赊销显然是对于企业来说更有利的，如图16-9所示。

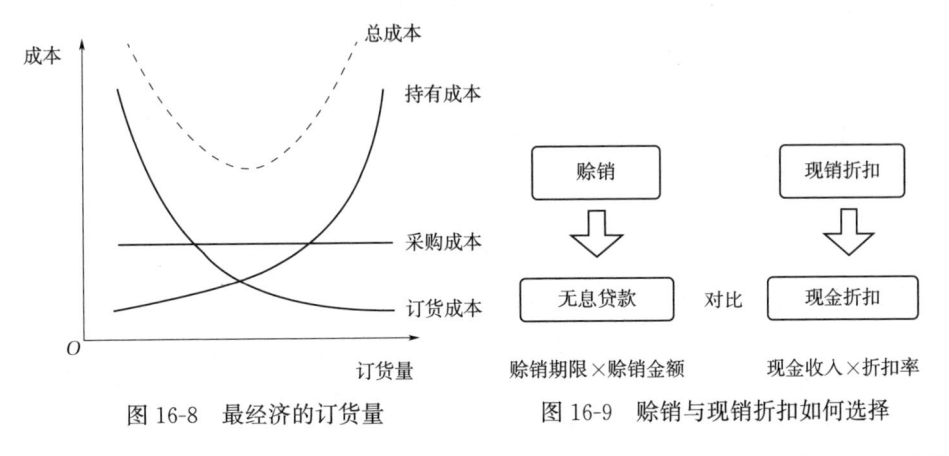

图16-8 最经济的订货量　　图16-9 赊销与现销折扣如何选择

在全面成本控制中，采购成本不仅指采购商品的价格，还包括采购中涉及的各个环节。以上决策选择只是采购过程中的小部分，在实际的采购环节中，每一个采购的动作，都影响着企业的成本。商品的价格，受成本和外部市场环境的综合影响，降低到一定水平后，再降低的空间极其有限，一旦突破其底线，可能会引发质量方面的问题。但是在采购的全环节中，还有大量的决策空间有待优化，这些都能为企业降低成本贡献价值。

16.2.3 成本消耗中的"隐形冠军"

企业是由员工构成的，由员工产生一系列的生产经营活动，企业中的人力资源就是企业的第一生产力。当然资源和成本也是相辅相成的，人力资源作为企业中最大的无形资产，也是最大的成本消耗所在。不同于原材料和其他费用支出，人工成本具有一定的刚性。在市场行情不景气时，企业可以缩小生产规模，减少原材料的采购与投放，节约各项支出，但是员工工资需要按月定时发放。很多企业在困难时期，面临的最大困境就是怎样在发薪日前筹到钱，保证员工工资的正常发放。

人力资源成本，不仅仅包括员工工资，这只是这项成本支出中最显性的部分。之所以称为成本消耗中的"隐形冠军"，是因为从企业招聘员工，到员工辞职离开企业，这一过程中围绕人的各项活动，会给企业带来大量的成本消耗。产生人力资源成本的四个主要环节，如图16-10所示。

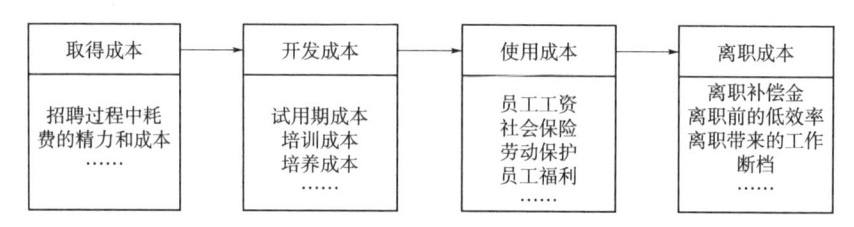

取得成本	开发成本	使用成本	离职成本
招聘过程中耗费的精力和成本……	试用期成本 培训成本 培养成本……	员工工资 社会保险 劳动保护 员工福利	离职补偿金 离职前的低效率 离职带来的工作断档

图16-10 人力资源成本的四个主要环节

有的企业，在招聘过程中投入了大量的成本，这种成本可能不是显性的资金投入，而是大量的人员精力。不断地筛选简历、沟通，进行一轮又一轮的面试。即使面试成功后正式入职，又会面临实际工作中与岗位不匹配的情况。

在试用期阶段，由于员工对工作不熟悉，往往工作效率较低，能够为企业提供的价值有限。培养员工也是有大量成本耗费的，能够留下的员工需要参与各类培训，以满足企业的工作需要。不管是内部培训，还是外部培训，都需要企业投入时间、精力和成本。

在人力资源的使用过程中，需要按月支付员工工资，这也是大家习惯认知中的人工成本。但是使用过程中发生的成本，也远不止于此。除了正常的工资发放，还需要为员工缴纳各类社会保险及其他的劳动保护等，这是企业应当为员工承担的社会责任，但也是企业沉重的成本负担。

员工与企业是相互选择的关系，当企业不再适合员工的发展时，员工就会选择离开，那么这段时间的人工成本，对于企业来说就是一项沉没成本。比如，辞退员工需要按照劳动法的相关规定支付离职补偿金。员工在离职前的一段时间内，工作效率和工作状态也会受到影响。如果无法及时找到合适的人接替离职员工的岗位，又会在一定程度上造成工作的断档。由于离职带来的一系列影响也会给企业带来成本损耗。

除了以上提到的各环节人力成本,在人力资源方面,还有很多的隐性成本。一个高效率的生产小组带来的价值产出,可能远远超出企业所支付的报酬。而一个低效、懒散的小组,不仅无法完成既定工作,还可能会带来各种损失。这就是人力资源成本中的巨大差异。

在人力资源成本的控制中,要重点关注人均效能,不断提高人均收入,并致力于降低人均成本。人力资源也是一笔投入,也需要考虑投入产出比。要打破"高工资等于高成本,低工资等于低成本"的传统认知。很多企业,尤其是中小型民营企业,在人员招聘时,不愿意支付较高的员工薪酬。但换一种角度思考,员工工资也是一种投资,只要能够得到更高的投入产出比,高工资就等同于低成本。

相反,低价值的员工,虽然支付工资较低,但是无法为企业提供明显价值,甚至给企业带来损失,这时低工资也是高成本。因此,控制人工成本最有效的方法是减员、增效、加薪。选择最优秀的员工,帮助他们提高工作效能,并给他们支付更高的薪酬。对于企业而言,员工效能的提升,能够提高产量,降低无形的损失,可以与员工实现共赢。

16.2.4 看不见摸不着的营销成本

企业中最强势的往往是营销部门,因为营销部门直接为企业创造收入,是产生价值最直接的部门。对于营销费用支出,企业往往管理较为粗犷。尤其当市场行情较好,企业处于上升期时,更是如此。

营销成本呈现出一个特点,投入产出关系不明确。投入了不一定带来直接的产出。比如,有的企业投入了大笔广告费用,但是销售量的增长却并不明显。而削减广告费用后,销售量似乎也没有受到太大影响。再比如,有些企业在广告投放上取得了立竿见影的效果,迅速将品牌打入了消费者心里,给企业发展带来了重大的机遇。但是大多数的企业,每年在广告上的投入也不少,效果不是没有,而是需要很久才能带来成效。一笔大额的营销费用,是否能够赚得回来,每个人心里都没有明确的答案。

以市场拓展费用来说明,企业都会花费大量的资源进行市场拓展,不管是客户拜访、广告投放,还是网络营销,或者海量的电话销售。大量成本投入之下,会带来一定的销售增长。一些中小型企业,管理方式粗犷,经营者认为营销投放本来就是看不见摸不着的,谁又知道哪棵树上会结果呢?只要有增长、有成效、能带来利润就行。至于成效如何、投入产出比如何,只能通过感觉和经验加以判断。

在成本控制方面,决策者通常会缩减开支、砍掉一些费用,以跟供应商压价的方式来降低成本。但是问题来了,该降哪一项,又该减到多少呢?成本的高低,很多时候不是绝对数的高低,而是成本的花费与企业的需求是否匹配。如果决策失误,成本虽然得到了一定控制,但是收入也可能大幅下降。因此,在控制拓展费用时,首先需要了解企业的客户是通过哪些推广渠道了解企业并最终促成购买的。

比如,有些企业能够提供非常优质的服务,目标客户没有看广告购买的习惯,却非常信赖朋友的推荐介绍。这时大量的广告投入,对于企业来说就是一项成本浪费。企业需要做的是,加强自身服务品质,不断提高客户的消费体验,同时提升口碑营销的力度。

这只是在营销环节中成本耗费的一个缩影。大成本的理念下,营销成本当然远不止于广告费用和有形的市场拓展支出,也包括大量的隐性成本支出。这些看不见摸不着的营销成本,决定着有形成本的投入方向和投入成果。结合整个营销环节,其过程中的成本主要体现在销售结构成本、销售费用成本及销售收款中带来的资金成本。

比如,销售结构成本就是一项典型的隐性成本。有些产品,贡献了企业绝大多数的利润;有些产品,不仅没有利润,可能还需要企业补贴更多的资金;有些产品,虽然热销,但是利润率较低;还有的产品,客户群体不多,销量也常年不温不火。不同的产品,有不同的市场定位和功能,这取决于企业的战略定位,需要制定清晰的营销战略。方向不对,努力白费。销售方向错误所带来的损失,远比之后花费更多营销成本所带来的损失更大。对于销售的不同产品,可以按照利润率和销售量划分为四个象限,如图16-11所示。

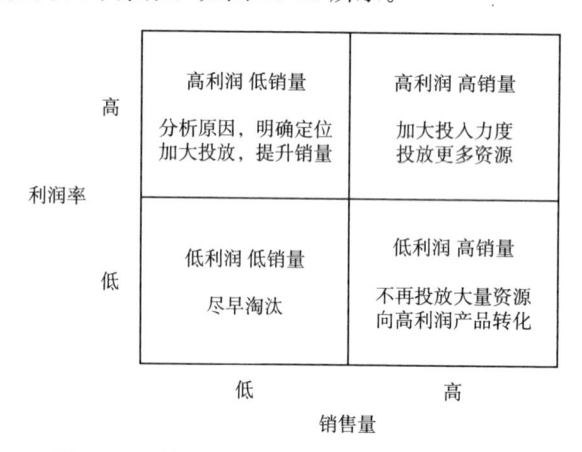

	低销售量	高销售量
高利润率	高利润 低销量 分析原因,明确定位 加大投放,提升销量	高利润 高销量 加大投入力度 投放更多资源
低利润率	低利润 低销量 尽早淘汰	低利润 高销量 不再投放大量资源 向高利润产品转化

图16-11 针对不同销量和利润的产品营销定位

对于销量高、利润率高的产品,属于企业中典型的利润品,这类产品要加大扶持力度,投入更多的资源,争取更大的市场份额。

对于销量高,但是利润率低的产品,属于企业中的热销产品。虽然利润不高,但是通常价格低、性价比更高,能够吸引更多的客户,并促成高利润率产品的转化。对于这类产品,价格本身就是理想的营销手段,不需要再投入更多的营销资源。或者也可以为了达到提高市场占有率的战略目标,在短期内投入大量营销资源,以提升消费者对产品和品牌的认知。

对于销量低、利润率高的产品，是否投入更多资源取决于企业对产品的定位。如果定位是企业需要重点发展的方向，就需要重点分析销量低的原因。如果是因为营销投入不够，就需要在一定时间内加大扶持力度，尽快提升此类产品的销量。

对于销量低、利润率低的产品，这类产品对于企业来说是一种消耗。如果不是出于市场定位或者消费人群覆盖等一些战略因素，需要尽早淘汰此类产品，减少成本的浪费。

给不同需求和定位的产品，投放相匹配的资源，才能够有的放矢地提升企业品牌形象，增加市场份额。如果给不需要的产品投放了不匹配的资源，即使营销费用再低，也是巨大的成本浪费。

16.2.5 成本是"设计"出来的

不管是生产成本、采购成本，还是营销费用、人工成本，企业经营中的各种消耗，都可以看到"设计"的影子。成本控制，不仅需要事后的控制，更需要事前的管理。与其说成本是管出来的，不如说成本是"设计"出来的。在事前就提前规划好，需要在哪里花费成本，花费多少成本，产出怎样的收益。

比如，在营销费用的投入上，需要为哪种产品投入多少资源，投入在哪个方向，甚至每种产品在开发前就已经明确了功能定位，预留了相应比例的营销成本。再比如，采购费用中，需要采购的频率是怎样的，一次需要的采购量是多少，都需要在采购之前设计好。过程中，只需要按照既定的计划执行，并保证控制在设计范围内即可。

成本的"设计"不仅体现在每一项管理活动的规划，更体现在产品的研发和设计工艺上。初入市场的产品，一般价格较高。随着市场需求的不断增长，产品的不断成熟，除了规模效应带来的成本降低，更多的是由于研发投入带来的技术升级，才使得新产品的价格逐渐降低。有些成本不是在过程中被控制的，而是在源头上就已经决定了。

在研发设计环节中，既要关注研发过程的成本投入，更要关注研发的对象及研发所带来的机会成本。不论做任何研发项目，都要事前对成本进行审核评价，从源头上锁定成本。比如能够使用标准零部件的产品，却使用特殊零部件，必然会导致后续生产制造过程中的成本上升。因此，在产品的设计研发阶段，就对成本进行合理的规划和测算，对于后期的成本控制，乃至利润的获取都至关重要。

从成本角度来说，研发阶段就需要实现产品的高性价比。性价比是由产品的价值和投入的成本决定的，而客户能够感受到的性价比是客户需要的产品价值和购买产品所需要的成本。因此，为了设计出客户需要的高性价比，企业需要在客户需要的产品价值和客户愿意支付的价格之间进行权衡，如图 16-12 所示。

$$\frac{\boxed{产品价值}}{\boxed{投入成本}} \Rightarrow \frac{\boxed{客户需要的价值}}{\boxed{客户愿意支付的价格}} = \boxed{差距} \Downarrow 成本降低的空间$$

产品的性价比　　　　　　　客户感知的性价比

图 16-12　设计客户需要的高性价比

在设计研发阶段，要时刻以客户的需求为中心，只有客户有需求的功能才是有价值的，才是客户愿意为此付费的，而客户不需要的功能，就是一种成本浪费。

比如生产矿泉水的厂家，对于普通消费者来说，一瓶水能够提供给客户最主要的价值，就是水本身的效用。在瓶盖、瓶身上花费大量的精力，采用更加高级的材料，提供更多额外的功能，都是客户所不需要的。这种成本，如果从设计之初没有考虑周全，在生产过程中是无法控制的，最终也会导致产品整体成本过高，缺乏市场竞争力。

在成本控制上，要建立面向成本的设计思路。产品未来的目标价格是多少？希望产生多少利润？需要实现的目标成本是多少？这些问题的思路都是提前设计出来的。所以，管控成本不仅要管过程，更要管源头。降成本的方式不是减费用，而是提供用户需要的价值，并以最小的成本去实现。

第17章
数字化赋能

  技术，已经深刻地改变了原有的生产关系和工作方式。因为技术的手段，我们在经营过程中的各种行为、各种决策，都可以用数据的方式进行呈现和保存。而这些在过去无法获取的信息，正在成为企业中最有价值的无形资产，并给经营管理提供着巨大的价值。这些数字资产，不仅改变了企业与企业之间的竞争关系，也改变了企业内部不同部门之间的协同关系。数字化赋能，就是要利用经营过程中产生的各种信息，经过各种整理加工过程，提供给不同的经营决策者，帮助他们做出最有利于企业发展的选择。

17.1 数字化时代的财务管理转型

随着会计电算化的普及，大多数手工账已经被电脑账所取代。会计人员只需要录入凭证，即可以自动生成报表。甚至凭证都无须财务人员录入，只需要轻轻一点，就可以从业务端口引入相关数据，并自动生成凭证。数字化时代的来临，让更多的可复制的机械化工作，被计算机所取代。比如，几年前推出的财务机器人，着实让财务人员感到恐慌。如果自己的工作全部被机器人所取代，那么自己又能做些什么呢？

其实，大可不必惊慌，财务机器人只是取代了可以批量复制化的工作，减少了大量数据的归集和整理工作，提高了效率。而真正的核心工作，还是需要由人来完成。当然，这也意味着，数字化时代正在改变着企业中的财务管理。作为财务人员，也要不断调整自己的定位，提高自己的专业能力，向管理会计的方向精进，加强财务管理与业务之间的融合，向财务管理更深层的方向努力。

17.1.1 用信息化的手段提高财务管理效率

信息化的优势，就是能够快速处理符合一定逻辑和规律的事项。只要设定规则，即可以超出人工百倍的效率完成，且大大提高正确率。财务工作中，有大量符合这一特征的工作，如单据录入、数据统计等。通过信息化的手段，可以大幅提高工作的效率。

从手工记账到电脑记账，就是信息化在财务工作中的一种体现，这类工作已经在大多数单位中得到普及。但是财务信息化并不仅局限于账簿载体的变更，更在于每个环节通过信息化的技术手段，将繁杂的工作简单化、流程化，节省出大量的人力去做更有价值的工作。

比如，在审核费用单据时，需要层层审查数据的关联关系、业务的相关性，以及金额的合理性，这些都需要依赖人工在几个系统中反复复核。工作既烦琐，又易出错。但是通过财务信息化就解决了这个问题，让系统构建出数据之间的关联关系，将这些烦琐的比对工作交由系统来完成。当单据到达财务人员时，已经完成了基本的审核工作，只需要再进一步复核即可，这一过程的准确性也会大大提高。因为没有经过人工，也不存在人为的篡改或者错漏，大大减少了财务人员的工作量，提升了工作效率。

再比如，随着电子发票的普及，新的问题又出现了。不同于原来纸质发票的唯一性，电子发票可以不限次的打印。报销过的发票重复报销，财务人员是很难核查的。如果对每一张已经报销的发票进行记录，每次报销时再一一比对，就需要耗费大量的时间精力。这时就可以利用技术的手段进行处理，让系统自动比对发票是否已经确认过。用信息化技术解决过程中可能出现的错漏，既能够提高工作的准确性，又可以大大节省财务人员的精力，提高了工作效率。

17.1.2 打通"业财税银"，实现全环节信息互联互通

数据即资产。在企业经营过程中，会产生大量的数据，散落在各个经营环节中。这些未经加工的数据，是难以使用的。所以，财务管理的第一步就是要将这些散落的数据进行归集和整理，这个过程就是核算。经过归集的数据，按照会计的语言重新编辑，这个过程就是记账。大量的财务人员的工作，都停留在这个层面。

大部分企业都已经实现了会计电算化，但也仅停留在数据载体的变更。再往前推，从业务部门到财务的数据传输，还存在大量的手工传递。不仅是财务部门，各个部门之间都存在着一道隐形的数据墙。每个部门收集各自部门的一些关键数据，进行简单的分析管理。但是在跨部门之间的协同上，常常出现口径不一致、质量参差不齐的情况。有些变化前端已经发生，而后端却一无所知，仍然以错误的信息为基础进行延续。

这种信息传输带来的滞后性，会大大影响工作的效率和质量。有些重要的数据，虽然实时在发生，但是依靠人工却难以统计，或者无法合理的归集。即使有部分数据能够统计，也不能提供可靠的管理支持，这使得数据的价值在企业中很难发挥出来。

比如，在数据收集这个环节，业务数据如何第一时间传递到财务部门。财务部门又如何保证数据的真实和准确呢。信息的传递是有滞后性的问题，很多企业的财务人员都是等待着业务人员将相关的票据传递过来，而业务人员在传递过程中会因为各种原因延误，或者出现票据丢失、残缺不全的情况，如图17-1所示。

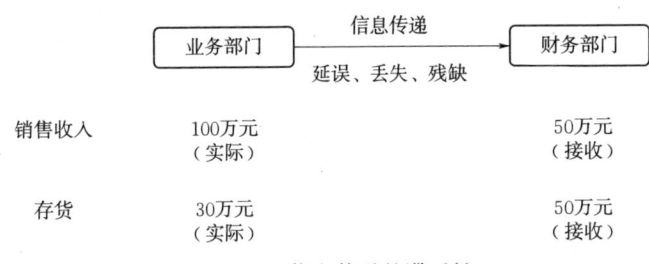

		信息传递	
	业务部门	→	财务部门
		延误、丢失、残缺	
销售收入	100万元 （实际）		50万元 （接收）
存货	30万元 （实际）		50万元 （接收）

图 17-1 信息传递的滞后性

正因为这一传递过程的滞后，在以往的财务管理中，财务数据也常常存在滞后性。业务前端已经发生了 100 万元的交易，而财务部门只接收到 50 万元。财务账表上的存货明明还有 50 万元，但实际存货已经被消耗到 30 万元。这些数据传递的滞后性，决定着财务部门只能是对已经发生的事项，进行事后的归集和整

理。真正做到在发生之前就进行规划管理,还存在着很多困难。要求财务部门每天出具利润表和内部的管理用报表,对于大多数企业来说,是难以实现的。

财务部门以往的记账周期,都是以月为单位。一个月的经营情况如何,只能到月末,甚至下个月的中旬才能获知。信息的价值具有即时性,时间越长,能够提供的价值也就越低,参考意义也就越差。而且在数据传递过程中,还很难保证数据的准确性。数据是纷繁复杂的,错误在所难免,财务人员只能整日埋首在繁杂的数据中,一遍遍核对,确保准确。但是因为与业务的脱节,对于一些造假行为,还是很难察觉。因此,要保证数据被及时、准确地传递到财务部门,就要打通隔在业务与财务之间的那堵"墙",让业务数据实时、准确地传递到财务系统中来,实现数据的互联互通。

比如,企业中会存在各种各样的应付账款。对于应付账款的管理,传统的流程是业务发生后由供应商进行对账开票,然后将发票邮寄到业务部门,再提交到财务部门审核,进行账务处理之后通知出纳付款,如图17-2所示。

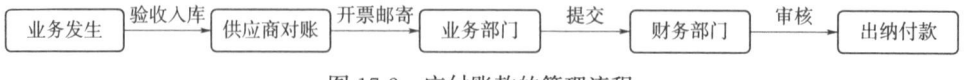

业务发生 →验收入库→ 供应商对账 →开票邮寄→ 业务部门 →提交→ 财务部门 →审核→ 出纳付款

图 17-2 应付账款的管理流程

这些财务人员每天都在做的工作,却存在着很多问题。尤其到月末的时候,大量的负债来不及记账,就会产生应付数据的不准确,无法正确评估企业的财务风险。前端的业务人员,抱怨付款流程太长,供应商怨声载道,不利于与供应商维持良好的合作关系。而且延迟记账,还会导致资金的支出预测不准确,很多问题没有及时有效地反映出来。但是,在数据实现互联互通后,这个问题将会得到极大的改善。数据互联后的应付账款管理流程,如图17-3所示。

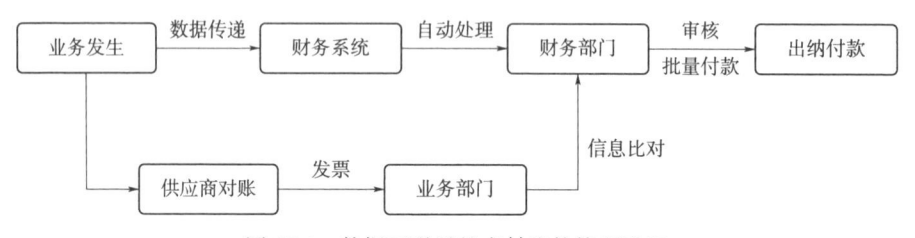

业务发生 →数据传递→ 财务系统 →自动处理→ 财务部门 →审核 批量付款→ 出纳付款
供应商对账 →发票→ 业务部门 →信息比对→ 财务部门

图 17-3 数据互联后的应付账款管理流程

业务前端发生的每一笔费用支出,都会被及时传入财务系统。对于预算范围内的支出,财务系统经过预先设定的规则,进行统计收集,并自动完成账务处理。当业务部门收到供应商发票后,系统会与已记录的负债信息进行比对,经审核后,就可以发送指令,完成批量付款。这样一来,既解决了负债记录及时性的问题,能够真实反映企业实时的财务状况,又将财务人员从烦琐的重复性工作中解脱出来,也大大提高了数据的准确性。

在财务转型阶段,常常提到业财融合。所有的财务管理,都是基于业务的。如果没有业务的发生,财务管理本身是没有价值的。传统的记账报税,是对于业务数据的事后整理。而财务管理的核心，不仅是对数据进行事后的整理、分析和总结，更要将这一过程前置化。在业务发生之前，就将计划预先设定，在事后进行结果的比对和改进。从这个角度来说，财务管理对于企业就像是一面镜子。从财务的角度出发，看待企业的经营状况。是否按照既定的方向前进，过程中又出现了哪些问题。企业需要及时看着镜子中的变化，进行有针对性的调整。

通过信息化技术的赋能，打通整个经营业务的流程。从业务开端，到财务数据归集，再到税务和银行的收付款。整个过程既是财务流程，更是业务流程。将这些环节，运用技术手段，无缝衔接，把散落的数据串联起来，既能加强部门间的协同，又能提高工作效率。除此之外，在保证准确和高效的同时，还能利用信息化技术，将数据有效利用起来。可以按照管理要求，将数据进行各个维度的整理和分析，这些整理之后的数据会形成企业宝贵的数字资产。但是大量的企业，尤其是中小型企业，却没有对这些资产进行挖掘和利用。

利用信息化手段对数据进行发掘和利用，在我们生活中早已屡见不鲜。想想我们平时网上购物时看到的页面。同样的购物平台，每个人看到的产品却不相同。平台会记录下我们每次购物的选择、喜好、价格区间，然后对这些数据进行归集整理。根据我们每个人的喜好，生成我们想要看到的页面，这样一来就会大大提高购买的成交概率。

同样的，如果企业中的经营数据，通过整理后生成需要的数据，也能够给经营提供指导方向。管理的精细度越高，有效性越强，但同时对于人员的要求也就越高。每天出具财务报表和每月出具财务报表，对于财务人员的要求有天壤之别，对于企业管理的支持作用也有天壤之别。

如何实现在不增加或少量增加人员工作量的情况下，提高管理的精细化程度？这需要打通信息之间的隐形墙，实现信息的互联互通。由业务数据实时传递到财务系统，财务系统按照既定的规则整理，并生成凭证，每天工作完结后自动生成每日的报表。整个过程，不需要财务人员的整理归集，只需要在一些节点上的审核确认。这时财务人员的精力，就可以放在对数据的分析上，以及如何将财务管理前置化，让业务发生沿着既定的规划进行。发生按规划，结果才能有保证。

17.2 数字化转型的准备

数字化转型，对于企业来说，是一次脱胎换骨的改变。财务部门开始从基础的核算中解脱出来，转向更有价值的财务管理。很多企业都在寻求财务的数字化转型，但是在过程中却遇到很多问题，转型的效果不尽如人意。在财务数字化转型中，企业首先需要确定自身的转型目标，并且挑选匹配自己目标的供应商。在实施过程中，还要做好各项准备，匹配充足的转型资源，这样才能有效保证转型的效果。

17.2.1 确定企业最终实现的转型目标

企业规模不同，原有的财务管理基础不同，在转型中设定的目标也会有所不同。财务数字化转型的工作，应该遵循分阶段、有计划、按步骤实施的总方针。这就好比一个原本考试从来不及格的学生，给自己定下了考满分的目标。既不切实际，也无法在短期内达成，更容易半途而废。因此，分阶段、有步骤地制定目标，是实现成功转型的第一步。企业进行财务数字化转型过程需要考量的主要问题，如图 17-4 所示。

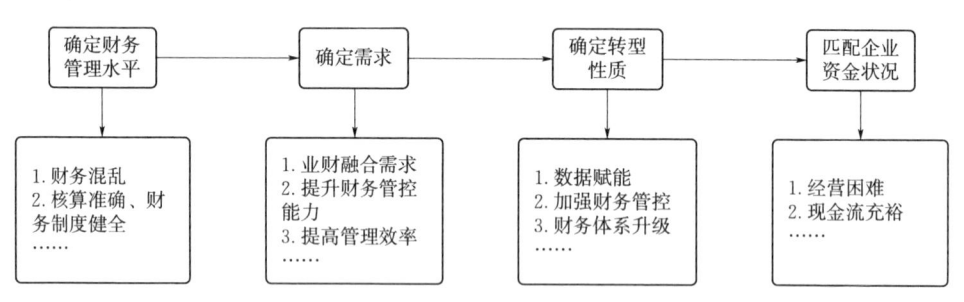

图 17-4　财务数字化转型过程中需要考量的主要问题

1. 确定财务管理水平

在确定转型目标时，首先要确定企业目前的财务管理水平。比如，企业目前的财务状况比较混乱，无法正确核算财务数据。那么首先要实现的目标，不是一步到位实现预算、内控的全流程管控，而是要对现有业务进行全面梳理，将财务核算合规化。然后，对各个环节的工作进行规范化，并制定相应的财务管理制度。在整个财务工作能够正常、准确运转之后，才可以继续完成预算系统的导入。

如果企业规模较大，整个过程可能要耗费几年的时间。即使企业规模较小，也要有序实施，避免"一口吃个胖子"。如果企业目前已经能够准确核算，各项制度均比较健全，仅需要将线下的工作，利用信息化的手段，进行数字化呈现。那么企业的目标可以设定得相对较高，实现的周期也会相应缩短。

2. 确定需求

财务管理是为业务提供支持服务的，而业务给财务提供的是最原始的数据来源。因此，财务转型的目标要结合业务的需求和管理需求来确定。如果业务流程还处于混乱状态，此时盲目进行数字化的转型，并不能取得很好的效果。而是要把业务流程梳理清楚，并匹配适宜的财务流程。如果业务流程是通畅且规范的，只是没有与财务系统相链接，此时可以将重点放在业务和财务的融合上。

如果业务端的需求是提高财管控能力，提升财务收支计划的平衡能力，此时可以把预算管理导入到财务管理中。不论企业的管理水平处于哪个阶段，都要以业务需求为先，匹配相应的财务支持。要首先打通线下的操作流程和运行规则，再根据技术和线上的特点来向数字化方向转型。

3. 确定转型性质

除了与业务需求的匹配之外，确定转型目标时，还要考虑转型的性质。转型目的是在现有基础上提升财务管理的工作效率，还是要进行财务体系的提升，或者是为了实现企业自身的个性化管理需求。比如，有些企业想要导入阿米巴经营模式，需要经营数据的有力支持；有些企业，已经具备符合目前发展的财务体系，但是财务管理局限于线下的流程，需要数字化的转型和赋能来提高工作效率，并希望以此为契机进一步提升财务管理水平，让财务管理更好的为主营业务提供支持。此时，转型的目标除了要将目前线下的管理在线上进行重现，还需要进一步扩充和完善，以适应企业未来发展的需要；有些企业，为了精细化管理，需要精细化的核算，但是仅依赖人工，无法完成复杂的数据筛选和整理，这时转型的目标就是为了实现企业精细化的管理要求。

4. 匹配企业资金状况

根据各种维度的需求，确定了企业的转型性质后，还要匹配企业目前的资金状况。数字化转型是一项较大的投资。需求越多、越个性化，对于资金的投入要求也越多。而且企业数字化转型成功与否，受很多因素的限制和影响。因此，企业需要充分评估自身实力和资源，在条件允许的前提下，匹配适当的转型目标。

不论如何，数字化转型是一项锦上添花的工具。如果企业正处于自身经营的困难时期，首先要解决的问题是如何脱困，积极寻找走出困境的方法。很多企业将数字化看作一棵救命稻草。其实不然，与数字化转型相比，将业务模式重新梳理清晰显得更为关键。

17.2.2 选择合适的软件供应商

确定了数字化转型的方向，接下来很重要的一项就是选择合适的软件供应商。那么在转型过程中，什么样的供应商才是好的供应商？他们又需要符合哪些条件，满足企业的哪些需求？有人说，这不是很简单的问题，当然是越知名的供应商越有实力。经过市场的广泛验证，他们就是好的供应商。诚然，国际知名的软件服务商，都能够提供非常优质的服务。但是动辄千万级别的服务费用，也不是一般企业能够负担的。

在优秀之外，还有一个很重要的衡量因素，即是否合适。比如，一个年产值只有几千万的中小型企业，采购一项几百万的服务，是不太现实的。但是，中小型企业难道就不能升级自己的信息化系统，用技术的手段提升自己的管理效能吗？显然不是。也正因如此，市场上才会百花齐放，出现众多的选择。

有的大型软件供应商，提供标准的软件服务，价格并不是很高。比如，金蝶和用友这两家国内主流的财务软件供应商，它们都提供针对不同类型用户的产品。但是这类企业，通常需要下属的伙伴或者加盟商来提供具体的技术服务和软件实施服务。

有的供应商提供定制化的服务，整体供应面会相对小众。比如，市面上有些企业，专门提供阿米巴模式所使用的管理系统。还有根据自身预算管理的理念，设计研发的管理软件。具体选择哪一种，还要看其提供的产品是否能够满足企业发展的需求。

有的供应商规模较大，用户群体较多，提供的产品多是标准化产品。标准化产品的特点是系统相对成熟且价格较低。如果企业的定制化需求较多，可以提供二次开发的服务，但是往往费用较高。还有的供应商，规模不大，主要面向有特定需求的小众客户。对于客户的个性化需求，满足程度较高。

选择哪种形式的供应商，主要还是依据企业的发展需求。如果标准化的业务场景不能满足需求，且企业内部的创新能力较强、需求较多，不妨选择能够满足个性化需求的小众供应商。如果属于标准化业务，且管理的创新性需求较低，可以选择大型供应商的标准化产品。大型的供应商，客户较多，软件迭代的速度较快。供应商自身的系统升级，也能够带动企业管理思维的升级。

在产品满足企业需求的前提下，还要考量供应商的技术实施团队。如果选择小企业的软件产品，很可能是该企业的技术开发团队直接对企业进行软件的实施和技术服务，这样做的好处在于开发团队更加了解系统的底层架构和逻辑，针对企业的个性化需求能够更好地满足。且这类供应商规模较小，客户相对较少，企业能够获得更多的关注。但是这类供应商的缺点在于客户群体较少，软件产品不够成熟，已有的功能可能不能完全适应企业的需求，对企业自身的信息化思维和创新能力也提出了较高的要求。

选择大型供应商标准化的产品，在定制化需求不多的情况下，一般不需要额外的技术开发。这时，企业需要根据供应商的产品特点，来调整自身的业务流程，以提高两者之间的匹配程度。选择这类供应商的好处在于产品较为成熟，基本功能能够得到保障，且系统也较为稳定。

不管选择哪种产品，大多还需要实施服务。对于实施团队的能力也需要进行一定的评估。好的实施服务能够给企业的数字化转型锦上添花。而不合格的实施服务，可能会导致企业的转型之路困难重重。由于实施方更加了解系统的使用和适用的环境，除了给企业提供技术引导，还能够给企业提供更多数字化转型的思路。再者，实施方服务的企业众多，在数字化转型方面经验较为丰富，也能够给企业提供其他优秀案例的参考。当企业自身遇到转型过程中的困难时，实施方就像向导一样，能够给企业提供指引。

因此，在选择实施方时，要考察其是否有丰富的经验和持续的创造力，而不仅是按照标准化的流程提供实施服务。在实施过程，遇到需要适应性调整或创造性配置时，能够给企业提供更有力的支持。

17.3 数字化转型的那些误区

很多中小型企业，在数字化转型过程中缺乏经验。在选择过程中，往往过于依赖外部供应商。虽然好的供应商能够起到事半功倍的作用，但是忽视了自身的主导作用，也会导致转型过程磕磕绊绊。

还有的企业，在选择软件的过程中盲目追求更高级的产品和服务。结果在软件落地时，发现与企业环境不匹配，导致"水土不服"，走了很多弯路。在实施过程中，由于主导作用发挥不到位，导致实施周期不断延长，也给企业带来不必要的隐形损失。还有的软件在系统上线前没有准备充分，导致上线后问题重重，甚至影响了企业的正常运营。这些问题都会严重影响企业数字化转型的有效推进，下面就来聊一聊这些转型期间可能遇到的误区。

17.3.1 软件选择不是越大越好，合适最重要

不同规模的企业对于软件的需求不同，供应商通常也会提供不同级别的产品。有的产品定位于小微企业，有的定位于处于成长期的中小型企业，还有的定位于集团化的大型企业。每种产品又会根据不同的企业性质，划分不同的模块。

比如，生产制造业需要的进销存模块、电商行业需要的B2B模块等。根据企业不同的需求，可以选择不同的模块组合。就像拼乐高一样，用不同的积木块拼出属于自己风格的信息系统。每一层级的产品，功能有所不同。更高级别的产品，能够提供的功能也更强大。但是企业在选择产品的时候，常常盲目追求更高级别的产品。

一般来说，软件企业在与企业进行售前沟通时，会将产品在一些企业中的实施案例进行展示，也会就不同产品的特色功能进行演示。怀揣着转型后美好愿景的企业，往往会高估对于软件的驾驭能力，以为也能达到展示中应用的效果。但是应用的结果如何，是依赖于企业自身实力的，没有把握好前提条件，就可能做出错误的选择。

虽然愿景是美好的，但是也要回归现实脚踏实地。高级版本的产品，能够提供更多的功能，适用更多的场景。但是，从产品开发设计角度，该产品是针对规模更大的企业使用的，因此对于小企业来说，更全面的功能可能不是帮助，而是累赘。由于环境不同、组织架构不同，对于不同软件产品的适应能力也相差很多。盲目选用高版本的产品，花费更多资金不说，后期也极有可能出现"水土不

服"的现象。"大脚穿小鞋",自然不能快速奔跑。但是"小脚穿大鞋",也同样迈不开步子。

笔者曾经服务过一家非常重视信息化的企业,在进行财务数字化转型时,就犯了这样的错误。这家企业对于管理的规划和要求较高,创始人的格局和思维也很开阔。听完软件企业的介绍后,对一款最高级别的产品非常有兴趣,希望能够借此实现企业内全环节的互联互通。当时企业尚处于起步阶段,规模还非常小。但是创始人怀着对未来前景的美好憧憬,认为企业要从小就照着大规模企业的样子成长,想要选择那款适用于大型集团企业的软件。后来经过需求调查,以及企业内部的资源盘点,由于供应商无法满足一些需求,企业开始重新思考产品的选择。经过前期的磨合,企业和软件之间的差距较大,很多功能无法在企业现有规模的情况下有效落地,最终还是放弃了这款高版本产品,选择了较低一档,但是仍然高于企业目前规模的产品。事实证明,当时没有选择高版本的产品是正确的,否则不仅需要支付高昂的使用费和软件实施费用,企业转型也很可能因为资源不匹配、不适用而难以落地。

17.3.2 实施主体和实施顺序不能错

确定好产品和供应商以后,开始进入到正式的实施阶段。很多中小型企业的创始人认为,只要选好供应商和产品,剩下的工作就由实施方来完成了,这是实施过程中最大的误区。不管选择多么高级的产品,或者多么优秀的团队,企业才是数字化转型的主体。

供应商在企业数字化转型方面,积累了大量的经验,且熟悉产品属性。但是最了解企业现状、需求和文化的,只有企业自身。转型的过程,需要以企业自身为主导,通过对业务流程的梳理和需求的整理,才能让软件供应商有的放矢。否则,再有经验的供应商也会因为方向不清晰、需求不明确而无法施展。

在实施过程中,企业要与供应商紧密配合,切不可做甩手掌柜。供应商能够提供的是将企业的需求通过数字化思维在系统上进行呈现。所以实施的主体始终都是企业自身,这也是保证实施效果和数字化转型成功的关键,如图 17-5 所示。

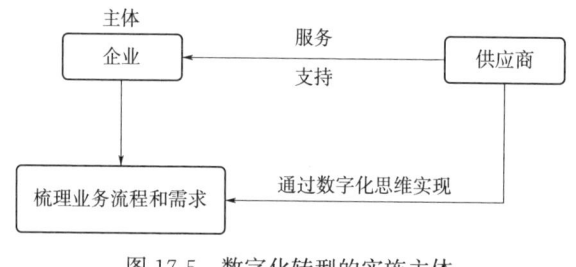

图 17-5 数字化转型的实施主体

除了实施主体以外，实施过程中的流程也至关重要。企业首先需要将自己的业务环节和可能出现的业务场景进行细致的梳理。数字化转型，包括信息的互联互通，都需要将常规业务以稳定的操作流程固化下来。如果企业自身无法对这些细节有准确的认知，供应商在实施过程中，就会没有方向和抓手。实施效果和预想中的效果，也会有所差距。除了业务流程和业务场景的梳理，还要将每个场景下的各种情况进行分析和处理。需要哪些单据、经过哪些流程和审批环节，数据从哪里获取，传输到哪里，每个细节都需要预先的设定。只有这样，在后续的业务中出现某种情况，才能按照既定的方式进行系统化处理。

在与业务和其他系统进行融合时，需要考量不同系统间的匹配问题。从哪里获取信息，在哪个节点获取，哪个岗位的人员获取，这些都需要认真进行思考，并一一验证。一旦发生错误，就会是系统性错误，所有相关业务都会出现问题，因此，在实施过程中必须要格外慎重。对于管理用的单据，要根据企业的实际需求进行设计，并找到数据之间的逻辑关系。通过信息化的手段进行归集、整理，实现经营数据的一键生成，让财务管理能够为业务实时赋能。

总结一下，在实施过程中一定要避开以供应商为主导的误区，拿回企业的主导权。转型的主体是企业，最了解企业需求的也是企业自身。只有企业自身深度参与，才能保证软件系统与企业经营业务的高度匹配和融合。在实施顺序上，也要以企业的需求为先。发现需求，满足需求是供应商应当给企业提供的专业价值。但是提出需求的责任，也是企业不可推卸的。

17.3.3 用信息化的手段提高线下工作的效率

在数字化转型的过程中，企业经常会遇到一个误区，就是过度依赖信息系统，希望系统或者软件可以控制一切。系统确实可以控制大部分的环节和关键事项，但是却不能控制所有。当然，信息技术水平越高，系统的控制能力也越强。但是，系统终归只是管理的一种工具。

实际工作中，仍然需要大量的职业判断和人工操作。而且，在企业数字化转型的过程中不可能一蹴而就，往往要经历很长的时间，才能够把系统打磨得越来越完善。如果从一开始就追求系统的极致控制，容易进入误区，反而会影响了数字化给企业带来的收益效果。

想要解决这个问题，首先需要明白数字化转型和企业的实际运营是一种怎样的关系。企业的数字化不是简单地将线下工作搬运到线上，而是通过技术手段，将线下原本错综复杂的数据收集、整理，并加工成有价值的数据资产。数字化转型不仅能够帮助企业提高工作效率，完成原本通过人工难以完成，或者需要耗费大量精力的工作，还能够实现线下无法完成的控制。

但是，这并不意味着数字化能够取代所有的实际运营工作。而且，所有的关键节点，在不通过数字化、信息化手段之前都是需要能够跑通的，这是因为经营的逻辑是相通的。一项经营活动，如果无法通过实际经营来实现，那么数字化就会成为无根之水，无法实现。数字化转型，是在以实际业务为基础的前提下进一步发展和提升的。所以，不能盲目地把所有工作都依赖线上的数字化管理。

一家企业在进行数字化转型过程中，就犯了同样的错误。企业在进行数字化转型的部署时，将所有业务环节进行了梳理，并绘制了自己的业务蓝图。供应商根据业务蓝图，将所有的业务节点在系统上进行了控制。但是受限于技术及企业自身的能力，有些环节的控制仍然需要人为的判断。但是，当时企业的主要参与者将精力放在了全环节的控制上，而忽视了线下制度的制定和监督机制的完善，走了很多弯路。

事后，项目的主要成员在一起对这次转型进行了复盘总结。不是所有的控制节点，都要在线上进行系统控制。在没有条件，或者资源不足时，可以用线下的制度和监督机制予以弥补。通过制度和机制的不断完善，也随着企业信息化、数字化程度的不断加深，逐步加强系统对于线下工作的控制。要正确看待信息化，合理利用，才能最大化发挥它的价值。本末倒置，反而可能被束缚。

17.3.4 确定具体的实施计划，切忌边想边干

企业的数字化转型，是一项系统且繁杂的工作，几乎涉及企业所有的业务环节，因此必须在事前制订详细的实施计划，切忌边想边干。很多企业，因为缺乏项目实施的经验，经常掉入"计划不周密、边想边干"的误区。边想边干，一来是实施过程不系统，常常会因为丢落事项而延误实施周期；二来没有计划步骤的引导，也会出现经常返工的现象。刚刚完成后面的工作，突然想到前面的工作不细致，重复工作的现象大量出现，导致效率低下。

举例说明

一家企业在第一次数字化实施过程中，因为没有经验，供应商也没有合理的引导，只是做了一个大概的时间周期计划，至于企业对于需要做哪些工作、细节整理到什么程度、需要提供哪些配合并不清楚。所以，在项目实施阶段，双方都是"迷迷糊糊"的状态。虽然也会对出现的问题进行讨论，但是明显感觉解决效果不佳，而且实施进度严重滞后。最后，到实施周期结束时只能草草上线，培训也是简单走走过场。虽然项目上线了，但是系统应用的效果却与预期相差甚远。很多系统的功能，都没有得到实际的应用，连日常操作系统都有很多盲区。

可以看出，因为没有规划，想到哪干到哪，转型的效果非常不好。数字化能够给企业带来的价值，也没有得到体现。充其量不过是把一些工作，从线下搬到

了线上。由于系统操作的不熟练，以及实施过程中的遗留问题没有得到很好的解决，导致工作效率不但没有提高，反而增加了很多额外的工作。

后来，这家企业又进行了第二次的升级。有了第一次失败的经历，不管是实施方还是企业，都非常注重前期实施计划的制定，以及一些必要工作的准备。在项目前期，对企业的需求和业务场景，进行了反复的沟通讨论。对于一些争论点，也进行了细致的分析和解决方案的研讨。在过程中，对于每个细节点又进行了进一步的细化和改进。正是有了前期的详细计划和充分的准备工作，这一次的实施进展顺利了很多。在完成系统部署后，又对系统进行了多轮的实际测试和完善、改进。同时，对员工进行了针对性的培训和实操训练。整个过程按照既定的规划，一步一步推进，实施效果符合企业预期，也为转型后的企业带来了有价值的增长。

17.3.5　如何实现新旧体系的顺利衔接

对于一些已经有过信息化经验的企业，在项目实施的后期，需要面对的一个现实问题是如何实现新旧系统的顺利衔接。既要保证原有工作不断档，又要保证新系统的安全稳定运行。不管任何的新项目上线，员工的内心都是排斥的。因为这意味着，员工需要改变自己原有的工作习惯，去重新学习并适应新的系统。这个过程是一个走出自己原有舒适圈，步入新的学习区的过程。这也是为什么很多企业的信息化项目需要一把手的全力推动。但凡有一点懈怠，都有可能导致前功尽弃，因为在改变的过程中面对巨大的阻力。

举例说明

分享一个真实的案例。一家企业原本有自己的业务系统，但是由于原有的软件供应商已经停止更新，且原有的系统软件在技术和思维上都跟不上行业的发展，于是企业决定对业务系统进行更换升级。通过前期的层层筛选，挑选了一家上海的供应商。不管是系统的灵活性、创新性，还是与企业业务的适用性上，都是非常匹配的。在项目实施时，由于没有进行周密计划，跳入边想边干的误区，所以项目周期一拖再拖。到了项目后期，供应商希望尽快上线，拿到回款。企业也希望尽快上线，毕竟已经延后了好几个月。而且后续的业务推进，也依赖于新系统的成功转换。当时的项目，仅进行了主要流程的设置和梳理，对于细节和一些小的功能点，没有进行深入优化。

当时的管理团队认为，只要主要流程能正常运转，后续可以再慢慢优化。于是，创始人决定在一周之内将新系统上线。为了避免员工对原有系统的过度依赖，造成对新系统的使用阻碍，决定关闭原有系统的使用。除了正在进行业务的后续处理外，新业务全部转入新系统。结果在系统衔接的过程中，出现了许多问题。客户无法下单、员工不会操作，各种异常事件频频发生。在员工使用过程中，暴露了很多环节的缺失，不仅影响工作效率，也给后续的工作制造了很多的隐患。企业在整个过程中，处于非常被动的境况。这些都是由于系统切换前没有做好相关的保障工作，并且盲目自信所导致的。

在系统上线前，应当对新系统的各项功能进行全方位的测试。在对员工进行培训后，还要经过一段试用期的磨合。因为在设计过程中，很多实际工作出现的问题容易被忽视。在企业没有特别强大的信息化团队时，通常都是由各部门的骨干参与到系统的升级转型中。由于各自所负责工作的局限性，在全局的把控上会有一定的缺失。其实，真实的工作场景运行就是很好的查漏补缺的方法，企业在这个方面走了很多的弯路。在设计时，出发点是好的，但是在实际使用时，却发生了方向性的偏移。设计思路跟实际工作出现偏差，导致想法很好，但是员工使用起来却困难重重，这也是因为前期没有进行深度磨合所导致的。

由于原有系统在新系统上线时即被替换掉，导致出现问题后没有参照。如果上线初期经过细致测试，并将新旧系统同时并行一段时间，这个问题也会得到很好的缓解。出现问题后，一来可以与原有系统进行比对，发现差距在哪里；二来也能保证业务的正常运行。在不影响主营业务正常运转的前提下，实现新旧系统的顺利过渡。

因此，在进行系统间过渡时，不要盲目切换，更不要因为时间紧迫就盲目上线。要做好计划和预案，按照前期的蓝图和规划，一一对照系统的实现程度，保证其对自身业务最大的适用性和可靠性。然后，要对每个业务场景及可能出现的场景进行深度测试，对发现的问题及时解决。在此基础上，还要扩大测试群体，让更多不同岗位的员工进行使用和反馈。因为使用人群的扩大，操作方式不同，对于业务的理解不同，又会出现一些问题。这个阶段不怕出现问题，问题暴露得越多，能够在正式使用前弥补的方面也越多。

整个测试阶段完成后，基本问题已经解决得差不多了。这时要对员工进行培训，告诉他们正确的操作方法，同时也会收集到一些反馈。员工是在一线进行实际操作的人，会遇到各种各样的"异常"事件。对"异常"事件的兼容，也是新系统需要不断完善的重要部分。最后，就是要在两个系统间并行一段时间。当新系统运行平稳时，就可以停止旧系统的使用。通过这样的过程，就可以比较顺利且有序的完成新旧系统间的转换了。

随着技术的进步，信息化的普及，数字化在企业中的应用会越来越广泛。在应用过程中所积累的数字资产，也会对企业的经营产生重大的影响。转型的过程是困难的，不管是大型集团，还是中小型企业，对于企业业务都是一次全方位梳理，通过数字化的赋能，帮助企业提升管理的效率。通过数字化的手段，帮助员工提升工作的效能。这种不惧困难的转变，对于一个坚持长期主义，愿意打造自身坚实"护城河"的企业来说，是非常值得的。